Jiaotong Yunshu Xinxihua Jishu ji Celue Yanjiu Lunwenji

交通运输信息化技术及策略研究论文集

交通运输部信息化领导小组办公室
中 国 交 通 通 信 信 息 中 心 编

人 民 交 通 出 版 社

内 容 提 要

本论文集分为成果篇和论文篇两部分，共收集论文50篇，反映了近年来交通运输信息化技术和策略的最新研究成果，内容涵盖行业信息化发展、信息化新技术及其交通运输行业应用等方面。

本书可供交通运输信息化策略研究的政企人员和交通运输信息化技术人员借鉴参考。

图书在版编目（CIP）数据

交通运输信息化技术及策略研究论文集／交通运输部信息化工作领导小组办公室，中国交通通信信息中心编．—北京：人民交通出版社，2011.7

ISBN 978-7-114-09009-7

Ⅰ.①交… Ⅱ.①交… ②中… Ⅲ.①信息技术－应用－交通运输－文集 Ⅳ.①U-53

中国版本图书馆CIP数据核字（2011）第059524号

书　　名：交通运输信息化技术及策略研究论文集
著 作 者：交通运输部信息化领导小组办公室
中国交通通信信息中心
责任编辑：沈鸿雁　岑　瑜
出版发行：人民交通出版社
地　　址：（100011）北京市朝阳区安定门外外馆斜街3号
网　　址：http://www.ccpress.com.cn
销售电话：（010）59757969，59757973
总 经 销：人民交通出版社发行部
经　　销：各地新华书店
印　　刷：北京市密东印刷有限公司
开　　本：880×1230　1/16
印　　张：16.75
字　　数：516千
版　　次：2011年7月　第1版
印　　次：2011年7月　第1次印刷
书　　号：ISBN 978-7-114-09009-7
印　　数：0001－1500册
定　　价：60.00元

《交通运输信息化技术及策略研究论文集》

编委会成员

序

交通运输行业各单位的通信信息中心是行业长期以来形成的一支自有的技术支持力量,对于推动行业信息化发展发挥了重要的支持保障作用,有的已经历经了30多年的发展。“十二五”期间交通运输信息化面临着艰巨的发展任务,对于各级通信信息中心将提出更高的工作要求,凝聚这支队伍,发挥集体智慧,形成发展合力,是行业信息化发展的必然要求。2010年7月,在中国交通通信信息中心和湖北省交通运输厅的支持下,部信息化领导小组办公室组织成功地召开了首届交通运输通信信息中心主任交流研讨会。会议促进了各级交通运输通信信息部门的交流与合作,引发了会议代表对行业信息化发展思路的思考和探讨。按照奋战在行业信息化一线人员的愿望,我们整理出版了会议论文集,从管理、发展、应用、标准等多个方面对交通行业信息化发展的路径、对策和经验进行了思考,搭建了一个会后持续交流的平台。

现代交通运输业的核心内涵之一就是信息化,部党组指出,现代交通运输业要靠信息化来带动,没有信息化,就没有现代化。交通运输作为国民经济和社会发展的基础产业,当前正在加快进行结构调整和转变发展方式,更加注重建设、养护、管理和运输服务的协调发展,更加注重科技、信息、管理和技术在行业转型中的作用,从而实现规模、速度、质量和效益的协调发展。行业信息化工作任重道远,让我们共同探索、共同努力!

交通运输部信息化领导小组办公室主任
交通运输部科技司司长
2011年6月

目 录

成 果 篇

论 文 篇

成 果 篇

深化改革谋发展，服务现代交通运输业

——中心“十一五”事业发展回顾与展望

杨洪义
（中国交通通信信息中心 北京 100011）

为提升行业信息化建设能力和服务水平，提升信息化支持保障能力，经部党组研究、中编办同意，2010年1月，“中国交通通信中心”更名为“中国交通通信信息中心”，开始承担交通运输信息化服务保障职能。为了充分发挥交通运输信息化服务保障作用，实现由通信保障向信息化全面服务保障的职能转变，这里对原通信中心的改革发展情况进行总结与回顾，对未来通信信息中心的全面发展进行思考与展望。

一、改革发展成效

（一）适时调整发展战略

近年来，通信中心通过对中共中央和国务院路线、方针、政策，以及部党组新时期面临新形势新任务提出的“三个服务”、“四个创新”、“三个转变”、“四个审视”深刻内涵的学习和理解，围绕现代交通运输业发展和“资源节约型、环境友好型”交通运输建设，进一步明确了“一心一意谋发展、尽心尽力搞服务”的指导思想。适时调整发展方向和目标，在“打造电子政务安全信息港，缔结现代交通物流产业链”事业发展方针的指导下，明确了“一个战略转移（由传统的通信服务模式向信息化需要的通信应用服务模式的战略转移）、两个能力提高（提高为政府、行业和社会服务的能力，提高市场竞争的能力）和三支队伍建设（高素质的专业技术队伍、精干的市场开拓队伍、高效优质的服务保障队伍）”的发展战略，制订了“十一五暨中长期事业发展规划”。

在学习实践科学发展观过程中，通信中心逐步丰富发展思路，提出了“面向部机关依法行政手段现代化；面向安全应急、监管技术保障；面向现代物流发展和公众便捷出行信息服务”（三个面向）的发展理念；确定了“安全应急保障、卫星定位导航、信息应用服务”三大重点发展领域。坚持向市场要空间、向改革要动力、向机制要活力、向管理要效益，逐步实现了服务领域的“三个延伸”，即“从传统的安全应急支持保障工作向交通基础网络功能发挥和运输效能提高延伸；从关注自身通信信息系统运维能力向重视交通信息基础网络运维保障能力提高延伸；从做好水上安全应急保障向陆上、航空等领域安全应急保障能力提高延伸”。

（二）采取改革措施确保事业快速发展

为贯彻落实中长期事业发展规划，中心在内部实施了三轮深化改革，成立了增强科技创新能力的“交通信息通信研究发展中心”和加强生产力转化能力的“北京中交通信科技有限公司”。第一轮改革以用人制度、分配制度改革为重点，实行全员竞聘上岗和经济目标管理，解决了职工思想观念转变和事业发展机制保障问题；第二轮改革重点调整业务结构，实现部门职责和人力资源重新布局，解决了资源优化配置问题；第三轮改革以科学发展观为指导，转变经济增长方式，强化走自主创新之路，重点解决事业发展规模、速度、质量和效益协调发展问题。

(三)通过改革,中心事业发展取得了长足进步

在部党组新时期发展战略的指导下,在中长期事业发展思路的指引下,中心通过深化改革,盘活了人力、技术、装备、资金等各类资源,事业发展取得长足进步,经济实力不断增强:

1. 挖掘资源潜力,实现经济稳步增长

通过深化改革,极大地调动了广大干部职工的积极性和创造性,事业收入从2001年的6千多万元增长到2009年的超过5亿元。经济的稳步增长,促使职工工作环境和生活环境得到不断改善;中心自我发展能力和为部机关、为行业服务的能力也得到全面提高。

2. 优化队伍结构,提高人员素质

在改革发展过程中,中心按照通信信息技术高度融合的发展规律,根据行业发展的需要,对人才队伍结构和素质进行了调整和培养。重点引进了计算机应用、网络技术、信息安全、软件工程、卫星导航、地理信息等领域的技术人才,实现了原有部分职工对新岗位的平稳过渡。与5年前相比,高级技术人员、中级技术人员、硕士博士研究生人员数量都已成倍增加。通过竞争上岗,实现了中层干部队伍知识化、专业化和年轻化。

通过人力资源优化配置,通信中心人才队伍不断壮大,专业结构日趋合理,人员综合素质不断提高,已基本具备了保障和履行信息化职责与使命的条件与能力。

3. 走自主创新之路,研发实力不断提高

在部"四个创新"的指导下,中心以提高科研能力、提高核心竞争力为目标,坚持走自主创新发展之路。在"三个面向"和"三个延伸"的指导下,近年来,以中心资源为依托,承担了越来越多的国家、行业以及横向科技项目,开发新技术产品10款,获航海进步奖6项,科研成果已100%转化为生产力,部分成果已被列入科技部减灾实用技术。随着经济的发展,中心对研发装备、试验检测环境等的投资不断增加,根据部科技司的评估,通信中心已经具备了向国家发改委申请公路水路安全应急信息技术国家工程中心的基本条件。

与此同时,中心充分发挥技术优势,为行业信息化重点项目研建做了一些贡献。比如:

公路方面,中心承担了湖北、山西、福建等省的"省级公路信息资源整合与服务工程"项目。在2008年冰雪灾害期间,湖北省交通出行公众服务系统网站点击率超过100万次,为公众出行路线选择和交通指挥提供了快捷高效、实时动态的信息服务;承担了"北斗民用管理平台"、"新疆公众交通卫星导航监控系统"等北斗民用产业化示范工程项目。新疆项目研发成果已成功转化应用于"上海世博重点营运车辆GPS联网联控"项目,演示系统已通过总结性验证,并为国庆60周年北京市烟花爆竹道路运输提供了安保服务。

水路方面,中心开发了远程船舶监管信息服务平台、船舶远程跟踪与识别系统(LRIT)等信息化应用系统。目前,正在承担的科技部863项目"基于船载移动基站的海上定位技术与海上搜救应用示范",通过公网与卫星专网融合技术,把手机服务范围扩展到了海上;通过手机定位技术,为海上救助打捞提供了全新的搜索救助手段,进一步拓展了海事卫星的服务范围,提升了行业管理服务能力。

因此,通信中心无论从科技创新"软实力",还是科技研发硬件环境,都有了一定的技术储备,基本适应了中心事业发展的需要,也为承担行业信息化职责奠定了基础。

4. 基础设施进一步完善,服务保障能力不断增强

中心通过引入先进技术,实现了海事卫星系统、VSAT通信系统、低轨搜救卫星系统与公众通信网、计算机互联网的互联互通。专用的卫星通信资源与公众固网、移动网和Internet网的融合,极大地扩展了我部专网的服务功能和为行业、社会经济服务的范围。中心陆续开通了卫星通信宽带上网、电子邮件、即时短信(类似MSN、QQ)等新型业务,开发了便携式应急通信包、卫星信使等实用装备。在雪灾救助、地震救援、索马里护航、奥运保障、南极科考、新闻报道、森林防火、核废料运输、"5.12"周年祭和"7.5"事件等国

家重大和突发事件中，发挥了关键作用。为重要物资运输、道路抢通、安全监管等增强了通信技术保障能力，多次受到社会各界好评，扩大了交通运输行业的社会影响。

因此，中心运维管理的海事卫星地面站，已由原来的一个通信站，逐步扩展为行业信息化发展的重要基地，在推进交通运输现代化发展方面，具备了发挥更大作用的能力。

5. 运维环境不断改善，运维水平不断提高

在承担海事卫星系统、国际搜救卫星系统运维工作中，实现了五年内“零故障”运行的管理目标，提高了安全应急和服务保障能力。为提高人力资源和机房环境资源利用效率，通信中心利用海事卫星基地资源，承担了海事 LRIT、武警边防、渔政管理等业务系统的远程托管和技术支持工作。

自 2006 年 12 月以来，通信中心在承担部信息化网络和程控交换系统运行维护工作中，利用各种技术手段，成功阻挡了近万次计算机黑客及病毒对部信息网络及各系统的入侵，配合国家保密局等单位排除了多次重大泄密隐患。制订了视频会议系统维护管理规定，保障了近百次行业视频会议的顺利召开，实现了全国范围交通系统免费 IP 内网电话。

艰苦的历练，使中心的网络运维环境在不断改善，运维服务水平在不断提高，基本具备了大规模复杂网络安全运维的能力。

6. 创新工作内容，提高行业协调管理能力

加强行业无线电管理及行政许可审批工作，自主研发了船舶遇险安全数据管理系统软件，对海上移动通信业务标识(MMSI)实行证书化管理，创建部无线电管理领导小组办公室网站，实现了无线电行政许可网上公示，进一步提升了水上安全遇险搜救服务能力，很好地履行了部党组赋予通信中心的行政管理职责。

二、事业发展展望

(一) 交通运输信息化处于良好的社会经济环境

随着经济全球化进程的不断深入，科技发展对于国家综合国力和国际地位的影响越来越深远，许多国家都把科技创新作为国家发展的战略制高点。进入 21 世纪以来，我国更加重视国家信息化建设。2002 年，十六大报告提出“信息化是我国加快实现工业化和现代化的必然选择。国家发展坚持以信息化带动工业化，以工业化促进信息化”。2006 年，国务院制定了《2006—2020 年国家信息化发展战略》，再次强调“信息化是当今世界发展的大趋势，是推动经济社会变革的重要力量”。2007 年，党的十七大报告指出“要全面认识工业化、信息化、城镇化、市场化、国际化深入发展的新形势、新任务，深刻把握中国发展面临的新课题新矛盾，更加自觉地走科学发展道路”。为进一步落实国家信息化发展，在 2009 年的国务院大部制改革中，国务院成立了工业和信息化部管理实体，进一步强调了信息化对国家发展的战略性地位。国家针对信息化的一系列战略举措，足见信息化在当今社会发展中的重要地位和作用。

(二) 交通运输信息化正受到部党组前所未有的重视

党的十六大以来，交通运输部党组以科学发展观为统领，积极探索现代交通运输业科学发展的新理念、新思路和新举措，并在科学发展观的指导下，对交通运输行业的发展规律进行了深刻的思考和研究，提出了发展现代交通运输业、建设综合运输体系和发展现代物流业的战略部署。为落实现代交通运输业发展的有关部署，2010 年全国交通运输工作会议，第一次全面阐述了信息化的重要地位及其对现代交通运输业的积极促进作用。在“努力提高装备现代化和信息化水平”要求中，李盛霖部长强调：“交通运输行业是信息技术应用和发展的重要领域之一，要充分认识信息化在转变发展方式、加快发展现代交通运输业中的重要作用”。行业已经开始认识到，交通运输由基础建设大发展向运输服务上水平的转型过程中，信息化必将成为交通运输文明进步和现代化的重要标志。

(三)中心对交通运输信息化的理解

交通运输信息化最初源于计算机技术在交通运输日常管理中的初步应用,其后初步发展为业务管理流程的电子化。此时,信息化在交通运输行业的地位表现主要为辅助手段或支撑系统。随着交通运输行业的发展,土地资源日益紧缺,环境保护压力日益增加,公众服务需求日益强烈,迫切需要通过现代科学技术和管理手段,改造传统的交通运输业,提高基础设施的利用效率和运输装备的现代化水平,从而提升交通运输的产业价值。因此,交通运输部党组做出了发展现代交通运输业的战略部署,要求大力发展交通运输信息化,这完全符合社会发展的客观规律。从系统论角度,交通运输信息化的发展,就是一个历史的、宏大的创新过程。

该创新过程最终将通过各类信息应用平台的形式表现出来。交通运输的特点是点多、线长、移动,随着运输工具的快速移动,也就是旅客和货物的不断运动,无时无刻不在产生着描述运载工具或客货状态的信息,这些信息包括时空位置、客货状况等,如影随形,伴随运输全过程。交通运输的基础设施,随时间推移、运载量变化等,其网络健康状态信息也在不断变化。反过来,运输过程又需要这些基本信息的支持,如气象信息、交通流量信息等。这些信息是否能及时有效采集、处理和发布管理,关乎调度指挥、应急处置、组织协调是否及时有效,关乎交通运输能否为社会经济提供优质服务,能够把上述信息关联起来并发挥协调作用的就是各类信息平台。因此,交通运输信息化的发展,就是以技术为手段,通过各类信息平台,实现传输网络一体化、信息采集自动化、信息资源共享化、信息发布实时化、安全应急常态化、业务流程电子化、运输智能化、办公无纸化。交通运输信息化正在以各种形式和方式,逐步渗透到交通运输的各个领域和服务生产的全过程。

结束语

现代交通运输业发展与信息化有着及其密切的因果关系,信息化已成为现代交通运输业发展的重要特征与标志。由于历史原因,交通运输部一直为国家掌管着海事卫星、低轨搜救卫星等专用卫星资源,在数字通信技术发展的今天,这些资源已经成为可以与任何信息通信方式融合。成为行业发展信息化的优质资源。对快速推进现代交通运输业发展,具有不可或缺的重要作用。几年来,中心遵循通信信息高度融合的发展规律,在部党组发展战略的指导下,实现了事业的全面协调可持续发展。经过多年积累,在人力资源、环境装备、技术水平、运维能力、经济实力等各个方面,都具备了为交通运输信息化提供服务保障的基础和条件。

现在,中心发展面临信息化引领社会发展的客观要求,面临现代交通运输业发展的内在需求,面临历史的选择和行业的重托。面对当前历史性战略机遇,需要中心全体职工拿出前所未有的积极性和创造性,集中精力,挖掘潜力,调整内部组织机构,加强人才队伍建设,协调多方关系,以新观念、新思路、创造新业绩的信心和行动,做好“服务”这篇大文章。

立足当前，着眼长远，加快交通运输信息化建设与发展

周文卫
（湖北省交通运输厅通信信息中心　武汉　430030）

加快交通运输信息化建设是发展综合交通运输体系和转变交通运输发展方式的重要体现。提高交通运输信息化水平，是交通运输现代化和文明进步的标志。"十一五"期间，我们在交通运输部和厅党组的正确领导下，坚持科学发展观，在服务热点、解决难点、创造亮点上下工夫，着力加快交通运输信息化建设与发展步伐。回顾几年来的工作，主要做法和体会如下。

一、以电子政务为龙头，推进交通信息化建设

电子政务是转变政府职能和创新管理方式的重要手段，电子政务建设是交通信息化工作的重点。我们积极利用信息技术，在创新工作方式、优化管理流程、提升服务水平上进行探索和实践。

（一）抓好电子政务平台建设，实现信息共享

我们依托高速公路建设，建成了全长 3 282km、覆盖全省高速公路的光纤数字传输主干网，1 000M 主干、100M 到桌面的厅机关局域网，通过光纤链接厅直属单位的城域网和专线链接省政府、交通运输部的专线网，形成了主干网、局域网、城域网、专线网"四网并举、互联互通"的交通电子政务网络，为我省交通信息化在行业推广应用奠定了的基础。

为更好地利用信息资源，实现信息资源的合理规划与配置，促进行业协同管理，我们制订了湖北省交通信息资源数据组织规范和采集交换体系，对已有的应用系统和信息资源进行梳理和有效扩充，构建全省统一的数据交换平台；建成了湖北交通省级数据中心，实现了省厅与业务管理局 18 个业务系统数据的实时自动交换，较好地改变了信息"部门化、孤岛化、分散化"的状态，促进了信息共享。

（二）抓好政府门户网站建设，推进"一站式"服务

按照省厅"打造一个一流的政府门户网站"的目标，我们建立了以湖北省交通运输厅政府门户网站为龙头，以厅直单位、重点工程和市州交通部门为窗口的全省交通运输政府网站群。同时，积极参与交通运输部政府网站共建和全国交通信息联播，在交通运输部组织的网站共建考评中多次受到表扬。经过多次改版升级，省厅政府门户网站完善了信息公开平台、网上办事平台、公众交流平台和舆情监测平台的建设，向公众提供"一站式"服务，公众可在网上查询各种交通信息，办理有关行政许可业务。

为更好地发挥政府门户网站与公众交流的桥梁和纽带作用，使网站成为政府与群众的"互动平台"，我们在省厅政府门户网站上建立了厅长信箱、局长信箱和在线交流栏目，开辟了了解民情、倾听民意、集中民智的新渠道，对接受社会监督、加强党风廉政建设起到重要作用。2007 年，省厅成立了交通电子政务信息处理中心，委托我们负责日常值班、信件处理回复工作。我们成立专班、落实专人，实行网上信件处理 24 小时在线值班，认真回复每一件人民群众的来信。通过网上交流、网上信访，三年来我们共处理回复人民群众的来信七千多件，办结率达 100%。

（三）抓好应用系统建设，提高管理和服务效能

我们依托高速公路光纤数字传输主干网，建成了与交通运输部互联、互通，覆盖全省市州交通局、重

点工程指挥部和厅直属单位的交通视频会议系统，目前已有30多个分会场投入使用。视频会议系统的应用不仅提供了高效畅通的信息交流渠道，提高了工作效率，而且大大降低了会议成本。2009年省厅利用这套系统召开了30多场视频会议。

通过对高速公路监控系统图像资源的整合，我们搭建统一平台，建成了全省高速公路视频监控系统。该系统实现了对全省已建高速公路收费站、服务区、立交互通及重要桥梁、隧道等的实时监控，并且通过电子政务网上传省政府和国务院应急平台，上传交通运输部路网管理应急处置会商室，为各级领导应急指挥调度提供了实时的视频图像。在2008年抗冰雪保畅通工作中，高速公路视频监控系统发挥了显著作用，中共中央政治局常委李长春到湖北交通视察时对该系统给予了充分肯定。

在"2007——湖北交通服务创新年"活动中，我们组织专班，开发软件，保证我厅在省直部门率先实现了办公无纸化。该系统的应用，极大地提高了交通系统的办事效率，规范了办事程序，降低了行政成本，使得厅领导和机关工作人员不管走到哪里，只要能上网，就能在OA系统中办公，既方便又实用。

交通公众出行服务系统是交通面向公众服务的重要窗口。为满足公众出行需求，我们通过加强信息资源整合及开发利用，丰富信息内容，拓展服务方式，延伸覆盖范围，不断提高公众服务水平。在数据采集方面，整合了公路、运管、港航等行业内信息和铁路、航空、旅游、气象等行业外的信息资源，丰富了网站的信息内容。在系统展现方面，运用GIS地理信息技术，让用户能更直观地感受到查询的便捷。在信息发布方面，除互联网发布外，同时提供呼叫中心、短信平台、交通广播、语音播报、视频直播和电子触摸屏等方式和手段，面向社会公众提供全方位、多方式的交通出行信息服务。同时，呼叫中心和短信平台的服务功能已延伸到高速公路电子支付、不停车收费的客服、咨询服务系统，并实现了信息共享。公众拨通96576热线服务电话，既可以查询出行交通信息，又可以查询电子支付有关业务，受到人民群众的普遍欢迎。

二、以创新为动力，提升行业信息化水平

（一）以互联网技术为载体，探索交通党建工作信息化

充分发挥国际互联网覆盖面广、方便快捷、生动直观的优势，探索加强党的组织建设和支部生活的新途径、新载体。2009年，我们以互联网为载体，开发了湖北省交通运输厅网上交通党校、网上党员组织生活和网上党员论坛三大平台，为工程建设一线的党员创造了远程学习、交流的环境。通过把党支部建到网上，有效地拉近了党员与党组织的距离，为党员参与党内事务搭建互动平台，厅长通过网上交通党校与工地一线的党员、农民工上党课，收到了非常好的效果。2010年元月，中纪委马馼副书记、省纪委黄先耀书记视察湖北交通重点工程建设，通过该系统与工地上的农民工进行互动交流，对我厅利用信息网络创新党员教育管理方式，给予了高度赞扬。

（二）运用信息网络技术，为科技征费作贡献

积极利用信息技术为高速公路运营管理服务，不断提升管理水平。我们自主研发了湖北省高速公路联网收费系统、车牌识别系统、电子稽查系统、电子支付系统和不停车收费（ETC）系统，并在全省推广应用。目前，全省高速公路所有收费站都实现了刷卡消费，并且在16个收费站开通运行30条ETC车道；同时，高速公路联网收费多路径通行费准确拆分问题也得到了很好的解决。

（三）依托重点工程建设，开展技术创新

湖北省沪蓉西高速公路是目前全国建设难度最大的高速公路项目之一。山区高速公路隧道长、桥梁多，施工及运营管理难度大，我们抓住机遇积极开展隧道监控、安全和节能技术的研究，大胆进行试验，探索节能降耗的新途径，如"隧道光纤光栅感温火灾探测系统研制与应用"在沪蓉西高速公路应用，并通过省科技厅的科技成果鉴定。我们研发的LED诱导系统和节能新产品在沪蓉西高速公路上使用，不仅节能效果显著，而且方便行车诱导，现已在全省高速公路隧道中推广应用。

三、以服务为宗旨，加快建设与自身发展

在推进行业信息化发展的同时，我们坚持以服务为宗旨，创新出思路、改革出办法，加快建设，取得了长足发展。

（一）更新观念，准确定位

通过这些年的摸索，我们感到，交通通信信息中心的发展，首先是要转变思想，更新观念，准确定位。树立全局观念，以服务为宗旨，立足于行业和全省的范围想问题、出主意、干实事。在实际工作中做到到位不越位，把握和处理好与管理部门的关系。我们既是省厅信息化工作部门，同时又直接参与信息化建设工作。根据省厅赋予的职能，从宏观上，我们积极做好交通信息化的规划、建设、使用和管理工作；面对激烈的市场竞争、行业竞争，从微观上，我们按照市场经济的规律，依法依规参与竞争，不断在实践中探索做好服务的新思路、新模式，充分发挥我们在推进湖北交通又好又快发展中的支撑和保障作用。

（二）围绕中心，当好参谋，有为才有位

围绕省厅推进电子政务建设，我们不断完善交通信息网络基础设施，建成了“四网并举”的交通电子政务平台和一批应用系统，我省交通电子政务建设取得了突破性进展。2007 年，全省电子政务工作会在我厅召开，林厅长在大会上作经验交流。

高速公路建设是交通运输工作的重中之重，我们围绕这个中心工作发挥技术优势，积极进入重点工程建设主战场，做好技术服务。近几年来，我们承担了沪蓉西高速公路等 10 多个重点工程项目机电系统建设的技术服务工作。按照全省高速公路机电系统建设的要求，积极为业主当好参谋把好关，大胆采用先进技术、先进设备，优化设计、节约投资，保证机电工程与土建工程同步施工、同步投入运行，顺利实现联网收费，受到业主的好评。

（三）抓人才队伍建设，培养核心竞争力

全球信息化竞争实质上是人才的竞争，人才是创新的源泉。我们把人才的开发与培养提升到生存和发展的重要地位，坚持不懈地一手抓学习教育，一手抓培训提高。依托重点工程建设和信息化建设项目，培养自己的人才队伍，积累建设和管理的实践经验，形成了一支能设计、会施工、善管理的技术力量。

我们克服“等、靠、要”的思想，从产品开发和技术服务两个方面培养单位的核心竞争力。研发自主知识产权的产品并推广应用，加速科技成果向生产力的转化。依靠自己的力量做好重要的信息化基础设施和应用系统的运行维护，如信息网、通信网、软件和 OA 系统等。这些都不可替代地成为支撑单位发展的核心竞争力。

（四）抓规划、标准和规范，推进行业信息化持续发展

信息化建设是一项复杂的系统工程。为避免重复建设、浪费资源，我们坚持从实际出发，统一规划、统一标准、统一协调，加强管理，编制了《湖北省公路水路交通信息化建设“十一五”规划》和《湖北省高速公路机电系统总体规划》，制订了《湖北省高速公路联网收费技术标准》、《湖北省高速公路机电系统光纤数字传输主干网实施方案》和《湖北省高速公路联网收费并网检测规范》等一系列方案，以指导全省交通信息化建设，使交通信息化工作做到建设有依据、联网有标准、管理有规范、发展有方向。

为加强信息化建设的管理，探索长效运行机制，我们结合实际制订了《湖北省交通厅政府网站信息发布办法》、《湖北省交通厅政府网站“公众交流”栏目信件回复制度》和《湖北省交通厅电子公文流转及 OA 系统运行规则》等一系列管理制度，较好地促进了规范管理，提高了应用水平。

2010 年是湖北交通“固本超越年”。厅党组为进一步提升交通电子政务服务水平，正在组织实施建设电子政务大平台专项行动。我们将认真贯彻落实本次会议的精神，不断提高湖北交通运输信息化水平，为转变交通运输发展方式，推进湖北交通运输新一轮大建设大发展作出新贡献。

江苏省交通运输信息化建设及发展

金　凌

（江苏省交通运输厅　南京　210001）

一、"十一五"交通信息化建设情况

"十一五"以来，我省交通信息化建设工作坚持统筹规划、分层建设、需求推动、应用主导、重点突破、整体推进，紧扣交通发展主线，围绕"质量、管理、服务"主题，以电子政务为突破口，引导和推动交通行业信息化研究应用，全省交通电子政务建设得到全面、快速、有序推进，交通信息化应用与服务在优化整合中协调发展，为转变政府职能、强化行业管理、提高服务水平、实现交通集约化发展提供了有力的支撑。

1. 建成全省交通信息高速公路

在完善交通电子政务省级横向网、省市纵向网的基础上，组织完成了13个省辖市交通电子政务横向网建设，公路、航道、运管、地方海事等均进行了业务割接，运行状况良好，形成了覆盖省市交通主管部门和业务机构、连接交通运输部和省市政府的交通信息高速公路，为跨地区、跨部门的系统协同和联网应用提供了保证。目前，网络管理采用自维护与第三方维护相结合的方式，高速公路公司负责光纤的维护，各节点机房都设有兼职管理员，同时委托专业公司进行光纤的抢修与维护以及工作日夜间和节假日传输网管监测，并充分利用网络自愈环保护技术，形成多重保护机制，确保网络安全稳定运行。

2. 实现了信息化对交通业务的全覆盖

根据交通发展和信息化建设规划，组织完成了交通电子政务实施方案（2005～2008年）和（2008～2010年）两个三年方案的编制与实施，按照交通业务系统的总体架构，推进完成了路网调度指挥、养护管理系统、路政管理系统、运政在线、客运出租车综合服务系统、公交调度系统、航政管理系统、地方海事现场监督业务管理系统、港口管理系统、危险化学品运输管理系统等水陆交通业务系统以及项目招投标管理系统、交通工程质量监督信息管理系统、交通行政权力网上公开透明运行系统、交通综合统计信息系统、交通科研项目管理系统、交通科技信息资源共享平台、交通公共信用信息平台、交通地理信息服务平台、交通综合管理辅助决策支持系统等综合业务系统的建设、完善和推广，实现了信息化对公路、水路交通业务的全覆盖，提高了办公效率和行业管理服务水平。

3. 构建完成"门户网站、服务热线、交通广播"三位一体的信息服务体系

围绕公共服务，对"江苏交通"政府门户网站进行了改版升级，更加突出政务公开、网上审批和办事功能；建成了公众出行交通信息服务系统，并整合开通了江苏省公众出行交通信息服务网（gzcx. jscd. gov. cn），其出行向导、图行江苏、交通时况、出行参考、交通旅游等栏目的推出较好地满足了公众出行的需要；建成覆盖全省的96196江苏交通服务热线系统，面向社会公众开通了出行帮助、政策咨询、投诉监督等交通信息服务，自热线于2009年9月26日正式开通至今年6月上旬，共接听电话464 051次，其中受理投诉26 399件，咨询369 435件，求助68 217件，已迅速成为交通部门服务社会的有效载体、交通部门信息公开的重要窗口以及交通部门接受社会监督的平台。系统采用省市共建的模式，整合了各类交通信息资源和交通服务应用系统，与社会上已存在的相关交通服务号码资源进行联动，实现了统一平台、统一流程、规范服务、联动管理、强化监督。只要公众对交通有需求，拨打96196即可得到全天候的交通信

息服务。加之先前建设的覆盖全省的“交通广播网”(FM101.1),“网站、热线、广播”三位一体的现代交通信息服务体系构建完成。

4. 推进完成高速公路联网不停车收费系统(ETC)建设

会同上海牵头组织开展了长三角ETC示范工程建设,围绕示范工程的实施范围和规模、省界站合建模式、车道栏杆设置、省际结算清分、MTC改造、联调联测等关键技术问题进行了研究与确定,制订了示范工程实施方案,组织完成了系统实施方案、暂行技术要求、运营管理体系三个专项课题研究以及《长三角区域高速公路联网不停车收费运营管理规程》、《ETC系统省际特情处理原则》、《ETC用户章程》、《ETC用户发展宣传营销方案》、《江苏省高速公路电子不停车收费系统建设与运营规划》的研究编制。

2008年12月31日,“江苏·上海”高速公路联网不停车示范工程试运行正式开通。2009年11月28日,安徽省ETC顺利并入苏沪高速公路ETC收费系统。目前,全省开通的ETC专用车道197条,客服网点15个,并与省农行合作开设了47个农行代理网点,本省用户达到3.3万,车道和网点遍布全省各主要地级市,极大地方便了用户。按照我省ETC发展规划,到2015年,全省将建设525个ETC车道,其中入口车道256个,出口车道269,设置自营客服网点35个,代理客服网点1 000个。

5. 公路客运联网售票系统得到进一步推广和提升

在南京市域联网售票的基础上,2003年开展了省域联网售票系统研发,并于2005年进行试点和推广。目前,全省已有44个一级站、64个二级站实现联网售票,100多个三级及以下客运站(含农村客运站)实现了区域联网售票,拓展了移动售票、网上订购票、手机订购票、邮局订购票、118114购票、POS机自助等多种服务形式。同时,还以南京试点开展了跨省联网售票研究,实现了与滁州、马鞍山的联网售票;南通、苏州和上海实现了异地互售。在此基础上,结合客运综合管理开展了IC卡报班管理和区域道路客运运行调度系统研究应用,有效地提高了管理和服务水平,并基于二代身份证技术开展了对ATM自助取票、快速检票、客运班次管理、旅客信息管理、统计分析和数据上报等功能的升级研究。

6. 交通应急保障信息系统建设取得显著成效

完成了厅应急指挥中心视频联网监控管理平台和信息系统建设,实现了全省联网高速公路和京杭运河苏北段不同编码格式视频监控图像的集中解码和联网调用,可实时调看全省30条高速公路(含跨江大桥)1 000多个监控点及苏北运河约50个监控点的交通视频图像,在2008年初抗雪灾保畅通期间发挥了重要作用,确保了即时调看全省高速公路、跨江大桥和苏北运河的交通状况,并及时将图像向省委、省政府进行转发,为应急指挥决策调度、有效疏解交通和组织抗灾提供了有力的技术支撑。交通应急指挥系统二期正在建设,拟逐步扩大厅应急指挥视频监控覆盖范围,将厅各直属业务局和具备条件的地市区域监控中心(铁路、航空、港口、航道、地方海事、运管、干线公路关键节点)相关视频资源接入厅视频联网监控平台,推进大交通背景下的应急管理与协调调度工作。

7. 以示范工程为抓手推进信息资源整合共享

认真组织完成部信息化示范工程(省级公路交通信息资源整合工程、区域性道路客运综合信息服务系统)建设,拓展建设水路交通信息资源整合服务系统,并以此为抓手和示范,推进信息资源整合和业务管理系统的建设与融合。一是在交通信息资源规划研究的基础上,建成省数据中心和数据交换平台。平台采用IBMMQ作为传输中间件,包括流程管理系统、应用集成服务系统、应用适配器系统、平台管理与监控系统、安全保障系统等,实现了与各市交通局、厅属单位业务数据和交通基础数据的交换和共享,为交通信息资源开发利用提供了支撑保障。二是推进交通基础数据库和主题数据库建设。以业务数据资源为基础,建成了公路、航道、车辆、船舶、港口基础数据元集和物理数据库,以及综合统计数据库、应急数据库和信用数据库。在此基础上,根据交通决策需求,开展了主题分析和主题数据库研究,建立了交通主题指标体系,并制定了交通主题数据库设计规范。

8. 强化科研对信息化建设的支撑作用

组织完成了长江港口企业管理信息系统研究、水运交通量网络监测系统的建设研究、南京港口重大危险源安全监管系统研究、高速公路收费站通行能力研究、基于快速客运的物流信息系统、ITS域多业务系统跨平台构建关键技术研究、基于图像处理技术的高速公路交通流异常情况告警系统研究、市域突发公共事件交通应急预案管理及辅助决策系统、京杭运河苏北段GPS船舶辅助调度系统研究、苏通大桥虚拟现实技术和系统的研发、交通信息化绩效评估体系研究、交通安全综合管理平台等一批信息化项目的研究,取得了良好的应用成效;开展了苏州市智能公交信息化管理系统建设研究、江苏省交通地理信息资源管理规范研究、综合运输枢纽体系长途客运信息系统需求研究、南京汽车维修网研究等服务于当前交通发展的项目研究。

9. 加强信息化管理规定和标准规范建设

一是制订运行机制和管理办法。制订了《"江苏交通"政府门户网站内容保障工作考评办法》、《江苏省交通系统电子公文传输管理暂行办法》、《江苏省交通厅视频会议系统管理办法》、《江苏省交通通信骨干传输网管理规则》、《江苏省交通电子政务市级横向传输网运行维护管理办法》、《江苏省交通信息系统管理规定》等;与省测绘局签订了关于加强地理信息数据资源共享与合作的协议书,编制印发了《江苏省交通地理信息使用管理办法(试行)》和《江苏省交通专题地理信息采集维护管理办法(试行)》。二是不断完善交通信息化标准体系建设,并结合行业管理实际需要,按照轻重缓急,强化专项标准的研究制订,组织研究和审定了《江苏省高速公路联网不停车收费暂行技术要求》、《江苏省高速公路通信、收费、监控三大系统维护技术规范》、《江苏省交通视频监控联网技术要求》等;根据交通信息资源整合的要求,结合基础数据库建设,制定了车辆、公路、航道、船舶等基础数据库数据源集合交换标准;还组织开展了GPS行业应用等相关技术标准研究。

10. 开展了交通传感网前期预研工作

结合"十二五"交通信息化规划研究,以传感网在智能交通领域应用为抓手,开展了物联网在交通运输行业的应用系列工作,具体包括:组织省市有关部门参加技术体验活动;召开"传感网—智能交通—示范工程"专题研讨会;面向全省交通运输行业开展物联网技术应用示范项目推荐工作;向交通运输部专题汇报我省交通运输物联网技术研究应用工作的开展和推进思路;召开交通运输物联网应用需求研讨会;配合交通运输部完成物联网在交通运输行业发展调研及座谈。下一步将加快推进江苏交通传感网技术体系与应用框架研究,组建传感网与智能交通产业联盟,力争在产学研方面形成合力,按照"顶层设计、需求引导、全国示范"的思路和目标,强化规划和技术标准研究,强化自主创新和关键产品的开发,强化示范工程的实现和应用推广,使我省智能交通示范应用和产业化水平走在全国前列。

二、交通信息化建设的主要做法

(1)着眼全局,综合考虑分析交通业务发展需要、技术支持能力以及外部环境、内部条件等影响因素,加强信息化规划与电子政务实施方案的编制,统筹部署交通信息化和电子政务建设。

(2)重视科技对交通信息化和电子政务建设的引领和支撑作用,针对交通信息化过程中遇到的热点、难点问题,坚持科研适度超前、官产学研相结合,组织力量开展技术攻关。

(3)围绕应用强化需求分析工作,无论是信息化科研项目,还是信息化工程实施项目,均要求加强业务需求分析及系统功能分析。

(4)注重规避风险,提高系统建设应用效应,通过试点工程重点突破,通过推广应用整体推进信息化建设。

(5)坚持从资源整合的角度,做好项目管理和技术指导协调工作,并抓好示范工程。

三、"十二五"交通信息化发展设想

（一）指导思想

紧扣交通运输发展主线，充分考虑转型升级与综合发展的实际需要，围绕管理与服务两大主题，以解决制约江苏交通运输信息化发展的全局性问题为突破，加强顶层设计和协调机制研究，并以行业服务标准为抓手，推进公、铁、水、空和城市交通信息资源整合和业务协同，打造综合运输信息化体系，进一步提升行业管理、公众服务、应急处理能力，更好地支撑"十二五"江苏交通运输的发展。

（二）发展思路

发展思路初步概括为：立足三大环境，关注三个基本点，把握三个层面，突出两大领域，梳理若干重点建设方向和一批前沿技术和基础应用。

1. 立足三大环境

一是立足于江苏省社会信息化需求。重点解决江苏省经济和社会发展过程中出现的对交通运输信息化的重大需求问题。要通过交通运输信息化建设，创新交通运输公共服务体制，改进公共服务方式，逐步形成惠及全民的基本公共服务体系。

二是立足于交通运输服务标准与国际接轨。随着"十二五"内外交流扩大，国内外旅客增多，交通运输市场的进一步开放和竞争的加剧，信息化要促进交通运输服务质量标准与国际接轨，提升江苏整体交通运输服务水平。

三是立足于依托非组织的组织力量。充分依托互联网、物联网，通过网络的力量建立一对多的信息架构关系，以非正式组织形式实现通常只有组织机构才具备的大规模沟通能力，降低信息沟通成本。

2. 关注三个基本点

一是加快交通运输信息化体系建设，提高服务水平。交通运输信息化建设，必须服务于交通运输行业发展，以支撑交通运输服务水平提高为核心。一方面，以信息技术为代表的现代高新技术和现代管理技术推动了现代服务业的发展，在交通运输行业由传统产业向现代服务业转型的过程中，发挥着重要的支撑和助推作用；另一方面，在交通运输行业大规模推广应用信息技术可以有效降低能耗，更加合理地配置资源，大幅减轻交通压力，提高交通运输效率，减轻公众为获取交通运输服务付出的经济和时间负担，从而更广、更快、更好地服务于经济社会的发展。

二是坚持科学实施方法论，实现成本最优控制。信息化建设要结合实际，根据发展需要，选择符合实际的开发方法和策略，既不能太超前，也不能落后，以免造成浪费，达不到预期目的；同时，要考虑经济性。每个信息化项目都必须认真分析其经济性，信息化建设中成本的筹划必须与解决方案相结合，分析信息系统建设能解决什么问题，效应有多少和多长时间，要强调信息化建设的成本效应，并进行绩效评价。信息化的经济性还应当包括系统维护的经济性。

三是依靠信息技术应用创新，提升行业竞争力。紧紧围绕交通运输发展的战略目标和主要任务，针对交通运输发展中的突出矛盾和主要问题，依靠信息技术应用创新，积极探索解决矛盾和问题的有效方法。以政府推动、应用主导、产学研用相结合的方式，在数字交通管理技术、智能化综合交通运输技术、交通运输决策支持技术等方面寻求一批重大关键技术，显著提高交通运输行业的自主创新能力和竞争力。

3. 把握三个层面

一是政府层面。深刻把握江苏交通运输行业和交通运输信息化发展趋势，提高认识，统一思想，突破狭隘的地区利益、部门和行业利益，实现全省交通运输信息化建设的观念一体化；强化交通运输各级主管部门在交通运输信息化建设整体规划、推动应用、建章立制、协调共谋等方面的主导作用。

二是行业层面。加强对行业信息资源的梳理，以实现行业服务承诺为目标，以行业服务标准为抓手，推动行业信息化。注重发挥江苏在长三角交通运输发展全局中的重要战略地位,在交通运输信息化发展思路和实施途径上发挥示范带动作用。

三是社会层面。本着“为民、便民、利民”的原则,以满足公众对社会公益性和公共信息资源的需求为目标,大力推进交通运输行业公共信息资源的梳理、开发、利用,充分利用社会资源,调动包括非政府组织在内的各种力量,积极推进涉及公众利益的各类交通运输信息服务。

4. 突出两大领域

一是在行业管理领域,以信息资源开发利用为主线,继续加快交通运输电子政务建设步伐,推动公路综合管理信息系统、道路运输信息服务系统、水路运输综合管理系统、港口综合管理信息系统、交通应急指挥系统等若干行业大系统的建设。以明确政府定位为原则,依托物联网技术,加大对客货运信息化发展的组织和引导力度,加快推动“综合客运枢纽信息服务平台”、“物流公共信息服务平台”等系统的建设,促进交通运输企业和从业人员资质以及信用动态管理体系建立。

二是在行业服务领域,信息化要成为支撑行业服务标准国际化的重要力量。全球化时代的到来使得国际交流与合作愈来愈频繁,而国际化水平的交通运输服务成为不可或缺的一环,因此在全行业率先打造与国际服务标准相配套的信息化支撑体系,不断创新交通运输信息化发展的服务模式,拓宽信息化服务领域,提高信息化服务质量,是“十二五”的重要工作。

5. 梳理若干重点建设方向,推进一批前沿技术和基础应用

立足江苏交通运输发展需求,梳理确定综合运输信息化、物联网与智能交通、物流公共信息平台、节能减排信息化、城市交通管理信息化、区域交通运输信息一体化等重点领域的应用研究和建设方向,超前部署和推进一批重大前沿技术和基础应用,全面提升信息化支撑能力。

强化服务意识,提高信息化服务水平

范双成
(四川省交通厅信息中心　成都　610041)

一、四川交通运输信息化发展现状

近年来,四川交通运输信息化建设坚持“整合、应用、服务、效益”的发展理念,遵循“联合推进、互联互通、共建共享”的建设模式,以服务行业管理、服务社会公众为目的,以交通信息资源的整合开发与利用为重点,加快建设步伐,取得了较好的效果。

(一)公路建设

在公路建设方面,建立了全省交通行业规模最大的数据库系统,建成了集国、省、县、乡、村道、专用公路,包括点位信息和属性数据的全省公路数据库和电子地图系统。

通过开展公路建设市场信用体系建设,初步形成了全省公路建设市场从业单位信用管理数据库,建立了从初评、审核到发布的年度信用评价管理系统。

(二)道路运输

在道路运输方面,开发了省市县三级道路运政管理系统,由单一的许可办证功能向运政管理的各项业务覆盖延伸。

积极推广应用道路运输 GPS 监控管理系统,全省 3 万多辆营运车辆和 1 万多辆出租汽车安装使用了 GPS 设备,建立了省市县三级道路运输 GPS 监控中心 863 个,受控车辆在线率达到 90% 以上。

此外,建立了驾驶培训计时管理系统。目前,全省 19 个市、州 330 所驾校、1 万多辆教练车使用了该系统。

(三)水路运输

在水路运输方面,建成了全省船舶检验、船舶登记、船员、渡口数据库,开展了船舶船员“一卡通”工程建设,并指导相关登记机关完成了数据录入,实现了对重点码头和船舶的视频监控。截至 2009 年,共建成码头视频监控点 593 个,船载移动视频监控 195 个,有效地提高了水上安全监控水平。

(四)基础及综合性

交通政务内网、政务外网的架构基本形成,实现了四川省交通厅与 21 个市州交通局(委)、厅直属单位的网络联通,为全行业交通信息的采集、交换与传输提供了基础通信保障。

覆盖全省 21 个市州交通局的交通视频会议系统应用逐步深入,为动态视频信号的传输奠定了基础,为提高机关办公效率发挥了重要作用。

此外,实施了省级公路交通信息资源整合与服务工程,以信息资源整合为重点,初步构建了省级交通数据中心,形成了一批行业基础数据库,建成了全省交通公共 GIS 平台。在此基础上,开发了综合查询与分析系统,建设了公众出行服务系统。

科技信息资源共享平台初步建成,整合了交通科技项目、科技成果、科技人才等科技信息资源,实现了交通科技信息资源共享。

同时，建成了统计资料数据库，实现了新中国成立以来主要交通统计资料的电子化存储和查询，并初步建成了行业综合运行分析系统。

二、四川省交通厅信息中心发展历程

（一）信息中心现状及主要职能

四川省交通厅信息中心是1998年经四川省机构编制委员会批复成立的厅直属事业单位，主要职责是负责全省公路、水路交通信息化及交通系统信息网络的建设、协调和服务工作。信息中心内设技术管理科、信息管理科和综合办公室。

为加强信息化建设与管理工作，交通厅成立了以厅长为组长的厅信息化领导小组，领导小组办公室设在信息中心，由分管信息化工作的厅领导兼任办公室主任，信息中心主任任办公室副主任，厅信息中心承担厅信息化领导小组的日常工作。

（二）开展的主要工作情况

1. 建成全省交通政务外网及视频会议系统，面向行业提供信息化服务

2005年底，建成了覆盖全省21个市州交通局（委）的政务外网，之后又完成了与厅公路局、运管局、川高公司的网络连接，并实现了厅政务外网与交通运输部专网、省政府政务外网的互联互通，为全省交通各类网上应用系统的顺利运行奠定了基础。

在建成厅政务外网的基础上，同步建成了覆盖21个交通局（委）的视频会议系统。视频会议系统自建成开通至今，已召开各类视频会议70余次，转播交通运输部视频会议到市州交通局9次。在抗震救灾期间，通过视频会议系统，连续9天与交通运输部定时连线，与交通运输部、重庆市交委、陕西省交通运输厅、甘肃省交通运输厅通报交通受灾情况，会商救灾抢通措施，为夺取抗震救灾的胜利发挥了积极作用。

2. 大力开展各类业务应用系统建设，面向行业管理提供优质服务

全省交通信息资源整合与服务工程。2007年，承担了交通运输部省级公路交通信息资源整合与服务工程。信息中心作为工程的总体承担单位，负责项目组织实施，进行技术审查及指导等工作。通过该工程的建设，整合了全省公路、运输等各类数据资源，初步建成了厅数据中心、综合查询与分析系统、全省交通公众GIS平台和公众出行服务系统。

业务应用信息化建设。一是完成了四川交通办公系统应用平台的建设，实现了网上公文处理、档案管理及网上电子公文交换的一体化管理；二是完成了交通运输部试点的《四川交通科技信息资源平台》的建设，实现了交通科技项目的网上申报、审核与管理，为交通系统和社会公众提供科技信息的网上查询与检索服务；三是开发了公路施工企业数据库系统，实现了施工企业在网上填报基本资料，厅建管处在网上进行审核，并对各施工企业的信息在网上进行发布，承担了公路建设市场信用评价系统建设，初步形成了全省公路建设市场从业单位信用管理数据库；四是建设了厅政务及网站信息管理平台，实现了全省交通系统政务信息、网站信息的网上报送、采编、发布和统计评分。

交通日常统计工作。自2000年以来开始配合业务部门进行日常统计工作，对交通运输综合统计报表、经济运行分析报表、劳动工资等报表进行收集、审核、汇总后报厅相关部门审定。为提高统计管理水平，建成了统计资料数据库，实现了主要交通统计资料的电子化存储和查询；开发了全省地方公路建设项目统计系统，全省21个市州交通局（委）以及100多个区县交通部门使用该系统实现了全省地方公路建设项目月报数据的逐级上报、审核和统计；开发了四川交通综合统计系统，厅综合规划处、厅业务局和各市州县交通局利用该系统实现了全省交通经济运行分析报表、交通运输主要统计指标快速年报表的数据报送、汇总。

3. 不断完善厅门户网站建设，面向行业和社会公众提供各类信息服务

承担了厅门户网站、办公业务资源网等多个网站的建设管理工作，负责交通运输部子站、省委、省政

府网站的栏目建设和内容保障工作；围绕交通中心工作，及时制作各类专题栏目；积极开展网上在线访谈；做好网上公众留言回复及转发；及时采编网上舆情信息，面向厅领导，不定期编发《网上信息摘报》，为领导决策服务。

厅门户网站自1998年建成以来，经过多次改版及整合优势资源，由过去的单纯发布信息向突出信息服务方向发展，增强了服务性，突出了公开性，强化了交互性。该网站现已成为我厅与社会公众和企业交流的一个重要平台。通过资源整合与服务工程的建设，建成了四川交通公众出行服务网，为社会公众提供更高质量的出行信息服务。

强化网站管理制度，出台了《四川省交通厅网站管理办法》，明确了相关部门（单位）对网站管理和维护的职责；网站信息作为政务信息的一个重要组成部分，纳入政务信息目标，与政务信息目标同时下达，年终一同考核。此外，制订了《四川省交通厅网上政务公开办法（征求意见稿）》，明确了政务公开权限。

4. 强化网络及信息安全措施，为全省交通信息化工作提供保障

积极做好网络信息系统安全风险评估、网络安全加固工作；完成四川省交通信息安全等级保护工作；配合厅保密委，在厅机关和直属单位组织开展信息安全定级及安全保密工作，有效保障了全省交通网络及信息系统的安全。

三、当前四川交通运输信息化建设存在的问题与挑战

（一）当前制约交通运输信息化发展的主要问题

一是体制未理顺。多数部门和单位因编制等问题，没有信息化建设和管理的专门机构，已有信息化管理机构的单位也存在协调能力较弱的问题。由于信息化管理体制不顺，建设和运维资金渠道不畅，制约了信息化更好、更快地发展。

二是机制不健全。信息化的发展机制不够健全，在建设机制、运营机制和保障机制上都不够完善，存在重复投资、多头建设的现象。在建设中缺乏统一的标准，不利于数据资源的共享，发挥不了交通信息化工作的整体优势。数据资源挖掘不深，使用效益也有待进一步提高。

三是信息化总体应用水平不高。全省交通信息化认识程度不一，发展不平衡。部分业务还停留在传统的手工方式上，信息化的作用还未充分发挥；部分系统虽然建成，但推广应用效果不理想，数据质量还存在问题；重硬轻软、重建设轻维护的现象依然存在。

（二）信息中心发展所面临的机遇与挑战

在全省构建西部综合交通枢纽、加快建设西部经济发展高地的总体战略指导下，“十二五”期间，四川交通将以构建枢纽为纲，加快建设大枢纽、大通道、大路网、大港口、大物流，转变发展方式，通过加快实现交通运输基础设施现代化，整体带动现代交通运输业加快发展。在这一重要战略机遇期，信息中心面临着机遇与挑战。

1. 业务应用需求不断丰富，要求不断提高综合服务水平

随着交通运输事业的快速发展，各业务部门对信息化的认识逐渐深入，信息化技术在业务工作中的作用日渐突出，越来越多的业务部门主动要求信息化部门辅助日常办公和监管。这些应用需求要求信息中心快速响应，积极引导，并能主动了解交通业务需求，提高综合服务水平，推动业务部门信息化应用的不断深入。

2. 政务公开逐步深化，要求不断创新工作方式

随着政务公开工作的逐步深化，网上政务公开成为重要的信息公开平台和渠道。审批程序结果公开、信息公开、网上互动交流等，要求信息化建设管理与服务部门提供更加先进的技术手段，利用网络和网站平台整合发布各类信息资源，为政府与社会公众搭建沟通交流平台。

3. 提高交通服务水平，要求信息化提供更多的支持与保障

为交通从业者提供各类交通信息资源，为不同出行人群提供各类出行服务信息，要求我们不断整合系统内的各类信息资源，利用信息化技术提高交通为行业管理和社会公众的服务水平。

在新的机遇与挑战面前，我们认为信息中心应积极做好以下工作：

一是在行业信息化应用逐步深入的过程中，协调好与业务单位或其信息化部门之间的关系，在数据交换与共享方面建立良好、持续的合作关系，确立信息中心作为行业信息化管理部门的地位。

二是作为厅信息化领导小组办公室的日常办事机构，在对全行业的信息化建设支持指导方面应进一步加大力度。

三是面对应急指挥调度等新需求的出现，信息中心需要具有一定的前瞻性，抓住机遇，合理规划，统筹建设，充分利用信息资源整合与服务工程的成果，为指挥调度系统的建设奠定基础。

四、新形势下信息中心的工作思路及工作重点

当前，在全省交通努力抢抓机遇、扩大投资、加快发展的新形势下，信息中心必须抓住机遇、转变思路、调整定位、明确目标、抓好重点，大力开展交通信息化工作，以信息化促进行业监管和服务水平的提升。

（一）工作思路

以服务于加快交通发展、加强交通管理、提高交通综合服务水平为宗旨，围绕统一规划、整合资源、增强活力、优质服务、加快发展五个方面大力开展交通信息化工作，站在为交通建设和管理提供现代化服务的高度，以技术为支撑，做好管理、发展和服务工作，成为全省交通行业信息化建设的核心机构。

（二）工作重点

1. 强化交通信息化规划工作，开展交通信息化建设的顶层设计

一是按照厅交通运输“十二五”发展规划编制的总体要求，组织开展“十二五”交通运输信息化的编制工作，围绕交通建设重点工作，明确交通信息化发展目标、建设内容、进度及资金安排。二是开展《四川交通应急指挥体系规划》的编制工作，为交通应急体系的建设提供顶层设计。

2. 加强对全省交通信息化建设的管理

在充分调研的基础上，拟订《四川交通信息化建设管理办法》，对信息化管理机构和职责、规划与计划、项目申报和审批、项目实施、验收及成果管理、运行维护管理、监督管理等作出明确规定，实现对交通信息化建设项目的全过程管理，减少重复投资，促进资源共享，充分发挥交通信息化工作的整体优势。

3. 加大基础性、综合性项目的建设力度

在交通信息资源整合与服务工程的基础上，进一步开展各类基础性、综合性工程建设。从满足全省交通数据共享与交换的需求出发，将工作重点放在全省交通通信网络建设整合、数据共享交换平台、公共GIS平台、出行服务系统、应急指挥系统等基础性、综合性项目上。各业务单位的信息化建设，交通厅主要从规划层面做好总体设计、在项目管理方面加以指导和支持，确保各应用系统的数据进入厅数据中心，实现数据共享与交换。

4. 加大应用系统开发推广力度

针对业务需求，做到快速响应，积极引导，加大应用系统的开发与推广力度。一是配合厅建管处、监察室，重点开展工程建设领域项目信息公开和诚信体系建设工作，收集、整理各项目信息，建立交通工程建设领域项目信息公开专栏，完成交通建设市场2010年信用评级工作；二是配合厅规划处建设覆盖全省交通系统的省市县三级网络统计报表平台，实现全省交通行业数据的分级填报、审核、汇总和统计分析等功能；三是配合厅办公室，实现全省交通系统网上电子公文交换；四是配合厅法规处，完成超限运输审批

的网上登记、审核、打证、查询，并实现与执法部门的数据交换。

5. 加强内部管理，提高服务水平

一是对制度进行清理和完善，强化制度的执行力；二是加大对中心人员的业务知识培训和交通专业知识培训，主动深入了解、理解交通业务需求，积极引导业务管理由传统手工方式过渡到依托信息化技术的现代化管理；三是积极探索切实可行的考核和激励奖励办法，提高职工的积极性。

在交通信息化建设工作中，信息中心一定要强化宗旨意识、忧患意识和服务意识，紧密围绕交通建设和管理中心工作，为领导决策、行业管理和社会公众提供优质服务，以信息化推进现代交通运输业的快速发展。

转方式，调结构，全面提升港口信息化水平

李乃宾
（青岛港集团信息中心　青岛　266011）

青岛港在省、市、部的正确领导下，大力推进信息化与工业化的融合，以信息化改造港口传统产业，着力提高港口现代化管理水平，促进港口经济结构调整和优化升级，保持青岛港的跨越式发展，提出了建设东北亚国际航运信息服务中心、打造“智慧港口”的总体目标，努力使信息化成为港口不断进步、创造辉煌的最强驱动力和第一生产力。

一、创新思想，把握港口信息化创新方向

青岛港在国家信息化发展战略指导下，在发展战略上不断开拓进取，不断寻求青岛港跨越式发展的新方法、新思路。在历经实行局长负责制二十多年来的建设和发展历程中，青岛港发生了翻天覆地变化，2010 年港口吞吐量将达到 3.5 亿吨，未来 5 年的目标要达到 5 亿吨。港口的快速发展，对我们信息化工作提出了更高的要求。因此，我们要进一步解放思想，加快港口信息化的步伐，实现科学发展、率先发展。

（一）促进港口发展方式转变，实施“三个推进”

信息化建设作为港口发展的重要助推器，港口的功能由此而发生突破性的、革命性的变革。我们将紧密围绕科学发展上水平这个核心，实施“三个推进”：一是推进信息化与工业化融合；二是推进港口信息化向信息化港口转变；三是推进青岛港向第四代港口转变，坚持走中国特色的自主创新的道路，加快信息技术改造传统产业的步伐。

（二）全面提升港口经济发展的内生动力，强化“五个服务”

“五个服务”，一是服务于转方式、调结构；二是服务于市场开拓创新；三是服务于提高港口集疏运能力；四是服务于集团五级管理管控一体化；五是服务于客户一站式业务需求。以信息化拉动港口经济发展，确保港口吞吐量不断增长，装卸效率不断提高，确保青岛港信息化建设达到国际先进水平。

（三）打造全国港口航运信息服务品牌，加快“三个发展”

一是发展综合运输体系。围绕国际航运信息中心建设，提高港口资源配置能力、国际航运服务能力，大力发展多式联运，建设虚拟组合港、无水港，提高港口综合服务能力和水平，实现以港口为核心、多种运输方式的高效衔接，高效协同运作，提升中国港口物流信息枢纽地位，提高国际竞争力。

二是发展服务市场化。加快区域性港口物流协同信息服务平台的开发，提高港口综合服务能力，推广服务平台化，向多元化、社会化、网络化信息服务模式转变。建立跨国界、跨地区的物流信息服务体系，努力满足港口外延发展战略的需要。

三是发展第四方物流。以整合物流供应链为己任，通过对拥有的资源、能力和技术进行整合和管理，成为行业物流供需链的组织者和管理者，促进港口和相关企业由第三方物流向第四方物流转变。

二、创新发展，推动港口向现代物流服务行业转型

全力推进信息化建设，以信息化带动港口物流行业快速发展，更好地服务船公司、货主等各类客户，

满足海关、海事等监管单位的业务需求，一直是青岛港不懈追求的努力方向。多年来，青岛港始终把信息化作为促进港口产业升级换代的重要手段，坚持走自主开发的道路。按照集团常主席、总裁提出的信息化建设“四个一体化”（决策与经营一体化、开发与管理一体化、规划与实施一体化、服务与拉动一体化）的指导思想，成功实施了“三大工程”（EDI 工程、青岛港信息港技改工程、青岛港现代物流及电子商务系统工程），建设了“四大中心”（沿海港口技术先进的 EDI 信息中心，集成度高、可视化的生产指挥中心，支撑保税港运作的物流信息中心以及港航领域现代化的公安 110 指挥中心），实现了港口生产管理由传统模式向现代化方式的转变。特别是建设完成的青岛港现代物流及电子商务系统工程，为客户提供了全面的信息服务，强化了港口物流信息枢纽的地位。在项目建设过程中，交通运输部各级领导高度重视，精心组织知名专家，提出了宝贵的建设性意见。2009 年 5 月，该项目通过了交通运输部组织的成果鉴定，达到了国际先进水平，2010 年荣获中国港口协会科技成果二等奖。

（一）高水平建设了公共信息平台，为口岸各类群体创造了统一的物流业务交互环境

按照国家加快建设区域物流公共信息平台的发展导向，青岛港加快物流新技术的开发与应用，推动港口与物流企业之间、企业与客户之间、各方与口岸监管之间的物流信息共享，打造一站式服务。通过整合信息资源，搭建起了服务口岸物流相关方的公共信息平台，充分发挥港口作为口岸物流信息枢纽的作用，综合利用物流信息资源，为用户提供所需的信息服务，共享口岸的船、箱、货等动态信息，并广泛开展物流电子交易及信息增值服务，促进了相关企业物流业务电子化。

目前，平台日访问量达数百万次，网上注册用户达 18 000 多家。范围覆盖海关、国检、海事等口岸监管部门，船公司、铁路、公路等运输企业，箱站、仓储、货代、供货商等物流企业，钢厂、炼厂等生产企业以及银行等金融部门。

（二）高标准建设了物流业务信息系统，提升了港口物流供应链各方的业务处理能力

围绕港口物流业务，运用自动化、图形化等技术，实现了物流作业过程的优化管理和智能控制，促进了以港口为核心的物流供应链系统建设，完成了 40 多个基础应用系统的开发实施。开发的码头、场站、仓储、运输等各类信息系统，已经在青岛、日照、威海、德州等山东半岛地区的 30 多家大型物流企业推广使用，提高了供应链各方整体的信息化水平。

物流供应链基础应用系统的建设，促进了港口生产经营模式的转型和业务流程优化改造，改善了港口的综合服务环境，为充分发挥港口物流枢纽的信息资源优势奠定了基础。

（三）信息服务促进了口岸环境的健康协调发展，社会效益显著

我们始终坚持“实践是检验信息化建设成效的唯一标准”，高度重视经济效益与社会效益，在服务口岸各类用户群体、降低社会化物流成本、促进相关企业协作等方面取得了显著的成效。

第一，促进了港口经济发展。物流公共信息平台的服务功能已延伸至德州、西安、郑州、成都、新疆等内陆区域，拓展了我们货源腹地，达到了将“码头搬到内陆”的目的。

第二，创新了口岸物流服务模式。充分发挥港口物流核心节点的作用，通过为港口物流客户建设供应链信息系统，建设了实现信息资源共享的物流信息一体化网络体系，探索出了一种基于口岸物流的第四方物流模式。

第三，提升了口岸整体协作水平。通过实现以港口为核心的物流链各方信息系统与海关、国检、海事等监管部门信息系统的联网，促进了口岸用户与监管部门的业务协同，建立起顺畅的口岸环境。

三、创新目标，促进港口经济快速协调发展

（一）开拓国际、国内区域性港口物流信息服务协同业务

在交通运输部的领导下，作为“中加信息高速走廊”项目的参与方，青岛港正以《中加先进技术与供

应链管理联合研究计划》为指导，开展国际物流信息协同服务平台的研究工作。同时，青岛港在当前的工作基础上，深入研究云计算、物联网等先进理论及技术，进一步开拓跨国度、跨地区的区域性港口物流协同业务信息服务功能，推动创新区域物流在多式联运方面的业务协同新模式。

（二）全面发展电子数据交换和标准化技术研究及应用

为贯彻落实国务院《物流业调整和振兴规划》精神，大力推进信息化与工业化的融合，运用现代信息技术，促进我国现代物流一体化运作，建立布局合理、衔接顺畅、能力充分、高效便捷的运输体系，促进交通运输业向现代服务业转型。我们联合有关合作方，提出了建设《海铁公多式联运信息化项目》的实施方案。项目的简要情况如下。

1. 发展需求

随着中国经济的崛起，中西部地区经济高速发展，国内各大沿海港口货源腹地不断向内陆延伸，集装箱多式联运取得了长足发展。以青岛港为例，先后开通了郑州、西安等集装箱大列专线；同时在山西、陕西、新疆等省市发展内陆场站，积极开展国际海铁联运和大陆桥过境运输。

随着货运量的不断增长，提高港口、铁路运输效率的需求进一步提高。同时，完整有效的多式联运信息体系尚未形成，各种不同运输方式之间、跨行业之间信息标准不统一、传输不畅，影响了我国现代物流的发展。

2. 发展目标

以全面提高港口物流和铁路、公路运输行业的信息化水平为目标，共同推进我国跨行业信息共享与交换体系的建设，促进信息资源的整合与利用。

3. 建设内容

一是推动多式联运物流标准化的建设。研究和推进适用于我国港口物流、铁路运输、公路运输及其他物流企业信息交换的规范和标准体系，推动我国多式联运领域信息技术标准化体系的建立和完善。

二是建成跨行业的公共信息服务平台。以大交通理念为指导，整合不同运输方式现有的信息资源，构建起与我国大运输体系快速发展相适应的跨行业信息共享与交换体系，实现跨域信息资源的全面整合与有效利用，为现代物流企业提供多种形式的信息增值服务，推动我国综合交通运输体系的发展。

三是推动交通运输行业基础应用系统的持续完善。在交通运输部、铁道部等有关部门的组织和协调下，联合开发一批标准化物流应用系统，推动港口、铁路、公路信息系统的互联互通，进一步提高我国交通运输企业的信息化服务水平。

四是协同推进物流服务的社会化和专业化。推动运输、仓储、联运等企业的功能整合和服务延伸，促进交通运输与物流服务的进一步融合，加强与物流企业的互动发展，为物流供应链上关联企业提供社会化、专业化的物流服务。

（三）做好发展规划，树立更高奋斗目标

目前，青岛港正在进行“十二五”信息化发展规划的制订，可以用三个“零”来描绘未来的目标。一是青岛港的信息化系统与外部相关的系统要实现“零缝隙”对接；二是信息系统更为智能化，业务运作信息数据处理实现“零延迟”；三是信息系统更为安全可靠，实现“零故障”。

我们要在交通运输部的正确领导下，深入贯彻落实科学发展观，使信息化成为节能减排、发展低碳经济的重要力量，促进港口加快“转方式、调结构”，在推动交通行业科学发展的过程中，发挥港口信息化更加突出的作用。

北京市交通信息化智能化建设现状及发展规划

黄建玲
（北京市交通信息中心　北京　100053）

一、北京交通信息化发展概况

近几年来，北京交通信息化智能化建设取得了一定的成绩，建成了一批卓有成效、具有良好示范效应的工程项目，提高了交通现代化管理水平和交通运营效率，在2008年北京奥运会交通运输保障中发挥了重要作用，并且为方便公众出行、政府决策和企业运营管理提供了重要的支撑。北京信息化智能化交通系统中各领域建设的基本情况如下。

1. 地面公交

智能化和信息化技术在公共交通运营、管理和服务中得到了广泛应用。

首先，建成了地面公交智能调度指挥中心、公交救援抢险、枢纽站运营管理调度、乘客信息服务等9大应用系统，地面公交智能调度运营体系基本形成。

其次，建成了大容量快速公交（BRT）智能系统，包括站台和途中监控、车辆智能调度、智能站牌、路口公交信号灯优先等子系统，实现了BRT的"人—车—站—道"一体化，充分发挥了公交优先、合理调度、快速上下、安全舒适、人性化服务等功能，使整条线路运营效率、准点率均得到提高。

再次，建设了奥运公共交通运营管理系统，涵盖34条奥运专线、2 000辆奥运车辆的运营组织与调度，对重要场馆进行交通仿真，优化了运营组织方案，提高了运营管理水平，保证了观众及时、安全、顺利地出行。

2. 轨道交通

在轨道交通方面，形成了由中心指挥系统、自动售检票系统、乘客信息系统、综合监控系统等10多个应用系统组成的轨道交通智能化运营体系。

同时，建成了北京轨道交通指挥中心，集中设置了14条轨道线路的控制中心，目前已有9条线路OCC在指挥中心投入运营，整合了各条线路行车、客流、视频图像等信息资源，实现了运营的"统一指挥、逐级负责、协调动作"。

此外，建成了路网票务清分清算管理中心，实现了一票通、一卡通在轨道路网内无障碍换乘和票款实时清分清算、客流数据统一处理分析。

3. 省际客运

在省际客运方面，建设了长途客运联网售票系统，实现了全市11个客运站和70余个代售点的省际客运联网售票及费用结算，年代售票量约10万张，实现了信息查询、网上订票等信息服务。

在部示范工程的支持下，建成六里桥省际客运信息系统，重点建设了旅客信息服务、站务运营管理、监控指挥等系统，实现了客运车辆站内的全程规范化管理与车辆在途监控和到站预报等功能。

4. 货运

在货运方面，全市3 175辆危险化学品运输车辆全部安装了GPS定位设备，建立了两个企业监控平台（天泰雷兹和瑞图万方）。

5. 出租

出租行业建成了金银建等5个出租汽车监控调度中心,实现了信息采集、调度、安防和运营管理四项功能;开通了96103和961001两个叫车电话,总入网车辆3万辆,日叫车服务近8 000次。在2008年北京奥运会期间,提供8种语言(英、法、德、日、韩、俄、西班牙、阿拉伯)在线实时翻译,为各国朋友提供了出租汽车指路服务。

6. 停车

停车行业已建成全市停车电子地图系统,同时建成了王府井大街、西单商业区、崇文门新世界和金融街等区域泊车诱导系统,覆盖83家停车场、7 620个车位,设立了170块电子诱导显示屏。

7. 道路交通安全管理

建成了指挥调度集成系统、交通信号控制系统、交通综合监测系统等,建立了以现代化交通指挥中心为核心的三级指挥体系。

8. 公路管理与服务

在公路方面,初步建成了交通调查、运行状态检测、视频监控、轴载检测、VMS等公路交通运行信息采集与服务设施,为公路规划、设计、养护、应急管理提供了支撑。

9. 政府管理和应急处置

构建了北京市交通政务专网,初步建设了交通专题电子地图以及全市道路,运输行业、人、车户,行业执法三大基础数据库。

建设了网上审批系统,百分之百地实现了行政许可和服务事项的一口受理,规范了审批流程。

建成了交通安全应急指挥中心,在全国率先开展省级路网管理与应急处置系统的建设,提高了交通行业应急指挥和快速处置能力。

开展了北京市交通行业数据中心建设,整合了交通委系统资源、交通行业(公交、地铁、一卡通等)重要数据资源,建设了数据标准规范和信息资源目录、共享交换平台、综合数据库、数据展现系统及典型应用、运行管理系统。

10. 决策支持

研发了交通运行智能化分析平台。平台集道路交通、公共交通运行监测、规律分析和发展预测于一体,为政府制订交通发展战略、规划和行业管理提供服务。平台在奥运交通组织和运行监测、“每周少开一天车”运行监测、公交改革评价和专用道规划等方面进行了广泛应用。目前,基于平台的“交通系统运行周报”已经成为主管市长和市政府主管部门掌握交通系统运行状况的基本手段。

11. 电子收费

建成了市政交通一卡通系统,覆盖全市地面公交、轨道交通和部分出租车及停车场,累计发卡量3 392万张,活跃卡1 259万张。2009年日均发卡16 648张,2009年日均消费1 324万笔,其中公交1 146万笔,地铁172万笔,出租0.28万笔,等等。

此外,建成了高速公路不停车收费和停车刷卡收费两种形式的电子收费系统。该系统作为交通运输部区域联网不停车电子收费系统的示范工程,已建成238条ETC车道,覆盖全市条高速公路的所有收费站点。自系统试运行以来,已发行电子标签14.2(EBU)万只、IC卡15.2万张,平均日交易量已达9.93万辆次,约占日交通总流量的15%,局部路段超过20%。

12. 公共交通信息服务

初步形成基于网站、服务热线、交通调频广播、路侧情报板、动态车载导航仪、手机短信等多模式、综合性的交通信息服务。

基于北京市运营的出租车辆,自主研发了世界水平的浮动车动态交通信息服务系统,实时发布市区全路网的路况信息，路况信息每5min 更新一次。目前，该系统已使用浮动车 13 000 辆，生成的动态信息准确率达到 85%，高峰时段覆盖北京全市域 90% 以上的道路。

建设了全国首家综合性的公众出行服务网站。2006 年 4 月，该网站正式对外发布，以交通行业信息资源为依托，主要面向公交乘客、自驾车出行者和长途旅客三类对象，提供了城市道路实时路况、高速公路事件、占路施工、公交地铁换乘、长途客运班线班次和票价等 25 项服务。

2008 年北京奥运会举办前，北京公众出行网站全面改版，推出了全新的北京交通网（www.bjjtw.gov.cn），整合了政务网站和出行网站，并面向奥运交通需求建设了奥运交通中英文网站，为奥运大家庭成员、北京市民、中外游客提供了直观实用的出行服务和丰富多彩的出行咨询。网站总页面浏览量达 594 万次，日均页面浏览量超过 10 万次，奥运期间日点击次数突破 160 万次。

在 2008 年北京奥运会举办前，与中国移动北京分公司合作，正式推出了交通信息手机发布系统——"掌上交通指南"，通过短信、手机上网和拨打 12580 热线的形式向出行者提供城市道路、立交桥和高速公路路况及动态路径规划服务。此外，奥运会期间推出了中、英、日、韩、粤五种语言的交通出行服务和在线翻译服务。该业务已由北京移动在 2007 年 5 月底正式推广。目前，该业务占 12580 热线日均呼叫量的 60%。

2008 年 1 月，推出了国内首款具有自主知识产权的动态车载导航仪。该导航仪可以实时接收动态交通信息发布系统提供的交通信息，并根据出行的起止点向驾驶员提供最少时间、最短距离、最经济等多种最优路径选择，引导出行者到达目的地。其特点是结合动态交通信息，减少车辆在道路上的行驶时间，并且最终实现交通流在路网中各个路段上的合理分配。

2008 年北京奥运会举办期间，自主研发的动态车载导航仪在奥运服务公务用车、志愿者运输车辆、新能源车辆、非注册媒体用车和保点出租车等 500 余辆奥运相关车辆上安装使用，为上述车辆提供动态导航信息服务。目前，北京市车载动态导航用户已超过 5 000 个，手机用户超过 13 万人。

13. 相关标准规范制订情况

完成了《卫星导航动态交通信息交换格式》，已通过国家标委会和专家审查，批复国标号（20081470—T—520）；完成了交通运输部《交通信息基础数据元集》系列标准中的第九部分《建设项目信息基础数据元》和第十三部分《收费公路信息基础数据元》标准；制订了《北京市交通委员会电子政务数据指标体系编码要求》，涵盖了 10 个信息域，2 364 个信息项，293 个数据字典，11 193 个数据字典项以及 26 个编码规则；发布《出租车 GPS 车载终端技术要求》、《出租监控调度中心技术要求》；完成了《北京市公路交通运行管理智能化设施设置要求》初稿。

二、北京交通信息化面临的问题

1. 北京交通发展面临的新形势

2008 年北京奥运会结束后，北京进入了一个新的发展阶段。北京市委市政府站在新的起点上，提出了"人文北京、科技北京、绿色北京"的战略目标，并明确将北京建设成为"世界城市"，对交通支持和服务首都经济社会发展提出了新的更高的要求。同时，北京市交通发展主要面临着以下两方面挑战：

（1）做好北京的"四个服务"，迫切需要推进和完善综合运输体系建设；

（2）机动车保有量迅猛增长和使用强度居高不下，改善道路交通运行状况和空气质量的压力越来越大。

2. 交通信息化面临的重点和难点问题

已开展的信息化智能化建设，提升了北京交通的管理与服务水平，但是还存在以下一些重点和难点问题：

（1）交通运输企业核心业务的信息化和智能化水平相对较低；

(2)基础设施关键技术研发与推广应用有待进一步突破；

(3)基础数据整合、共享、利用程度低；

(4)交通运输领域核心技术国产化、产业化发展不充分。

三、下一步交通信息化的发展思路和近期的重点工作

1. 以三个交通行动计划为指导思想

为深入贯彻落实科学发展观，建设“人文北京、科技北京、绿色北京”，2009 年 7 月，北京市政府下发了《北京市建设人文交通科技交通绿色交通行动计划(2009 年—2015 年)》。同期，北京市政府首次召开了“北京市交通行业科技创新大会”，北京市交通委提出了以科技创新支撑和引领交通发展，大力增强全行业的科技创新能力，加快推进“人文交通科技交通绿色交通”建设。

(1)按照“服务出行、突出创新、资源共享、带动产业”的基本方针，全面提升北京交通行业科技水平，促进交通可持续发展；

(2)立足行业、面向交通，做全政府管理技术支持，做大交通信息资源整合，做强公众出行信息服务，做精交通信息技术研究，实现交通科技信息化的跨越式发展；

(3)紧扣人文交通科技交通绿色交通行动计划，重点支撑“‘公交城市’建设”、“路网承载能力提高”、“交通精细化管理”三项行动。

2. 信息化总体规划

北京市计划用三年时间，建设完成“一个中心、三项工程、十八个任务”，带动全行业基本实现全方位信息化和智能化建设。

“一个中心”是指建设北京市交通运行协调指挥中心(TOCC)；“三个工程”是指信息化应用工程、公众服务工程和公众服务工程；“十八个任务”是指 TOCC 信息化环境建设、交通基础设施运行数据采集整合系统、运输行业运行数据采集整合系统、交通地理信息系统升级改造、信息化应用工程、决策支持与仿真系统、重大事件与应急指挥系统、交通委业务管理信息系统、交通行业诚信管理系统、全路网养护管理系统、桥梁隧道道口安全防护与监测系统、轨道交通运营安全与养护管理系统、轨道交通自动售检票系统国产化、地面公交运营服务与智能管理系统、综合交通枢纽智能化系统、自行车租赁服务系统、交通运行综合信息发布系统、新型公众出行信息服务系统和交通信息服务质量检测及产业化。

3. 信息化建设目标

(1)建成交通运行协调指挥中心(TOCC)

建成交通运行协调指挥中心和路网运行、运输监管、公交安保三个分中心，形成一体化、智能化的综合交通指挥支撑体系，成为数据共享交换中枢、综合运输协调运转中枢、信息发布中心，紧急情况下为交通安全应急指挥中心，建成全国首个城乡一体化的交通运输综合指挥中心。

(2)完善信息化基础设施

建成全路网(含高速公路、城市道路、普通公路)、各种运输方式(含公共交通、货运、停车等)、居民出行的数据采集系统，动、静态交通数据采集、整合、利用达到 90% 以上。高效支撑交通规划设计、日常管理、安全应急、政策制定与公众服务。

(3)提升信息化应用水平

提升交通精细化管理能力，即实现政府办公、实现业务协同，许可与服务实现百分之百信息化，实现行业骨干企业核心业务与管理百分之百实现信息化。

提升路网承载能力，即实现全路网养护管理百分之百信息化，实现重点路段、桥梁、隧道、道口安全防护与监测，道路基础设施的安全水平大幅提升，道路基础设施寿命明显延长，养护管理效率大幅提高。

支撑“公交城市”建设，即实现轨道交通、地面公交运营调度和枢纽服务智能化，提供安全、便捷、舒

适、高效的公共交通服务；建成东直门等综合交通数字枢纽，提升枢纽换乘服务水平；自行车租赁实现网络化服务。

(4)进一步提升公众出行服务水平

构建新型公共交通出行信息服务体系，实现地面公交、轨道交通、换乘枢纽全方位出行信息服务；拓宽信息服务渠道，实现信息服务与新媒体的结合；建立交通信息服务产业联盟，推动具有自主知识产权的动态导航核心技术设备成果转化，使公众出行服务满意度大幅提高。

4. 2010 年交通信息化重点工作

(1)建成北京市交通运行协调指挥中心(TOCC)；

(2)完成公路交通数据采集整合；

(3)开展轨道交通换乘客流检测示范；

(4)建立轨道交通基础数据库；

(5)建设东直门综合交通数字枢纽；

(6)建设市郊公交营运服务与智能管理系统；

(7)建设出租行业运营数据采集分析和安全监管系统；

(8)建设北京市行政区路网宏观评价系统；

(9)进一步扩大 ETC 使用规模，扩建收费车道，开始与河北、天津开展 ETC 联网互通调试；

(10)推动动态导航终端在物流配送等车辆上的应用；

(11)开展移动通信技术应用研究。

克服困难、抢抓机遇、加快发展，开创港口信息化工作新局面

马平文
（天津港信息技术发展有限公司　天津　300456）

在建设世界一流大港总体战略的指引下，围绕推进北方国际航运中心和国际物流中心建设，天津港的发展取得了世人瞩目的成就。“十一五”期间，天津港的信息化建设紧紧围绕改革发展大局，持续完善港口信息化基础设施建设，着力推进信息技术在港口各领域的应用，积极探索信息资源整合与优化利用的有效途径，不断增强信息化支撑与服务能力，全面完成了天津港“十一五”建设与发展的主要任务。

一、通信网络基础设施进一步完善

经过“十一五”期间的建设与发展，提高了网络运行的可靠性，实现了网络病毒的有效隔离，保障了数据中心和灾备中心之间的可靠数据传输。网络基础设施的完善为天津港的建设和发展提供了优质的有线通信服务。

二、信息技术应用水平显著提高

“十一五”期间，在港口主要生产与服务领域，成功建设与实施了一批信息系统，改造并提升了一批原有信息系统，信息技术应用范围进一步扩大，应用水平进一步提高，取得了明显的成效。在天津港联盟国际、太平洋国际等公司成功实施了集装箱码头自动化作业管理系统（CTAOS）。该系统覆盖港口集装箱码头生产作业的全部领域，在可视化作业控制、智能计划、资源配置和系统的实时性等方面达到了国际领先水平，大幅降低了码头成本，可满足船舶的大型化、高速化及货主、船公司的快速运输，提高了码头运行效率；建设完成了天津港东疆港区规划与工程建设信息系统；完成了天津港口 EDI 系统升级，完善了现有 EDI 专网和综合物流信息服务系统，形成了完整、支持多种通信和数据接入、交互方式的电子单证传输系统，可以满足港口 EDI 中心发展的需要；完成了天津港办公自动化系统升级，升级系统以应用支撑平台为基础、以工作流为核心、以知识库为依托、以用户和事务为中心，实现了办文、办事、办会、催办、督办的核心功能，进一步提高了办公效率；深入研究了天津港辅助决策架构，建立了统一的数据、代码及数据接口等标准体系，创建了集团级数据仓库和公司级（联盟国际）数据仓库。

三、信息资源整合取得重要进展

为实现世界一流大港奋斗目标，切实解决系统重复建设、缺乏信息资源再利用的开发环境、整体综合服务水平不高等实际问题，根据天津港“四大产业”的发展战略和“专业化经营、集约化管理”的总体经营思路，我们积极探索信息资源整合，优化信息化资源配置，提高资源利用效率的有效途径及方式，逐步推进计算机应用系统的集中运行管理模式，使信息资源整合工作取得了重要进展。整合信息资源就是优化信息资源，天津港高度重视信息化工作中遇到的问题，不断强化信息资源整合的意识，明确整合的工作任务，使业务部门也积极参与整合推动工作。

四、信息化支撑与服务能力明显增强

天津港信息技术发展有限公司作为信息化支撑与服务的主要机构，在“十一五”期间，通过了ISO9001质量管理体系认证和高新技术企业、软件企业的认证，全面完成了港口信息化建设的各项任务。

2010年是天津港的结构调整年，要加快产业结构优化调整、布局结构优化调整和集团公司组织结构优化调整，而结构方式的调整和发展方式的转变需要信息化的支持，更需要信息化的创新。信息化工作就是要支持保证我们在生产建设、发展改革、经营管理等各方面的调整和转变，促进港口的持续发展和不断进步。随着天津港的进一步开放和港口服务功能的日渐完备，在加快建设和完善国际物流网络、发展航运产业和综合服务体系的进程中，正在形成一个庞大的信息需求市场，港口信息需要集约化、综合化、智能化和整体化，这也是港口信息化发展的唯一方向。

一是随着港口信息化建设的不断拓展和深化，信息应用系统的规模和数量在急速膨胀，重复建设日趋严重。这主要体现在运营与维护等专业技术队伍不断扩大，信息资源共享与交换日趋困难，信息化建设与运营成本越来越高。而科技的发展与技术的进步，促生了社会的专业化分工。合理的专业化分工是提高企业生产效率、降低企业生产成本的有效途径。将信息化建设与运营业务与相关的支撑业务相分离，由专业化的建设与运维实体负责建设与运维，既是降低成本、提高效率的有效途径，也是港口信息化建设与发展的必然选择。

二是随着经济全球化、全球信息化的进程不断加快，港口腹地界限越来越模糊，客户对物流全过程的综合服务要求越来越高，现代化港口之间的竞争已经不再是点与点之间的竞争，而是整个信息流、物流、供应链之间的竞争。竞争的焦点在于港口对物流网络的配置能力、信息管理能力及对客户的个性化综合服务能力。这就要求港口必须通过直接投资、兼并重组、业务合作等多种形式，在更大范围内构建以港口为核心的综合物流服务网络。通过建立高效运作的综合物流信息平台，协同客户服务过程的各个环节，满足客户个性化全过程综合服务需求。

三是在港口实现计算机管理、网络管理之后，通过计算机采集数据、处理、传输相关信息，由过去人工数据处理方式转变为计算机处理，这是对传统运行机制的突破性改进。然而，信息化不仅仅是将手工数据处理方式转变为计算机处理，也不仅仅是对传统的经营、管理、生产等环节进行简单的计算机模拟与再现，而是在基本业务实现计算机化的基础上，综合运用信息技术实现高效管理和科学决策，达到有效应对复杂多变市场、赢得竞争优势的目的。

四是随着港口信息化的不断发展，与港口业务相关的信息均在逐步数字化、网络化，信息资源日益成为港口的主导资源，信息网络、系统和平台日益成为港口业务运作的主要依托，信息网络、系统和平台的安全性、可靠性、可控性只有靠信息资源的整体化实现。所以，强化信息资源的完整性、一致性和保密性，信息系统的可靠性，信息网络和平台的安全性和可控性是港口信息化的重中之重。

天津港在2010年信息化工作任务是：全面贯彻落实科学发展观，积极推进信息资源整合；紧密围绕发展战略，以建设智能化、数字化港口为目标，完成“十二五”期间信息化发展规划和港口信息业务发展纲要的编制；加强信息基础设施建设，进一步优化资源配置；加强产品研发与自主创新，进一步提升信息服务水平；加强信息化管理工作，促进港口信息业务的发展。

围绕天津港在“十二五”期间规划确定的总体目标，到2015年，天津港信息化发展环境将更加完善；以运营中心为载体、集中化建设与运营、分散化应用的集约化信息化发展模式基本形成；综合物流信息服务水平大幅提高；信息系统的安全性和可控性明显增强；基于信息资源的辅助决策水平显著提升。

（1）完善集装箱系统运营中心，建立散杂货系统运营中心，将全部集装箱及散杂货码头公司的信息化建设与运营业务纳入集装箱系统运营中心和杂货系统运营中心，信息系统的资源利用率提高20%～30%。

（2）建立综合物流信息管理平台，全面支撑天津港物流服务全过程的高效运作。整合天津港物流版块业务80%以上，接入平台的客户占天津港客户的80%以上，实现与海关、商检、海事、边防、外管、国税等政府监管机构系统集成。

(3)完善天津港数据备份中心，构建实时的容灾数据库系统，在生产系统出现故障时保证关键数据的安全性，并将业务系统较快地切换到灾备系统，保障生产业务连续运行。在生产系统正常运行期间，灾备系统可以提供报表查询和决策分析的支持，分担生产系统的业务压力。

(4)全面实施天津港辅助决策支持系统，实施范围覆盖集团公司主要职能部门和80%的业务公司，在发展规划、服务质量、定价策略及资源配置等方面提供有效的决策支持。

(5)天津港通信专网预计实装电话数量达15 000个，固定电话普及率达95%，数据宽带业务普及率达90%，数据宽带总出口达1 000m。同时，将以光纤网络为主要载体，逐步实现光纤到楼宇，并积极探索“三网融合”模式，以新一代通信网络为支撑，以用户需求为导向，以业务应用为主线，打造功能齐全、服务多样、特色鲜明的高带宽、多业务综合承载有机结合的港口信息网。

当前，国际金融危机对港口经营的影响尚未消融，国内外经济恢复的速度还比较慢，但我们也面临着一些难得的发展机遇。我们应该抓住机遇，迎难而上，调动积极因素，促进结构调整和发展方式的转变。加强交通信息化建设，加速物流信息化的建设，使港口信息化跟上世界经济飞速发展的形势，全面提升行业竞争力和企业竞争力。

福建交通运输信息化的发展思路和举措

梁金焰
（福建省交通信息通信中心　福州　350001）

随着海西交通三大建设的不断推进，福建交通的基础设施建设将逐步完善，交通运输的重点任务将从基础建设逐步向管理和运营转移，通过交通运输信息化提高管理水平和运营效率已经成为必然的选择，信息化将在转变福建交通运输发展方式、建设海西现代交通运输业中承担着重要作用。本文将从我省交通信息化发展现状出发，思考我省交通信息化的发展思路，提出具体举措。

一、信息化发展现状

“十一五”以来，在厅党组的领导下，交通运输信息化工作坚持服务交通三大建设，统筹规划，加强信息技术应用，在电子政务、智能交通、公众信息服务等方面取得了长足的进步。交通管理部门的管理效能明显提高，推动了交通运输管理方式的转变。一是在电子政务方面，开展了电子办公、行政审批及网站服务，建设了语音专网和视频会议系统，极大地提高了办公效率。2009 年，获全省省直部门电子政务绩效考核和政府网站建设第一名，并在全国交通系统部省网站共建综合考评中获第六名。二是全省智能交通建设和应用力度不断加大，已全面覆盖交通建、养、管、运各个业务管理领域，其中全省营运车辆卫星定位安全服务系统等多个项目获得 2009 年度福建省科学技术一、三等奖。三是交通公共信息服务水平明显提高，实时提供全省国道、省道、县道和主要城市的交通拥堵等路况信息，实现交通路网及交通灾害等信息在网站上的发布，提供综合公共交通出行方式策划服务，满足出行者的出行需求，两岸三通频道提供两岸通航、通邮等信息服务，极大地提高了海西交通公众信息服务水平。

二、交通运输信息化的发展思路

随着交通信息化建设不断推进，信息技术在交通各个领域应用逐步广泛深入，信息化的成效逐渐显现，但从整体而言，我省交通信息化工作与交通三大建设的需求、社会公众出行服务的需求相比还存在着差距，交通信息化建设在支撑政府履职能力和对公众的服务能力方面有待于进一步提高。李盛霖部长在 2009 年 12 月交通运输信息化工作专题会议上指出：要高度重视信息化在新时期交通运输发展中的地位和作用，切实加强资源整合与信息共享，加快交通运输信息化建设，全面提升交通运输行业决策分析能力、运行保障能力、安全应急能力和社会服务能力，大力推进现代交通运输业发展。根据李部长关于信息化工作“四个能力”的总体要求，我省交通信息化工作思路必须从信息的获取、信息资源的共享和整合、信息服务的内容和形式等方面，进一步加强信息化建设，促进交通运输建设、管理和运营的制度化、规范化，为海西现代交通运输业的建设提供更加有力的技术支撑。

1. 注重信息获取的全面和高效

一是要求全面获取所有业务信息，包括静态信息和动态信息；二是获取范围全面覆盖省—市—县各级交通管理部门；三是利用 GIS、GPS 以及 RFID 等物联网最先进的信息技术，获取及时、动态的公路车流量、车船位置和状态、交通重点路段、桥梁等状态监控等信息。

2. 注重信息资源的共享和整合

需要进一步广泛深入开展全行业的信息交换、共享、整合，开展交通信息资源的综合利用和开发，通过福建交通数据中心分布体系的建设，促进部门间业务协同，全面提升各级交通主管部门的日常管理及应急处理能力、决策能力、公共服务能力。

3. 丰富交通信息服务的内容和形式

交通信息服务核心是满足政务管理和公众信息需求，是“以人为本”的重要表现。一是在信息资源共享的基础上，面向交通系统内部和外部，全面提供不同层次的交通地理信息及功能共享服务，促进交通地理信息的高度共享。二是统一规范的交通动态位置信息服务，为政府管理部门、企业、公众提供统一规范的车辆动态位置信息服务，强化政府安全管理和行业监管，方便公众出行等。三是便捷、权威的许可审批、信息咨询及投诉受理，为公众、企业提供一站式的服务，并在通信手段、终端服务上提供多种方式选择。四是加强交通物流公共信息服务，引导行业物流企业的信息化建设，为企业提供物流链信息服务，为政府监管提供评价、企业信用管理等服务。五是进一步深化交通公众出行信息服务，通过各种媒体提供“出行前”和“出行中”信息互动，为百姓制订出行计划、优化行车路径等综合信息服务。

三、交通运输信息化的目标与发展举措

福建交通运输信息化发展目标是搭建基础平台、理顺资源体系、促进业务协同、拓展公共服务，围绕“大港口、大通道、大物流”，推动海西交通现代化。在近期一段时间内需要通过交通物流公共信息平台、路网管理及应急指挥平台等重点项目建设，全面推进交通运输信息化不断向前发展，具体举措如下：

（1）整合交通网络资源，利用省政务外网的网络资源，搭建覆盖“省—市—县”，集数据、语音、视频为一体的交通信息通信网络。

（2）建设完善以交通数据中心为主，以高速公路、普通公路、运管和港航数据分中心为辅的省级交通数据中心体系，试点建设地市级交通数据中心，理顺数据标准规范体系，逐步形成交通信息主题数据库、元数据库和资源目录的展示和交换机制。

（3）依托交通数据中心，制订交通地理信息访问接口规范，重点建设交通地理信息公共服务平台，为各类交通应用提供地理信息应用服务构件，促进交通地理信息的高度共享。

（4）以业务需求为导向，整合、完善和开发需求迫切的运政管理、公路管理、港航管理和综合管理四大类行业管理应用，实现路况等交通基础运行状态信息的动态采集，全面提高行业监管能力。

（5）完善公众出行信息服务系统，建设路网管理及应急指挥、港航及地方海事管理及应急指挥、交通物流公共信息和道路长途客运等一批支持保障信息平台，推动交通公共服务的创新，提高公众服务能力。

（6）改善福建交通运输信息化发展环境和信息安全保障体系，促进信息化科学发展。

四、预期成效

通过信息化重点项目的实施，以“一基础、一中心、两体系、四领域”为特征的福建交通运输信息化综合平台总体架构将更加完善，福建交通在电子政务、智能交通、物流和公众信息服务四大领域应用方面进一步强化，将更好地满足交通运输基础设施日常运营管理要求，并实现应急处置和指挥调度，提供全面的公众出行信息服务，为促进福建交通发展方式的转变以及资源节约型、环境友好型的海西交通建设提供良好的技术支撑。

1. 电子政务

交通信息通信网络全面覆盖省、市、县三级交通运输各级管理部门、单位和重点企业。通过公路、水路等交通行业综合性管理平台，高度整合行业管理信息资源，实现信用、行政执法等管理的信息化，满足建设、养护与运输市场的监管要求，推进福建交通运输“诚信行业”建设。交通各级主管部门通过统一的

门户，实现协调统一的网上交互式办公和行政审批，向公众、企业及社会提供优质、规范、便捷、透明、全面的一站式交通运输政务信息服务。

2. 智能交通

为交通各级管理部门提供综合预测、指挥调度、应急保障等支持，实现路网重要路段、桥梁、隧道、运输场站、服务区监测和预警，提供各大港口、闽江等重要水域和航段通行状态实时监控服务，满足交通运输日常运营管理及调度、交通运行综合分析决策等要求。在路网、航路发生交通事故、突发事件和特殊气候等异常情况下，提供相应的对策与预案服务，统一调度各方力量，缩短反应时间，预防连锁事件的发生，提高交通应急事件的快速反应和处置能力，提高交通基础设施运行能力和效率，节能减排，减少事故，促进和谐交通建设。

3. 物流信息化

福建交通物流公共信息平台初见成效，实现了与电子口岸、铁路、航空、金融、保险等行业的交通物流枢纽的对接，促进了公路、水路、铁路、民航等不同交通运输方式的有效衔接，推进了全省交通物流信息资源的广泛整合，实现"一票到底、一单到底"，实现了货物快运和"门到门"的物流配送服务；提升了物流企业信息化水平，实现了企业之间，企业与政府之间，企业与海关、口岸、金融、保险等服务部门之间的信息有效融合，实现了企业信誉、征信、保险的信息互通以及物流链的全程可视化跟踪与协同作业；提供了政府宏观决策分析服务、应急物流及运力资源调度管理，促进交通综合运输发展。

4. 公众出行信息服务

在公路、水路及民航等信息资源整合的基础上，通过互联网、呼叫中心、移动终端、交通广播、路侧广播、图文电视、车载终端、可变情报板、警示标志、车载滚动显示屏、公共场所内的大屏幕、触摸屏等显示装置，为使用公共交通方式的出行、自驾出行的公众提供以下信息服务：路网、航道通行状态、拥堵信息；沿线服务设施、旅游景点；沿线气象，特别是雾、雨、雪等重大气象信息；计划养护或改造的路段、航道及工期；影响路段及航道交通的自然灾害、事故灾难、社会安全事件等突发公共事件；公路、水路、民航等票务、营运、站务、换乘一系列的出行信息服务以及高速及国道重点路段、入城路段提供交通诱导信息服务，发布行驶推荐路线。

抢抓机遇、务实奋进,积极推进交通运输信息化建设

李松涛　孔令涛
(河南省交通通信中心　郑州　450052)

近年来,河南省交通通信中心紧紧围绕全省交通事业发展的中心工作,深入贯彻落实科学发展观,坚持发展为第一要务,结合交通通信信息工作的实际,抢抓机遇、务实奋进,把贯彻落实厅党组的工作部署和强化通信中心自身建设相结合,认真履行职责,求真务实,扎实工作,取得了较好的发展成绩。

一、河南省交通通信中心概况

河南省交通通信中心成立于1996年6月,现有在编工作人员18人,长期聘用专业技术人员8人,退休职工1人。内设综合科、总工办、通信管理科、信息管理科、网站管理科五个部门。

承担的主要任务是:

(1)厅通信、信息网络设备、线路及终端的维护管理及维修;

(2)机关处室和厅直单位托管设备的监控、维护工作;

(3)主持或参与全省交通信息化建设及相关工作;

(4)河南交通门户网站的制作、维护等工作;

(5)负责交通部行业信息专网(河南接入网)、全国交通视频会议系统(河南分会场)、全省交通信息化网络平台和全省交通视频会议系统的管理、维护及运行。

二、信息化建设中采取的主要做法

1. 领导重视

随着现代信息技术的迅猛发展,交通运输行业对信息化的需求不断增强,各级领导对信息化建设重要性的认识也不断深化。厅党组高度重视交通运输信息化工作,把信息化工作摆上重要位置,列入议事日程。省交通厅成立了信息化工作领导小组,通信中心作为全省交通运输系统专业从事信息化建设的单位,也成立了信息化工程建设领导小组等组织,加强对信息化工作的领导,为信息化工作的顺利开展提供了组织保障。

2. 精心规划

近年来,我们根据河南交通运输工作实际,先后编制了《河南省交通通信信息网总体规划(2001年—2010年)》和《河南省交通运输信息化1175工程建设规划》,并分别得到了交通运输部和河南省信息化工作领导小组办公室的批复。这两个规划的出台和实施,明确了近一个时期我省交通运输信息化建设的工作目标和重点,有力推动了交通运输行业信息化管理系统的建设和应用,起到了积极的宣传和引导作用。

3. 加大投入

累计投入专项建设资金近2 500万元,用于建设高标准机房、购买更新信息化设备、构建网络平台、开发各类应用软件等工作。除专项建设资金外,近年来每年还投入信息化专项维护资金200万元左右。通过加大信息化工作的投入,有力地保证了信息化工作的顺利开展。

4. 规范管理

在信息化建设中，我们始终坚持规范建设、有序发展的原则，在部颁标准的基础上，结合河南交通运输工作实际，逐步健全和完善信息化工作制度、管理办法和相关规范，相继制订了《河南交通信息网站管理办法》、《河南省交通运输行业计算机信息网络安全保护规定》、《河南省交通运输行业信息系统技术管理规定》、《河南省交通运输行业计算机信息系统保密管理暂行规定》等制度和管理规定，保证了信息化建设有章可循，使信息化工作逐步走向规范化、制度化、程序化的轨道。

5. 注重实效

在信息化建设工作中，深入调研，了解各部门、各单位对信息化的需求，在研发和应用中，注重发挥各项信息系统和平台的效能，通过各项信息系统和平台的应用，改变了传统工作模式，提高了工作效率，提升了管理和服务水平，有力地推动了各项工作的开展。

三、信息化建设工作取得的成绩

1. 完成了厅综合办公楼的弱电系统的建设工作

2003 年，按照前期完成的《河南省交通信息网总体规划》和《河南省交通厅综合业务信息网络工程可行性研究报告》，通信中心围绕交通厅综合办公楼的建设，就大楼程控交换机、计算机网络、综合布线、安防监控、系统集成等工程进行协调和实施，圆满地完成了厅综合办公楼各项弱电项目的建设工作。所有系统目前都在正常运行且完全满足实际需求，在信息化飞速发展的形势下，实现了系统建设初期提出的“五年不落后”目标，充分体现了系统设计时的前瞻性和先进性。

2. 完成全省交通系统信息网络平台及视频会议系统的建设工作

为推动全省交通信息化建设，提高行业管理水平，根据工作需求，2009 年 4 月，通信中心将全省交通信息网络平台覆盖范围扩大至扩权县(市)交通局，各扩权县(市)交通局依托此网络同时接入全省交通视频会议系统。目前，全省交通信息网络平台已覆盖省厅、十八个省辖市交通局、六个扩权县(市)交通局和十三个厅直单位，并与交通运输部相连接，其上运行有视频会议系统、财务集中管理信息系统等多个业务系统，在日常工作中发挥着越来越重要的作用。

3. 完成了交通运输部行业信息专网在我省厅的建设工作

该专网覆盖全国 41 个省、自治区、直辖市及交通系统相关单位，我厅的接入建设工作由我单位负责，全国交通视频会议系统于 2005 年底建设完成。目前，已利用该系统参加了交通运输部召开的数十次视频会议，效果良好。

4. 与厅征稽处合作完成“河南省交通规费征稽管理信息系统”项目的建设工作

参与完成了项目的网络方案设计、硬件体系设计和软件体系设计；参与完成了标书的编制、评标、定标考察、定标推荐等工作；积极参与项目实施阶段的工程管理等工作。该系统于 2006 年底实现了全省联网征费的目标，成为当时全国硬件费用最低、单日业务承受量最大的征稽系统。

5. 与厅财务处合作完成“厅财务集中管理信息系统”项目的建设工作

该系统覆盖了厅机关 3 个处室和 13 个直属单位，于 2006 年 9 月投入运行。通过该系统，进一步加强了对所属单位财务监督和管理，提升了省交通系统的财务管理和会计核算水平，促进了财务管理和会计核算工作从核算型向管理型的转变。

6. 配合厅办公室、行政服务大厅开发了高速公路超限站远程审批系统

该系统部署于安阳、三门峡、信阳、商丘四个省界高速公路超限检查站和新乡高速公路超限检查站，于 2006 年 7 月投入使用，月均受理超限运输申请 1 700 余条，为过往驾驶员节省费用约 60 万元。每条申请的处理时间从过去的一到两天减少到 5 ~ 10min，减少了审批环节，节省了大量的时间，极大地方便了

驾驶员，提高了办事效率，营造了良好的社会效应。

7. 积极推进我省交通信息资源整合应用工作

为加快我省交通信息资源整合工作。2008～2009年，厅科技处与通信中心联合进行了河南省交通信息资源整合课题研究。2009年12月，厅综合规划处、科技处、通信中心全力配合，对我省交通信息化发展状况、尤其是交通信息资源应用情况进行了调研。调研组对我省公路局、高管局、运输局、航务（海事）局、通信中心、联网中心的交通信息资源数据收集和利用情况进行了深入调研。在调研和资源整合课题研究的基础上，编制完成了《河南公路交通信息资源整合与服务工程可行性研究报告》，并报交通运输部审批。下一步将按交通运输部的批复意见展开工程建设工作。

8. "河南交通"网站群的建设

为建设交通政府门户网站，实现交通政府网站信息的有效整合和利用，迫切需要开发共建交通政府网站群的体系构架，我们按照交通运输部的统一要求，完成了我省交通运输网站群的建设工作。

对目前还没有网站的厅直属单位和市交通局，可直接在网站群中开设子站；对于已经有网站的厅直属单位和市交通局，通过在网站群内的信息资源共享，可迅速获取站群的最新的较全面信息，从而极大地节约信息收集和行政管理的成本。

网站群建成后，公众访问河南交通厅门户网站，即可访问到厅直属单位和市交通局网站的信息，最大限度地获取到他希望得到的信息，方便了社会公众，实现了"一站式服务"。更重要的是，河南交通网站群的建设启用，可以真正实现资源共享，提高包括信息资源在内的各种资源利用的效率，从而使政务开支减小，效率提高，体现了河南交通快捷、公正透明和高效的行业形象。在2009年河南省级政府网站评比中，"河南交通"网站获得第五名的好成绩。

四、继续做好信息化建设工作的一些思路

1. 要高度重视信息化人才的培养、引进工作

交通部门的管理人才和专业技术人才绝大多数为土木工程类、运输管理类和经济管理类，信息化人才相当缺乏，尤其是既懂交通又懂信息技术的复合型人才更为匮乏，这已成为制约、影响交通信息化建设的关键因素。因此，要大力加强对信息采集、共享、应用和安全等方面专业人员的培养，努力造就一支复合型、专业化的交通运输信息化人才队伍。同时，注重引进和使用高层次的信息技术人才，创造有利于吸引人才、培养人才、激励人才的优良环境，使信息化人才能够"留得住、用得上、干得好"。

2. 要有统一规划、建立信息资源共享机制

我省交通系统由于缺乏对信息基础设施和信息系统建设的统一规划和协调，缺乏统一的技术标准，使得交通信息化建设在起步阶段就出现了功能单一、自成体系的现象。信息化投资分散、部门分割、各自为政、管理不统一、有限的信息资源不能得到共享、低水平重复开发的现象时有发生，导致系统开发完毕后就成为"孤岛"，各单位应用系统无法互联，甚至在一个单位内部的各系统也无法互联，无法实现信息共享。在下一阶段，我们将在资源整合的基础上，加强资源共享的整合，深化信息资源的应用，大力开发面向社会公众的基础性、公益性数据库，建立和完善交通运输信息收集、处理、交换体制和机制，争取在2～3年内，实现公路、水路基础属性信息、空间数据的共享，从而提高综合分析和决策支持能力，为公众提供全方位、全过程的出行信息服务。

3. 加强交通运输信息化标准体系建设，夯实交通运输信息化的基石

交通信息化建设是一个综合、动态、开放的系统工程，如果没有统一的技术标准体系、数据格式标准、接口标准、术语符号标准、信息安全标准及相应的政策法规，将会给信息系统的设计、建设、管理维护以及系统之间的资源共享带来严重的障碍。缺乏统一的标准，法规建设滞后，已成为影响和制约我省交通信息建设的重要因素之一。在下一阶段，我们要切实贯彻执行国家电子政务标准和行业已有标准，结合我

省交通运输行业应用系统建设，进一步加强交通运输信息化相关标准、规范、制度的制订，逐步构建一个科学、系统、先进和开放的交通运输信息化建设体系。

从整体上讲，目前交通运输信息化建设与人民群众日益增长的交通运输需求还不相适应，与日新月异的信息技术发展还不相适应，存在着许多亟待解决的问题。特别是信息资源交换和共享困难，严重制约了交通运输信息化水平的提高。通过前一阶段的努力，我省的交通信息化建设已经初步进入了良性发展轨道。我们将继续努力工作，充分挖掘我省交通行业信息化的发展潜力，拓展行业信息化的发展空间，积极推动我省交通运输信息化建设，为加快我省交通结构调整、加速综合运输体系的形成做出应有的贡献。

理顺工作流程，规范行业管理，以信息化推动交通现代化

廖　军
（陕西省交通厅信息中心　西安　710075）

近年来，陕西省公路建设飞速发展，2010 年，我省高速公路里程突破了 3 000km。2012 年，我省高速公路通车里程将达到 4 000km，公路建设投资规模居全国第一。

在交通大发展进程中，我们把交通信息化作为转变交通发展方式、提升管理服务水平、实现交通现代化的重要手段，交通信息化工作取得了重要进展。我中心作为全省交通信息化行业管理单位，在厅党组赋予职能的基础上，在全行业各单位的大力支持下，在信息化基础建设、行业指导与管理、技术审查与支持、运行保障等方面取得了一定的成绩。

在交通运输部科技司举办的“2010 年交通运输通信信息中心主任会议”上，与会人员广泛交流各省交通运输信息化工作经验，探讨交通运输“十二五”信息工作思路和信息中心联合工作机制，研讨信息中心发展定位与作用。这次会议非常有必要，将给交通信息化带来更大的发展契机，推进新时期交通信息化工作的进程。我们十分珍惜这次难得的交流机会，同时感谢大会给予我厅这次交流的机会。现将我省交通信息化情况简要汇报如下。

一、陕西省交通运输信息化概况

近年来，我省交通信息化建设稳步推进、快速发展，全省交通行业信息专网一期工程建成并运行稳定，交通基础网络平台初具规模，公路路况服务、道路运输、电子公文传输、联网收费等业务应用系统不断完善，信息化工作取得了较好的成绩。2008 年，我厅荣获省信息化工作先进单位称号。

1. 陕西省交通运输信息化概况

（1）基础网络平台

2007 年，我省建成了以陕西省交通厅为总汇接中心的省、市二级交通信息主干网络，实现了省厅、厅直属单位以及各设区市交通局、公路局、运管处、航运处（海事局）、质监站等 20 个厅直单位和 51 个地市交通管理单位的计算机网络互联互通，专网已成为省市两级交通行业数据、语音和视频信息的传输和跨行业的交通信息资源整合的统一高速宽带网络平台。

（2）业务应用系统

①陕西省道路运输管理信息系统。于 2007 年底建成的陕西省道路运输管理信息系统一期工程，实现了省运管局与西安、宝鸡及其下辖 25 个县区运管机构的三级互联和业务的协同办理。已实现行政许可、日常管理、执法检查业务在系统中的全面使用，形成车辆、人员、业务数据 107 086 条，所有业务数据实现从基层运管所办理（采集）到市运管处分中心至省运管中心的三级共享机制。管理效率大幅度提高，管理精度达到对所办理的每一笔业务的准确定位，并实现对管理行为的追溯能力，为行业政务公开以及依法行政、权利透明奠定了良好的基础。

②全省高速公路非现金收费系统。在完成全省高速公路联网收费系统建设的基础上，2008 年 10 月

启动建设了高速公路非现金收费系统,2009 年 1 月 1 日开通了我省联网高速公路储值卡非现金收费系统,启动了非现金收费(银行代发储值卡)。目前,系统运行基本正常,用户反映良好。截至 2009 年 6 月,非现金储值卡用户 2 166 名,累计预存 413.08 万元,累计消费 283.35 万元;记账卡用户 125 户,累计消费额 73.85 万元。

③全省高速公路路网综合监控系统。2008 年 4 月,根据高速公路路网管理和道路应急反应的需要,经过充分调研分析,我厅确定了全省高速公路路网综合监控系统的建设方案:整合高速公路光纤资源,拓展交通行业信息专网至高速公路,建立全省高速公路传输平台和综合监控中心;综合高速公路收费、治超、路政等多项业务,实现全路网图像、数据的共享;及时发现交通事故,发布道路气象和阻断信息,诱导和调度道路交通,保障全省高速公路路网的运行畅通,有效提高路网的通行能力和应急处置能力。

④陕西省公路交通信息资源整合与服务工程。在 2007 年交通运输部选定我省为部信息化推广工程“省级公路交通信息资源整合工程与服务工程”的承担单位后,经过前期充分的准备和严格的招评标工作,2008 年 11 月进入实施阶段。目前,省级数据中心建设,数据交换和综合分析系统、出行服务网站等子系统已进入试运行阶段,工程总体按计划稳步推进。

(3)电子政务建设

①全省交通电子公文传输系统。2008 年 10 月,我厅交通电子公文传输系统正式启用,11 月 1 日起厅办公室已经取消收发纸质文件,实现厅机关与厅直单位、市交通局之间所有公文的电子传输。截至 2009 年 6 月底,已收发电子文件 3 000 余份,大大提高了文件传输时间,降低了办公成本。

②陕西省交通行业高清视频会议系统。于 2007 年底建成的全省交通行业高清视频会议系统已召开 100 余次会议,特别是在抗击冰雪灾害救援和抗震救灾会商方面,发挥了不可替代的作用。通过视频会议系统,成功地向市级交通管理部门直播了 2008 年、2009 年及 2010 年全省交通工作会议;同时实现了交通职工通过专网在桌面上实时收看会议实况,极大地提高了会议效果,节省了行政成本。

③全省交通电子档案管理系统。2008 年 9 月开始建设交通电子档案管理系统,建立厅机关与厅直单位的档案数据库及电子档案管理系统,已完成厅机关 1990 ~ 2007 年约 40 多万页的档案文件资料扫描,逐步实现了通过行业专网与各单位档案业务的互联、互通及对全系统档案文件的快速查询、检索和服务利用。

综上所述,我省信息化工作在提高交通行业管理效能、提升交通行业管理水平以及安全监管、服务社会公众出行等方面正发挥着积极的作用。

2. 厅信息中心概况

(1)机构设置及人员

陕西省交通厅信息中心成立于 1989 年,是陕西省交通厅直属具有独立法人资格的县级事业单位,下设综合办公室、计划财务科、信息化管理科和网络管理科,现有职工 31 人,其中专业技术人员 27 名。

(2)省编办批复的主要职能

①拟定全省交通信息规划和年度计划;

②承担全省交通行业信息化标准规范的研究工作;

③负责省交通信息化建设项目的立项技术审核、实施技术指导、参与竣工验收;

④承担全省交通信息化全局性的建设任务;

⑤负责全省交通行业信息化技术指导及培训;

⑥负责省交通厅机关办公网络、行业专网以及远程视频会议等系统的运行管理和维护。

(3)单位成绩及荣誉

单位成立以来,先后承担了十余项全局性重点信息化项目的建设任务,均取得了较好的应用效果,为全省信息化有序发展提供了保障与支撑。同时,承担了多项信息化科研项目,荣获省部级奖 4 项、省厅级奖 11 项。

2008 年,我中心被省厅评为全省交通行业“创佳评差”最佳单位,被西安市评为市级“文明单位”。

3. 陕西省交通运输“十二五”信息化发展思路

“十二五”期间,我省交通信息化发展的总体目标是:应用现代传感和网络技术,建立一个覆盖全省的交通运输运行监测“感知”系统,进一步延伸通信网络神经末梢,强化信息资源整合与共享效果,完善省市两级数据中心体系,深化核心业务应用,促进信息化与交通业务的深度融合,优化交通运输信息化发展框架,通过五年的建设,在政府科学决策、行业综合管理、安全应急保障、社会公共服务等方面取得显著成效,从整体上提升我省交通运输信息化发展水平,力争在“十二五”期间进入国内交通运输信息化发展先进行列。

为了实现这个目标,我省已经开始着手“十二五”信息化专项规划的编制工作。在编制过程中,将体现“三个衔接”:一是与《陕西省“十二五”交通运输发展规划》相衔接,按照陕西省交通运输发展的基本思路、总体要求、发展目标和发展重点,研究确定“十二五”信息化发展路线,以满足我省交通运输发展对信息化的实际需求;二是与交通运输部《公路水路交通运输“十二五”信息化发展规划》相衔接,确保我省交通运输信息化规划与交通运输部规划在行业发展方向和思路上的一致性,促进交通运输部与我省交通运输信息化发展的融合和相互支撑;三是与陕西省“十二五”信息化发展规划的衔接,做到从政务公开、电子政务上与政府保持一致。

二、信息中心的工作成效与经验

我中心作为全省交通信息化行业管理和技术支持单位,为我省交通信息化的发展起到了带头兵和领路人的作用,取得了一定的成绩。主要体现在以下几点。

1. 制订标准规范,提升行业影响力

为了实现对全省交通信息化工作进行规范化、精细化的管理,做到统筹规划、顶层设计,我中心先后拟定了《陕西省公路水路交通信息化“十一五”规划》、《陕西省交通信息化建设项目管理办法》、《陕西省交通信息化项目可行性研究报告编制规范》、《信息化项目初步设计编制要求》、《陕西省交通厅涉密计算机管理办法》、《陕西省交通厅视频会议系统管理办法》等一系列规章制度和标准规范。

随着这些标准和规范的推行,在保障交通信息化工作有序开展的同时,明显提升了厅信息中心在交通行业信息化领域的影响力。

同时,我中心编制完成了《2007 年度全省信息化发展报告》、《2008 年度全省信息化发展报告》、《2009 年度全省信息化发展报告》,准确、详实地反映了近年来我省交通信息化发展状况和取得的成绩,为各单位全面了解和掌握全省交通信息化现状、行业领导进行信息化工作决策提供了第一手资料。

2. 实行技术审查,强化行业管理职能

我中心作为行业信息化技术指导与支持单位,承担着重点信息化建设项目立项技术审查、实施技术指导等工作,只有通过我中心技术审查的信息化项目,才能进入项目建议书、工可报告审查等后续阶段。我中心先后完成了陕西省治理车辆超限超载管理系统、交通厅运输管理局 GPS 监控中心、省质监站文件管理系统、省运管局道路运输业务系统二期工程等几十个重点项目的技术审查工作,有效地发挥信息中心技术优势,为行业信息化发展提供了有力支撑,提升了厅信息中心在行业信息化方面的话语权。

3. 实施项目带动战略,引领信息化发展

我中心的职能包括承担全省交通信息化全局性工程项目的建设任务。近年来,先后主导或独立承担了一批全局性、基础性的信息化建设任务,其中包括陕西省交通行业专网工程、陕西省交通行业高清视频会议系统、全省交通电子公文传输系统、陕西省公路交通信息资源整合与服务工程等重点信息化项目。通过这些项目的建设,一是推动了交通系统各行业信息化的发展;二是有效缓解了信息化地区发展不平衡的问题;三是通过直观的信息化应用效果展示,极大地激发了交通行业各单位信息化工作的热情,调动了各方工作的积极性。

在交通专网工程的建设过程中,我中心通过详尽的调研,制订了统一的技术标准和要求,将各地市交通局推向信息化建设第一线,要求交通局按照统一要求组织、协调本地区专网节点、机房、网络的建设工作,通过省厅的统一验收检查,予以适当的建设经费补助。通过将重点项目作为发展引擎和重要载体,既锻炼和培养了信息化专业队伍、调动了各方面工作积极性,又确定了我中心作为行业信息化指导、技术支持单位的地位,在信息化领域发挥了重要的组织协调作用。

4. 加强人才交流培养,夯实信息化工作基础

培养一支坚强有力的信息化专业人才队伍是保证信息化工作顺利开展的前提和基础。我中心长期以来一直致力于信息化专业人才的培训与培养。目前,中心有 3 人是享受政府特殊津贴的专家,1 人被省委、省政府授予"陕西省有突出贡献专家"称号,1 人入选陕西省"三五人才工程"第二层次人选、荣获交通部科技精英称号。

在培育信息化专业队伍的前提下,我中心奉行"引进来、走出去"的方针,先后向省厅和厅属有关单位输送了大量的管理和专业人才。目前,我中心已输送多名复合型人才到省厅规划处、厅办公室、厅科教处、厅收费中心、厅交通建设集团、厅高速集团等单位担任领导职务。同时,我中心为加强信息化技术力量,与长安大学合作,建立高层技术人员培训基地,力求将业界最先进的理论与技术引入到信息化管理工作中。这种人才交流与培养机制的成功施行,全面提升了全行业信息化认识水平与认同程度,同时为重点信息化建设项目的顺利推进提供了有力的政策、组织、协调等方面的保障。

5. 借鉴"海尔"服务模式,提高服务保障水平

我中心承担着全省交通行业专网、厅机关办公网络、全省高清视频会议等系统的运行维护保障工作。维护保障工作虽然技术含量不高,但维护人员的工作是信息中心在交通厅展示的窗口,其服务质量和精神面貌直接影响到信息中心的整体形象,保障工作的效果将直接影响厅领导对信息化工作的认同。

为提高服务保障水平,我中心成立了专门的运行保障专业队伍,采用"海尔模式"的贴心服务,通过温馨提示卡、定期巡检、故障预警等机制,有效地保障了各系统的正常运行,得到厅领导的好评。

6. 加强信息化宣传力度,营造良好的舆论氛围

我中心紧紧围绕重点、热点问题及时报送信息,展示行业信息化工作和单位建设的新进展、新成就和新亮点,政务信息和宣传工作在全省交通行业始终位于前列。

通过大力宣传,改变了以往信息化从业人员埋头苦干、只干不说的局面。从扫盲做起,逐步引导全行业人员了解信息化、认识信息化、认同信息化、依赖信息化,全省交通行业兄弟单位对信息中心的认识也有了大幅改观。这些努力带来的直接效果就是信息化项目纷纷立项审批,信息化工作得以大幅推进。

三、信息化发展的制约因素与障碍

虽然我省交通信息化工作取得了较大的成绩,对全省交通事业的持续快速发展做出了一定的贡献,但我们清醒地认识到,我省交通信息化工作还存在着不少困难和问题,存在可持续发展的瓶颈和障碍,与新形势、新任务的要求还有不相适应的地方。这主要体现在以下方面。

1. 信息化规划的指导作用不够明显

各省、各单位的信息化发展规划定位于引领信息化发展方向、指导行业信息化有序发展、明确重点信息化项目等方面,其重要性不言而喻。

目前普遍存在的问题是把信息化规划只是作为一个相对单纯的研究性课题来编制,缺乏政策性的支持与部门间的协调,信息化规划的研究制订工作与工程项目立项审批工作存在脱节现象,导致规划中确定的重点信息化项目迟迟不能立项,信息化规划执行、落实情况不够理想。

因此,应进一步规范信息化工作程序,真正形成"一个领导小组决策、一个职能部门归口管理、各部门

各司其职、全行业共同参与”的信息化工作格局。

2. 信息化资金渠道不能保证

目前，我厅信息化建设资金是与航运、站场建设一起划拨，存在信息化建设资金难以保障的问题。同时，信息化领域长期以来一直存在“重建设、轻管理”的现象，信息化系统建设完成后，很难取得持续的信息化专项经费作为系统正常运行的保障费用。

公路养护领域每年都会有持续增加的养护经费，以确保道路的正常通行，信息化领域也应该有相应的运行维护专项经费作为保障，避免系统建成后由于缺乏必要的维护导致系统生命周期降低、系统有效性和可靠性无法得到保证。

3. 信息中心职能定位不够清晰

自2007年，我省交通厅党组对我中心工作职能重新定位以来，行业信息化业务指导和技术管理成为我中心的一项重要职能。由于信息化工作在交通行业还处于起步阶段，信息化工作程序不够规范，使我中心信息化行业管理职能没有很好地落到实处，行业指导和技术支撑作用没能得到充分发挥，信息中心在交通行业信息化中的引领、推动作用未能充分体现。

为了扭转这种局面，应该从职能上转变对信息中心只是信息化技术支持和指导单位的定位，而应明确为信息化行业管理单位，与公路建设、运输管理等行业管理单位共同支撑起交通事业发展的蓝图。

四、信息化发展的思考与建议

实行信息化业绩考核制度，作为各单位年度考核重要指标。由信息中心代我省厅行使信息化工作年度考核工作，对厅直单位、各地市交通局的信息化工作从组织领导、重点工作、具体措施、工作成效等几方面进行量化打分，将考核结果作为省厅年度考核的重要指标，以提高各单位对信息化工作的重视程度，同时有利于信息中心开展工作，充分发挥行业管理和指导作用。

交通运输部成立交通信息化顶层管理部门，以增加各省信息中心归属感，同时提出对各省信息化专职管理部门的设置要求，以保证信息化工作队伍的完整性。从信息资源整合共享的角度出发，交通运输部应提出对各省数据中心的数据要求和数据标准，以建立全国交通行业数据中心，实现信息资源全国范围内的共享交换，切实提升行业管理水平，提高社会公众服务质量。

全国交通事业的发展已经进入到提升管理水平、提高服务质量的阶段，这对信息化工作提出了更高的要求；同时，我们也充分地认识到，在公路建设高潮阶段之后，信息化建设将是交通领域新的经济增长点和提升服务水平的重要手段。我们希望通过此次会议借鉴、吸收兄弟单位的宝贵经验和好的做法，促进我省信息化的发展，开创我省交通信息化工作的新局面，从而推动现代交通又好又快地发展。

论　文　篇

行业信息化发展

关于河北省交通运输信息化发展的思考

张素芬
（河北省交通通信管理局　石家庄　050031）

近些年来，信息化建设步伐不断加快，信息技术渗透到社会经济的各个领域，给人们的生活带来巨大而深远的影响。交通运输业作为国民经济运行的命脉，其流动性、高效益的特性体现了对信息化的强烈需求，大力发展和推进交通运输基础设施信息化建设，是推动其走在各大行业前列，实现建设现代综合交通运输体系目标的必然选择。随着河北省交通运输体制改革的不断深入，交通运输事业快速发展，行业信息化发展也迎来了前所未有的机遇。

一、河北省交通运输信息化基本情况

1.信息化管理情况

随着河北省交通运输工作的突飞猛进，省、厅领导逐步认识到信息化建设在行业大发展中至关重要的作用。2009年7月，省厅下发了《河北省交通运输厅关于加快交通信息化建设的意见》，充实和调整了省厅信息化领导小组，党组书记、厅长焦彦龙同志兼任组长。信息化领导小组职责包括研究决定省厅有关信息化工作的重点事项、协调解决信息化建设中的重大问题等，下设办公室（简称信息办），常设在省厅科教处，负责省厅信息化建设总体规划的制订，协调组织信息化建设规划的落实，组织省级信息化建设项目的前期工作和评估论证，对项目实施过程进行监督检查，对项目成果进行验收和评价考核，并组织制定交通信息化工作管理办法和标准规范，指导行业信息化建设工作。

河北省交通通信管理局在省厅的领导下，负责厅本级信息化项目的建设，负责厅网络中心、网站群、政务内网、政务外网的建设管理；协助厅信息办制定全省交通信息化发展规划、技术规范，指导厅属各单位、部门的信息化建设工作。

厅直各单位、各设区市交通运输局也成立了相应的信息化管理机构，负责本行业或部门的信息化建设工作。

2.信息化建设情况

2009年厅长办公会正式研究通过了《河北省交通运输厅“十一五”信息化规划修编》，计划利用三年时间建立起全省交通运输信息化建设总体框架——“11355”工程。“11355”工程解释如下：

建设“1”个覆盖全省各级交通管理机构的交通基础通信网络，规划期内实现省、市两级交通管理机构联网，确保网络互联互通，信息资源共享；在全省建立“1”个数据中心体系，即省厅数据中心和各业务数据分中心，通过构建数据交换平台和数据资源标准体系，建立全省交通基础数据库群、主题数据库群和业务数据库群，从而为实现全省各类交通数据的共享、交换及高端应用提供数据支撑；构建“3”个应用支撑平台，即全省统一的GIS平台、GPS管理与服务平台和视频监控管理平台，为各综合业务管理系统和服务平台提供应用支撑；建设覆盖全省交通行业的“5”大综合业务管理系统，即公路、港航、运输、铁路和高速公路；建设面向行业管理部门、从业企业和社会公众的“5”大服务平台，即政务工作平台、市场监管平台、公众信息服务平台、应急指挥调度平台和行业综合运行分析平台。目前，省厅和各业务局正在有条不紊地按照“十一五”规划修编进行信息化建设。

(1)交通基础网络建设情况

2005年9月,省厅与交通部开通了2M光纤干线,建立了视频会议分会场;通过10M专线方式与省政府网络平台实现互连。2008年,省厅在综合办公楼设置了网络中心机房,通过局域网、广域网与各业务部门连接,基础条件已初具规模,建成了省厅与厅直属各单位互联互通的交通政务网络平台;省公路局、港航局、运管局、高速公路信息管理和结算中心均拥有自己的机房,并已建有局机关局域网,部分业务局还通过各种方式初步实现了与设区市管理机构的网络连接。各部门间远程信息交换主要通过电话拨号、因特网电子邮件或租用网络运营商专线等方式进行数据传输。为通过省交通运输厅远程指挥调度系统实现对全省交通运输系统的视频指挥调度,今年4月建成了省厅远程指挥调度支撑系统即实现了省市两级联网的交通政务网络平台。全省部分设区市还通过租用电信部门光纤实现了市县两级联网或者市域范围内管理机构的网络互连,组网方式主要采用VPN方式。其中,唐山、邯郸等市信息化基础设施相对比较完善。

(2)业务管理系统建设情况

目前厅直各业务局情况:省公路局在用的业务管理信息系统包括公路数据库、路政管理信息系统、养护管理系统、交通流量数据采集系统、路面管理系统、桥梁管理系统和治超信息网络管理监控系统;省高管局在用的应用系统包括联网收费系统、监控系统、项目管理系统、养护管理系统、高速公路应急指挥系统和高速公路公众出行服务系统;省运管局目前在用的业务管理信息系统包括运政管理系统、危货运输管理系统、统计系统和车辆救援系统;省铁路局将于2010年建成日常管理系统和铁路规划系统;省港航局将于今年开展港政管理系统和航政管理系统的建设。

公众信息服务方面,2008年省厅根据《河北省交通电子政务总体设计方案》提出的"河北交通政府门户采用集成的解决方案,在政务外网中心构建网站群共享的软硬件平台,通过对软硬件资源集中建设和管理的方式,实现网站资源的整合、统一"要求和"集中存储、统一网管、资源整合、门户展现"理念建成了交通系统网站群,由省厅主站及22个厅直子站组成,同时按照省政府、交通运输部要求与各设区市交通局实行部分栏目共建。各子站和主站利用同一套内容管理系统,为把门户网站统一形象展现给用户,各子站的站点形象、页面效果保持统一风格,并按照统一标准设置了共性栏目;同时,根据业务特点,各子站建有特色栏目。

目前,省厅已完成了应急指挥调度视频系统的建设,该系统依托河北交通政务网络平台,建成覆盖省市两级的远程指挥调度视频系统,实现交通运输系统应急管理的一部分功能,提高了行业对突发公共事件的应急处置能力,对保障系统安全运行、减少因突发公共事件造成的损失具有重要意义;同时,还能满足省厅与交通运输部及各市交通运输局的远程会议、业务培训、紧急会商等功能。此外,省厅正在进行政务内网、应急指挥调度总中心、交通信息资源整合与服务工程等项目建设。

二、当前河北省行业信息化发展存在的不足

当前河北省交通运输信息化工作还存在不少困难和不足,与新形势、新任务的要求还有不相适应的地方:

(1)河北省交通运输信息化建设水平与其他较好省份差距较大,信息化建设总体上滞后于行业发展要求。

(2)少数单位和个人对信息化促进交通运输现代化发展的重要意义认识不足,还没有把信息化工作纳入重要议事日程,下大力气来抓。

(3)行业内信息资源采集、共享、报送、发布等机制不够完善,存在更新不及时、来源渠道和发布口径不一等现象,信息资源共享程度低,系统之间缺乏互联互通,是当前交通运输业存在的重要问题。

(4)目前还没有形成信息化发展的长效管理和维护机制。

三、河北省交通运输信息化发展应把握的重点

(1)转变观念,增强信息化工作紧迫感。进一步提高对运用信息化手段规范业务流程、实施科学管理、服务社会公众的重要认识,在打破制约交通运输信息化发展技术瓶颈的同时,更加注重观念、机制和制度的建立。

(2)积极做好信息化"十二五"规划编制工作。在系统总结"十一五"规划完成情况及分析梳理实施过程中存在问题的基础上,正确预测发展需求,准确把握发展方向,提出"十二五"期间交通运输信息化建设目标和内容。目前,初步计划"十二五"期间建立起河北全省交通运输信息化建设总体框架——"11387"工程。"11387"工程解释如下:

建成"1"个覆盖全省各地市交通管理机构各个节点、互联互通的交通基础通信网络,为实现音视频及数据传输提供必要条件;建立"1"个全省统一的交通信息资源体系,完善省级两层的交通数据中心,制订全省交通数据资源规划,实现数据资源的共享与规范管理,强化不同业务系统间的协同管理,为面向省级层面开展综合应用提供支撑;构建"3"个应用支撑平台,即全省统一的GIS平台、GPS管理与服务平台、视频监控管理平台,为各业务管理系统和公共服务平台提供应用支撑;建设覆盖全省交通运输行业的"8"大综合业务管理系统,即公路、港航、运输、铁路、高速公路、城市交通、民航和邮政;建设面向行业管理部门、从业企业和社会公众的"7"大综合监管与服务平台,即电子政务工作平台、公众信息服务平台、交通应急指挥调度平台、行业综合运行分析平台、交通综合执法信息平台、交通行业信用信息管理平台和物流公共信息服务平台。

同时,进一步做好信息化发展战略研究,认真做好信息化建设项目的前期论证,探索成本低、实效好的交通运输信息化发展模式,以便更好地指导行业信息化建设工作。

(3)整合行业信息资源,实现交通信息共享和各种交通方式的有效衔接,提升交通运输运营管理的技术水平。当前重点推进的工作有:

①加快交通信息资源整合与服务工程建设,搭建包括公路管理、运输管理等在内的省级数据整合与交换平台,完成交通综合运行分析、公路建设市场信用管理、路网管理和应急处置、公众出行信息服务等四大系统的建设,为全省交通信息化发展提供强大支撑,为方便群众出行提供全方位信息服务,确保项目今年按期完工投入使用。

②加快省厅应急指挥调度系统工程建设,在一期远程指挥调度系统完工的基础上,积极谋划省交通应急指挥调度总中心及公路、港航、运管、铁路、民航、出租汽车与城市公交、邮政等7个应急指挥分中心的建设。

③加强政务内网建设,通过一期建设搭建省厅政务平台的支撑平台,为完善政务平台功能、实现公众网上办事做好准备,同时丰富网站信息,实现网上公文流转和交换,实现公文无纸化,提高办公效率。

④进一步完善公众信息服务系统建设,继续推进河北省交通运输厅网站群系统建设,并以热线电话、路网信息网、公众出行服务网、短信平台等方式积极尝试为公众提供各类信息服务。

在各项目建设中应充分利用现有设施和资源,尽量避免系统重复建设和资源浪费。

(4)以实际应用和服务出行者为重点,积极探索与有关科研单位合作,加强智能交通系统基础研究、产品开发和工程项目建设,为综合交通运输系统的形成提供条件。

(5)逐步建立和完善交通运输信息化发展的保障体系。首先,要制订并完善相关标准体系,包括完善交通通信、信息、机电工程相关技术规范和标准,明确交通运输信息化建设项目审核验收标准和程序,加快制订业务协同、信息资源共享等方面的规范和标准。其次,建立完善交通信息化绩效考核体系,完善信息化组织机构,加强专业人才队伍建设,多渠道筹措建设资金,并加强对建设与运营资金使用效果的审计和目标责任制的考核,以提高资金使用效率。第三,要完善信息安全体系,提高安全意识,加强安全组织体系建设,按照国家有关要求,建立行业内的安全认证体系。

世博推动上海交通港航业信息化发展

金　晓

[上海市交通运输和港口管理局指挥中心(上海市交通港航信息中心)　上海　200003]

上海交通港航业的信息化建设起步较早,原市城市交通管理局、原市港口管理局在"十五"和"十一五"期间,根据自身业务需求建设了大量的信息系统,积累了大量的信息资源,对提高工作效率、强化行业监管、增强决策能力起到了一定的作用。在实施"公交优先"发展战略和建设"国际航运中心"的目标要求和两局融合后机构职能改变的背景下,对原有信息系统如何整合和利用,成为当务之急。而中国2010年上海世博会的召开对交通运营组织、安全运行保障提出的新要求,加速推动了上海交通港航业信息化发展。

一、交通港航业信息化建设初步成果

"十五"期间,上海城市交通行业初步建成了以"三网一库一平台"(城市交通系统行政管理内网、公众服务外网、行业信息专网,一个综合信息平台和一个综合数据库)为基本结构的交通电子政府框架,实现了城市交通系统内的信息采集、处理分析和初步发布功能。"十一五"期间,围绕城市交通行政管理体制改革,从政府监管、企业运营和公众服务三个层面深化与拓展电子政务、智能调度和信息服务等系统建设,初步实现市场监管和辅助决策的数字化,提升公共交通、道路货运和交通服务的整体效能,建立健全城市交通信息安全保障体系和信息化标准体系。

"十五"期间,上海港航信息化的建设也取得了显著成效,构建了"三门户"(内部、政务和公务)和"四网"(内务网、政务网、公务网和外网)。"十一五"期间,上海港航信息化建设以上海国际航运中心建设为依托,以港航行政监管和业务需求为导向,以资源整合、管理创新为手段,以增强政府安全监管、应急处理和为公众服务的能力为重点,实现港航管理对象数字化、管理过程数字化和管理决策数字化,打造国内领先、国际先进的上海数字港,为进一步实现上海电子港创造有利条件,实现了"一个中心"(以信息采集、传输、加工、应用为一体的上海港航信息中心),"两套体系"(信息共享的港航信息标准体系,港航信息安全保障体系),"三大系统"(提供基础支撑的港航信息基础网络系统,港航数字化基础数据库系统,提供服务的港航应用服务系统)。

二、加快信息化建设的必要性

2008年,上海市机构改革后组建市交通运输和港口管理局,原交通局、港口局合并,将原有的陆路运输、水路运输、空港地区行政管理、路政管理业务有效结合起来,为多种交通方式统一的协调和监管提供了良好的先决条件,但两局合并也带来电子政务资源整合的要求。今后几年是上海交通港航系统实施"公交优先"交通发展战略、加快"国际航运中心"建设,推进上海交通港航事业又好又快发展的关键阶段。中国2010年上海世博会的召开,长时间、大容量的客流对上海交通港航业的交通运输保障提出了更高的要求,对公共交通、轨道交通、危险品运输等重点行业的运行安全保障亦提出了更高的要求,上海交通港航业的发展既面临着千载难逢的挑战和机遇,也面临着前所未有的压力和矛盾。在原有信息系统基础上,通过加快信息化建设,进行资源整合、管理创新,建立长期有效的数据共享交换机制、加强对行业的联合监督管理,提升交通运营组织有序有效、提高交通港航业的安全监管水平,不失为一个有效的途径。

三、世博推动交通港航业信息系统建设

为适应交通港航业的发展趋势,围绕上海世博会的交通运营组织和安全监管,在原城市交通、港航信息系统基础上开发建设面向新体制的上海交通港航指挥中心信息系统,主要包括基础数据管理、行业日常监管、视频监控、应急处置和辅助决策等方面功能。

1. 构建交通港航业综合数据库

作为上海交通港航业的数据中心,指挥中心信息系统综合数据库建设涵盖了基础数据、业务数据以及辅助决策数据,既有静态空间地理数据,也有动态监管数据。

(1)基础数据:通过接入汇总局属各行业、企业相关信息,聚集了车辆船舶、运营线路、经营业户、从业人员和交通设施等各类管理对象的基础信息,为各级管理部门提供规范统一的业态信息,夯实行业基础管理。对于具有地理位置属性的基础信息,可在 GIS 地图上进行展示,实现事件定位、周边资源查询、最短路径分析等功能。

(2)业务数据:反映业务受理、行政许可、行政执法等行政行为工作效能的相关数据;反映行业运营情况的各类客(货)运输量、客(货)吞吐量、车船维修检测等业务数据;为应急指挥提供服务的"两网两库"(重点监测网、应急联络网、应急预案库、应急资源库)等信息资源。

(3)辅助决策数据:法律法规库、政策研究资料库、规划库、技术标准与科技成果库;基于核心业务、面向交通港航宏观层面的各类综合统计分析数据。

2. 加强行业监管,为世博交通安全保障提供支撑

通过接入轨道交通站点及出入口、重要交通枢纽站和旅客集散地、出租候车点、危险品作业码头等处的视频监控信息,以及执法总队稽查车辆的移动视频信息,可掌握重要监控网点的安全状况、客流拥挤情况等,实现对重要枢纽站和旅客集散点的市场秩序进行监管。通过接入车载(船载)GPS 信息、AIS 导航信息等技术,及时采集车船的动态运行信息,实现对多种交通方式的运营组织管理,动态监测服务供应、安全运营情况,逐步实现监管部门由传统的现场抽查向系统自动排查转变,使得行业监管更有针对性、有效性,提高监管效能。

为进一步支撑世博交通运营组织管理和安全保障,市交通港口局专门组织开发了《世博交通港航安全监管与应急处置系统》,主要包括世博公共交通、世博出租车、省际长途客运车辆、水陆危险品运输一体化、外地重点营运车船联网联控和水上巴士运营监管等应用系统。

(1)世博公交监管系统。实现对 42 条世博专线、83 条涉博常规公交线路、4 条世博园区公交线路 3 000余辆公交车的实时动态监管,对线路计划班次完成率、首末班准点率等服务规范执行情况和余车赖站、超速行驶等违规行为进行监管。

(2)世博出租车监管系统。实现对 4 000 辆世博专属出租车、9 000 余辆普通出租车的实时动态监管,对车辆载客车次、进出管控区载客车次、主要客流集散点及世博专用候客点的车辆分布情况进行监控,对车辆超速等违规行为进行自动报警。

(3)水陆危险品运输一体化监管。实现对 6 000 余辆道路危险品运输车辆的实时动态监管,根据电子路单实时掌握危险品车辆载货及运输线路等相关信息,对车辆超速、违规出入境、紧急状态、驶入禁行区域和违规停车等进行自动报警,可对企业监管平台使用情况进行监控。实现对 150 余艘上海籍、2 400 余艘江苏省籍、60 余艘浙江省籍危险品运输船舶的实时动态监管,根据鉴证数据实时掌握船舶载货信息,对船舶驶入禁入区域、事故多发区域等进行自动报警。

(4)省际长途客运车辆监管系统。实现对 2 300 余辆省际长途客运班线车的实时动态监管,对车辆超速、紧急状态、驾驶员疲劳驾驶等进行自动报警。通过车载摄像设备发回图像信息,掌握车辆安全状况,及时发现站外带客等违规情况。

(5)世博会重点营运车辆联网联控系统。对外省市进沪的重点车辆(道路危险运输车辆、省际长途客运车辆),通过将基础信息和GPS信息发到交通运输部,再由交通运输部转发至上海的方式,实现对外省市进沪重点车辆的实时动态监管,可掌握车辆区域分布,对车辆超速、紧急状态、违规出入境、进入敏感区域、违规停车等进行自动报警。

(6)世博水上巴士——园内航线运营监管。实现对水上巴士入园、出园、园内航运的动态监管。

3. 搭建指挥平台,为世博运营组织及应急处置提供支撑

围绕世博会期间交通协调与保障,提高对突发事件的反应能力,提高交通运营组织及突发事件应急处置效率,搭建应急指挥系统平台,根据预案生成突发事件接警和处置流程,提供相关应急资源信息和调控手段,实现信息接报、事件判断、事件响应、事件处置、评估演练的流程化,为世博期间交通港航的运营管理、应急调度和安全保障提供技术支撑。

(1)信息接报:通过电脑系统、无线集群、电话报警等方式,及时获取来自局属单位值班室、世博现场管理组、应急联动中心等途径的各类相关信息报告,掌握事件动态。

(2)事件判断:根据信息报告,辅以应急资源库的相关资源,及时准确地判断事件类型。

(3)事件响应:根据事件的类别、级别、响应等级,启动相应的应急预案。

(4)事件处置:按照启动的应急预案以及细化处置方案进行应急处置,具体包括信息续报、信息上报、指令下达等功能。通过短信自动触发、移动视频跟踪、无线集群调度等信息技术手段,提高协同处置能力和效率。

(5)评估演练:通过对应急评估指标的管理,实现对案例的评估、对评估结果的展示;通过设置应急演练基本信息、过程信息,由系统软件实现典型预案的演练。

四、世博推动交通港航业信息系统应用

信息系统功能建设要紧贴业务需求,促进管理创新、提高工作效率;系统应用程度高,又将推动系统功能的完善。世博不仅推动了信息系统的建设,同时又推动了信息系统的应用。

1. 世博推动交通港航业监管水平提高

世博会期间,在行业日常监管的基础上,加强了对重点行业、重点违规行为的监管,信息系统为行业管理、行政执法部门增加了监管手段,使监管更有针对性和目的性。以道路危险货物运输监管为例,系统具有实时监控、预警提醒、统计汇总等功能。通过实时监控功能可掌握企业二级监控平台是否上线、是否派人监管(发送监督询问指令,要求限时回答),掌握运输车辆的地理位置、运行状况,可进行轨迹回放;通过预警提醒功能重点监管车辆超速行驶、驶入禁行区域(世博管控区、长江隧桥等)、未经指定道口出入境(世博期间指定出入境道口由原来的14个减少到9个),对严重违规行为,可利用电子路单信息直接联系车上人员要求立即整改;通过统计汇总功能将系统中的相关数据、信息进行记录保存,尤其是各类违章违规记录,形成各类报表,为行业监管部门提供管理素材,同时为运输企业的诚信体系考核、安全评估、行政处罚提供依据。

2. 世博推动系统综合应用、部门联动

在行业管理部门、行政执法部门进行日常监管的基础上,世博会期间,市世博交通保障协调组在市交通港口局指挥中心(市交通港航信息中心)指挥大厅集中设立联合席位,配置值班长,共设有公共汽电车、出租汽车、省际长途客运、道路危险品运输、水上船舶、轨道交通、停车场、旅游集散中心、交通安保、道路指挥等12个席位,涉及行业管理部门、企业(集团)、公安交警等多个单位和部门,利用指挥中心平台进行交通运营调度、应急指挥,通过系统综合应用,增强了部门联动、协同配合,提高了信息及时性和指挥高效率。

3. 世博推动部门信息共享、资源整合

世博会期间,市交通港口局指挥中心(市交通港航信息中心)已经实现与市交通信息中心、市公安局

第二指挥部、市府应急办、市民防办、轨道交通 COCC、水上公安局等部门的网络互通，通过信息汇集、积聚、整合，做到了信息共享。通过指挥中心大屏，可以看到全市地面道路、快速路、高速路道路拥堵情况，世博园内周边停车场及园外临时停车场的情况，可以看到全市主要监管部位的视频信息，掌握世博园区各出入口入园人数及视频信息、世博园内客流情况等。世博会打破了部门条线、系统框架，也为今后行业监管、重大活动的调度指挥展示了新的方向和模式。

提高交通运输设施装备的技术水平和信息化水平，是交通运输现代化和文明进步的重要标志。要充分运用现代化科技手段，不断提高交通基础设施和运输工具运营效能和管理水平。要加快物联网技术的推广应用，引领行业通过技术创新实现跨越式发展。

“数字长江”架构体系研究

杜经农
（长江航运信息中心　武汉　430014）

1. 引言

“十五”、“十一五”以来，长江航运信息化建设和应用得到了蓬勃的发展。10 年来，长江航道局系统建成了以光纤为骨干的连通长江干线的数字传输网络，开发了船舶管理、航道维护管理、船闸通航调度、政务办公自动化等一批应用系统，引入了 VTS、AIS 和 CCTV 等现代化的安全监管手段，启动了数字航道、网上海事等综合性信息化系统的探索和应用。一些大型港航企业也建立了基于 GPS 的船舶调度系统、基于 RFID 技术的港口物流系统和与港航经营相关的电子商务系统等。

10 年的建设使得长江航运业的信息化具备了较为完善的软硬件基础，锻炼出了一支信息化建设队伍，积累了较为丰富的信息化应用经验。但是，目前长江航运信息化建设中仍然存在一些亟待解决的问题，主要体现在各单位在长江航运信息化建设中缺少有效的协同，各信息系统处于各自为政的状态，条块分割、重复投入，应用系统无法实现互联互通，资源不能得到有效利用。此外，信息化建设中还存在重建设、轻应用、轻服务问题，信息化系统的功能和作用未得到有效发挥。

为推动长江航运信息化建设高速发展，长航局提出了“数字长江”发展战略，以便有效集成信息资源，加强信息系统的协同配合，凝聚各方力量，共同推动长江航运信息化建设、应用和发展。

2. 国内外发展现状

大规模利用数字技术处理生存环境、生活和工作的思想起源于美国提出的“数字地球”概念。1998 年美国副总统阿尔·戈尔在加利福尼亚科学中心的演讲中正式提出了“数字地球”(Digital Earth)的概念。提出“数字地球”是“一种可以嵌入海量地理数据的、多分辨率的和三维的地球的表示”。并明确地将“数字地球”与地理信息系统、计算机技术、网络技术等高新技术和可持续发展决策，以及农业、灾害、资源、全球变化、教育、军事等方面的社会需要联系在一起。“数字地球”概念的提出在国际国内掀起了相关的研究、建设热潮。英国提出了“数字伦敦”计划，欧洲也提出了电子欧洲发展规划。在中国，北京提出了“数字北京”的发展理念，核心思想是深度开发和综合应用各种信息资源，建设地理信息系统，推动电子政务、电子商务、远程教育、电子银行、网上医疗等业务的实现，提高人民生活质量。上海、广州等也纷纷提出了相关的数字城市建设理念。

数字化战略在行业内也得到广泛研究和推动。长江水利委员会从水利和防洪的角度也提出了“数字长江”的概念，其核心思想是利用现代化手段采集基础信息数据，通过网络及卫星等传输方式，对流域内的水和与水相关的自然、工程、经济等信息要素构建一体化的数字信息平台和虚拟仿真环境，增强决策的科学性和预见性。其业务包括水利、防洪、水资源管理、水质监测等。但是各应用系统较为分散，没有整体集成于统一的地理信息平台，系统间协同能力不高。

长江航道局提出的“数字长江”战略，是从航运管理和水上物流发展的角度出发，在总结我国数字技术应用于城市建设、行业建设的基础上，结合长江航运的实际，提出的长江航运行业信息化发展战略。它的特点是以长江电子航道图应用系统为基础地理信息平台，以长江航运数据中心为支撑，以长江航运综合服务信息系统为顶层系统，集成了电子政务、公众服务、电子商务、安全监管、物流服务、数字装备等应用系统，而形成的一个综合集成、有效协同、统一完整的长江航运信息化建设与应用体系。

3. 数字长江的总体架构和发展策略

从长江航运的角度来看，“数字长江”的基本概念是：利用数字化的手段来处理长江水道的地理信息及长江航运政务管理、运输经营和出行服务等诸多活动，将长江通航环境和航运业务数字化后装入计算机中，在网络上进行流通和处理，通过信息化应用系统实现各类航运业务的流程优化、协同配合和辅助决策，以最大限度地优化航运管理、提升航行安全、提高运输效率，降低运行成本，为沿江社会和流域百姓提供优质航运服务。

“数字长江”系统的总体架构分为三层，即基础层、应用层和综合层，分别论述如下。

(1)基础层：基础层包含硬件和软件两类体系。长航系统沿江布设的基于光纤的广域网络成为“数字长江”系统的骨干网，同时通过互联网和沿江港航管理部门及企业的网络连通，构成整体的业务网络体系，支撑应用系统的运行。在软件基础方面，通过电子航道图系统和长江航运数据中心的建设，为上层的具体业务系统提供基础的地理信息和业务基础数据支持。

(2)应用层：应用层包含了长江航运各方面的业务软件，实现“数字长江”体系的主要功能。其软件系统主要分为管理应用和企业应用两大类。其中管理方面的应用系统主要包括政府网站群、网上办事系统、船闸调度系统、船舶监管搜救系统、运政管理系统、船员管理系统等，用于处理航运管理方面的各类事务，同时通过政府网站为社会公众提供各类信息服务和互动交流平台。企业方面的应用系统包括船货交易系统、人才招聘系统、船舶调度系统、港口管理系统等，实现船、货、人员、设备等信息的网络传输和计算机处理，有效沟通船东、港口和货主间的信息交流和业务活动，提高水上运输效率，降低运输成本。

(3)综合层：该层是“数字长江”的顶层，主要作用是协调应用层中各类业务系统的建设，以及系统间的互联互通和数据交换共享，发挥整体作用。综合层主要包括综合服务信息平台和相关的信息化规划、标准和规范。综合服务信息平台的主要作用是集成应用层的各类业务软件，提供接口以实现各类系统间的数据交换和业务流程的衔接。综合层中确定的相关信息化规划、标准和规范，用于指导各单位开展的信息化建设，使其建成的系统更具有开放性，除了满足本单位内部的需要外，还能有效地和外部系统进行互联和协作。

“数字长江”总体体系的建设是一个庞大的系统工程，需要长江航运各单位共同努力才能顺利实现。其中**基础层**的电子航道图系统和长江航运基础数据库应该由长江航道局系统单位完成建设，负责运行维护，并为沿江港航管理部门和企业提供服务。**应用层**中各类业务系统应本着“谁用谁建”的原则，由各单位自行组织建设，并做好运行管理工作。**综合层**的综合服务信息平台由长江航道局负责建设，它将分散在各单位的应用系统有效连接起来，完成数据交换和流程的衔接，形成一个虚拟的整体系统，充分发挥“数字长江”体系的整体效益。

4. 数字长江的应用体系和支撑技术

“数字长江”系统的主要功能由各单位建设的业务处理软件完成，有如下几类主要业务应用系统的功能和需要解决的关键问题。

(1)电子航道图系统：长江电子航道图系统基于国际水道测量组织发布的 IHO S-57 标准的数据格式制作，并应符合《长江电子航道图制作规范》(JT/T 765—2009)的要求。其主要作用是提供基础的地理信息平台，以便在其上开发具体应用。当前，长江电子航道图系统已经完成建设，正在组织试点单位进行测试运行，并将于不久后推向社会使用。长江电子航道图目前能提供基础的长江航道信息，基本满足航运需要，但是尚需从以下两个方面深入研究改进：一是要研究及时发布数据更新的相关技术和机制，以适应长江航道信息变化频繁、需要及时更新的要求；二是要进一步扩充 S-57 的物标种类，重点是近岸物标，以便在电子图中增加长江沿岸的地理信息，充分满足长江航运业务需求。

(2)政务办事类系统：政务办事类系统主要完成长航系统单位和港航管理单位的航运管理功能，主要包括网上海事、船闸调度、运政管理和船员管理等系统。政务办事类系统的主要功能是为政府部门提供网上办事平台：一方面为企业提供远程政务服务，方便企业办事；另一方面通过对航运业务的计算机管理，提高政府部门的办事效率和质量。政务办事类系统需要协同工作，才能充分发挥功能。例如，通过系统的连接和数据交换，长江干线和沿江各省之间可以实现船舶情况的相互查询、船员的统一管理等，提高管理者对全局的掌握能力。政务类系统互联的关键问题是要加强数据的整合与集成，保证管理基础数据的完整性和一致性。

(3)船舶监管、调度类系统：船舶监管系统和调度系统虽然分别属于管理部门和企业使用，但是其主要功能和技术实现是类似的。管理方使用船舶监管系统对长江上的船舶实施安全监管，并及时发布相关的航行通、警告信息，以及通航环境的相关信息，辅助船舶安全航行，在船舶遇险时及时发现定位并组织搜救。企业通过船舶调度系统掌控所管理船舶的运行动态，并开展船舶航行、配载等业务的生产调度组织，与港口作业系统连接，共同完成水上物流的组织。这类系统由船和岸两部分组成，即船载设备和岸端信息平台。船载设备接收船位的 GPS 信息，发送位置信息到岸上，并接收岸端信息平台发来的助航信息和调度信息。当前，管理部门在部分江段上实现了船舶实时监控，而一些大型的航运公司也建立了自己的 GPS 调度系统。下一步需要解决的问题是通过技术规范促进船载设备的标准化，降低成本，并在中小航运企业推广；同时需要有效集成各管理部门和航运企业的系统，做到能够互通信息，船端设备一机多用。

(4)港口管理类系统：港口管理类系统包括 EDI 系统、港区作业管理系统、物流管理系统等。其中港区作业管理系统是港口的主要业务应用系统，通过结合 CCTV 监控，实现装卸调度管理、堆场管理、集装箱管理、作业实时控制、统计、收费等功能。港区作业管理系统与 EDI 系统连接后，实现与海关、商检部分的信息交换，完成电子报关；与物流管理系统连接后，实现货物的仓储、运输、查询管理，提高综合物流效率。港口信息系统的建设中，需要进一步提高港区作业的自动化问题，实现港口设备的远程控制和自动控制，利用 RFID 技术实现集装箱的自动识别。另外要注意的是，港口管理系统应与船方的调度系统有效连接，及时掌握船的动态，实施电子到港申报，提前组织泊位和装卸设备，提高港口作业和管理效率。

除了上述四大类主要业务系统外，"数字长江"架构还包括一些辅助性的系统，例如，帮助船方与货主开展业务沟通的电子商务系统，企业内部的经营管理系统，政府内部的办公自动化系统等，这些系统的运行，将为主要业务系统提供基础数据支撑，并协同完成航运业务。

5. 结语

"数字长江"战略是长江航运行业信息化发展的总体战略，其实施将提高长江航运管理水平、航运经营效率和航行安全水平，极大促进长江航运的发展。但是，"数字长江"的建设也是一个大型、系统化的工程，需要长江航运各参与方共同努力，高度配合，才能最终实现并有效发挥功能，推动长江航运行业现代化进程。

数 据 中 心

新一代交通运输行业数据中心建设研究

康红霞　宋　亮
（中国交通通信信息中心　北京　100011）

摘　要：当前交通运输信息化已发展到数据化阶段，这阶段的信息化重点将是数据中心建设。本文对交通运输行业数据中心建设的意义，及其发展趋势和技术体系进行了研究分析。

关键词：交通运输　数据中心　云　绿色低碳　虚拟化　ITIL

一、概述

今年，党中央根据国内外经济形势做出了加快转变经济发展方式的重大战略部署，信息化作为推动经济社会变革的重要力量、加快转变经济发展方式的重要助推器，成为国家战略的重要组成部分。可以说，当前社会经济发展的大趋势就是工业、经济与信息化的深入融合。在国家信息化战略的指导下，张德江副总理在“大力促进交通运输高效发展”指示中要求：“增强交通运输行业自主创新能力，重点加快推进信息化与交通运输的融合，不断提高交通基础设施和运输装备技术水平，加快实现交通运输现代化、信息化、智能化”。

交通运输信息化建设作为创新交通运输行业模式、实现发展方式转变、加快现代化交通建设的重要助推器和加强行业监管力度、提高公众服务水平不可或缺的工具，应把握好这一重要时期和战略机遇，努力开创交通运输信息化发展的新局面。

当前，交通运输信息化发展重心在经历了计算机化（如 OA、各信息系统等）和网络化（交通政务内、外网，行业专网等）后，正在转移到以对数据的控制、统一和管理为特点的数据化上。在这个阶段，数据中心的建设将是信息化建设的基础和关键，本文对“新一代交通运输数据中心”建设的必要性及其技术发展趋势进行了研究分析。

二、现状及分析

1. 行业信息化现状

交通运输信息化经过“十五”、“十一五”建设，已基本完成了基础网络体系的部署，在部省市各级建成了众多的信息系统或业务管理系统，并初步设立了部分基础数据库。这些信息系统的建设，对于提高行政办公效率、行业监管能力和服务水平发挥了积极的作用。但不可否认的是，其在资源整合、效能发挥上还存在不少问题，主要如下：

（1）现有信息系统不能满足行业信息应用需求。当前行业信息化应用需求强烈，如决策支持、政府管理、公众服务、电子商务等，而现有局部性发挥作用的信息化系统无法满足现代交通运输业发展对上述领域的综合性需求。

（2）信息孤岛现象明显。现有各信息系统普遍分散建设，缺少统一规划、缺乏共享互通机制、资源难以共享、数据无法统一、业务割裂，形成了信息孤岛。而彼此孤立的信息化系统仍在继续生长，正在形成更多的新的信息孤岛。

（3）数据缺乏且难以有效利用。主要表现在，缺乏行业基础数据、缺乏标准数据、缺乏有效数据、缺乏真实数据和缺乏动态数据。这又昭示出数据管理手段的缺失，如缺乏统一标准、缺乏共享互通机制、缺乏动态更新机制、缺乏自动采集能力、缺乏数据整合能力、缺乏数据应用能力等。

(4)各现有数据或网管中心普遍缺乏数据安全、网络安全保障，缺乏容灾备份部署和测试检测环境，信息化系统健康运转面临很大风险；此外，各信息系统运维不统一，质量和服务不保证，综合应用难以有效开展，特别是信息服务缺乏手段。

2. 现状分析

上述问题的关键是数据的问题。信息应用的需求归根到底是对数据的需求；信息孤岛的形成，实际是因为底层数据基础的割裂。应用是信息化的外在表现形式，系统是信息化的实现工具，而数据则是信息化的核心和基础。缺乏数据，信息化将是无源之水、无本之木，难以为继。因此，建设行业数据中心，解决好底层数据基础问题，应是当前交通运输信息化工作的重中之重。

今天我们碰到的问题并非是交通运输信息化独有的，而是在国内外各领域信息化中都普遍存在或曾经存在，是信息化的共性问题，是信息化特定发展阶段的必然产物。

信息化发展普遍经过四个阶段：计算机化（如计算机应用、办公自动化、生产自动化）——网络化（如互联网、政务外网、政务内网、行业专网）——数据化（如数据中心、电子政务、电子商务、CRM、ERP）——服务化（如“云计算”）。纵观交通运输信息化发展过程，不难看出其重心在经历了计算机化、网络化后，正在迈向数据化阶段，如图1所示。

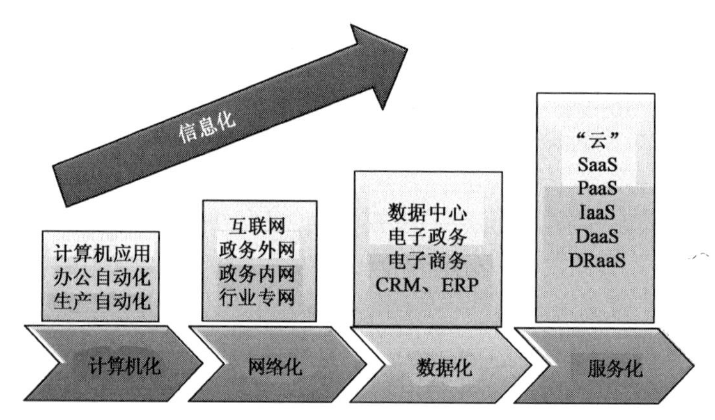

图 1

信息数据化阶段的三项内容是：数据控制、数据统一和数据管理。简而言之，数据控制是通过自动化采集手段、基础数据库对数据进行汇总；数据统一是通过数据抽取、清洗、转化等手段对基础数据进行标准化集成，并通过共享和交换平台对外提供有效可用的数据资源；数据管理则是通过一系列数据应用平台实现对数据的有效利用。其解决的正是数据本身收集、整理、使用的问题，这也正是解决当前交通运输信息化问题的有效手段，如图2所示。

在这个阶段，数据中心的建设将是信息化建设的基础和关键，也是必不可少的信息化组成部分。例如，在电信、金融等信息化步伐较快的行业，已经普遍完成了数据大集中，基本形成了以数据中心为核心的业务体系架构，目前正在通过数据中心优化等手段，向第四阶段——服务化迈进；在政府信息化上，前期各级政务外网、内网的建设已为数据中心建设打下了基础，当前的建设重点以普遍逐步从“以网络为中心”向“以数据为中心”转移。即通过数据中心建设实现数据集中存储与处理、数据灾备、超算中心以及公众服务等，这方面的例子有税务、水利数据大集中、“金字工程”等。

3. 建设意义

“新一代数据中心”的建设既能解决当前交通运输信息化中的诸多问题，又可以满足未来现代交通运输业建设的需求，主要体现如下：

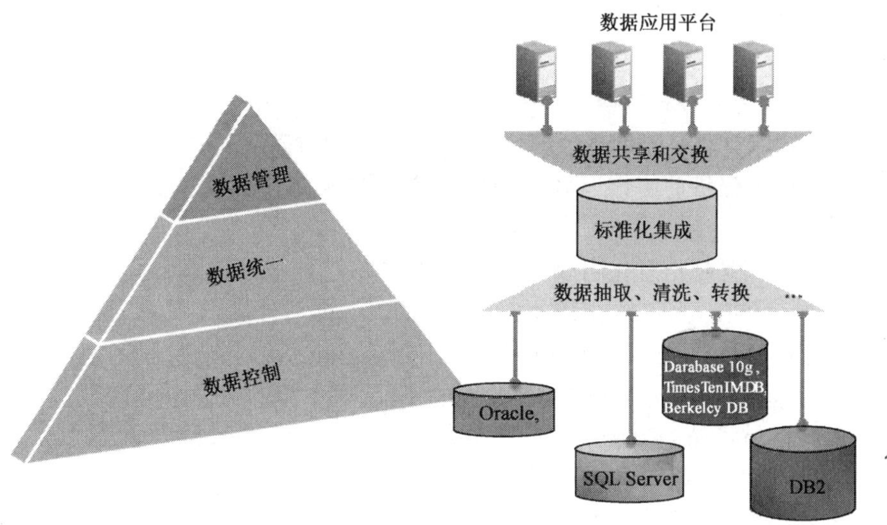

图 2

(1)解决数据难以有效利用问题。数据中心可以实现海量数据的集中汇总、存储备份、查询分析,进一步实现数据清洗、数据仓库、数据集市、数据挖掘等更高级的应用,不但能实现对复杂应用的支持,还能帮助进行趋势分析、宏观预测及辅助决策,从而充分挖掘数据的巨大作用。

(2)解决信息孤岛问题。数据中心可以实现数据和信息化系统的标准化和整合,实现业务的自动化和集成,有助于打破信息孤岛,有效促进信息资源在跨区域、跨业务领域间的融合、交换和共享,实现面向服务的信息化系统建设。

(3)解决信息系统安全和管理问题。数据中心有助于实现统一安全、统一运营、统一管理。数据中心可部署统一的安全防护手段,制订严格的安全策略并落实,使用唯一的身份认证和鉴权等,这些安全措施将大幅提高系统的安全性。数据中心有助于信息系统的统一运营和管理,能够建立标准的运维管理流程,实现精细管理、集中管理、流程管理和主动管理,提高系统运行质量和连续性,控制运营成本,提高服务水平。

(4)解决数据容灾备份问题。数据中心有助于容灾备份,原因如下:分散式信息化系统的容灾备份,无论在技术上还是经济上都存在巨大困难,而两个或几个数据中心间的数据复制(同步)、服务自动迁移等技术已较为成熟。使用数据中心级的容灾技术,可最大限度地保护信息数据的安全和完整,提高业务的连续性。

(5)此外,数据中心有助于提供统一的接入平台,实现对资源的集中和整合,可以从用户的角度出发,提供友好、便捷、简单、安全的接入平台。数据中心有利于资源的整合优化,降低信息化成本,节能减排,实现"绿色低碳"。

总之,"新一代交通运输行业数据中心"的建设有助于在交通运输信息系统中形成顶层设计、统一规划、全面推进、上下互通的局面。将有效整合行业信息数据资源,调整行业信息化格局,引领行业信息化方向,促进交通运输信息化快速发展。是交通运输行业信息化发展到一定阶段,从量变到质变的必然产物,是信息化经验积累的结晶,符合信息化发展的客观规律。

三、数据中心的发展趋势

数据中心的概念起源于20世纪90年代,在经历了存储中心、处理中心、应用中心等不同侧重的发展阶段后,进入了"数据运营服务中心"阶段,从IT支持层面上升到了IT资源运营层面。当前,其发展应该可以归结为两大趋势——"云"和"绿色低碳"。

1.数据中心的"云"趋势

最近提出的"云"概念,对"数据(运营服务)中心"的业务模式和商务价值作了完美的诠释,从技术、业务和管理多个维度出发，提出了完整且可行的方案，并迅速地引起了新一轮数据中心建设的高潮，成为当前最热门的趋势。

“云”是个复杂概念，有着各种各样的理解和解释。我们认为NIST（美国国家标准与技术研究院）对其定义是相对准确的：“云计算是一种基于使用支付的模式，通过简便、按需的网络访问资源共享池，以最小的消费管理成本和服务提供商协作，获取可配置、可靠、能够快速提供及发布的IT资源，如网络、服务器、存储、应用、服务等”。

“云”在概念上的突破是把信息化当成一种服务，把提供这种服务的IT设备看成一种资源，其核心是通过可动态伸缩、可灵活调配、高可靠、标准化、低成本的资源池对外提供IT服务。例如，用户使用IT资源就像使用电力或自来水一样，按需使用并付费，而不用关心电站或自来水厂是如何工作的。这个想法似乎与现实有些距离，但实际上却早已进入了我们的生活，例如，现在的家用ADSL宽带，用户只需要通过一根电话线和modem就可访问Internet，而无需关心后台的网络结构和技术，这其实就是网络资源的云；再如，Google提供的搜索和地图服务，用户只需要通过Web（网页）提出自己的搜索或导航需求，后台庞大的服务器组就会运算出结果并反馈给用户，这其实就是“云计算”的典型应用，也只能依托于“云”架构才能实现。

在这个理念下，衍生出了SaaS（软件即服务）、PaaS（平台即服务）、IaaS（基础设施即服务）、DRaaS（容灾即服务）、DaaS（数据即服务）等一系列云业务模式。

2. 数据中心的“绿色低碳”趋势

应对气候变化效应、减少温室气体排放已经成为共识，信息化技术虽然是其他传统行业实现碳减排的重要助力，但是其自身的能源消耗也是不容忽视的。据Gartner统计，2007年，运行和冷却数据中心所消耗的能源已占到全球信息和通信产业总能耗的四分之一，在能源价格一路高涨的今天，数据中心三年的能源消耗便将超过最初的建设成本，如果不加以控制，数据中心将有可能面临买得起用不起的尴尬局面。此外，国务院决定，到2020年我国单位国内生产总值二氧化碳排放将比2005年下降40%～45%，其将作为约束性指标纳入国民经济和社会发展中长期规划，并制订相应的国内统计、监测、考核办法。

由此可见，数据中心的“绿色低碳”趋势不但是社会责任和义务，更是其自身的业务需求，降低数据中心能耗，减少碳排放，将是“新一代交通运输行业数据中心”建设运营的关键之一。

数据中心能耗主要集中在两个方面：首先是IT设备本身的能耗，约占60%；其次则主要是冷却、照明等基础设施能耗，约占40%，其中冷却系统的能耗占了绝大部分。我们在考虑降低数据中心能耗上，也需从这两方面考虑。

对于IT设备本身能耗的降低，一是可通过使用低能耗芯片、高密度刀片服务器等技术减少设备本身耗电；另外，更重要的是通过自动化、虚拟化和服务管理等手段，整合IT资源、改善IT资源利用率低下问题（10%～20%），有效降低能耗。对于IT以外设备的节能减排，可从多方面考虑，如使用绿色建筑技术，降低机房本身的能耗，减少照明能耗，降低制冷能耗等。还可考虑新技术的应用，如使用自然风制冷，改传统的冷库型机房为机柜局部降温的冰箱型机房，使用水冷制冷技术，使用新能源技术以及直流供电技术等。

实现“绿色低碳”是一项复杂的系统工程，不可能一蹴而就，必将是循序渐进的。“硅”和“碳”间的平衡也是动态的，需要我们不断的根据情况进行调整，最终实现绿色数据中心的愿景。

四、“新一代数据中心”的技术体系

前面提到，数据中心的发展有两大趋势——“云”和“绿色低碳”。实际上，这两大趋势不是割裂的，而是相互融合、相互促进的。两者的根本目标都是要求数据中心以最小的成本提供最高效的服务，但“云”更侧重于“面向服务”，“绿色低碳”则侧重于“节能减排”。

“面向服务”需要数据中心建设既关注于技术又关注于运维，从而具备提供“自上而下”的面向服务的能力；“节能减排”则是指在提供有效能力的同时，还能节约资源、控制成本，同时减少碳排放。根据上述目标，“新一代数据中心”的技术体系自下而上应由三层构成：第一层，标准化和虚拟化技术；第二层，自动化技术；第三层，面向服务的运维管理技术。

1. 标准化和虚拟化技术

“新一代数据中心”架构中，所有的IT资源（如数据、网络、服务器、存储）都是共享的，一个应用（或服务）不再需要一整套物理设备的支撑，而是从共享的资源池中按需取用虚拟设备。这种方式可以极大地节约资源，加速服务的部署速度和灵活性，增强数据中心的可扩展性和合理性，这种架构的实现则依赖于标准化和虚拟化技术。

标准化指数据中心采用的IT设备和技术必须符合某种开发、成熟、先进的标准（格式、接口、协议、架构等）；而对于数据本身，也可以使用各种数据清洗、抽取等技术，将不同格式的数据整合成符合定义的标准数据。采用标准化可以使不同厂家、不同时期的设备或异构系统，能够整合在同一个资源池中，实现资源的共享。

虚拟化指通过技术手段，将数据中心的物理设备转化为逻辑上的虚拟设备，既可以把一台物理设备虚拟成多个逻辑设备，也可以把多个物理设备虚拟成一台逻辑设备。使用虚拟技术，可以使IT资源能够方便、灵活地使用和扩展，能够提高资源使用率并提升应用的快速部署能力。

通过标准化和虚拟化技术，我们终于可以把数据中心内的IT设备当成一个整体，抽象成可动态调配的网络资源池、存储资源池和计算资源池，并在此基础上进行数据中心的整合和优化。如图3所示。

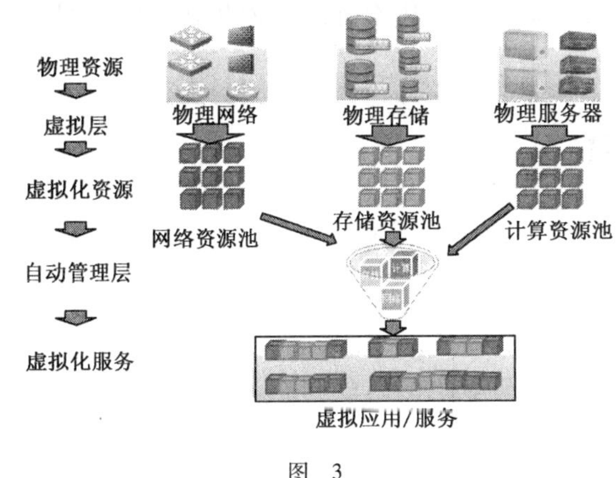

图 3

2. 自动化技术

自动化技术的目标是打破“信息孤岛”，整合应用系统、自动化业务流程和管理流程，自动、灵活、合理地对IT资源进行配置使用，最终实现数据中心的自动化运营。自动化技术的核心是IT流程自动化，又可细分为业务流程自动化和运维流程自动化。

业务流程自动化从业务角度出发，其过程是：首先对现有系统、业务的功能和数据进行梳理，并通过适配器将其封装成标准的服务；其次通过标准的服务总线/平台将服务发布出来，实现系统间实时的数据交换和集成；最后，使用自动化工具搭建业务流程并制订业务规则，实现业务流程的自动运行。目前，实现业务流程自动化的最佳方法是使用SOA（面向服务架构）工具。

运维流程自动化则从系统维护角度出发，将运维工作流程化、标准化，通过统一的运维管理平台实现流程的自动化，并通过设置KPI（关键绩效指标）对流程效果进行控制。运维流程自动化可通过各种OSS（运营支持）系统实现，通常以ITILV2（IT基础架构库）为指南再结合自身情况，来对运维流程进行设计。常见流程有事件管理、问题管理、变更管理、配置管理、发布管理、服务水平管理、可用性管理、IT服务财务管理、容量管理、IT服务持续性管理等，数据中心可根据自身需要和成熟度选择适合的流程逐步实施。

3. 面向服务的运维管理

面向服务的运维管理是“新一代数据中心”的第三层技术，也是数据中心技术是否成熟的标志。2007年5月发布的ITILV3标准明确地提出了面向服务的运维理念，指出了IT系统管理应从服务/业务角度出发，通过提供从业务到技术的完整视图，实现IT与业务需求的协调发展，并通过测量与反馈机制支持IT的持续改进和服务的不断优化，这也称为BSM（业务服务管理）。

ITILV3是一套用于规范信息技术服务管理的架构，其将服务生命周期原理贯穿于运维管理，将IT资源上升到战略资产高度，把对IT资源管理的重要性从数据中心的高度上升到高级管理层高度。它将服务生命周期分为战略、设计、交付、运营、持续改进五大阶段；同时定义了各阶段的关键概念、主要原则、重点流程、核心功能和重要角色，并且提供了一系列可应用到实际中的参考模型和流程。

面向服务的运维管理通过将IT系统的运维部署与业务目标关联起来，实现前瞻性运维，从而提高服务质量，更高效快捷的响应业务需求，充分调用IT系统资源，提高运维效率和优化投资，而这些正是“数据（运营服务）中心”所追求的核心目标。

“新一代数据中心”的三层技术体系（标准化和虚拟化技术，自动化技术，面向服务的运维管理技术），实际上也标志着数据中心成熟度的三个阶段：第一阶段，关注于技术，被动地进行运维，业务价值低；第二阶段，从关注技术上升为关注流程，开始主动地进行运维，通过整合和优化提升了业务价值；第三阶段，从关注流程上升到关注业务及业务价值，开始进行前瞻性运维，从优化业务转移为主动提供服务，并从提高业务收益的角度对整个信息化系统持续优化。从中不难看出，影响数据中心成熟度的关键因素已不再是技术，而是如何落实面向服务的管理理念，并实现管理的从职能到流程、从粗放到精细、从分散到集中、从无序到有序、从被动到主动的转变。

五、结语

随着信息技术和信息化理念的不断发展，数据中心的含义也发生了巨大变化，早已脱离了是原来机房加设备的概念。最新的数据中心是采用了标准化、虚拟化、自动化等一系列先进技术，并以面向服务的运维理念进行管理，能够根据需求对外提供信息化服务的，安全、稳定、灵活、可扩展并且绿色低碳的信息化资源的汇总。“新一代运输行业数据中心”的建设，必将在交通信息化中充分地发挥基础支撑作用，促进交通信息化发展。

参考文献

[1] 汪祖云.交通数据中心总体架构与数据共享交换平台的设计研究.交通运输系统工程与信息，2008.8(3)

[2] 张敏，陈云海.虚拟化技术在新一代云计算数据中心的应用研究

[3] ITILv3EmphasizesServiceLife－CycleManagement，Computereconomicsreport，200931(3)

建设有生命力的数据中心

侯金铃
（山西省交通运输厅　太原　030001）

摘　要:本文通过分析建设数据中心的几个关键环节，阐述了如何建成一个有生命力的数据中心。

关键词:建设　数据中心　长效

建设数据中心，是当前我国交通信息化建设的焦点工作，是交通信息化发展的必由之路。其意义在于整合交通信息资源、协调信息流、填充业务数据和数据共享需求之间的真空，利用数据中心多维式结构、快速计算分析能力和强大的输出信息能力，为交通行业内信息的综合利用提供强有力的支撑。

建设数据中心，数据是基础，网络是条件，整合是途径，共享是目的。如何保障数据中心的建设和运行不是短期行为，如何建设一个有生命力的数据中心，使数据中心的作用在长效运行中发挥其应有的作用，是我们在数据中心建设的每一个环节都要深入分析、合理设计、科学管控、迭代推进不可缺失的工作。建设有生命力的数据中心，应把握以下十个环节。

1. 资源勘察和取样

数据资源的勘察，包括对数据源单位业务的调研、各单位信息系统应用和建设现状以及信息资源（包括非结构化数据资源）状况等。勘察工作是否细致到位，是数据中心设计是否科学和合理的关键。采集的样本数据是否有点、有面、有深度、有广度、有普遍性、有特殊性等，直接决定着数据质量分析的结果是否准确，数据采集交换方案是否可行。

2. 数据分析

（1）数据分布情况的分析。针对交通行业，可以“人、车、路、户”的线索或以“建、养、管、征、运”的线索进行分析，梳理出一个清晰的数据资源分布图。

（2）样本数据的质量分析。数据质量的分析，包括数据的完整性、准确性、一致性、逻辑合理性和时效性等。

（3）数据需求的分析。包括针对应用主体的需求分析（如业务管理层人员、领导决策层人员和社会公众等）和针对专业应用的需求分析（如行业分析、应急指挥、政务管理等）。

3. 标准的制订

俗话说，标准先行。依据国家标准和行业标准，结合本省实际，制定信息资源数据标准，规范交通信息元素集合，定义元数据和资源整合标准等，这些工作是建设一个优质数据中心的前提，也是进一步整合信息资源以及建设数据分中心的重要依据。

针对不同要求制订相应数据质量评价标准也是一个重要环节。不同的部门管辖业务不同，对数据质量的要求不同，评价标准也就不同，如负责技术的部门对数据的要求是保障其系统的正常运行；业务部门对数据的要求是业务运转直接表现出的情况；业务主管部门要求数据要和报表保持一致等。数据中心的建设要结合实际情况，合理制订各个层面数据质量评价标准。

4. 结构的设计

数据中心的结构分操作型数据库层、提取—转换—加载层、基础层(包括事实表和维表)和表示层,从区域上划分为过渡区、存储区和递交区。无论采用星型、雪花型还是混杂性,其设计要干净利落,关系结构严谨,主从表的设计要合理,数据的粒度要尽量小,并且具有较好的灵活应变性、可扩展性、实用性、对粒度变化的控制和对大容量数据的处理能力。数据分中心要在最终数据汇集的数据中心的总体概念下进行设计和开发,要遵循总体设计概念的原则进行。

5. 数据质量保障方案

数据质量问题客观存在,建设数据中心的主要任务之一就是解决这一问题。对于数据中心是问题的数据,因为其不会影响数据源单位近期正常工作,大多问题可以忽略,而对于数据中心却是必须要解决的症结。质量不好的数据会对管理层造成决策错误,对公众需求产生误导,因此从数据中心建设开始,就要考虑建立并逐步完善形成数据中心数据质量保障体系。

在详尽的数据质量分析报告支撑下,要从技术、流程和管理三个方面制订数据质量解决方案。从技术层面,数据源存在噪声数据、遗漏数据和不一致性数据,需要进行数据清洗;同时对源数据做稽核。在流程层面,对于源数据的抽取要遵从一定的规则和流程,在这些流程中要加载数据标准和数据质量校验标准。在管理层面要有数据质量标准定义和控制。根据数据质量问题的特点制订数据质量控制流程,制订可操作的管理制度,包括分阶段定义的数据质量目标、数据评价办法、数据管控流程、统一编码、数据核对规则等。以及建立工作目标责任书,按照“谁提供,谁负责”的原则保证源数据的完整性、准确性、一致性和时效性。

数据质量改进是一个持续的过程,在应用推广过程中迭代完善各种方案,由阶段性的目标和计划来推进数据质量相关工作。

6. 良好的沟通

数据中心建设的每个环节都有大量的调研和征求意见工作,建立与数据源单位良好的沟通是数据中心建设不可缺失的环节。无疑,资源整合、建设数据中心会给数据源单位增加很多额外的工作量,建设数据中心需要得到数据源单位鼎力的支持。

科学的数据中心建设方案可以极大地减少数据源单位的工作量,有效的数据质量解决方案可以使数据源单位工作更加高效,合理的数据采集和交换方案能够保证数据源单位的工作有序推进,健全的数据资源管理和共享机制使数据源单位对数据中心的建设意义更加理解。如果方案的每一个细节是在良好沟通的前提下提出的,那么我们不难发现在数据中心建设的每一个节点都能见到良好的沟通带来的收益,而难以使人信服的方案则会让我们的工作举步维艰。

7. 数据采集和交换方案

根据数据源的不同性质,制订详尽的数据交换和采集方案,包括交换和采集的任务、流程和频率等,并贯穿以数据标准和数据质量的相关规范,使数据整合过程得以规范化。

要建立资源整合的规章制度,落实数据采集和交换任务的分级负责制,签订《数据采集和交换任务书》,建立起资源整合的队伍,使数据采集和交换得以持续进行。

8. 数据中心的安全

安全无疑是数据中心长效运行的重要保障。在安全策略方面首先要考虑网络安全的设计和建设,如防火墙、入侵检测、病毒检测、IP 安全方案等。第二是在数据中心设计上,做到对数据机密性、完整性和可用性的保护,如数据粒度权限分配设计、采用程序包交换和访问数据,数据的日志、审计、备份和恢复等功能,第三要有安全合理的信息资源使用计划,建立《数据资源目录体系》,制订《数据资源管理和使用办法》,避免使用者直接操作资源库。利用功能性强的数据交换软件,实现由数据中心到应用系统或数据需求单位的交换,同时要有安全评估方案。

9. 数据中心的管理

数据中心管理软件要有强大的数据监测、管理和控制功能。

通过资源整合,建立完整的、准确的、统一的数据流视图,实现流程定义、流程配置和流程管控。将数据质量评价标准以数据校验程序化,并作为流程中的一个环节配置到流程中;数据中心管理员可以对处理过程实施监控,对于数据异常能够及时得到告警信息和错误报告。当数据源或者交换规则发生变化时,可以分析对其他数据的影响。

10. 数据中心的发展

随着交通事业的不断发展,社会对交通服务于公众的能力要求会不断增长,其他行业对于交通数据的共享需求也会不断增加,而行业内对于数据应用的模型也要求不断优化,需要整合的数据范围会越来越大,粒度要求会越来越细,质量要求会越来越高,并且数据源也是在不断变化着的,旧系统升级,新系统投入使用。因此数据中心的发展是一个持续改进、反复迭代、螺旋上升的过程,是任重道远的,不可能一劳永逸,要作为长期的任务来抓的工作。要在不打乱旧数据中心秩序的情况下,完善各类标准和数据质量测评规则以及相应的规章制度;归并、筛选和补充新的数据;建立新的数据标志;建立新旧数据的映射关系;编制新的数据资源目录体系,最后建立数据中心新的应用模型和视图。

这些工作在数据中心建设的初期就要有清晰的思路以及对此项工作的理解和规划,这也是数据中心能够科学发展的重要保障。

数据备份及恢复技术的应用研究

李道飞　钟明生
（广西壮族自治区道路运输管理局　南宁　530012）

摘　要： 广西覆盖各级道路运输管理机构的内部专网以及数据中心即将成功搭建，在广西各级道路运输管理机构之间可实现信息交换与共享，各级道路运输管理机构对信息系统的依赖性也逐渐增大。然而，由于对保护信息缺乏相应的理解，因系统功能不正常、人为错误、计算机病毒以及自然灾害等所带来的系统间断、数据丢失等灾难性事故可能会发生，信息系统在人为攻击和自然灾害面前的脆弱性日益显现出来。为确保广西道路运输数据安全可靠，必须对数据进行备份，并在数据受损时对数据进行恢复。本文就广西道路运输数据的存储备份及恢复技术进行了探讨。

关键词： 广西　道路运输　数据备份　恢复

一、引言

为应对广西道路运输行业的快速发展，广西道路运输管理局搭建了广西道路运输内部专网，开发建设了广西道路运输管理系统等业务系统，同时规划建设了广西道路运输主数据中心和灾难备份中心，在广西各级道路运输管理机构之间实现了信息交换与共享，各级道路运输管理机构对信息系统的依赖性也逐渐增大[1]。数据的存储、安全性问题日益突出，一旦其重要服务器因某种不可抗拒的自然力、服务器软硬件故障或人为因素造成数据损坏，无法运行，就会影响到各级道路运输管理机构工作的正常开展，对人民群众的出行造成不便。为确保数据安全可靠，维持广西道路运输管理信息系统的稳定运转，对关键服务器系统的数据备份和灾难恢复是广西道路运输管理局的重要工作之一。

本文结合工作实际，在数据备份及恢复技术和管理方面进行了探讨与实践。

二、数据库部署

广西道路运输管理数据中心由主数据中心和灾难备份数据中心组成。在南宁市道路运输管理局机房部署主数据中心，采用集中式数据库部署方式，在主数据中心机房部署数据库服务器、磁盘阵列等硬件设备，同时在桂林市部署灾难备份数据中心。与分布式多中心部署方式相比，该部署方式有以下优缺点。

1. 集中式数据库部署方式优点

（1）具有良好的数据一致性。集中式数据存储的主要特点是能把所有数据保存在一个地方，各地远程终端通过网络与服务器相连，保证了每个终端使用的都是同一信息，同时可以避免数据的多重目录和一多重目录可能导致不一致。

（2）具有良好的数据可检索性。集中式数据库可保证所有的数据项是标准格式的，对信息的访问也是标准的，而且是兼容格式，这样任何数据都不可能轻易丢失。

（3）具有良好的数据独立性。集中式数据库中用户应用程序不受数据存储和访问方式变化的影响。

（4）易于更新与维护操作，数据的安全性和保密性好。数据全部存储在数据中心服务器上，而数据中心服务器是唯一需要备份与维护的设备，终端没有任何数据，对数据库的入侵及病毒防护也比较容易实现。

(5)节约经费开支。集中式数据库部署方式可以集中全部力量开发、推广应用软件,避免重复投资、重复开发现象,可以节省包括设备、场地、人员等计算机系统工程建设的投资[4]。

2. 集中式数据库部署方式缺点

(1)对网络具有高度依赖性。数据全部存储在数据中心服务器上,各地远程终端通过网络与服务器相连来实现对数据库的访问,对网络依赖性高。

(2)抗灾害能力较差。数据全部存储在数据中心,全部的风险集中在数据中心,若遭遇网络攻击、计算机病毒爆发等,一旦无法防止此类攻击,会导致数据中心运行的全部瘫痪。如遇盗窃、雷击、失火等意外事件,主数据中心数据存在整体灭失风险,需要对数据中心做容灾备份(见图1)。

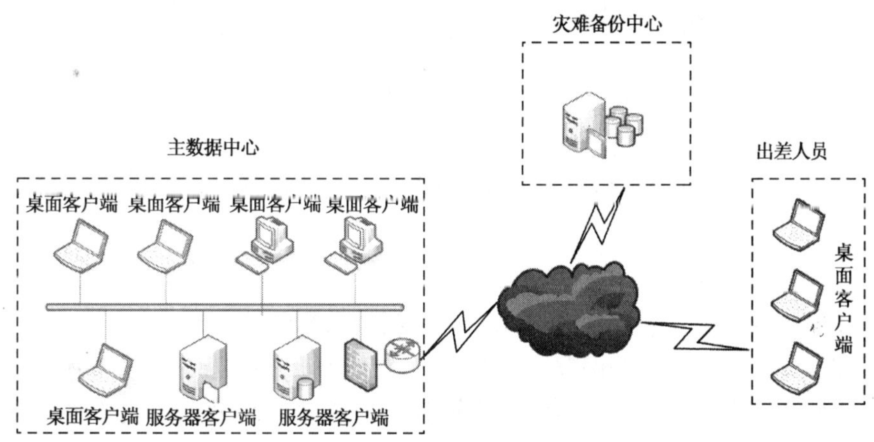

图1 数据中心系统图

三、数据备份

1. 数据备份内容

业务系统需要备份的数据对象大体有以下几种:一是重要业务系统寄宿的操作系统,其包括所有的补丁、修改和更新;二是单位网络配置参数;三是重要业务系统安装软件程序,以及配置文档和软件许可证等;四是数据库软件及其业务数据文件;五是其他重要文档及数据[1]。

2. 备份方式

(1)硬件冗余备份

由于采用集中式数据库部署方式,对应用系统的实时性要求极高,一旦系统发生故障,将导致各级运输管理机构所有业务系统陷入瘫痪,为避免由此带来的直接或间接的损失,采用服务器双机容错、磁盘双工、独立磁盘冗余阵列(RAID)与磁盘镜像等多种形式来防止硬件障碍,也可使用软件备份和硬件容错相结合的方式来解决软件故障或人为误操作所造成的数据丢失。

(2)基于 IP SAN 的主数据中心备份

为保证系统中各种重要数据的安全,防止灾难性故障发生所造成的损失,在主数据中心的备份方案采用基于 IP SAN 的备份技术。

在 IP SAN 环境中,磁带库通过核心交换机连接到各个主机。每个主机可以看成一个是其专用的磁带驱动器。安装在备份服务器上的备份软件管理着磁带驱动器的访问,将来自多个主机的备份任务顺序放入可用的磁带驱动器池。备份软件采用爱数专业备份软件,分为备份服务器(Server)和客户端(Client)两部分。备份服务器(Server)安装在独立的服务器上,管理制订全网的备份策略和跟踪客户端的备份,能够管理一台或多台磁带库,实现多个客户端的数据备份工作,是集中管理的核心。客户端(Client)安装在需要备份的设备上,由备份服务器集中管理[2]。如图2所示。

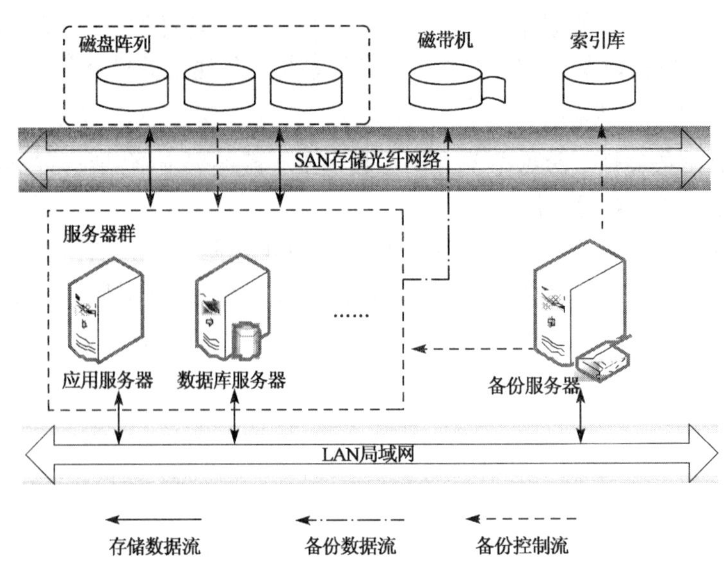

图2　主数据中心备份系统图

(3)灾难备份数据中心备份

在桂林建设灾难备份数据中心,配置服务器、存储等硬件设备,结合爱数专业备份软件来实现与主数据中心数据同步的异地备份。灾难备份数据中心,需要满足以下条件:具备与主数据中心相似的网络和通信配置;具备业务应用运行的基本系统配置;具备稳定、高效的电信通路连接主中心,确保数据的实时备份;具备日常维护条件;与主数据中心有足够安全的距离。

3. 数据备份策略

(1)全备份策略。即每次备份定义的所有数据,优点是恢复快、完备,缺点是备份数据量大,数据多时可能做一次全备份需要很长时间。

(2)增量备份策略。即备份自上一次备份以来更新的所有数据,其优点是每次备份的数据量少,缺点是恢复时需要全备份及多份增量备份。

(3)累积增量备份策略。即备份自上一次全备份以来更新的所有数据,其优缺点介于上两者之间;在归档备份后,将原有数据删除,不保留。

4. 数据备份管理

数据备份,除了数据拷贝外,还包括备份管理。备份管理不仅包含对磁带、磁盘上数据的管理,还包括技术的选择、备份设备的选择、介质的选择以及软件技术的挑选等。分级存储管理技术在不同存储层之间自动管理和分布数据,让备份数据的迁移和取回过程实现自动化。减少备份和恢复窗口,加快灾难恢复。事实证明,只有数据备份才能为人们提供万无一失的数据安全保护[5]。

四、数据恢复

1. 数据灾难及应对方法

在日常工作中,造成数据损坏,影响系统正常运行的原因有几方面:一是自然灾害,如水灾、火灾、雷击、地震等造成计算机系统破坏,导致存储数据被破坏或完全丢失。为避免此类问题造成数据损坏,通过在异地建立灾备中心来进行在线备份。二是计算机设备故障等导致业务系统数据损坏。如硬盘、磁带等存储设备的老化等。可以从制度上要求对计算机设备进行定期维护检测,重要数据定期进行备份,树立安全意识,在存储设备突然损坏时,通过事前的备份迅速开展灾难恢复工作,以保证业务系统的及时正常运行。三是病毒、“黑客”的侵入和来自内部网的蓄意破坏和系统管理员及维护人员的误操作等因素造成业务数据丢失。通过建立数据访问控制制度和策略，设置网络访问权限，及时更新系统补丁，定期查杀病毒，以及定期备份数据来保障应用系统的稳定运行[1]。

2. 数据恢复方式

(1)全系统恢复。全系统恢复一般应用在服务器发生意外灾难导致数据全部丢失、系统崩溃或是有计划的系统升级、服务器进行更新时。

(2)个别文件恢复。由于操作人员的水平不高，个别文件恢复可能要比全盘恢复常见得多，可以利用网络传输，恢复受损的个别文件。

(3)数据库恢复。数据库备份是最基本和有效的数据库容灾技术。通过备份，并且快速地将备份介质运送到安全的地方，数据库就能够在大多数情况下得到恢复。

(4)数据灾难恢复。灾难恢复就是发生计算机系统灾难后，通过灾难备份中心恢复运行的过程。灾难恢复拥有完整的备份方案，并严格执行制订的备份策略[7]。灾难恢复的目标：一是保护数据的完整性，使业务数据损失最少甚至没有业务数据损失；二是快速恢复运行，使业务停顿时间最短甚至不中断业务。为了预防数据丢失，需要有详细的灾难恢复计划，同时还要定期进行灾难演练。可以利用淘汰的机器或多余的硬盘进行灾难模拟，以熟练灾难恢复的操作过程，并检验所生成的灾难恢复盘和灾难恢复备份是否可靠。

五、结语

通过采用硬件设备冗余技术、基于 IP SAN 的备份技术及建设灾难备份中心等措施，结合爱数专业备份软件，并采取适当的备份策略，建立健全的备份管理和数据库恢复管理工作制度和规范，为广西道路运输业务数据提供了安全可靠的保障，大大提升广西道路运输管理行业的管理水平，促进广西道路运输行业的进一步健康发展。

参 考 文 献

[1] 钱继胜. 中国人民银行地市中心支行数据备份及灾难恢复措施. 中小企业管理与科技. 2009 年 11 月上旬刊

[2] 刘常军，邢文龙. 广西道路运输管理信息系统软件需求规格说明书. 2010 年 4 月

[3] 赵哲文，李灿平. 电子元器件应用. 第 11 卷第 12 期. 2009 年 12 月

[4] 郭勇. 银行数据大集中后的风险分析与防范. 北京邮电大学工程硕士专业学位论文. 2009 年 02 月

[5] 邓晓晓. 基于金融行业的灾难备份与恢复研究. 电子科技大学工程硕士学位论文. 2009 年 04 月

[6] 王宏伟. 医疗卫生信息系统灾难恢复与数据备份. 网络安全技术与应用. 2009 年 2 月

[7] 刘丽，李海洋. 浅析数据的存储备份及灾难恢复技术. 中小企业管理与科技. 2009 年 4 月下旬刊

宁夏高速公路电子档案信息管理系统的设计与研究

贾 斌 张 晶 王晓东 姬海军
(宁夏交通信息监控中心 银川 750001)

摘 要:随着宁夏高速公路通车里程的不断增加,在工程建设过程中形成了近5万册的工程管理、设计、施工、监理、决算等技术文件资料,档案数量的不断增加给竣工文档的管理工作带来诸多不便,由于竣工档案数量巨大,所占用的档案室面积也较大,仅资料保管一项,就需要花费大量的人力和物力;此外,查询检索困难,相关单位查阅竣工文件资料时,需按照案卷目录逐级查找,费时费力,难以满足方便快捷的要求。本文针对目前宁夏高速公路竣工文档的管理现状和存在的不足,依托"宁夏高速公路电子档案信息管理系统"课题的研究和实施,对高速公路竣工文档信息管理系统建设及其相关的系统设计技术和工程管理技术进行了深入的研究,提出了高速公路竣工文档电子化的解决方案、技术路线和开发思路,对于提高宁夏高速公路竣工文档的管理水平,降低档案管理成本具有重要的意义。

关键词:高速公路 竣工文档 文档管理 信息系统 系统设计

一、研究背景

竣工文件是高速公路建设项目的重要组成部分,是真实反映高速公路建设全过程的重要资料,它对工程建设、管理、养护、改扩建及今后的高速公路发展都具有十分重要的意义。原交通部《公路工程竣(交)工验收办法》(交通部令2004年第3号)明确规定,只有竣工文件已按要求编制完成,方可对公路工程项目进行竣工验收。

然而,竣工文件的整理、编制、归档等工作对项目建设管理单位来说,是一项繁琐而庞大的工作,这主要是因为:一是建设、监理和施工单位的内业资料,往往是在工程临近结束时才开始整理,各单位平时的档案管理基本上沿用了文书档案管理的方式,数量繁多的资料在工程临近结束时整理起来比较困难;二是工程管理人员和档案管理人员对彼此的业务不熟悉,内业资料的整理过程中经常出现重复返工现象;三是为保证竣工文件的原始资料的完整性和真实性,竣工文件的查阅一般都使用副本,通常副本都要制作1~2套,相当程度上增大了编制竣工文件的工作量。

宁夏回族自治区交通厅于2001年颁布了《宁夏高等级公路建设项目竣工文件编制办法》(以下简称为《编制办法》)。《编制办法》对竣工文件的组成类别、组织体系及内容等进行了详细的规定,要求竣工文件必须按照统一的标准和要求进行编制,竣工文件所包含的资料来源于工程建设的全过程,特别是原件,必须由参建单位分块分层编制,分级审查,分级负责。在《编制办法》的指导下,全区已建成的高速公路逐步形成了统一的竣工文件。

近年来,宁夏的高等级公路建设发展很快,截至2004年年底,高速公路通车里程已达549km,形成的竣工文件已达5万余册。不断增加的竣工文件给档案管理带来很大的问题,主要表现在以下几个方面:

(1)编制副本增加了竣工文件编制的成本,《编制办法》要求竣工文件大部分卷册的原件要有复印件，这样做虽然在一定程度上保证了竣工文件的安全、完整（普通借阅只使用副本），却在一定程度上增大了编制的成本。

（2）日常管理困难，由于竣工档案数量巨大，所占用的档案室面积也较大，对档案室的空间、设施、环境的要求也越来越高，仅档案保管一项，就需要花费大量的人力和物力。

（3）查询检索困难，相关单位查阅竣工文件资料时，需按照案卷目录逐级地查找，费时费力，难以满足方便快捷的要求。特别是当档案资料分布在不同档案室时，查找资料更是非常不便。

为解决上述问题，宁夏高速公路工程建设指挥部决定对现有 5 万余册的竣工文档进行影像数字化加工，并将对以后形成的竣工文件，不再制作“纸质副本”，而是把原件影像数字化，制作“数字副本”；同时开发高速公路竣工文档信息管理系统。

宁夏高速公路电子档案信息管理系统的设计目标是：通过对现有大量竣工文件进行数字化加工，转换成电子影像并能够快速检索和网络化管理，从而建立起功能完善的高速公路竣工文档信息管理系统，以提高档案管理水平，降低档案管理成本。

为此，经宁夏交通厅批准，宁夏交通信息监控中心和宁夏高速公路工程建设指挥部联合成立了“宁夏高速公路电子档案信息管理系统”课题组，负责此项工件的设计、研发、应用、维护。

二、需求分析

1. 高速公路竣工文件的编制过程

在用户需求分析阶段，系统的研究对象主要是高速公路竣工文件的编制过程，具体包括：竣工文件的编制依据、组织结构、检索目录以及形成过程。这部分内容直接决定了系统的整体架构和开发模式。

（1）高速公路竣工文件的编制依据

高速公路竣工文件是指高速公路工程建设项目从立项、工程可行性研究到竣工验收及后评价全过程中形成的具有保存、查考、利用价值的各种文字、图纸、图表、声像、计算材料等各种形式和载体的资料。竣工文件的编制实行交通建设主管部门监督、指导，建设单位统一领导，参建有关单位分块分层编制，分级审查，分级负责的原则。

交通运输部对高速公路竣工文件的编制有明确的规定，全国各省市也都结合本地的实际制定了相应的编制细则。宁夏 2001 年出台了《宁夏高等级公路建设项目竣工文件编制办法（试行）》，其规范了高速公路竣工文件的结构体系、编制内容、目录检索、编制审查程序等内容。

（2）高速公路竣工文件的组织结构

由于高速公路工程项目建设周期长，参建单位多，涉及面广，形成的资料繁杂，必须及时进行收集、整理、归档。因此，把大量的竣工文件科学合理、有序地组织起来，就显得非常重要了。竣工文件一般采用卷、篇、册、分册的四级树型目录结构进行文件的组织和管理。其组织结构如图 1 所示。

（3）高速公路竣工文件的组成内容

高速公路竣工文件的组成内容包括工程概要、竣工验收文件、工程总结、征地拆迁资料、建设管理资料、施工资料、竣工图表、竣工决算等大量和工程相关的技术、管理文件，据有关资料统计，每修建 100km 的高速公路约形成 10 000 册竣工文档（平均每册 400 页 A4 纸以及大量不规则图纸）。

（4）高速公路竣工文件的形成过程

一般情况下，高速公路参建单位包括建设管理、设计、勘察、监理、施工等单位，都是竣工文件的编制单位。竣工文件的有些内容是由参建单位单独编制的，有些是合作编制的，还有一些是具有重要保存价值的原始资料（如领导对文件的手写批复），建设单位在竣工文件的形成过程中起主导作用，负责监督、指导工程各参建单位的档案编制工作。在高速公路竣工验收阶段，建设单位负责各

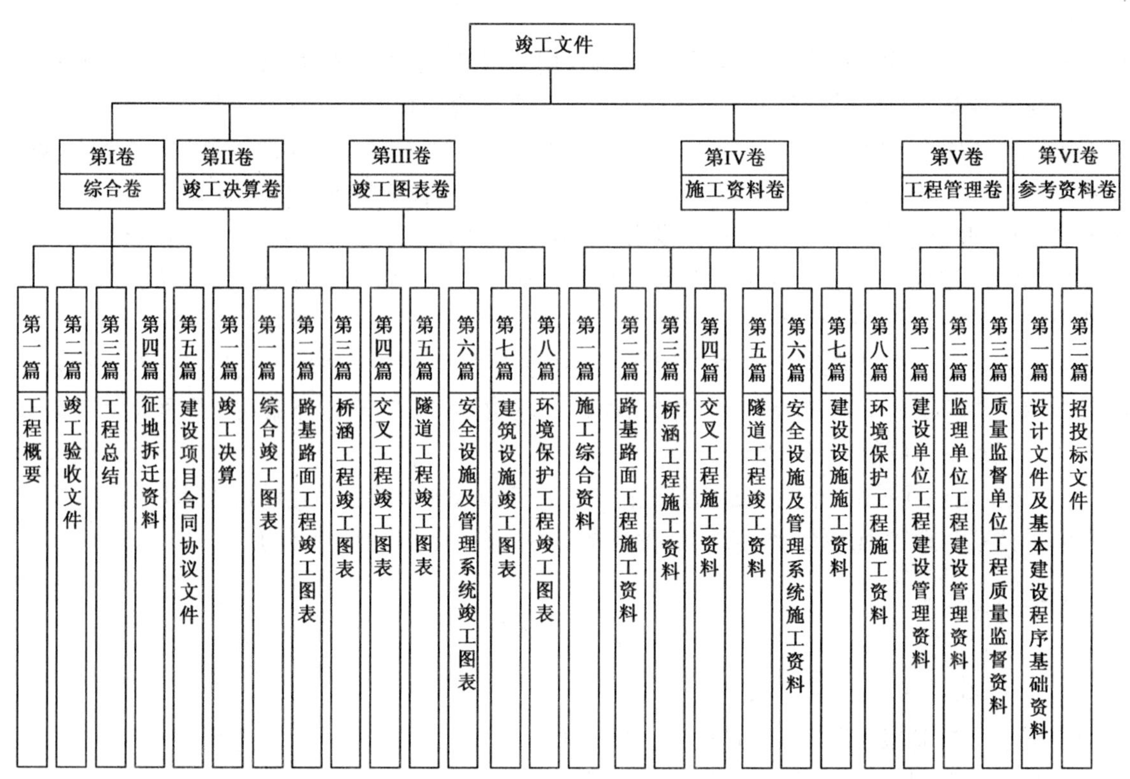

图 1　高速公路竣工文件组织结构

参建单位竣工文件的收集、初验、整理、正式验收、归档、保管和档案室的日常管理。其档案形成过程如图 2 所示。

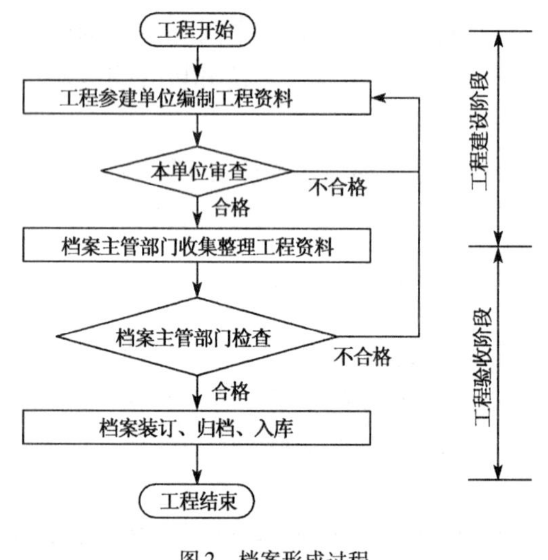

图 2　档案形成过程

通过对高速公路竣工文件形成过程的分析可以看出，在设计高速公路竣工文档信息管理系统时，由于需要处理的对象是大量的纸质文本、表格、图纸。这容易使我们想到，把纸质档案扫描、加工成计算机可以识别、存储、查询、检索的图片格式。因为采用图片格式最大的好处在于可以真实地反映竣工档案的“原始风貌”，这对高速公路竣工文件显得尤为重要，而且很多技术文件的真实性要靠手写签名来体现。在这里我们把这种方式称为竣工文件的数字影像化。

2. 系统业务处理流程初步分析

采用数字影像方式的系统，大致需要以下 4 个加工处理过程：一是档案扫描（由纸质档案转换为电子文件）；二是图片校核（对扫描图片进行纠偏、去黑边、旋转等操作，使扫描图片达到较好的扫描质量）；三是归档（对电子图片做永久保存，使其成为具有参考和利用价值的电子档案）；四是电子档案管理及再利用（档案管理人员对电子档案进行管理、维护；工程管理和技术人员对电子档案进行查询、检索）。系统初步的业务流程分析如图 3 所示。

3. 系统功能模块初步划分

根据系统业务处理流程的 4 个主要处理步骤，可以把整个系统划分为 3 个子系统：扫描处理子系统、电子档案管理子系统和数据维护子系统。如图4所示。

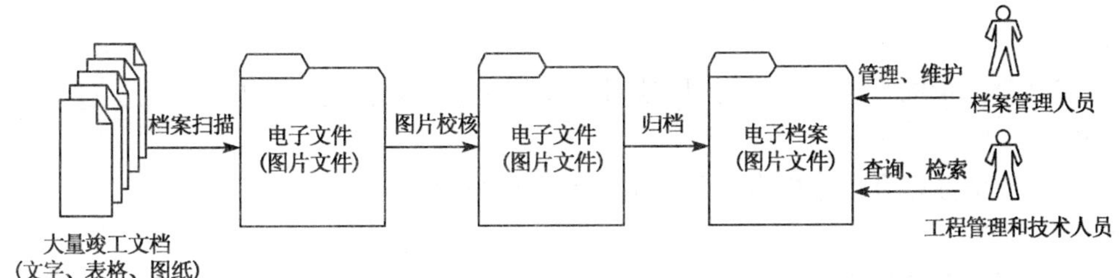

图3 系统初步的业务流程图

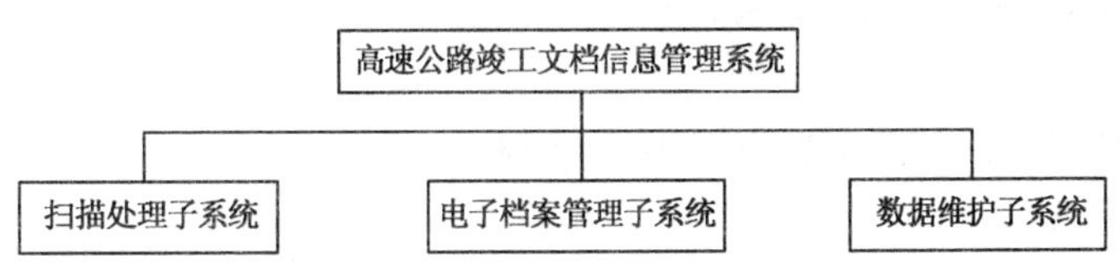

图4 高速公路竣工文档信息管理系统划分

扫描处理子系统主要完成纸质档案的扫描、图像编辑、数据压缩、数据存储等处理工作;电子档案管理子系统主要完成档案的查询、归档、借阅、光盘制作、打印、数据备份以及日志管理等功能。数据维护子系统主要完成对归档的电子文件进行备份、恢复等数据管理工作。

三、系统设计

1. 系统业务处理流程分析

通过对"系统业务处理流程初步分析"的深化和细化,可以得到系统业务处理流程一个全面、完整的处理过程。整个处理过程既包括档案人员一些简单的处理操作,如从档案室提取档案、手工拆解整理档案以及档案的装订和送还档案室等;又包括由系统完成的一些重要处理步骤,如扫描、校核、归档、检索、查询。系统业务处理流程如图5所示:

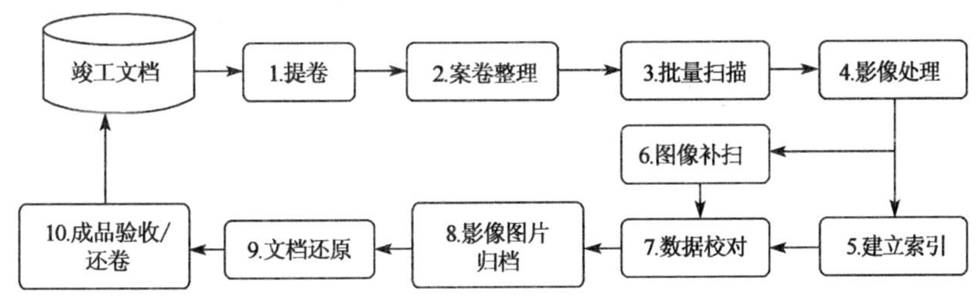

图5 系统业务处理流程

(1)提卷

档案管理人员从档案室提出需要数字化加工的竣工档案。

(2)案卷整理

将竣工文档拆解成单页,并填写加工流程单。

(3)批量扫描

接收上一流程整理好的资料,按文件整理顺序用高速扫描仪进行批量扫描(一次扫描50~100页),保证扫描影像的清晰完整,方向正确,没有歪斜、黑边。

(4)影像处理

对以上环节没有纠正的带黑边/歪斜/顺序错误的影像,在系统中进行人工处理或调整,保证文件顺序以及影像品质,并记录不清楚的文件待补扫。

(5)建立索引

按照要求在索引系统中对影像建立对应的索引信息。

(6)图像补扫

按照补扫记录单记录的页号,用平板扫描仪对存在问题的文档页进行补扫。

(7)数据校对

对加工完成的索引数据及影像信息进行校对,对错误及时修正。

(8)影像图片归档

将加工完成的影像图片导入文件服务器。

(9)文档还原

按照档案管理的要求将竣工文档恢复成原状。

(10)成品验收/还卷

质检通过的光盘及原件,交电子档案管理中心保管和使用。

2. 系统数据处理流程分析

根据系统业务处理流程分析得出:竣工文档(文本、表格、图纸、照片等)采用高速扫描仪或工程扫描仪进行批量扫描录入、数字影像化加工、整理为电子文档(TIFF 文件),每册档案对应一个 TIFF 文件;导入电子档案数据库服务器中进行存储;档案管理人员使用网络管理终端对电子档案数据进行日常的管理、维护、更新和备份;有关部门的工作人员根据业务需求使用查询终端对电子档案数据库进行查询、检索操作,以获取相关的竣工文档数据。如图 6 所示。

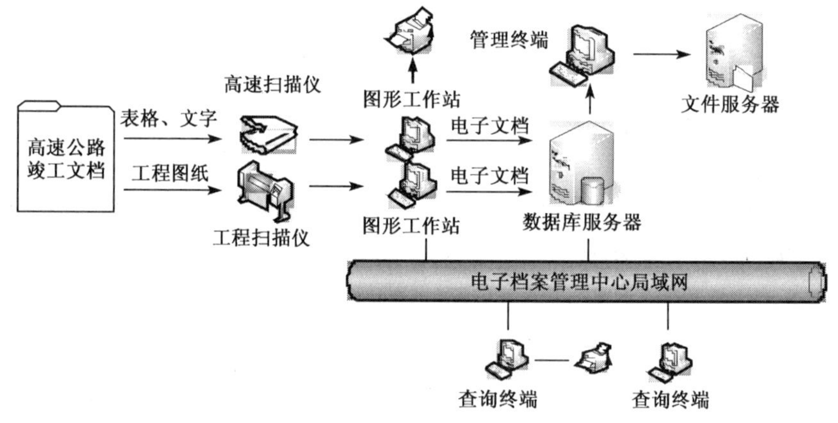

图6 系统数据处理流程图

3. 系统软件结构设计

与数据流程处理相对应的软件结构,被设计成 3 个子系统:扫描处理子系统、电子档案管理子系统和数据维护子系统。结合高速公路竣工档案的实际工作情况,将 3 个子系统的功能进行了细化,各子系统功能描述如下。

1)扫描处理子系统

主要完成纸质档案的扫描、图像编辑、数据压缩、数据存储等处理工作,由两个功能模块组成。

(1)批量扫描

通过建立批量扫描作业,可一次扫描多页文档,实现大批量扫描处理过程。

(2)图像处理

通过对批量扫描过程产生的数据(图像)进行校验,对不符合要求的图像进行编辑处理,实现对图像进行去黑边、改变尺寸、旋转等处理功能。

2)电子档案管理子系统

主要完成档案的查询、归档、借阅、光盘制作、打印、数据备份、恢复及日志管理等功能。由 6 个功能模块组成。

(1)档案查询

提供友好的查询界面,对已经归档的档案按照《高速公路竣工文档编制办法》中的检索要求,实现一级检索和二级检索,以及组合查询和模糊查询,并提供相应的工程概要信息。

(2)档案归档

根据《高速公路竣工文档编制办法》以及国家电子档案管理的要求,对扫描处理后的电子资料进行归档。其中电子文件的存储格式为国家推荐的存储格式 TIFF 和国际标准的电子图书格式 PDF。

(3)档案借阅

主要实现对电子档案借阅的管理。

(4)光盘制作

通过对归档的档案,按照项目划分,将属于同一个项目的内容刻录到光盘中,并按照《高速公路竣工文档编制办法》中要求的检索方式来制作和发布电子光盘内容。

(5)日志管理

日志管理主要是对档案管理人员的日常操作进行记录。

(6)权限管理

通过权限划分,把与系统有关的人员划分为:系统管理人员、档案操作人员、档案查询人员三类,为档案的管理和维护以及档案的安全保管提供了保障。

3)数据维护子系统

(1)数据维护

对归档的电子文件,进行备份、恢复等数据管理工作。

(2)档案维护

档案维护主要是实现档案的鉴定、销毁等功能。

系统软件结构如图 7 所示。

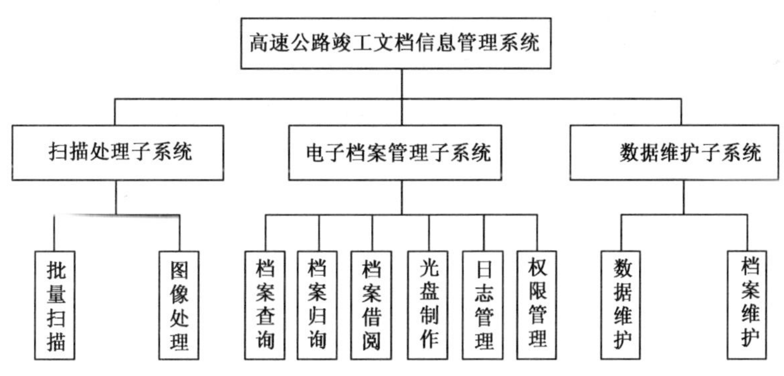

图 7 系统软件结构图

4. 系统的硬件体系结构设计

根据对系统数据处理流程和软件结构的分析,不难得出整个系统需运行在局域网环境中,采用 10/100M 快速以太网,系统架构为 C/S(客户/服务器)结构。考虑到数据的安全性,系统共设两台服务器,一台数据库服务器,一台文件服务器(主要用于电子档案数据备份)。

根据系统业务处理流程和系统软件结构设计如下系统硬件结构,如图 8 所示。

考虑到系统数据量大,需要对大量扫描图片进行频繁的操作和访问,故所选关键设备(如服务器、高速扫描仪、图形工作站)配置较高,以提高系统整体运行性能。上图中一些关键硬件设备的参数配置见表 1。

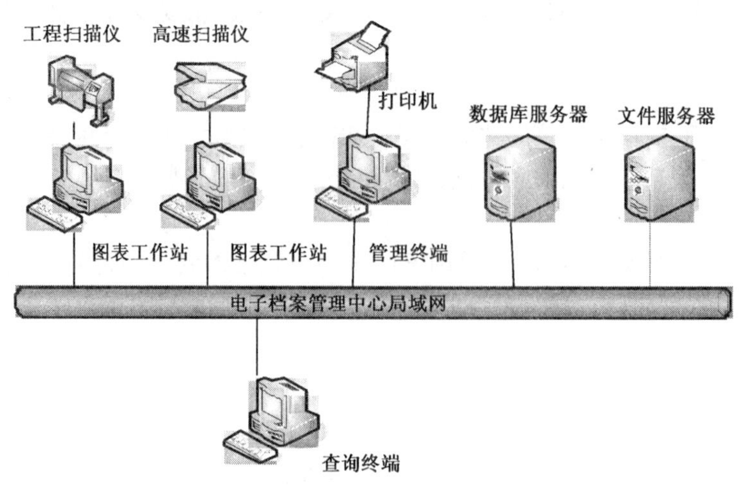

图8 系统硬件结构图

系统主要设备参数表

表1

设备名称	参数配置	数量	备注
服务器	文件服务器 IntelXeonMP2.8G/1G/73GB ×2	1	存储扫描图片
	数据库服务器 IntelXeonMP3G/512M/36GB ×3	1	存储扫描图片的存放路径
图形工作站	IntelPentium4/2.8G/512MB/80GB	2	处理扫描图片
查询终端	IntelCeleron/2400MHz/256MB/40GB	2	查询工程资料
管理终端	IntelCeleron/2400MHz/256MB/40GB	1	档案管理数据维护
扫描仪	高速文件扫描仪	2	用于批量扫描
	平板扫描仪	1	用于补扫、插扫

5. 系统的接口设计

1)系统的输入、输出及中间数据格式

(1)系统的输入数据

系统的输入数据主要是高速公路竣工文档(纸质档案),有文字、表格、图纸,文字和表格多半是A3、A4幅面的纸张,也有少量文件会签单、文件便签等幅面不规则纸张;图纸有包括A3、A4幅面及少量大幅面图纸。

(2)系统的中间数据

高速公路竣工文档(纸质档案)经扫描仪扫描后,生成TIFF文件,一页档案对应一个小的TIFF文件,一册档案对应一个合并大的TIFF文件。TIFF(Tagged Image File Format,标签图像文件格式)是国家档案局推荐使用的标准电子档案存储格式之一。

(3)系统的输出数据

系统的中间数据(单个的TIFF文件)经校核、补扫、归档后,转换为PDF文件,保存在数据库服务器上。PDF(Portable Document Format,可移植文档格式)文件具有很好的跨平台性能,非常适合作为在Internet上进行电子文档发行和数字化信息传播的理想文档格式。

2)系统和扫描设备的接口设计

本论文所提到的系统接口设计主要是指应用系统与扫描设备之间的接口，通常应用系统和扫描设备之间有三种接口方式[7]。

（1）通过图像处理软件，如 Photoshop 扫描图像的功能，加工成一定格式的图像后，再在本系统中利用。

（2）通过扫描仪接口 Twain. dll，该接口在安装扫描仪驱动程序时，由扫描设备厂商提供，它实际上是一个 Plugin 插件，它通过一系列函数来控制扫描仪。

（3）通过构件技术来控制扫描仪，在本系统中使用的是 ImageEn 组件。

三种方法的比选：利用第一种方法能减少编程的复杂度，但是系统的集成度不高，用户使用不方便；第二种方法能在驱动程序级直接控制扫描仪，能在编程上提供最大的灵活性和可控性；第三种方法能充分利用构件技术的方法、属性、函数和过程，可有效提高编程效率。其实第三种方法也是建立在扫描仪接口 Twain. dll 之上的。TWAIN（Technology Without AnInteresting Name）是扫描仪厂商共同遵循的用于应用程序与影像捕捉设备之间的标准接口。在本系统中采用的是第三种方法。

6. 系统安全设计

整个系统安全由硬件系统安全和软件系统安全两大部分组成，其中软件系统的安全由操作系统安全、数据库系统安全、应用系统安全以及数据安全组成。由于本软件项目是一个基于数据库的应用系统。在本论文中，重点阐述应用系统安全和数据安全。系统的安全体系结构如图 9 所示。

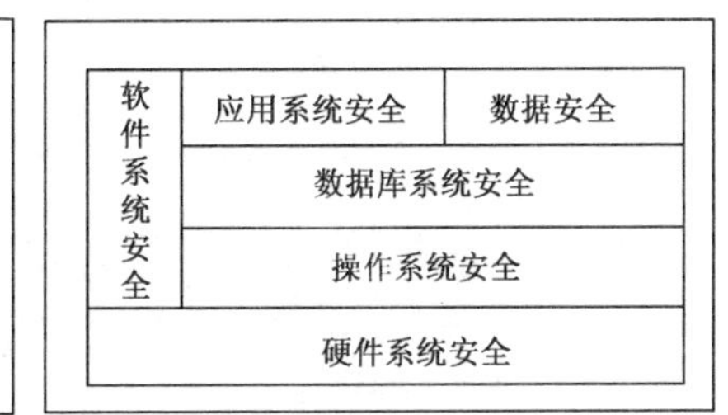

图 9　系统安全体系结构图

（1）应用系统安全

在应用系统安全的设计方面，系统主要通过对用户账号管理、权限管理、系统日志管理来提高系统的安全性。以上三方面的管理可有效防止非法用户对本系统的访问和用户的非授权操作，并记录系统运行过程中产生的运行错误。

（2）数据安全

在系统实际运行过程中，系统每天都会生成大量数据，数据安全的设计和实现在本系统安全体系中占有重要地位。我们主要通过以下方式来实现数据安全，每台服务器都配置 RAID（Redundant Arrayof Independent Disks，独立磁盘冗余阵列），配置 RAID 可有效提高系统的安全性和数据访问速度；二是专门设计一个数据维护子系统，用于数据的备份、恢复、导入和导出；三是设计系统的容错机制，在图形工作站与数据库服务器出现通信中断时，数据会保存在本地硬盘，待系统恢复连接后，系统会根据出错日志的记录把保存在本地硬盘中的数据上传到数据库服务器。

7. 软件界面设计

根据系统的业务处理流程和软件的功能模块做本系统的软件界面设计，具体包括系统的登录界面设计、软件的安装界面设计、扫描处理子系统界面设计、电子档案管理子系统界面设计、数据维护子系统界面设计 5 部分。

以上 5 部分的界面设计具体包括：软件启动封面设计、软件框架设计、软件按钮设计、菜单设计、标签设计、图标设计、滚动条及状态栏设计等内容。在具体设计时，本系统把界面设计的重点集中在软件框架设计。通常软件框架设计的内容和风格是由系统的业务处理流程和系统功能决定的。

软件界面设计应简洁实用、美观大方，以服务于系统功能、贴近用户的实际工作、符合用户的操作习惯、方便用户操作为基本原则。

8. 系统数据结构设计

根据系统业务流程和系统操作对象的属性，设计系统的逻辑结构和物理结构，包括数据库结构设计，数据库中各表之间的逻辑关系参见图 10。

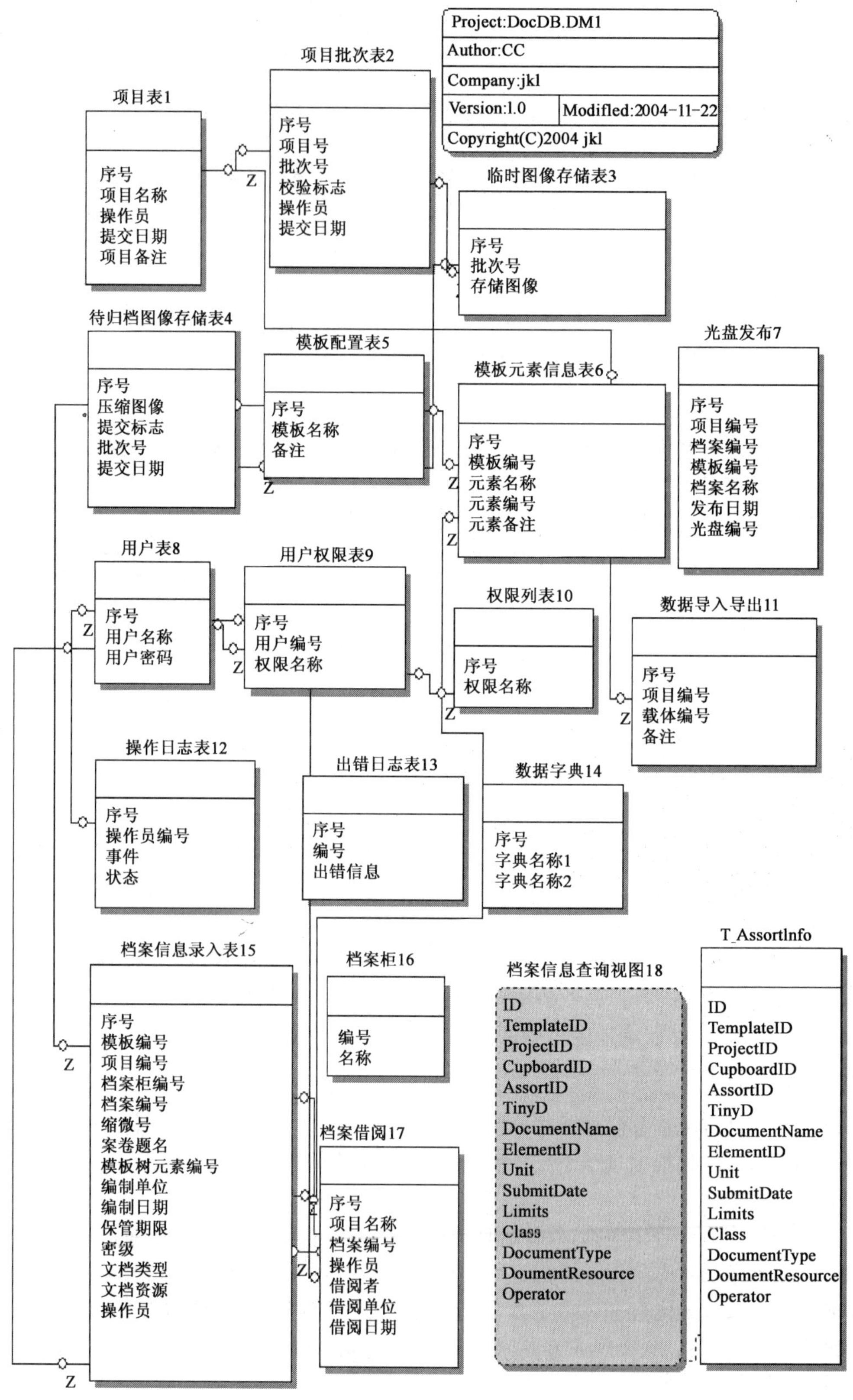

图 10　数据库各表逻辑关系

9. 系统代码设计

在程序编码阶段,我们采用了面向对象的开发语言 Delphi7.0,Delphi7.0 既具有 VisualBasic 简单易学,又具有 VisualC++功能强大的特点,不仅可以开发 C/S 结构的数据库应用程序,还具有非常强的硬件控制能力。本软件项目就是一个涉及硬件控制的数据库应用系统。同时,为了提高开发效率,我们引入了第三方组件:ImageEN,通过 ImageEN 提供的接口,可实现对扫描仪的控制以及对扫描图片(TIFF 文件)的操作,如实现对图片的去黑边、旋转、纠偏、放大、缩小等编辑操作。

系统以 Delphi7.0 作为算法描述语言,把有关批量扫描处理程序的算法作一简要描述。批量扫描程序的主要功能是实现连续地对一册竣工文档进行扫描处理,一般每册在 400 页左右,作为一个批次来处理,但扫描仪每次最多可扫描 100 页,因此需要分多次来处理。批量扫描处理的过程如图 11 所示。

10. 系统平台和开发工具

对于中小型软件项目,系统平台选用 Windows2000Server,数据库平台选用 SQLServer2000 专业版,系统的性能价格比较高,也是目前的技术主流。工作站操作系统选用的 WindowsXP 系统与服务器平台兼容性较好。开发工具选用 Delphi7.0,非常适合开发客户/服务器架构的数据库应用系统。综上所述,选用的系统平台和开发工具如下所示:[12][14]

(1)服务器操作系统:Windows2000Server 中文版。

(2)服务器数据库:SqlServer2000 中文版。

(3)工作站操作系统:Windows9x/me/2000/xp。

(4)软件开发工具:Delphi7.0 企业版。

(5)数据建模工具:ERStudio6.0。

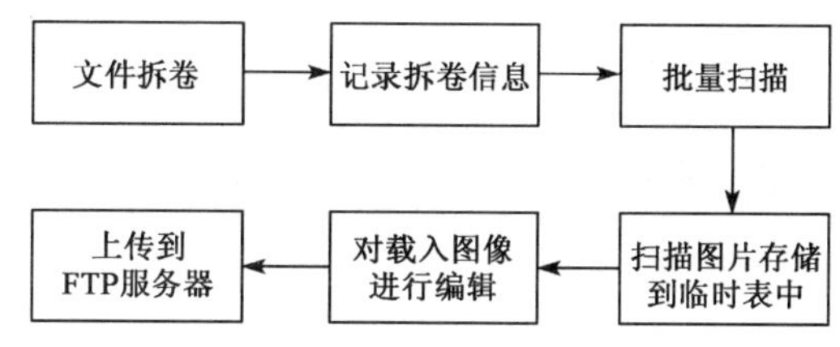

图 11 批量扫描处理过程

四、应用及展望

1. 系统应用

(1)设置电子档案室

系统现已成功应用推广,按照项目的设计,在宁夏高速公路工程建设指挥部设置了电子档案室,面积约 $30m^2$,主要作为档案数字化加工和系统运行的主要场所,机房的供配电、接地、通风、信息插座按标准机房的技术要求建设。机房的软硬件设备包括:组建一个小型的电子档案数字化加工局域网,以及数据库服务器、图形工作站、高速扫描仪、平板扫描仪、打印机的软件安装和配置。

(2)建立档案数字化加工处理流程

在项目的具体应用阶段,建立了科学、合理、有序的档案数字化加工处理流程,严格各道工序的操作步骤、操作方法和操作要求,真正发挥了系统的软硬件性能。在实际应用过程中,每月档案的加工数量在 1 300 册左右,通过对档案数字化加工质量及数量分析,系统完全可以达到实际应用的要求。

2. 展望

正在投入使用的高速公路竣工文档信息管理系统是 C/S(客户/服务器)结构的系统,档案查询人员(档案管理员、工程管理、设计、施工、监理人员)要查询相关技术资料,必须到电子档案室的查询终端进行查询检索。但是在实际工程建设过程中,多数工程建设人员(工程管理、设计、施工、监理人员)大多分布在公路建设现场,办公及通信条件较差。考虑到无线上网的技术已比较成熟,且费用也可接受,工程建设人员可通过无线上网的方式登录系统的主页，查询相关技术资料。因此，开发 B/S 结构的高速公路竣工文档信息管理系统，可以大大提高系统的利用率和使用范围。

现有的高速公路竣工文档信息管理系统只能对已竣工验收的高速公路竣工文档进行电子化处理，这是一种被动的、后期的数字化处理方式。特别是当档案数量巨大、加工周期过长时，项目的具体实施有一定的困难，对于新建和在建高速公路项目的档案管理缺乏有效的支持。有鉴于此，系统应增加对新建和在建高速公路项目的竣工文件电子版的收集、整理、组卷、归档的功能，在高速公路建设项目竣工验收阶段，档案管理人员只需对工程参加单位送交的纸质档案与系统采集的电子版竣工档案进行校核，即可完成档案的验收和归档工作。

物　　流

内蒙古交通物流公共信息平台研究

哈斯达来[1]　吴金中[2]
(1. 内蒙古自治区交通通信信息中心　呼和浩特　010055;
2. 交通运输部公路科学研究院　北京　100088)

摘　要: 内蒙古自治区位于我国北部边疆,同东北、华北、西北三个经济区保持着密切的经济技术合作关系,既是京津和环渤海地区的腹地,又是华北沟通大西北的经济通道。交通物流特别是交通物流信息化,对于促进自治区经济和社会发展具有非常重要的意义。本文从资源整合的角度出发,分析提出内蒙古交通物流公共信息平台的建设目标、总体框架、主要功能以及应用方案。

关键词: 交通物流　公共信息平台　总体框架

一、引言

内蒙古自治区位于我国北部边疆,呈东北、西南向狭长地带,地域辽阔,地跨“三北”(东北、华北、西北)地区。东西直线距离2 400多公里;南北跨距1 700多公里。东部与黑龙江、吉林、辽宁三省毗邻,南部与河北、山西、陕西、宁夏四省区接壤,西部与甘肃相连,北部与蒙古为邻,东北与俄罗斯交界,国境线长达4 221km,同东北、华北、西北三个经济区保持着密切的经济技术合作关系,既是京津和环渤海地区的腹地,又是华北沟通大西北的经济通道,同时也是东部地区的资源供给区,具有“承东启西,南联北开”的区位优势。内蒙古自治区还是连接欧亚两洲的交通要道,两座“欧亚大陆桥”从自治区境内通过。

截至2009年底,全区公路总里程突破15万公里。高速公路突破2 176km,高等级公路突破17 200km。全区苏木乡镇通油路率达到97.2%、嘎查村通公路率达到82.8%,全区嘎查村通班车率达到83%。公路运输已成为我区经济和社会发展的重要运输方式,2009年完成道路运输客运量1.8亿人、旅客周转量198亿人公里、货运量7亿吨、货物周转量1885亿吨公里,较上年分别增长11%、10%、16%和15%。全区共有44个物流园区建成并已投入使用,8个全区重点交通现代物流园区结构和功能在不断升级,物流业务总量、辐射范围和影响力不断扩大。有力地支持了自治区经济和社会的快速发展。

近年来,随着交通运输业的快速发展,信息技术在交通物流发展过程中的应用水平不断提高,并形成了一定的规模和基础。交通综合信息网已覆盖自治区、所有盟市、旗县;道路运政管理信息系统、GPS监控系统正在全区推广应用;公众出行信息服务系统、公路交通地理信息平台等相关信息化系统即将推广运行。物流企业信息化也有了一定程度的发展:内蒙信息港、内蒙分类信息网等信息平台可以进行简单的网上交易;GPS车辆监控系统、运输管理系统、车辆管理系统等相关信息系统在巴运集团、赤峰中昊集团等一批实力较强的物流企业中得到初步应用,有力地提升了企业的生产效率和安全管理水平。

内蒙古自治区交通物流信息化建设虽然取得了一定的进展,但存在的问题较多,主要集中在以下几个方面。

(1)物流成本居高不下

由于信息沟通不畅、车辆实载率偏低，导致物流成本居高不下。据统计，2009 年自治区社会物流总费用与 GDP 的比重约为 20%，而发达国家仅为 9.5% ~10%；其中，运输费用约占社会物流总费用的 53%，而发达国家的运输成本平均仅占物流成本的 25%。高昂的物流与运输成本反映了物流业运行效率的低下，其严重影响了国民经济的可持续发展。

(2)物流企业管理效率低下

目前，内蒙古大部分物流企业都是由传统的仓储、运输和货代企业演变而来的，由于历史原因，物流企业总体上存在着“小”(经营规模小)、“少”(市场份额少、服务功能少、高素质人才少)、“弱”(竞争能力弱、融资能力弱)、“散”(货源不稳定且结构单一、网络分散、经营秩序不规范)等问题。据统计，自治区平均每一个运输业户仅仅拥有 1.4 辆货车，大多数货运企业拥有的货车数量不足 10 辆。没有任何一家企业能够占据超过 2% 的市场份额，也没有任何一家企业能够单独提供全国范围内的多方式联运服务。多数运输企业经济规模小且管理效率低下，无法使运输的货物种类多样化；由于小型运输企业不能够充分利用信息资源和网络资源，从而无法扩大经营规模以降低成本，也无法保证最佳的装载水平。

(3)物流企业信息化水平普遍较低

随着业务的发展，物流企业大都认识到信息化是现代物流的核心和基础，但由于历史原因，物流企业在信息化方面实际投入较少，应用水平普遍较低。另一方面，由于信息化应用水平较低，物流企业无法与物流链上各个环节进行及时沟通和业务协同，无法有效降低物流成本，从而制约了自治区物流企业的发展壮大。

(4)地方封锁和行业分割对物流运作形成障碍

物流是一个跨部门、跨行业的复合型产业，物流运作涉及铁路、公路、水路和航空等多种运输方式，也涉及工商、税务、商务、国土资源、安监、工业与信息化等相关管理部门。由于体制不顺，各相关行业或部门自成体系，独立运作，造成自治区物流行业管理中条块分割、部门分割、重复建设的问题较为严重。此外，由于地区的经济利益驱动，地方管理成为地方利益的体现，助长了地方保护主义；区域之间的市场壁垒，使网络化物流服务企业的成长变得相当困难。地方封锁和行业分割的管理体制使得全社会的物流过程分割开来，在相当程度上阻碍和制约了物流产业的发展。

(5)物流信息化建设各自为政，信息资源无法共享

目前，内蒙古自治区各部门有关物流信息化建设基本上是各自为政的格局，其结果造成各物流信息系统建设“大而全，小而全”的局面；另一方面，与物流发展各相关的管理部门和企业之间也存在着信息交流不畅，不能实现信息资源的充分共享的问题，在很大程度上阻碍了现代物流的发展。

因此，以增强物流服务能力，提高物流的社会化、专业化水平与物流整体运行效率，降低全社会物流总费用为出发点，搭建物流公共信息服务平台，实现政府、物流服务企业、工商企业之间实时、可靠的信息交互，推动物流市场协调、有序、健康地发展，并把分散在不同区域、实力较弱的单一运输与物流企业紧密联系在一起，对于推动物流服务企业从粗放经营向集约经营的转变，增强企业核心竞争力，促进社会资源的最优配置，加速推进现代物流体系的形成和健康发展，具有非常重要的意义。

1. 平台建设目标

在整合内蒙古自治区现有物流信息资源、通信网络资源、硬件设备资源的基础上，采用 3 年左右的时间，初步构建交通物流公共信息平台，实现公用物流信息的采集、分析及处理，为物流服务供需双方的企业信息系统提供基础支撑信息；通过开发建设相关应用系统(如货运交易信息服务系统、车辆定位与货物跟踪系统等)，解决目前自治区物流信息化亟须解决的问题，初步改善全区物流信息化建设的现状，从而充分发挥全区物流系统的整体优势力，打破区域间市场壁垒，促进区域分工与协作，实现社会资源的最优配置，加速推进自治区现代物流体系的形成和健康发展。

2. 平台总体框架

内蒙古交通物流公共信息平台总体框架如图 1 所示。

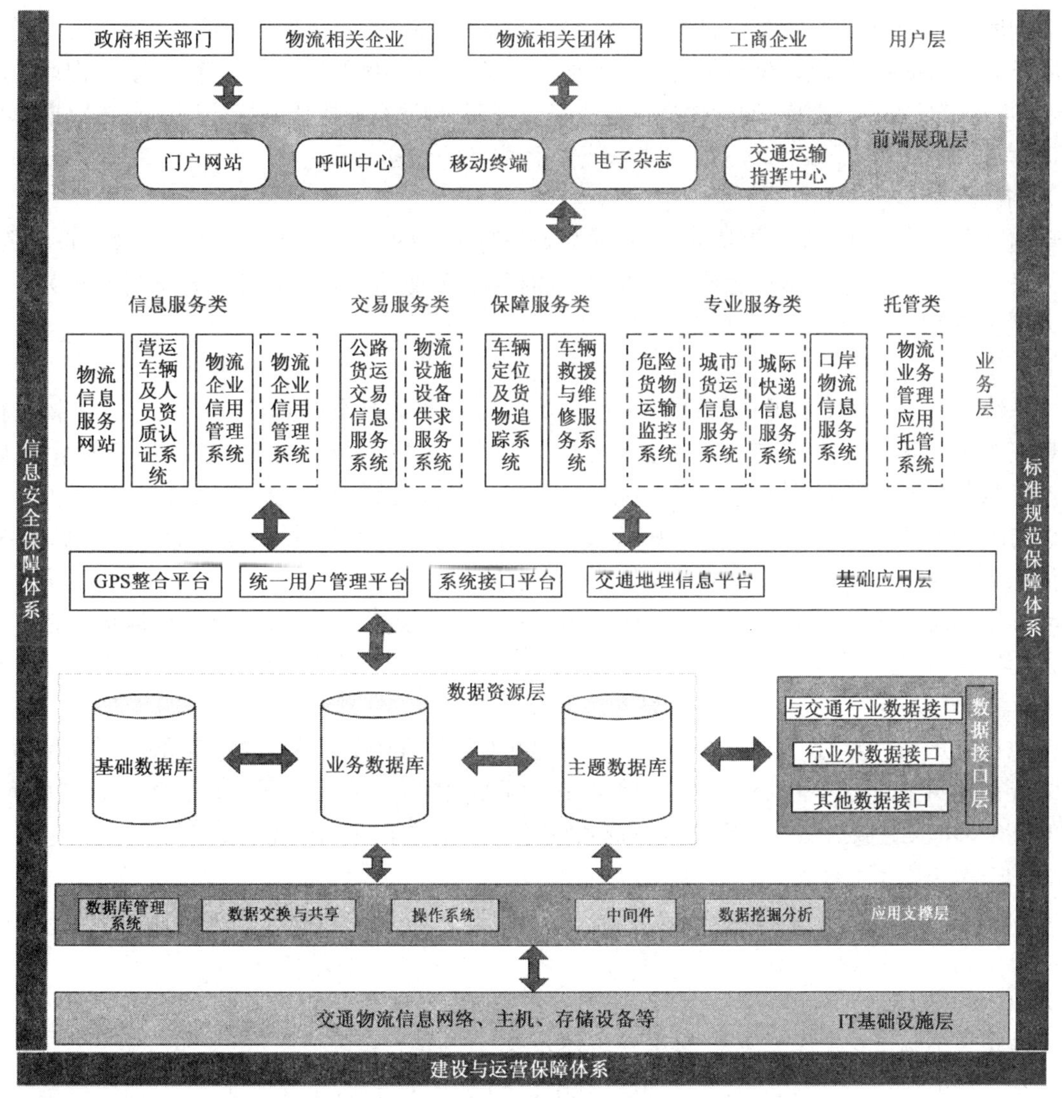

图1　内蒙古交通物流公共信息平台总体框架

(1)基础网络层

基础网络层包括通信网络、网络设备、主机系统及存储系统等。通信网络是承载数据传输、交换的基础,包括交通行业信息专网、无线通信网络、VPN 和因特网;网络设备包括路由器、交换机等;主机系统包括数据库服务器、应用服务器、GIS 服务器等;存储系统包括磁盘阵列、磁带库等。

考虑到内蒙古自治区已建成覆盖自治区、所有盟市、旗县的三级架构的交通综合信息网,本系统在建设过程中,将从节约投资、保证系统可靠性、安全性的角度出发,最大限度地利用该网络;同时,现有的网络设备、服务器、磁盘阵列等硬件设备也在本项目中加以复用。

(2)应用支撑层

应用支撑层主要包括操作系统、数据库管理系统、数据交换与整合系统、数据挖掘与分析系统、各种中间件软件以及其他专业辅助性支撑软件。

(3)数据资源层

数据资源层即数据资源管理平台,它按照规范的程序和数据标准,对数据资源进行标准化处理、交换以及管理。

数据资源包括基础数据库、业务数据库、主题数据库。基础数据库包括公路基础属性数据库、公路空间基础属性数据库、经营业户数据库、营运车辆数据库、从业人员数据库等。业务数据库主要是支撑各种应用系统的业务应用数据库,主要包括:物流公共信息发布与服务数据库、资质认证信息服务数据库、信用服务数据库、物流咨询服务数据库、物流采购与招投标数据库、货运交易信息服务数据库、物流设施设备供求服务系统数据库、车辆定位与货物追踪数据库、车辆救援与维修服务数据库、危险货物运输监控数据库、城市货运信息服务数据库、城际快递信息服务数据库、物流企业应用数据库等。主题数据库是在对业务数据库分析、挖掘的基础上,面向领导决策与咨询服务的专题数据库。

(4)数据接口层

实现与交通行业、其他行业、增值服务、其他数据信息平台的对接,丰富平台信息资源,保证数据、业务联通共享。具体来说,包括交通运输管理部门、工商行政管理部门、海关商业管理部门的相关应用系统以及各大型企业 ERP 系统等。

(5)应用层

应用系统层主要是集中实现平台的各种应用功能(其中虚线部分为远期建设内容),主要包括物流公共信息发布与服务系统、营运车辆及从业人员资质认证信息服务系统、物流企业信用管理系统、物流采购与招投标服务系统、货运交易信息服务系统、物流设施设备供求服务系统、车辆定位与货物跟踪系统、车辆救援与维修服务系统、物流业务应用托管系统、危险货物运输监控系统、城市货运信息服务系统、城际快递信息服务系统、口岸物流信息服务系统、物流业务应用托管系统等。

同时应用层还包括 GPS 整合平台、统一用户管理平台、系统接口平台、交通地理信息平台。这些模块属于公用模块,在总结提炼应用系统层各个业务应用系统的共性需求和接口要求的基础上开发而成。

(6)前端展现层

前端展现层是平台与用户在信息服务、信息管理的对话过程中的直接界面。前端展现层包括门户网站、移动终端、呼叫中心、指挥中心等。其中呼叫中心复用“内蒙古公路交通信息资源整合与服务工程”所建设的“968858 交通服务热线”,已建有系统和座席资源,在本次项目中不再建设。

(7)用户层

物流公共信息平台的主要用户对象是物流相关企业,同时也包括政府相关部门、物流相关团体及个人。

(8)保障体系

保障体系包括信息安全保障体系、标准规范体系、建设与运营保障体系。

信息安全保障体系,采用相应技术、权限管理手段和管理体制等,充分保证系统信息等数据的安全;标准规范体系,规范工程相关数据的设计、存储、交换;建设与运营保障体系,包括基于建设模式及运营模式上的保障体系。因此,落实机构、人员和资金,制订一整套科学合理的建设管理体系以及长效运营机制,对于规范系统的建设管理是十分必要的。

3. 主要建设内容

(1)物流信息服务网站

物流信息服务网站是内蒙古交通物流公共信息平台的主要网络表现形式之一,作为系统平台的主要功能终端,网站承载着大部分系统平台的功能和表现形式。网站立足内蒙古自治区,面向政府管理部门、物流及贸易企业、中介机构,是自治区物流行业对外形象的展现和应用服务的窗口。通过建设物流信息服务网站,为各类用户提供 24h 不间断的全方位的专业物流信息服务。用户可以通过各种安装有浏览器的终端设备(如台式电脑、笔记本、PDA、手机等)访问该网站,随时获取物流资讯、货运信息、导航路线规划、时刻信息、出行资讯(天气、通知通告等)等,使用系统各项应用功能。

(2)营运车辆及从业人员资质认证系统

营运车辆及从业人员资质认证系统基于全国车辆及从业人员数据库,采用 CA 认证技术,为社会公众提供运输从业人员、车辆资质的“IC 卡认证 + 网络认证”方式,方便用户核对相关证件的真实性和合法性,并选择具有正规资质的营运车辆和从业人员委托运输业务,将有效地规范运输市场,维护正常的运输市场秩序。同时,结合现有通信网络和业务系统,为政府运输管理部门实现了 IC 卡道路运输电子证发放过程的信息化、网络化管理。

(3)物流企业信用管理系统

为了企业和用户能在一个公平、公正、公开的平台上开展相关业务和接受物流服务,信用管理系统的建设十分重要。该系统的建设将使平台内的企业和个人在公平竞争的原则下,让客户择优选择企业与服务。该系统依据统一的评价指标体系,通过获得用户和平台管理者的反馈和评价对物流平台会员进行评估,并对外发布和供各方查询。

(4)物流采购与招投标服务系统

物流采购与招投标服务系统将招投标理念和信息技术结合,以《中华人民共和国招标法》为依据,将传统物流采购与招投标中招标、投标、评标和中标管理的全过程以网络化方式实现。一方面为招标方提供了招标信息发布、招标评标过程管理的平台;另一方面使投标方能够及时便捷地检索招标信息、下载招标相关文件。该系统满足了贯彻招投标采购"公开、公正、公平"的管理需求,提高招投标过程的工作效率;同时将每次招投标过程中产生的数据、文档有序存档保存,方便用户日后查阅,增强了招投标工作的可持续性。

(5)公路货运交易信息服务系统

公路货运交易信息服务系统面向运输经营业户、货运中介组织以及货主单位,广纳货运信息,通过WEB服务、呼叫中心、短信平台等多种技术手段,提供货源、运力信息发布与查询功能。货物运输承托双方可以通过本系统进行自主交易,即网上查询、网下交易的方式,与意向方取得联系并完成货运交易。系统的建设将实现货物与车辆之间供求信息实时交换,减少"车找货、货找车"中间环节,为货主在更大范围择优选择运力,为车主广纳货源,为中介服务机构更有效地提供运输服务创造条件,从而降低运输车辆空驶率,实现节能减排,提高货运周转量。

(6)物流设施设备供求服务系统

物流设施设备供求服务系统面向物流设施设备租赁企业、物流设施设备使用企业,广纳物流设施设备信息,通过WEB服务、呼叫中心、短信平台等多种技术手段,以简洁、直观、方便的操作方式,提供物流设施、物流设备信息发布与查询功能。物流设施设备租赁与承租双方可以通过本系统进行自主交易,即网上查询、网下交易的方式,通过与意向方取得的联系来完成租赁交易。本系统的建立,可以实现物流设施设备提供方与需求方信息的实时交换,减少交易的中间环节,为设施设备需求方扩大选择范围,为设施设备提供方提供更多的意向用户,提高物流设施设备的利用率。

(7)车辆定位及货物追踪系统

车辆定位及货物追踪系统面向中小物流企业,提供对其自有车辆监控调度、货运管理;面向中小物流企业和货主,提供货物跟踪支持功能,各会员企业只需购买GPS/GSM智能车载单元即可为客户提供高质量的物流状态跟踪服务。同时,实现了对政府部门运政执法车辆、应急指挥车辆等的及时监控,一方面在处理突发事件时,便于应急交通指挥工作的开展;另一方面,还将起到规范交通行政执法人员执法行为、提高文明执法水平、确保交通运输安全、提升交通文明形象等作用。

(8)车辆维修与救援服务系统

车辆维修与救援服务系统是面向货运车辆建立的,该系统由紧急救援呼叫中心、车辆定位系统、维修企业等共同组成;同时依托公共信息平台吸纳维修企业、检测站、汽车配件生产厂家、供销单位和车主入网,为用户提供维修价格、购置配件、技术资料等信息咨询服务。

(9)危险货物运输监控系统

随着我国国民经济的迅速发展,道路危险货物运输种类和运输量不断增长,随之而来的道路危险货物运输特、重大事故频繁发生。如何建立安全、严格的道路危险货物运输监控系统,确保危险品运输过程的安全,成为运输企业、货主、管理部门十分关注的问题。危险货物监控系统集成了GPS、GIS、GSM、GPRS等技术,通过车辆动态的监控来实现对危险货物运输的监控与管理,实现危险货物运输安全、高效的目标。

（10）城市货运信息服务系统

货运信息服务系统主要面向城市配送企业、货运出租车辆，有机结合呼叫中心、GPS 卫星定位技术、地理信息系统（GIS）技术、网络技术，提供“一站式”城市货运信息服务，实现对货运出租车辆的定位、查询、电召；实现会员企业对本公司车辆的调度、监控、管理等服务功能；实现公众通过呼叫中心进行“电话叫车”服务。

（11）城际快递信息服务系统

城际快递信息服务系统主要是为快递企业提供一个结构灵活、安全、高效的服务平台，该系统最终目的是为快递企业提升服务效率，节约运营成本，获取大量订单提供服务。

（12）口岸物流信息服务系统

口岸物流信息服务系统主要是为从事货物进出口或者技术进出口和国际服务贸易的经营者开通一个关于对外贸易网上快速通道。通过对相关政策、法规的资讯信息发布，各种业务的整合，让这些经营者及时了解相关信息服务，并能够通过该系统实现网上业务办理，最终目的是鼓励对外贸易，维护公平、自由的对外贸易秩序。此外，通过该系统还能实现口岸相关政府管理部门的信息互通共享，提高业务办理效率。

（13）物流业务应用托管系统

物流业务应用托管系统主要以互联网为核心，为中小物流企业提供各种应用功能服务和各种信息技术服务，当企业需要这些服务时，只要具备连接互联网的终端设备和浏览器，就可以通过网络接入到物流业务应用托管系统，通过身份确认后即可使用该系统的各项服务。系统采用集中建设、集中管理的方式，大大降低了中小型物流企业业务信息化管理系统的开发建设成本和管理维护成本，将极大地推进整个物流行业的信息化进程。

4. 应用方案

内蒙古交通物流公共信息平台应用方案如图 2 所示：

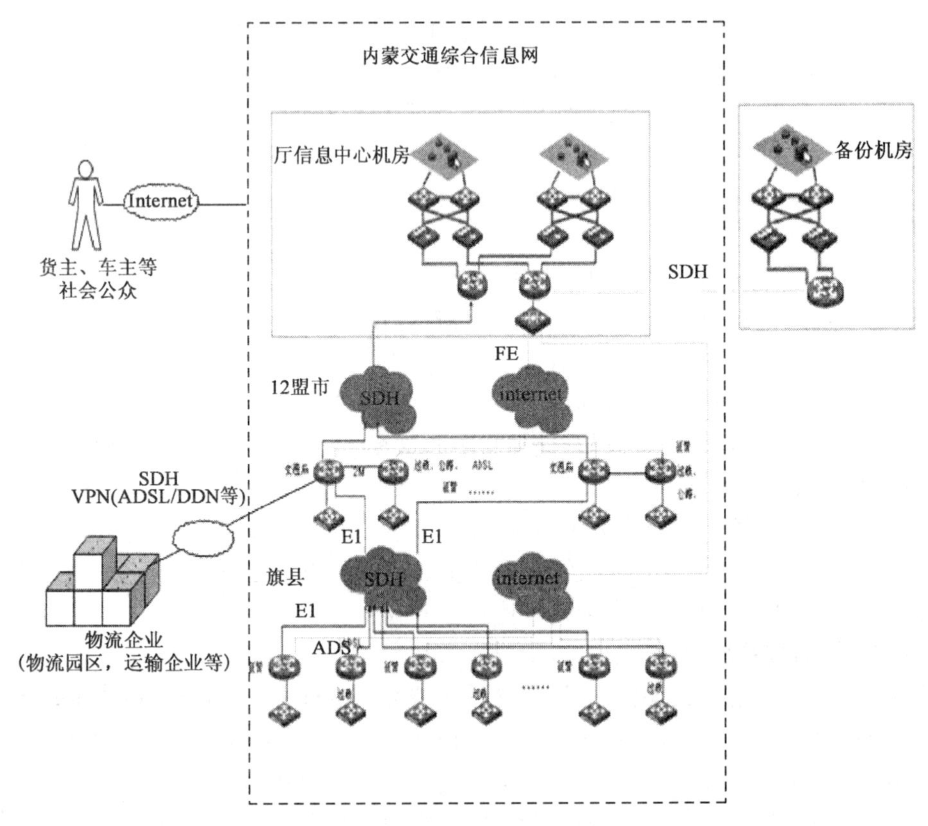

图 2　交通物流公共信息平台应用方案

(1)交通物流公共信息平台集中部署在自治区交通数据中心,网络设备、存储设备复用现有资源。

(2)物流企业(包括物流园区、运输企业等)通过 SDH、VPN(ADSL、DDN)等连接到盟市网络汇聚节点,访问相关应用系统。

(3)车主、货主以及社会公众,通过 Internet 连接到交通综合信息网,访问相关应用系统。

(4) 建设异地备份机房,通过 SDH 连接到自治区交通厅信息中心机房。

5. 结语

内蒙古交通物流公共信息平台建设不仅有利于推进全区交通运输现代化进程,降低整体物流成本,提高物流服务水平;同时也有利于加速区域电子商务和智能交通发展,促进物流综合信用体系建设。本文结合内蒙古自治区的实际情况,提出了内蒙古交通物流公共信息平台的建设目标、总体框架、主要建设内容与应用方案。需要指出的是,交通物流公共信息平台建设是一项综合性、长期性工作,既具有一定的公益性,也具有一定的市场特性。所以在实际运营中,平台应坚持"政府主导、面向企业、多方参与、共同发展"的方针,积极鼓励社会企业参与到平台建设和运营过程中来,积极探索各项增值服务建设,拓宽资金来源,逐步迈上自我发展、自我扩张的良性轨道。

参 考 文 献

[1] 国务院关于印发物流业调整和振兴规划的通知

[2] 国务院关于促进流通业发展的若干意见

[3] 内蒙古自治区 2007—2010 年现代物流业发展规划

[4] 内蒙古自治区道路运输业"十一五"发展规划纲要

[5] 内蒙古自治区交通信息化"十一五"发展规划

[6] 董邵华,邵举平. 物流管理信息系统. 北京:北方交通大学出版社,2005,(8)

[7] 张树山. 物流信息系统. 北京:人民交通出版社,2005,(5)

[8] 白丽君,彭扬. 物流信息系统分析与建设. 北京:中国物资出版社,2009,(2)

[9] 卞文良. 物流信息网络:构建与运作. 北京:社会科学文献出版社,2008,(9)

[10] 王维洲,任国强. 电子商务数据管理与应用开发技术. 北京:电子工业出版社, 2008,(7)

[11] 施晓军. 物流信息技术与信息系统:物流管理系列丛书. 成都:四川人民出版社,2009,(6)

[12] 王微怡,王晓平. 物流信息系统规划与建设. 北京:北京大学出版社,2007,(4)

基于云计算的港口物流链信息服务平台研究

王丽华　庄开宇　赵　晶　刘志美
（青岛港集团有限公司　青岛　266011）

摘　要：以促进港口物流业务协作和信息资源共享利用为出发点，针对港口物流链信息服务中存在的问题和面临的需求，提出了一种基于云计算的港口物流链信息服务平台体系架构，并给出了相应的实施建议。

关键词：港口物流链　信息服务平台　云计算　平台架构

1. 引言

港口作为交通运输的枢纽，是现代物流链中的重要环节。随着全球经济的快速发展，港口物流已经从原来“港到港”模式向“门到门”的一体化物流模式转变，从单一的运输、仓储等传统服务向涵盖报关、加工、包装、库存管理、配送、信息服务的综合物流服务延伸，并逐渐形成了区域港口物流战略模式下的协同物流服务体系。与此同时，伴随着港口物流业务的飞速发展，各港口的物流信息化建设，尤其是港口物流链信息服务也取得了显著的进步。

虽然，港口物流链信息服务取得了长足的发展，但当前其仍然存在一定的问题，主要体现在以下几个方面：

（1）物流链上各节点缺乏合理分工，服务水平不一。

（2）各节点信息化应用发展不平衡[1]，有些物流节点还处于信息化初级阶段，严重制约了物流整体效能的充分发挥。

（3）以港口为核心的物流信息链割裂，共享程度不高，港口间在信息协同方面尚不能满足当前物流一体化管理与运作的需求。

（4）信息服务功能和服务范围集成度不够，存在信息流相互交错、传递环节多和信息滞后等问题。

本文则是针对上述问题，为了进一步推动港口物流的业务协作，有效实现信息资源的共享利用，进而提升整个港口物流链的物流服务水平和综合竞争能力，提出了一种基于云计算的港口物流链信息服务平台体系架构。

2. 云计算应用现状

云计算是一种基于互联网的超级计算模式。即把存储于个人电脑、移动电话和其他设备上的大量信息和处理器资源集中在一起协同工作。它将计算任务分布在大量计算机构成的资源池上，使各种应用系统能够根据需要获取计算力、存储空间和各种软件服务[2]。

目前，云计算带来了IT技术领域的大变革，极大地降低了企业的IT建设及运营维护成本，加快了企业信息化进程。Amazon、Google、IBM、微软和Yahoo等国外IT公司是云计算的先行者。在我国，云计算发展也非常迅猛。在数据中心、资料查询、远程教学等方向，以及港口行业中均有相应的应用研究[3-6]。

云计算是一种新兴的共享基础架构方法，通常表现为一些大型服务器的集群，它可以将巨大的系统池连接在一起以提供各种服务。云计算具有用户计算的分布性、服务面向的广泛性、服务安全性和用户端设备成本低廉等特点。在云计算理想的环境下,用户所需的应用程序并不需要运行在用户的个人电脑、手机等终端设备上,在任何时间、任何地点,用户都可以通过任何连接至互联网的终端设备访问这些服务。也就是说,无论是企业还是个人,都能在云计算上实现随需应用。

3. 港口物流链信息流分析

港口物流链信息服务面向的对象主要是货主、船公司、码头、代理企业、政府监管部门、内陆港站、铁路、公路及各种形式的第三方物流企业,其目的是为了促进物流链相关方更好地开展现代港口物流协同业务。

因此,其建设应通过实现以港口为核心的现代物流运输各环节物流信息的共享利用,为港口物流运输链上各环节之间构建起一套完善的物流网络。要通过搭建一个服务于港口物流信息资源整合和互动模式的交互平台,提升港口码头间、港口与铁路、公路疏运企业之间的业务协作,满足港口物流客户跨地域、跨行业、跨部门的物流应用需求,进而促进和加快港口一体化、港口物流链互补和联盟发展,提升港口物流链的整体效率和服务质量,降低物流成本,以共同为现代物流用户提供更加优质的物流服务。具体的信息流如图1所示。

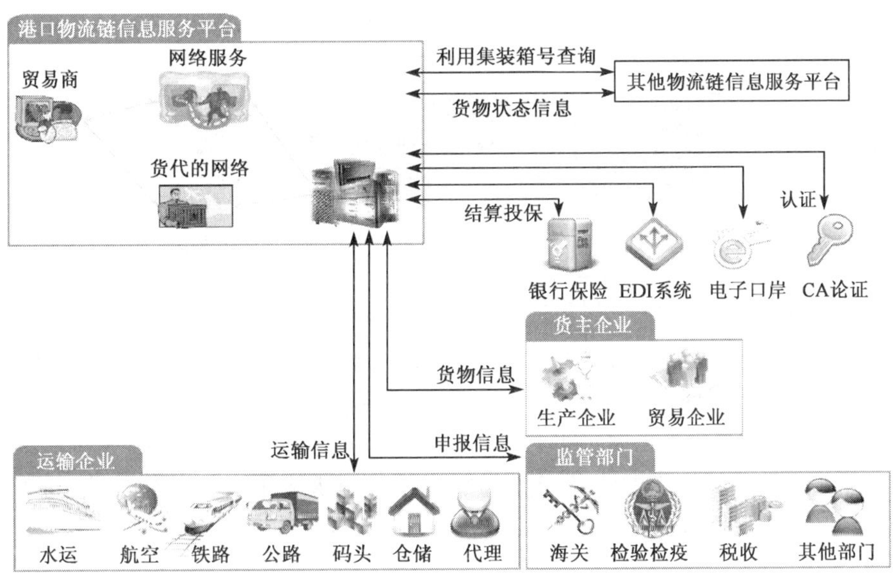

图1　港口物流链信息流

4. 云计算模式的港口物流链信息服务平台架构

综合考虑服务、应用、资源分配以及安全等因素,本文给出云计算模式下的港口物流链信息服务平台架构,如图2所示。

(1)建立港口物流链信息服务云资源平台(IAAS)

建设以集群架构为基础的硬件基础设施,利用虚拟化技术封装隐藏同类硬件资源及其管理软件的差异性,并根据云计算资源使用的特点,提供统一资源访问接口,最大限度地发挥硬件资源特性,形成高效的可伸缩集群系统、按需服务的虚拟集群,实现资源的按需分配[7]。

(2)建立港口物流链信息服务云应用平台(PAAS)

建立包含云计算系统共性技术、任务管理与调度、任务间通信机制、安全、可管理性机制、知识处理并行机制以及海量数据处理等组件的支撑平台。

该平台要集成数据传输、数据集成和内容门户等功能组件的中间件平台,并包含业务规则、组织结构

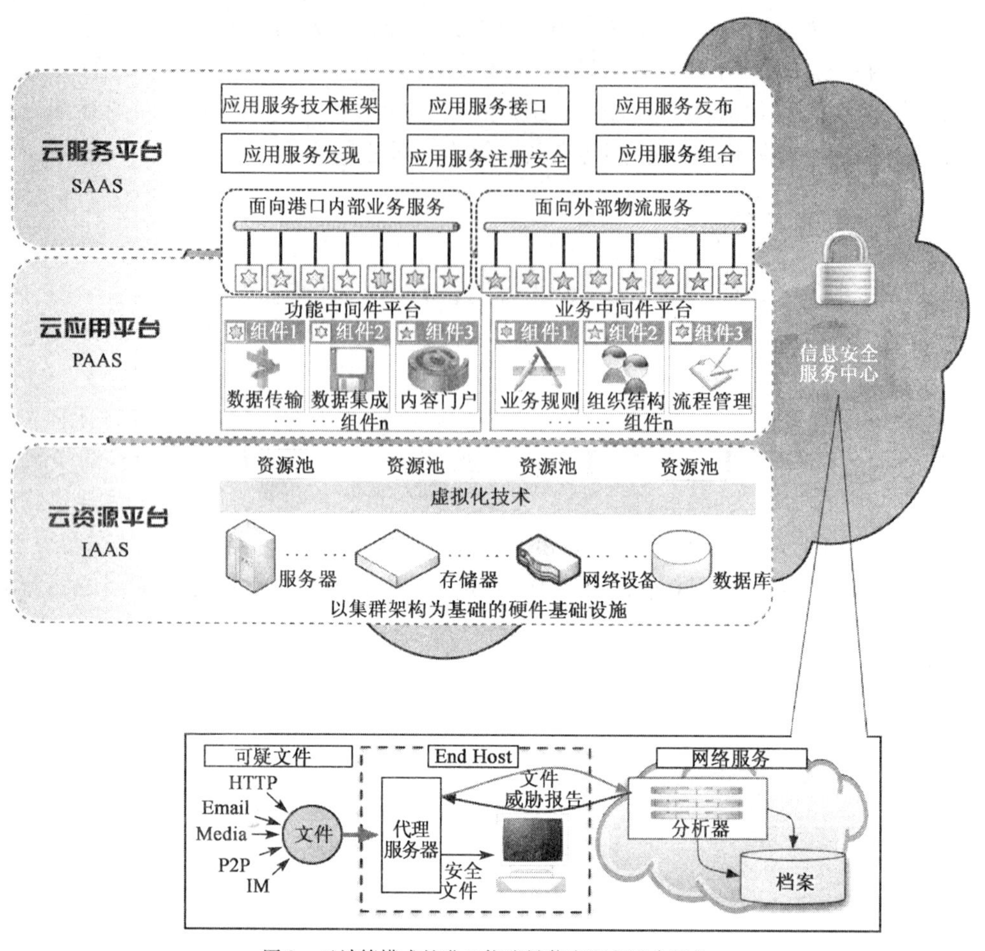

图2 云计算模式的港口物流链信息服务平台架构

和流程管理等功能组件的业务基础平台。云计算应用平台一方面为上层应用服务提供快速开发环境、集成环境和运行环境;另一方面通过 API 与云计算资源平台实现互操作。

(3)建立港口物流链信息服务云服务平台(SAAS)

面向港口内部业务和外部物流服务,为港口物流链用户提供应用服务技术框架、应用服务接口、应用服务发布、应用服务发现、应用服务注册、应用服务组合和应用服务安全等规范,实现企业应用层服务的统一管理框架。

该平台采用软件即服务(SAAS)模式来构建和扩展业务系统。各类业务系统直接构架或连接到统一的应用平台上,并以其为基础和枢纽,将实现港口物流业务协同的各应用系统进行整合,形成一个有机的、紧密联系的整体[7]。

(4)建立基于物联网的港口物流链数据服务中心

利用物联网技术,在港口内实现对码头、堆场、机械、进出港船舶、车辆进行全方位、全天候监控,对港口集装箱、原油、铁矿石、煤炭和散杂货的装卸、运输、堆存等集疏运情况进行动态管理。要在基础数据自动化采集和智能传输的基础上,综合采用云计算、海量数据处理、虚拟存储、大型数据库优化处理、网格运算等技术,对所采集的数据进行分类、加工处理,形成港口移动对象数据服务中心。结合港口原有业务数据和物流链上协同作业的共享信息,形成集成的港口物流链数据服务中心。采用挖掘和综合利用信息资源,将经验转化为知识,为物流链各方提供决策支持,为客户提供“一站式”增值服务。

(5)建立基于云安全的港口物流链信息安全服务中心

云计算安全保障服务包括敏感数据控制、服务可用性和容灾等。其中,敏感数据控制保证非法用户不能获取敏感数据;服务可用性保证应用的运行时间和性能满足业务的 SLA 要求;容灾保证业务在灾难发生后能够迅速恢复。

基于云计算的港口物流链信息安全服务中心应提供部署的云计算安全保障服务，验证云计算安全保障服务的安全性，保证只对获得授权且通过身份验证的用户提供访问权，而且确保用户需要数据的安全[8]。

(6)创新港口物流链业务协同新模式

港口物流链信息服务云平台的建立，可以加强各港口间的协调机制，建立彼此的物流信息交换通道，整合物流信息协同服务资源，实现港口间物流供应链上各环节信息的及时、有效沟通，改变当前普遍存在的各港口相对单一提供物流的模式。通过建设提升港口间业务协作及满足港口客户跨地域需求的物流应用系统，提高区域港口群整体上对物流信息的搜集、处理和服务能力，缩短物流信息交换与作业时间，做到优势互补，提高港口物流工作效率，进而创新出区域港口物流在物流运输、服务管理及箱货调配等方面的业务协同新模式。

5. 云计算下港口物流链信息服务平台的实施建议

云计算是一种新兴的IT服务模式，也是未来IT的发展方向，但在实施过程中，需要充分考虑以下几点：

(1)云计算的应用需要与我国港口物流实际相结合，特别是云计算的安全性是考虑的重点之一，要尽可能地采用具有自主知识产权的技术或产品。

(2)要充分考虑港口物流链信息共享的基本需求和服务业务的复杂性，做到共性与特殊相并存，不能完全照搬国外成功的云计算模式。

(3)要在港口信息化的基础上，先建立相应的云计算平台。利用云服务逐步扩充到其他的物流企业，最终形成以港口为核心的物流链服务云。

(4)可通过云应用实现港口间的业务协同，随着应用范围的外延，逐步形成覆盖全国、国际的物流服务共享云，以提高现代物流的整体效益。

6. 结语

基于云计算的港口物流链信息服务平台应充分考虑港口物流链上节点应用的特点，采用共同建设和分别管理相结合的原则，实现定制化的云应用和公共信息集中管理模式，形成统一的港口物流链数据服务中心。各企业根据权限对其进行操作，完成与多个合作伙伴的信息交流，进而实现统一平台下的业务协作，提升整个港口物流链的物流服务水平和综合竞争力。

参 考 文 献

[1] 于雅岑，王喜富. 区域性现代港口物流信息平台系统设计研究：网络与信息化，(2007) 07-0103-03

[2] 陈涛. 云计算理论及技术研究. 重庆交通大学学报(社科版)，2009，9(4)

[3] 张敏，陈云海，林立宇. 电信运营商云计算数据中心的构建分析. 电信技术，2009.6

[4] 李光雷，张世禄. 云计算在资料查询中的应用初探. 大连大学学报，2009.6

[5] 唐箭. 云计算数据库研究及其在远程教学中的应用. 赤峰学院学报(自然科学版)，2009.11

[6] 赵元. 云计算在港口行业中的应用研究. 北京交通大学硕士学位论文

[7] B. Rochwerger, D. Breitgand, E. Levy, A. Galis, and K. Nagin et al. The reservoir model and architecture for open federated cloud computing. IBM Systems Journal. Submitted for publication.

[8] Oberheide, J., Cooke, E., Jahanian, F.: Cloudav: N – version antivirus in the network cloud. In: Proceedings of the 17th USENIX Security Symposium (Security'08). San Jose, CA (2008)

长江上游现代物流业务信息公共服务平台建设

——制度是前提、业务是根本、科技是支撑

彭维德

（重庆港务物流集团　重庆　400000）

摘　要：资源重组、平台建设根本保证；应用整合、持续运行长效机制；技术集成、高效灵活系统支撑；流程再造、服务协同持续创新。

关键词：信息公共服务平台　创新　平台架构

一、序言

重庆港务物流集团作为重庆市政府重点打造的大型现代综合物流服务企业，是长江上游经济中心和三峡库区枢纽港经济圈的重要组成部分。在国家工信部的支持下，集团承担两化融合示范工程，组织长江上游物流信息平台建设，顺应社会发展大势，成为带动区域现代服务业发展、促进区域经济一体化的先导，在全面分析库区经济圈现实环境、梳理影响现代综合物流创新发展的多种因素的基础上，促进了物流要素企业体制改革，创新了综合物流运作机制，实现了物流信息技术集成、物流应用系统整合、物流业务协同方式并在同一平台上完成，阶段性地适应了综合物流业务信息平台建设的要求。

二、资源重组、平台建设根本保证

1. 政府决策、区域物流资本大重组

针对重庆市物流成本偏高抵消了制造业的优势，成为制约社会经济发展的最大瓶颈之一的现状，市政府把全市分布在沿长江680km三峡库区的重庆、涪陵、万州三个港口企业下辖的全部港口资源和市物资集团资产重组成为重庆港务物流集团，资产达到80亿、收入50亿、从业人员8 000人。通过重组，集团经营业态基本涵盖了综合物流主要关键环节，有效地做到了长江上游枢纽港物流资产的集中，成为西部地区最有影响力的综合物流集团。

2. 资源整合、现代物流要素大集中

新组建的集团具备码头年货物吞吐量6 000万吨，旅客运量1 000万人次的能力；155个码头、泊位和趸船总长度近14km，分布在680km占长江近1/4的沿岸；仓储资源总面积近100万平方米，其中近40万平方米是室内仓储资源；各类船舶242艘，总运力达22万吨，是长江上游最大的货运船队；468台套20亿资产的港口大型物流专用装备及与之匹配较完善的管理运行队伍，这些综合物流基础设施，有效地集中了国家西部地区长江上游现代综合物流的物质基础和资源优势，为西部地区和三峡库区经济振兴、实现物流产业升级创造了条件，集团也成为西部地区资产规模和物流综合收入最大的物流企业集团。

同时,这一重要举措率先在全国实现以省级、直辖市区域为单位的一城一港一集团,港口作为现代物流网络节点集并、疏运功能在区域内实现网状覆盖,这些业务产业条件的具备,是进行港口现代物流信息化建设的根本前提。

3. 集团联动、构建现代物流产业大框架

为了有效地实现现代综合物流企业的规模化、社会化和专业化要求,实现集团所有港区业务的一体化运行,我们按照现代物流要素的要求,整合集团32个二级单位,组建了港口、航运、商贸和综合四大要素板块总公司。凸显了集团业务在综合物流全环节中的五大优势。一是航运优势,完成了沿长江重庆、涪陵、万州三港的航运企业的整合,组建了西部地区最大的专业从事水上货物运输的航运企业;二是物流商贸钢材交易的优势,有效利用在物流商贸领域中的生产资料,集团占有全市50%以上份额的黑色金属购销量;三是物流仓储优势,拥有全市最大、100万平方米(含40万平方米仓库)的物流仓储资源;四是代理环节的优势,全市所有物流外贸代理企业在集团EDI平台上实现了整合;五是物流转运优势,全市物流转运系统中的水—水、水—铁、水—公、公—铁四大类转运系统中,除公—铁转运外,其余类型集团占有主导地位。同时在业务覆盖地域、外贸主导地位方面都是长江上游、三峡库区和西部地区具有引领龙头地位的优势,长江2 000多公里的有效航段,集团港口分布在680km近1/4的长江沿岸,全市95%以上的外贸物资经集团港口吞吐。

按照物流产业链的基本要素,构建新的经济组织结构形式,改变了过去按地域划分经济组织,导致下属企业产业割据、恶性竞争,规模小、水平低,不利于现代服务业综合物流产业的推进格局,避免了粗放型经济对物流信息系统建设的依存度不高,局部应用系统标准不统一,数据难交换和重复建设等弊端。为促进城市现代物流整体服务水平和服务能级的提高,集团参与社会协同,流域枢纽港和西部区域枢纽港现代物流产业发展的推进创造条件。

三、应用整合、持续运行长效机制

1. 区域物流资源按照供应链的要求大重组

物流经济组织和要素重组调整后,推动了集团和政府对分散的基本物流功能要素进行系统整合和优化,按照物流商贸、物流包装、物流仓储、物流渠道、物流中介、物流转运、物流运输、物流配送等八个主要环节,分阶段逐步实施一体化、专业化运作,促进了物流综合体系的管理机制和物流业务流程的重组。

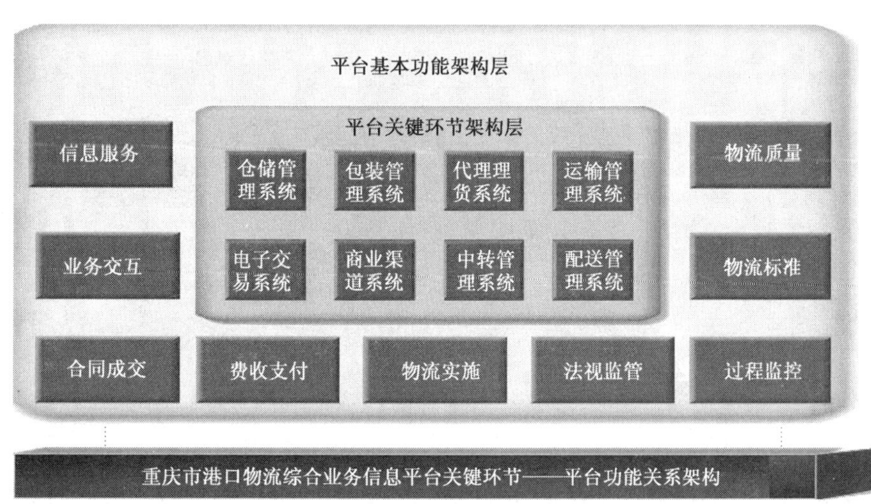

重庆市港口物流综合业务信息平台关键环节——平台功能关系架构

重庆市港口物流综合业务信息服务平台

商贸	包装	仓储	渠道	中介	中转	运输	配送
工业、农产品生资、消费品特殊	成组、集并、集装、滚装、分装、	公共、集中、分布、自助、虚拟、	电子口岸、数据网络、销售网络	船代货代外代理货报关	港口、车站、园区、枢纽、机场、	水运、航空、公路、铁运、管道、	区域门到门、大宗、小件
电子交易平台	包装管理平台	仓储物流平台	物流渠道管理平台	物流中介平台	物流中转业务平台	综合运输管理平台	物流配送平台

目标：
实现业务信息透明、对称、满足真实、及时便于综合业务在一个平台上运行

通过八个环节和要素之间的业务整合和流程再造，可以满足综合物流诸要素在一个平台上运行，从而实现系统信息的对称和透明，满足业务处理对信息真实和及时的要求。

2. 集团物流五优势要素同一平台运行

物流组织科学确立自己的业务规划，同时在业务规划中抽象凝练出企业的信息化建设与发展战略，指导物流企业通过发挥和放大自己的技术优势、客户优势、成本优势，网络优势，营造构建现代综合物流企业的生态环境。

按照企业信息化发展战略要求，集团积极参与制订了政府组织的“重庆市长江上游综合物流信息化体系”建设规划，集团“重庆市港口物流综合业务信息平台建设”作为规划中的重要组成部分，意在着力解决重庆物流系统成本偏高、物流效率和物流服务水平很低等课题，目标清晰，指导明确。

为了实现综合物流系统成本降低、效率提高和增加赢利机会的根本目的，必须满足关键物流业务在一个业务平台上运行，才有可能真正实现物流业务信息真实、及时、全面；在一个平台上，才有可能购销供需双方目的数据能自动导入导出；在一个平台上，才有可能真正实现物流系统效率提高、成本降低和增加赢利机会。最终实现和挖掘综合物流通过物流仓储实现的时间价值，物流运输实现的空间价值，减少数据的间断实现信息的连续产生的信息价值。

平台建设中，我们依托现有的优势资源，按照统一开发标准、统一数据交换标准、统一代码、统一平台，基本实现了现有的关键要素在一个平台上运行，为综合物流全环节的应用提供了一个成功的示范。

重庆市港口物流综合业务信息平台

商贸	包装	仓储	渠道	中介	中转	运输	配送
电子交易平台	包装管理平台	仓储物流平台	物流渠道管理平台	物流中介平台	物流中转业务平台	综合运输管理平台	物流配送平台

电子交易	仓储管理	EDI平台	集箱管理	航运管理
生产资料商务平台	金材物流仓储平台	口岸EDI交换平台	集箱中转业务平台	船舶运输管理平台
经贸公司生产资料商务平台	金材物流物流仓储业务公共服务平台	船代货代车代理货报关中介EDI系统	寸滩九司万涪集箱水陆中转业务平台	集海、港盛航运平台

3. 整合应用、滚动开发

原有基于港口转运的业务应用都是早年在主流平台下开发和运行的，系统技术架构科学，新平台建设充分利用原港务集团良好的信息化基础条件，按照综合物流要求整合、优化和新建应用系统。平台建设一期新建17个系统，融合原有31个系统，改造5个系统，都取得了很好的效果，充分利用已有应用，事

实证明是完全可行的。

重庆市港口物流综合业务信息平台

企业	ERP接口						
仓储	仓储系统	移动仓储	仓储加工	自助服务			
商贸	合同管理	定单管理	客户管理	支付管理	CA认证		
运输	车船调度	汽车运输	运输跟踪	泊位管理	车站管理	空运接口	客户管理
园区	电子底账	拆装箱	进出库	配送管理			
码头	集箱管理	保税管理	堆场管理	泊位管理	临港加工	RFID识别	安全管理
航运	船舶管理	船舶跟踪	船舶调度	船代			
联运	公共船代	EDI交换	公共货代	移动理货	消息发送	多式联运	
配送	仓储系统	车船调度	跟踪管理	电子单证			
综合	人力资源	财务管理	仓代码标	OA办公			

物流电子商务在线客户服务、航运EDI中心、在线撮合交易系统

4. 匹配信息技术的工艺和流程创新

计算机只能对有规律的事物进行管理,业务管理的规范化、制度化和流程化与信息技术的结合是综合物流的基础。为了满足和匹配现场装备、业务和工艺流程的数字化、信息化,我们强化了业务整合的规范性和科学性,现场工艺和装备匹配的流程再造和管理变革。

业务整合第一步主要做了物流业务同类项的合并,逐步形成物流销售、仓储、加工、中转、运输、集并、配送和代理要素的专业化,逐步延伸物流产业链的两端,同时做到将关键业务在平台上一体化运作。

流程再造首先是改变了港口企业几十年生产经营管理以现场调度、事后管理为主的生产作业流程,实行以计划中控为主的事前预控现代生产作业管理,在信息平台的有力支撑下,大幅度提高了生产效率,减少了人员和生产成本,形成了受理、计划、中控、作业、堆场、仓库、费收、卡口八个要素的管理控制。

为适应这种新流程的需要,我们的码头公司和相关单位将过去的货物堆放模式和船舶调度形式进行了一次全面的改革,仅寸滩国际集装箱码头的堆存集装箱由按先后顺序堆放,改变为按箱主、空重、进出等分类堆放,全公司总动员花了一周的时间把堆存的上万个集装箱全部进行了调整,通过这种调整,在计算机的控制下,码头装船效率和用户提箱效率翻了几翻,现场工作人员减少了一半。与此同时,根据现代物流和集团信息化建设的规划要求,结合综合物流关键八环节、港口物流五要素,按照对应的业务运作流程作了较大幅度的调整,有效地提高了物流效率和降低成本。

四、技术集成、高效灵活系统支撑

为满足综合物流业务运作要求和适应客户市场千变万化、高效快捷的需要,平台集成多种主流技术,达到安全可靠、功能全面、灵活多变透明共享的目的。充分利用主流信息技术是业务平台运作的灵魂,是有力支撑新体制下综合物流新业务、新模式的根本保证。平台建设的主要技术措施是:

1. 统一门户、单点登陆。

利用集中的安全策略和机制,实现统一安全的单一口令登录,用户可选择其可使用的业务系统,并在业务系统规定的权限范围内完成操作使用;提供方便灵活的门户管理,(包括个人设置、用户管理、权限管

理、安全策略及系统参数设置维护等功能）提供授权访问业务系统和事务处理相关记录统计分析等。

2. 仓储服务公共与自助式服务

适应物流仓储服务集中与分布、公共与自助结合的管理，平台具备用户自助和全市范围内分布式仓储管理功能，为货主、仓储公司、配送公司提供统一集中的公共仓储管理服务及分布自助式物流仓储管理和信息交换。

3. 基于服务体系架构 SOA 的开发

创新运用 SOA 服务体系架构“通用对象，请求调用”的特点，示范开发共性与个性应用的业务系统，在平台建设实际应用中（如 EDI 通用传输平台）采用了 SOA 的架构理念，设计和开发标准过程模块，通过业务流程引擎实现个性拼合，把一系列功能封装为服务，达到的状态就是服务使用者按需进行服务请求，服务提供者按照请求返回最终结果。

4. 信息的综合利用与服务

平台建设的重要目的是通过对信息的收集、储存和加工，从而满足业务应用、管理控制、决策参考、用户服务对信息的不同层次的需要，我们选购了数据仓库 SYBASE IQ 和数据管理工具 SYBASE ETL，将各类数据进行整合。为供应商的供应商到用户的用户，物流供应链所有参与角色的相关业务，提供业务接口和信息查询、业务统计、资料分析和辅助决策的综合平台。通过数据仓库平台，研究机构能及时快速的获得各类物流信息，进行数据统计查询、分析挖掘，服务业务、服务管理和服务决策。

5. 标准统一业务数据交换

平台建设充分利用 EDI 数据交换标准，发挥国际标准在物流异构系统互联互通及单证流转中的应用，考虑到业务一体化平台本身要实现社会化的信息交换，必然要涉及异构系统和平台之间的互联互通问题。为了解决异构系统和平台之间的信息交换和单证流转的可靠可信性，采用了国际上通用技术上成熟的 EDI 软件系统技术，通过网络信息平台实现重庆—上海外贸集装箱运输电子单证的转发和通关后信息的回执，解决不同网络平台间双向确认，电子单证处理节点的回执和消息转发；实现了重庆地区全部进出口用户和监管部门通过各种异构平台系统，实现口岸货物八大对象间的业务数据交换，使平台实现了边建设、边发挥作用，有力地支撑了长江上游枢纽港物流示范工作的开展。

6. 网络应用的形式多样化

综合利用移动信息、信息门户技术，实现了全面的信息整合，提供了数据、应用、企业门户等全方位的整合。通过 ItMail 电子邮件、ItSMS 短消息网关、ItWAP 系统、ItIM 即时通信服务系统，实现系统信息集成和信息即时通信，丰富完善和扩大了平台使用功能和范围。

7. 平台建设阶段性应用成果

（1）实现了跨平台多系统应用技术集成。一是优化整合、避免重复，平台在制订整体技术路线时，充分考虑了如何将用户已有的软硬件和数据信息资源利用起来，避免用户的重复投资，降低系统建设成本，缩短系统建设周期。二是技术主流、风险可控，实现了成熟技术与前沿技术结合，如 SOA、BI、IQ、ETL、RFID、GPS 等的集成应用，同时降低平台建设技术风险和后期运行维护的成本。三是遵循标准、合乎规范。项目实现了各子系统的开发建设严格遵循相关技术标准和规范，物流设施与装备编码标准，物流单元编码标准，条码技术标准，EDI 数据交换标准，平台内部数据交换的 XML 表示标准。

（2）多平台统一门户的业务协同。实现统一平台应用整合，充分利用数据交换标准、平台标准和物流业务标准，有机整合现有各业务系统，利用数据接入和消息接入实现各业务系统的数据进入平台，并通过数据交换和数据集成保证数据的及时性、一致性和完整性。在此基础上通过功能集成，对上层提供统一的接口，为物流核心业务，如电子商务、智能配送、物流跟踪等的有序和高效进行和协作提供支撑，同时为生产经营及管理决策提供数据基础和分析工具。在最上层通过门户系统（portal）实现统一的安全管理、用户管理和应用管理，使用户通过登录门户系统后，便能方便快捷地进入各物流业务系统来完成其要进行的业务操作和管理，在网上高效地进行物流业务协作。

（3）成为区域口岸数据交换统一平台。已经实现重庆全境全部支线和干线船公司、货运代理公司、船舶代理公司、报关行、集装箱码头、理货公司在一个平台上运行全部集装箱业务，实现海关涉及全市进出口业务的报告、备案、查验、放行监管和口岸业务信息查询，提高了集装箱运输管理效率、缩短船舶运行周期、增强了物流管控水平和物流服务质量、降低了物流运输成本、方便了管理单位、船东和客户，促进了西部三峡库区经济圈现代服务业的发展与繁荣。

（4）现代综合物流框架雏形基本形成。建成了以长江上游物流实体网络为基础，以各相关企业和部门为主体，以一体化、协同化、信息化、自动化和标准化为特点的物流服务系统，实现了重庆全境内所有船公司、货代企业、船代企业、报关行、理货公司、集装箱码头，海关监管和港口作业八大关键业务（受理、计划、中控、作业、堆场、拆装箱、费收、闸口）的一体化运行。建立了中小企业的物流自助服务系统，初步满足了中小企业物流服务的自助化服务需求。

当前我们正抓住中央批准重庆成立第一家内陆保税港区和综合保税区的契机，致力于将现有综合物流信息平台上升为长江上游区域物流公共信息平台，服务区域从长江上游逐步辐射到西部地区与长江中下游流域。

五、流程再造、服务协同持续创新

现代服务业综合物流示范要求的关键就是，综合物流涉及的业务和应用必须在同一个系统平台上完成，示范应用要求有以下几个方面。

1. 技术集成

有效支撑综合物流业务的门户统一，根据不同授权，一次录入口令，方便访问对应的应用系统实现单点登录；根据业务需要把各种应用系统通过中间件服务统一系统接口标准，实现不同系统间的数据自动导入导出，在平台上无缝切换不同应用实现物流业务的一体化；通过 SOA 本身具有的通用对象，请求调用的特征应用满足个性用户对物流的不同需要，实现共性与个性，集中与分布，集成各类 RFID、GPS 等监控管理软件，SYBASE IQ ETL 等信息利用工具形成数据集市、仓库，通过各种技术的综合组合运用，保证平台的安全和共享。

2. 应用整合

物流业务涉及的独立业务和系统很多，同时开发建设的时间不一致，应用接口标准也不统一，要满足在一个平台上完成全部业务，各种业务系统必须通过接口程序和统一数据传输标准衔接各类应用，同时将分布于各地的管理应用组合在一个平台之上，方便平台用户业务管理和决策分析的需求。在系统衔接的同时，也促进业务在系统优化还是业务调整的取舍上为管理者提供可供选择的视图，由此成为现场业务管理和生产工艺流程调整的依据。

3. 业务协同

现代综合物流追求的目标是物流业务相关方的业务协同，项目在示范阶段创造性地实现了西部地区首次口岸货主、货代、船东、船代、码头、理货、海关、国检八个要素的衔接，目前在项目一阶段，上述涉及的八个要素的全部企业和监管部门都全部在项目平台上运行，已经成为不可替代的信息化业务管理工具，这是本示范工程难度最大、效果最好的重要特点，在内陆和内河中首次实现全业务、全过程的信息化。

首先，充分利用港口现有条件，对港口的配套设施进行技术改造，合理地安排作业流程，提高设备利用率，加快港口的信息化建设，充分利用 EDI、RFID 等先进技术，把港口与水路、公路、铁路、航空等紧密联系在一起，实现信息共享、商务协同的目标。

其次，坚持以区域物流资源优化为切入点，以两区三江（寸滩集装箱港区、寸滩物流园区、长江、嘉陵江、乌江）建设为契机，加强信息化建设，通过整合、优化、提升、管理、调度区域物流资源，完善并增强区域物流中心社会化服务功能,发展以供应链服务为特征的综合物流服务。

第三,实现同重庆市物资系统、公路运输系统的紧密合作,进一步加强同水路、公路、铁路、航空等运输企业多种方式、多元经济成分的联合,形成更加完善的物流链。

第四,有效配置港务资源,通过扩大相关行业非核心业务外包市场规模,使资本、经营、组织结构得到调整,实现以港口为核心,一端连接国际进出口贸易物流网络,一端连接服务重庆、辐射西部周边地区的运输及配送网络。

4. 对港口物流产业发展的深远影响

(1)引领企业产业转型、流程再造

集团由过去的物流港口节点向全程综合物流转型,通过项目实施促进了转型的改革,基层领导实现了自觉对接模式转换,乐于流程再造提高效率,有助于系统成本降低。

(2)技术生产力、信息化水平从量变到质变

经过多年来特别是近几年每年近10亿元的物流设施设备投入,实现了技术生产力和信息化量的积累,通过科技部项目的实施,起到了穿针引线、画龙点睛的作用,逐步显现作业对象、作业要素全面感知、可靠传输、智能管理现代物联网的雏形。

(3)集团信息化系统已经形成企业和行业的神经中枢

通过本项目的实施,信息应用系统在集团内部管控、区域流域业务广泛有效应用,正在或已经成为政府行业管控的帮手,企业降低成本、增加赢利机会的抓手、中心地位不断加强和显现。

六、港口物流信息化建设体会与思考

1. 建设过程中的体会

(1)体制是条件、机制是支撑、技术是保证

建立一定区域内的行政管理一体化体制是破解制度差别,消除行政壁垒,克服区域本位主义、解决区域广阔性与行政分割性的矛盾的重要手段,只有实现了行政管理一体化,才能实现产业资源、人力资源、基础设施资源、信息资源的合理、有序流动,才能建立并形成一套与之相适应的资源开发与共享的一体化运行机制。有了好的体制机制作支撑,还需要与之相匹配的工具平台来实现相关资源的集合与分发,为各相关资源的拥有者、需求者提供一个按市场经济法则,资源共享、各得其所的一体化运行平台。在为管理者提供实时、专业、集成的辅助决策分析服务的同时,满足客户提高执行效率、享受多样化的自助服务的个性需求。

(2)技术要集成、应用要整合、业务要协同

综合运用先进的信息技术和管理模式,把好的资源、工具和解决问题的方法进行应用,以实现集成系统的功能目标和满足管理人员的需求。通过战略重组、要素整合,在一定区域内,根据生产要素的功能性分类,把关键业务串联起来,形成分工合作的经济运行一体化协作机制,实现多种服务方式的业务协同。大力推行一次录入、全程使用;一个窗口、全程办理;一单到底、全程使用;一次交费、全程通关的“一票制”、“一站式”和“一体化”服务模式。

2. 港口物流信息化建设实施过程中的思考

(1)物流信息化对现代综合物流的保障要从适应匹配向引领推动转化

要充分发挥科技对现代服务业的引领和支撑作用,以关键技术突破带动系统集成应用,技术集成应用引领和支撑服务模式创新,从单纯的需求匹配向需求引导转型,实现科技创新与服务模式创新的紧密结合。

(2)企业物流信息化建设规划要从企业产业业务发展规划中抽象产生

企业信息化是技术和管理紧密结合的过程。信息系统规划实际上是管理与技术的有机结合,来自企

业的战略、业务策略,管理体系是指定信息系统规划的根本,而各种技术理念只是实现企业战略的辅助手段。只有在理解企业的发展远景、业务规划的基础上,才能形成信息系统的远景、信息系统的组成结构、信息系统各部分的逻辑关系,才能支撑企业业务规划(business strategic planning,BSP)目标的达成。

(3)企业物流业务流程再造一定要由企业业务主管和主要负责人牵头

国内外的经验证明,企业主要领导的重视和亲自参与,是成功建立管理信息系统的首要条件。一方面,管理信息系统是为管理服务的,只有最高领导最了解企业的目标和信息需求;另一方面,建立管理信息系统是一项复杂的系统工程,工期长,投资大,涉及面广,它的建立和应用可能涉及某些业务流程、规章制度,甚至组织机构的调整和改变,这些涉及全局性的问题,只有最高领导亲自负责才能解决。

(4)现代综合物流业务信息化的基本特征就是业务在一个平台上完成

现代综合物流服务业是一个特殊的行业,面临的不再是一对一的商务活动,而是涵盖多个方面、多层次、跨行业、跨部门的商务活动,在一个平台上完成所有物流服务:一是有利于节约型社会的建立,二是便于产生法制化的游戏规则来建立良好的信用和支付环境,以降低交易风险。因此,有关政府部门应立法解决这一问题。

七、结语

现代服务业中的现代综合物流,在未来产业竞争由单个企业间的竞争快速转变为产业链与产业链之间的竞争,已经成为社会各类物流企业负责人无法回避的问题,要赢得新一轮竞争的战略优势,发展现代服务业有力推进现代综合物流不仅是企业生存和社会运转的基本要求,也是促进产业结构升级和提高持续竞争力的关键所在,我们在实施港口信息化中,做了一些必要的工作,但是同先进的港口相比,仍存有许多差距,我们有信心在今后的工作中,学习先进、总结教训,把现代服务业创新发展、城市现代物流与港口物流发展有机集合,争取做出更大更好的实际效果,不辜负兄弟港口对我们的认同、鼓励和期望。

交通运输物流企业信息化问题思考和对策探讨

王生云
（中国外运股份有限公司　北京　100044）

1. 引言

近年来，交通运输物流企业的信息化建设和发展应用取得了快速发展，尤其是一些国家大型交通运输物流企业的信息化建设已经达到或接近业界领先水平。但随着信息化的不断推进和发展，一些突出的问题也逐渐凸现出来，制约和影响了交通运输物流企业信息化工作的快速健康发展。本文结合近年来交通运输企业信息化发展的工作实践，对相关的问题进行了分析，针对这些问题进行了对策探讨。

2. 交通运输企业信息化发展的阶段认识

按照一个组织信息系统发展的诺兰模型/曲线（见图 1），大多数交通物流企业的信息化建设和应用基本上处于第 4 阶段，即：系统内集成的阶段。这一阶段的特点是，企业已经开发建设了大量的信息系统，但不同系统之间的有效集成和协同成为其面临的主要任务。少数业界领先的企业，基本实现了企业内不同信息系统的有效集成，正向全社会集成阶段转变，实现企业与政府机构、公共信息平台、合作伙伴以及客户等系统的全面集成。在系统集成阶段遇到的问题最具有挑战性，同时也需要建设性的思维对问题进行分析和解决。

3. 信息化与业务发展的有效协同问题

信息化的本质是业务和管理问题，而不是技术问题。理论上，只要信息化需求明确，从信息技术角度总是有办法加以实现的。目前交通运输物流企业存在的突出问题之一是如何解决企业信息系化建设与企业业务和管理信息化需求的有效协同问题，真正使信息系统起到有效支撑企业业务操作运营、管理运作和战略管控的作用。在企业管理模式和业务流程不合理的情况下，如果通过信息系统建设将其固化，对企业发展不但起不到有效的支撑，反而将是灾难。

解决该问题的有效办法之一，首先要在管理层明确业务战略和发展与信息技术的有效互动关系（图 2）。

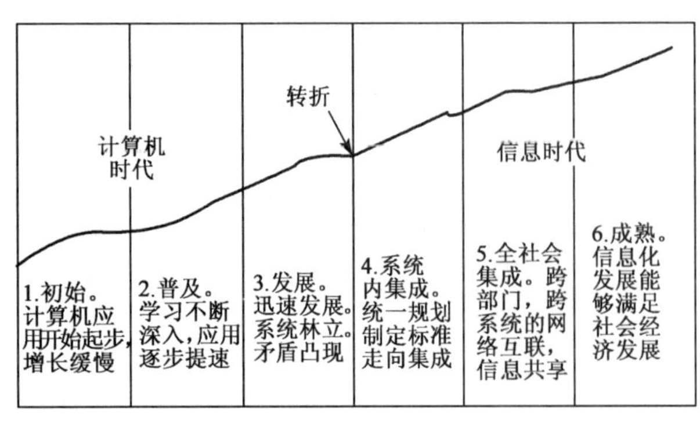

图 1

业务战略
价值贡献
驱动因素
信息技术对业务价值的贡献
信息化规划
信息化建设与管控
信息技术
Source:Accenture for Sinotrans

图 2

其次，要制订信息化战略，定义信息化愿景、目标、角色和需要的能力，包括：明确企业所需的 IT 能力、进行 IT 能力差距分析、设计未来 IT 能力蓝图。

第三，要制订与公司发展战略相配套/匹配的信息化发展总体规划，并通过滚动规划保持信息化对于业务战略的支撑和促进力。

第四，确定公司的信息化治理架构，描述信息化决策过程及主要职责的架构，通过这个架构使公司 IT 的组织管理能够更好地支持企业的业务发展。

第五，信息化规划中需要引起高度重视的一个问题是企业总体架构或企业架构（Enterprise Architecture）。它是实现企业战略、业务和 IT 一致性的有效方法和手段。在美国、欧盟等发达国家和地区，早在 20 世纪 90 年代就开始针对企业架构制定了一系列的法规，如美国的 Clinger-Cohen 法案就强制美国的联邦机构必须使用正式的企业架构。根据 IDC 在 2010 年 3 月发布的《架构企业未来——2010 企业架构中国管理者调查报告》，中国逾七成大型企业已开始或考虑构建企业架构。

交通运输物流企业需要逐步将企业架构摆在企业信息化工作中的重要位置。从业务架构（Business Architecture）、数据架构（Data Architecture）、应用架构（Application Architecture）和技术架构（Technology Architecture）等企业架构的几个重要方面全方位整体进行分析设计并不断改进完善（见图 3）。

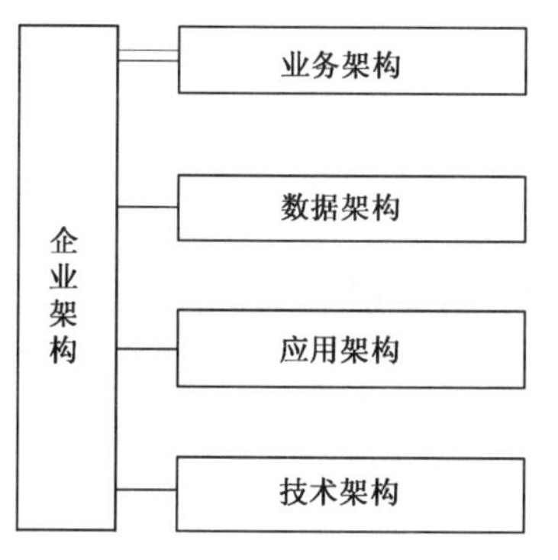

企业业务架构描述企业的业务策略、管理模式、组织结构和关键业务流程

企业数据架构描述了企业所拥有的数据和数据管理资源。通过企业业务架构抽取企业的数据标准、数据元素、数据模型，构成数据库、数据仓库等企业数据运行环境

企业应用架构描述了在企业统一的数据平台上各个相对独立的应用系统的部署，以及和核心业务流程之间的作用和关系

企业技术架构是实现企业应用架构的底层技术基础结构，通过软件平台技术、硬件技术、网络技术、信息安全技术间的相互作用支撑企业应用的运转

图 3

4. 企业 IT 治理问题

在企业信息化建设过程中，明确的 IT 治理架构是确保信息化工作有效开展的重要保障和前提。信息化工作中经常遇到的 IT 治理问题包括：

（1）高层领导中没有明确的信息化工作分管领导，即使有，其信息化管理的职责也不清晰；（2）信息化工作中业务和管理部门与 IT 部门的职责分工不够清晰，造成工作中互相扯皮、出了问题互相推诿；（3）公司总部和下属公司在信息化工作中的分工职责不明确，没有很好理清哪些系统应由总部集中建设，哪些系统应由子公司建设；（4）信息化建设的价值认同问题，在很多人的概念中信息化建设花了不少钱，但到底有什么效果，价值体现是什么不明确；（5）信息化建设、项目管理和运行维护制度流程不清晰。

解决这些问题的核心，必须通过明确定义企业的 IT 治理架构解决，确保每一个运营治理的主要领域的关键需求都必须与 IT 相对应并联系起来（图 4）。

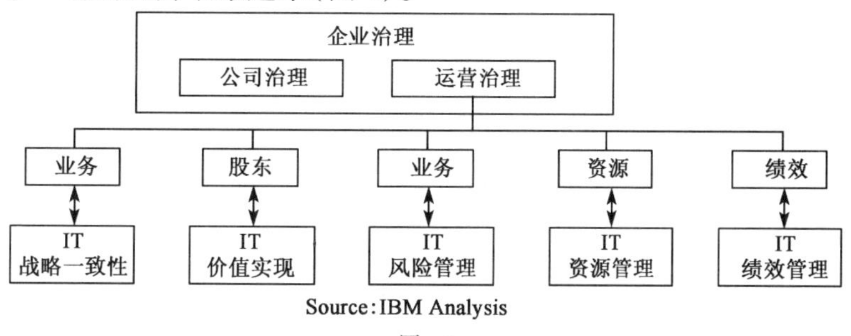

图 4

5. 对信息技术和物流技术的跟踪和应用问题

当今时代,各种信息技术和物流技术日新月异、飞速发展,国际知名 IT 咨询机构 Gartner 在 2009 年 10 月预测的十大应用技术如图 5 所示。国内实行的三网融合、物联网和 3G、3S、RFID 等技术的发展和应用,对交通运输物流企业的信息化应用都提出了挑战。

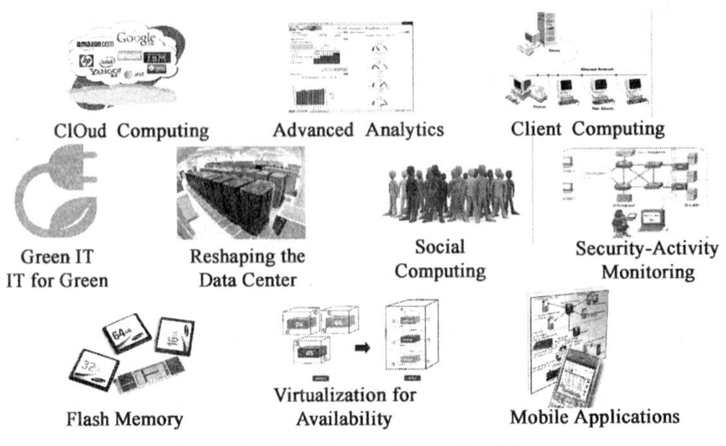

图 5

为应对技术不断日新月异发展的挑战,不断将新技术有效应用于企业的信息化建设过程中,比较行之有效的方法是,提升企业的 IT 核心能力,增强对新技术及其应用的分析和把控能力。一是,要有专门的人员负责跟踪分析业界新技术的发展趋势和应用情况;二是,要制订企业的信息技术路线;三是,要研究新技术应用解决方案,局部试点成功后在企业内进行推广和应用。

6. 信息化建设投资价值问题

一个信息系统的建设,起投资价值如何衡量和计算,一直是困扰很多企业信息化建设的一个突出问题。

首先,要从项目生命周期的角度去考虑,分析项目的全周期,计算项目的总成本。

(1)项目全周期 = 投资建设期 + 运行维护期。

(2)项目总成本 = 投资建设费用 + 运行维护费用。

其次,要科学计算项目投资效益。从对利润和业务增长的贡献,劳动生产率的提高,及成本和费用的降低等多方面进行分析计算。

第三,IT 部门与业务和管理部门要对信息系统项目投资效益的计算达成共识,并在此基础上对投资效益计算和认定。国内某大型中央企业的下述做法可作为参考。

(1)分析方法——投资回报、价值地图(图 6)

(2)经济效益分析方法(图 7)

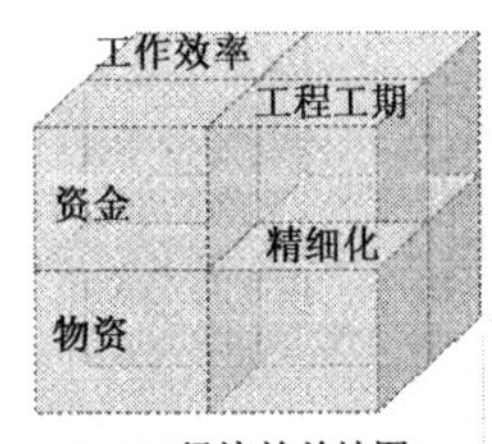

TGPMS经济效益地图

资金:提高资金计划准确性,减少资金备付和流动资金占用,优化融资策略,集中头寸

物资:物资设备的集中管理,减少采购和库存资金占用

效率:提高工作效率,优化业务流程,降低人工成本

工期:减少工程周期,保障设备按时到货

精细化:工程计量支付实现精确控制,避免串结、超结、预结

图 6

资金节约	= (原有备付资金量与资金需求量的占比—现有备付资金量与资金需求量的占比)×资金量×平均资金成本
物资成本节约	= （理论库存-实际库存）×单位物资成本*平均资金成本+（理论库存-实际库存）×单位物资采保费
节约的人工成本	= （原有业务执行时间-通过系统实际业务执行时间）×单位时人工成本
工期提前增加的收入	= 提前进度×单位时间发电量×上网电价×IT贡献率
精细化管理计量支付控制节约成本	= Σ余量×工程单价

Source:China Three Gorges Corporation

图 7

7. 信息化建设重要风险控制问题

(1)技术产品选择风险。在企业信息系统开发建设中,经常会遇到的典型问题包括:某个产品厂商不支持了！要么要花很多钱进行产品的更换并重新进行实施,要么凑合使用不断遇到问题无法解决或原有产品无法满足新的业务或管理需求,要么开发很多外挂程序并产生越来越多的其他问题。

为解决上述问题,办法之一是在选择某类产品时,要研究了解 IT 厂商的产品战略和技术发展策略,避免选择其将不在投入发展的产品;同时,要选择成熟稳定并已经在市场上(包括国外)具有一定市场占有率的技术产品。

(2)外包风险。在企业信息化建设过程中,经常遇到的另外一个典型问题是,某家 IT 厂商或软件开发供应商经营出现问题和关键技术人员流失。在外包已经成为一种趋势的今天,要解决这个问题:一是要制订有效的外包策略原则,明确哪些是企业需要具备的核心 IT 能力,哪些工作应通过外包方式来完成;二是在通过招标选择供应商过程中,要通过对供应商经营和财务状况、资质经验、公司规模与实力、服务能力的全面审核,分析风险可控性,选择合适的外包供应商。

(3)集中建设的风险。不少企业逐步对其所属的很多信息系统进行集中化建设、集中部署,带来的突出问题是,一旦全国集中信息系统出现故障或问题,就对企业的业务操作运营和管理运作带来较大的影响。解决这个问题的方法:一是企业要有明确的集中建设策略和原则,根据企业的实际情况确定哪些系统要集中建设和集中部署,哪些系统要分散/分布建设;二是要有科学有效的信息系统运行监控手段(平台)和运维支持响应手段(平台),对信息系统运行中的问题进行监控预警,并在系统出现故障问题时能及时有效进行问题故障定位,并及时响应解决;三是要有完善有效的备份系统,有条件的企业尽快建设灾备中心系统。

8. 应用软件技术路线问题

目前,企业信息化建设所需要的信息系统,管理方面相对成熟的软件产品比较多,如财务、人力资源和 OA 等,但对于交通运输物流企业中的很多业务操作运营信息系统,由于交通运输物流产业的信息化应用需求特点等因素,市场上大多没有成熟的软件产品,需要进行定制开发。而交通运输物流行业的专业 IT 软件供应商大多数规模不大、实力不强,其所谓的产品实际上也不是真正意义上的软件产品,缺乏规范的软件版本升级机制、补丁机制、产品销后技术支持体系,没有配套成熟的开发工具平台支持客户的定制化开发实施。交通运输物流行业的很多国内软件供应商,通常在为企业进行信息系统软件开发时,都有一个封装好的低层软件技术框架,其源代码也不对客户开放。由于其真正意义上的软件产品化程度不高,客户的不少需求,必须要对供应商低层的技术框架进行修改才能实现。这种情况造成了企业对软件开发商的严重依赖,一旦软件开发商核心技术人员流失,经营不善出现问题,将对其开发实施的信息系统的安全稳定可靠运行造成很大的问题,对企业的业务操作运营和日常管理运作造成很大冲击。

解决该问题的有效方法之一,是确定企业科学合理实用的应用软件技术路线。结合国内软件开发供应商的现状,可考虑如下的应用软件技术路线:

(1)对于经考察后确定市场上有真正意义上成熟可靠的软件系统产品,采取购买策略,并在采购时明确软件系统售后技术支持、二次开发平台、技术转移培训等要求,使企业自身的IT技术人员尽可能熟悉掌握所采购的软件系统产品。

(2)对于市场上没有成熟软件产品的系统,企业可以进行一些必要的投入,不断积累完善并形成自己的应用软件技术框架。

中国外运经过多年努力,已经初步形成实用的自主软件技术框架。在进行定制化软件系统开发时,要求软件开发商采用中外运软件技术框架,并通过实施过程控制,使定制开发的系统对中外运“完全透明化”。这样将比较有效规避或控制很多交通运输物流行业软件开发供应商因核心技术人员流失、经营不善等情况,给甲方带来的很多风险。中国外运的应用软件技术框架如图8所示。

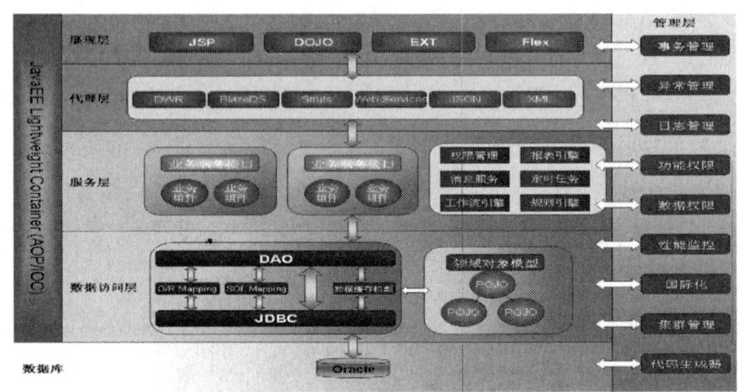

Source:Siotrans IT Management Dept.

图 8

交通运输物流企业的信息化是一个长期持续不断的发展过程,不同企业在不同的发展阶段有着不同的实际情况,遇到的问题也不尽相同。上述问题分析和对策探讨,只是结合实际工作中的一些体会认识,期望得到业界同仁指正。

智 能 交 通

加快智能交通建设　推进交通事业发展

李　河
（大连市交通局　大连　116021）

摘　要：本文基于智能交通作为物联网应用的重要组成部分，在打造“人畅其行、物畅其流”的交通环境过程中发挥重要作用的背景，介绍了大连市交通信息化建设的总体情况，探索通过智能交通建设以提高交通运输服务能力，并以信息共享为切入点，发挥信息中心作用，加快智能交通建设，推进交通事业可持续发展。

关键词：智能交通　信息共享　大连

一、前言

物联网是通过射频识别（RFID）、红外感应器、全球定位系统、激光扫描器等信息传感设备，按约定的协议，把任何物品与互联网相连接，进行信息交换和通信，以实现智能化识别、定位、跟踪、监控和管理。

作为物联网产业链中的重要组成部分，智能交通具有行业市场成熟度较高，行业传感技术成熟，政府扶持力度大的特点，在许多城市已经开始规模化应用，将成为未来几年物联网产业发展的重点领域，在打造“人畅其行、物畅其流”的交通环境过程中发挥重要作用。

大连市交通局主要负责公路建设管理、城市公共交通和道路运输业。2009 年末，全市各类营运车辆 12.5 万辆，其中公交车 5 千余辆、出租汽车 1.25 万辆、道路客运车辆近 6 千辆、载货汽车 10.2 万辆；全市公路总里程 1.1 万公里。

近年来，为满足大连市经济社会发展的交通需求，大连市交通行业信息化特别是智能交通建设工作伴随着交通运输业发展而得到迅速和广泛开展，对促进区域经济发展，调整交通产业结构，提高交通“三个服务”能力等方面发挥积极作用。

二、大连市交通信息化建设总体情况

大连交通信息化建设主要包括交通电子政务和交通行业信息化。交通电子政务建设方面，主要是建设办公自动化系统和政府网站，行政审批和服务事项全部网上办理。交通行业信息化建设方面，主要包括：(1)以危险货物运输全程监控、集装箱车辆重点管理为特点的货运管理信息系统；(2)以汽车救援及时方便、二级维护视频监控为特点的机动车维修管理信息系统；(3)以公交车辆调度、监控和管理服务为主的智能公交系统；(4)以公交线路方便查询、乘车指南便民服务为特点的客运管理信息系统；(5)以覆盖各种城市客运工具、遍布全市、涉及多个小额消费领域为特点的城市公交一卡通系统；(6)以出租车考核管理，集呼叫、刷卡、报警等功能为一体的出租车管理信息系统；(7)以对驾校规范管理、驾驶员培训市场监管为特点的驾驶员培训管理信息系统等；(8)以网上查询公路路政管理、养护、工程建设指南为特点的公路管理信息系统；(9)以公路重点监督项目、监理管理、质量监督、检测管理为特点的交通质量监督管理信息系统等。

三、加快智能交通系统建设，提高交通运输服务能力

围绕交通运输部“三个服务”（交通运输业要服务国民经济和社会发展全局，服务社会主义新农村建

设,服务人民群众安全便捷出行)和“推动交通运输可持续发展,统筹区域城乡交通运输协调发展,促进综合运输体系发展,充分利用推动现代物流业发展提升交通运输发展水平,加强安全和应急反应体系建设,服务型政府部门建设”要求,大连市以智能交通建设为重点,推进交通信息化工作开展。智能交通建设项目主要集中在道路客货运输车辆、出租汽车、城市公交车辆 GPS 与 GIS 系统应用,维修行业视频监管,以城市一卡通为主的交通收付费与结算系统以及相关扩展应用等。目前,大连市已安装 GPS 系统的各类营运车辆 1 万余辆。

1. 建设道路客货运输 GPS 监控系统,强化运输管理,提高运输安全水平

大连市道路客货运输 GPS 监管系统目前主要应用于长途客运车辆、旅游客运车辆、道路危险货物运输车辆、集装箱运输车辆、城市货的、重型货物运输车辆、汽车租赁等。系统结构基本上都是三级监管模式。例如,大连市道路危险货物运输车辆三级监控指挥中心,系统自 2005 年 3 月启用,下辖各区市县设立监控分中心,相关企业也同步安装了监控软件和电子地图。通过该系统,运输企业可监管本单位危货运输车辆,县区分中心监管辖区危货运输车辆,市监控指挥中心可对全市危货运输车辆进行监管,形成对危险货物运输三级监管模式(按照辽宁省交通厅总体部署,下一步将完成全省联网工作,形成四级监管模式)。

营运车辆 GPS 监管系统将行业管理部门和运输企业紧密连接到一起,通过信息共享,实现共同监管任务,保障运输安全;配套进行的呼叫中心建设,使市民和企业获得更加方便快捷的交通服务。

2. 建设机动车技术维修监管系统,提高交通运输工具保障能力

大连市机动车技术维修监管系统基于互联网,以机动车技术维修监管系统和远程视频监控系统为主,与电子政务系统、机动车综合性能检测系统相连,建立了跨平台技术维修监控中心,通过信息资源整合,实现了机动车技术检测管理、维修企业维修与维护信息采集和作业过程监控管理、道路运输车辆日常监管、规费征收、违章处罚和政务公开等管理进行数据交换和流程控制管理,创新道路运输车辆安全、环保和节能减排管理新模式。

系统可对营运车辆二级维护作业全过程实施视频监控,将涉及多个平台环环相扣的业务环节集成到一起,能够较好地杜绝二级维护市场的减项、漏项作业甚至只盖章不维护等现象,维护了机动车维修行业的整体利益,有效落实了营运车辆安全管理制度。

3. 建设智能公交系统,提高市民出行服务能力

2002 ~ 2004 年,大连第一公共汽车公司进行了《智能公交系统》研究开发,利用原公交企业 400MHz 的无线网络搭建了公交车 GPS 智能调度管理系统,进行车辆调度和运营管理,并在一汽公司香周路车场 24 路公交线路进行了试验运行。2007 年,随着大连市第一条快速公交线路(BRT)建设,大连公交集团重新搭建了智能公交系统平台,融合 GPS 技术、网络技术、光纤通信技术等,对 BRT 车辆、线路进行全面视频监控和调度。目前,1 千辆公交车已安装 GPS 调度指挥系统,覆盖 15 路、201、202 等多条公交线路,系统最终将覆盖全部公交车辆。智能公交系统除了车辆调度与监控功能外,在车辆档案、维护、轮胎、蓄电池、设备、小修、例保、培训等项管理也在逐步实施,扩展到企业管理的各个方面。

智能公交系统建设,逐步实现智能调度,提高管理安全水平,也通过加强运营组织提高运营效率和城市道路利用率,改善不良驾驶习惯,实现节能减排,从而提高出行效率,促进和谐交通的发展。

4. 建设城市一卡通工程,为市民提供便捷的交通服务手段

大连城市一卡通系统是根据国家金卡办、原建设部关于 IC 卡应用要实行“一卡多用、统一发卡”的规定和大连市信息产业发展战略目标的要求,在制定总体规划基础上,选择用户群广、实用性强的公交系统率先实行,带动了整体项目的拓展和实施;系统兼容双界面 CPU 卡和符合建设事业 IC 卡技术标准的逻辑加密卡,在全国 100 多个用卡城市中是独有的。大连市城市一卡通系统自 2001 年 7 月 15 日正式运行,至 2009 年末累计发卡 250 多万张,已应用在市内大公交、小公汽、旅游车、快轨、出租车等城市公交的

全部交通工具以及移动公用电话、老干部活动中心、药房、蛋糕店、电影院等多个小额消费领域，日均消费140万笔，发行了普通卡、学生卡、老年卡等普通卡片，以及纪念卡、生肖卡、香味卡、透明卡等特色卡片。

城市一卡通作为一种小额收费系统并在交通系统广泛应用，不仅提高了城市公交效率和服务水平，也为今后交通行业发展物联网，并实现交通要素中"人"这一交通对象的联网识别奠定基础。2009年10月，交通运输部印发《关于推动公路水路交通运输行业IC卡和RFID技术应用的指导意见》，要求通过不断提高IC卡和RFID技术应用水平，为交通运输电子政务、智能交通和现代物流发展提供有效支撑，这也将为大连城市一卡通进一步应用起到积极的推动所用。

5. 建设快速公交线路工程，探索交通服务新方式

为解决泡崖地区市民出行、缓解华北路交通拥堵问题，2007年5月开工建设大连市快速公交（BRT）系统工程，年底竣工，2008年1月通车；BRT线路自兴工街经华北路至张前路，全长13.8km；全线实行公交专用道，BRT车辆路中行驶，乘客通过人行横道和天桥进入BRT站台乘车；BRT线路配置了智能调度系统、交通信号管制系统等先进公交管理设备；配备大客量、大开门、低地板、运行速度快、安全环保等特点的大型铰接BRT客车64台；改变了公交服务方式，在站台刷卡、投币，提高了乘客上下车和车辆周转速度。

工程建设由市交通局、公交集团会同城市建设等有关部门和设计单位，就BRT建设方案反复论证和调研，最终确定了适用于大连实际状况的BRT建设方案。工程建设中的智能交通系统方面除了GPS监控调度、电子站牌、基于光纤信号传输的视频监控系统外，还会同公安交警部门在车辆发车等重点路口进行了交通信号优先方面的尝试，在跨部门合作方面做出了努力。

四、以信息共享为切入点，推进智能交通建设持续发展

交通信息中心是交通行业的信息枢纽，应该秉承前期大量智能交通建设成果，以信息共享为切入点，推进智能交通建设持续发展，在推进交通行业信息化深入应用，以及交通行业与横向各相关行业信息共享方面做出积极努力。

1. 促进交通行业内部信息融合，提供集成的交通服务

交通行业内部，城市公交客运、出租汽车客运、道路客运、道路货运以及机动车维修、机动车驾驶培训、交通从业人员培训等交通运输服务领域，已经或在建的数量众多的信息系统，各个系统都涵盖行业管理部门和行业服务对象，并通过各类网络将两者紧密联系在一起，共同为社会提供交通服务。

而对于交通服务对象，即市民、企业和其他社会组织，需要的交通服务是多方面的，有客运、有货运（物流），也有机动车维修、驾驶技能培训等多方面需求，可以通过信息中心，整合各类交通资源，并连接成一个整体，提供集成的交通服务。典型的例子，将物流配送、零担配载、货运代理、出租车等各类呼叫中心（Call - Center）、信息咨询、投诉建议等各类信息和服务类整合为综合的信息平台，并与电子政务等相关业务平台对接。通过交通信息平台整合，进而深度挖掘交通信息资源，使交通服务更加完善和方便快捷。

2. 促进行业横向融合，提供综合的交通服务

交通行业是经济社会的重要组成部分，与社会相关行业密切结合。各个城市的交通管理体制虽不尽相同，一般都要通过交通、建设、公安、工商、质量、环保、规划等多个部门共同参与交通建设以及对交通企业的行业管理，由政府和交通企业对社会提供完整的交通服务。目前，各地政府均成立了行政服务中心，形成了相关部门集中式（合署）办公的格局。为企业和社会提供综合性的便捷服务，对交通行业横向信息交换并进而形成综合的交通服务的需求日益彰显。交通信息中心应在政府统一领导下，强化横向信息交换与共享，扩大交通服务的外延，进一步提高交通服务的综合性，提高交通行政服务和运输服务的效率和质量，使交通更安全、运输更快捷、服务更周到，市民和企业对交通服务的满意度更高。比如，出租车作

为在城市使用频率最高的营业性客运交通工具,也是道路交通的使用者,与道路畅通紧密相关,除了在交通安全方面可与公安等部门加强信息交换外,借鉴国外一些城市利用安装了 GPS 的出租车采集路况信息进行交通疏导,也是进行横向信息交换、提高信息复用程度、解决交通拥堵问题并提高财政资金利用效率的较好举措。

3. 促进行业纵向融合,促进经济社会和谐发展

智能交通建设依赖于信息产业发展,与信息产业发展互为促进。智能交通系统建设过程中要与信息产业等行业纵向融合,形成智能交通应用与产业、研究机构紧密结合,以应用促进科研,以科研支撑产业,以产业推动应用,进入良性循环,在推进智能交通建设、构建“智慧交通”的同时,促进经济社会和谐发展。

参考文献

[1] 物联网概念,http://baike.baidu.com/view/2911674.htm? fr = ala0_1

[2] 物联网:升级智能交通,http://info.jctrans.com/qikan/zgxx/873188.shtml

[3] 李海峰. 交通运输行业发展物联网需三管齐下. 中国交通报,2010-5-7(6 版)

浅谈珠海道路运输行业的智能化发展方向

曾长盛[1] 缪前明[2] 王国超[3]
(1.珠海市交通执法局 珠海 519000;
2.珠海市交通信息中心 珠海 519070;
3.珠海市EDI技术部 珠海 519070)

摘 要: 本文首先分析了珠海道路运输行业智能化的现状,在这个基础上对珠海道路运输行业智能化存在的问题进行了分析和探讨,最后提出在珠海道路运输行业智能化发展过程中有待进一步研究的课题。

关键词: 交通 道路运输 交通信息化 道路运输智能化

一、引言

珠海道路运输行业智能化的建设经过这些年的发展,目前在行业内部管理上已基本告别手工操作的办法,在打证、办证、档案管理、两费征收等方面均已实现计算机管理,走上了智能化的道路,这大大加强了行业管理的规范性,增强了业务办理的准确性,提高了行业管理的水平,提升了行业管理的形象。但同时,我们也看到,目前的信息化建设仍存在着各自为政、单机操作、互不联通等弊端。如何让让政府职能部门在管理中充分利用道路运输行业智能化的成就,如何让民众在生活中体验道路运输智能化后带来的便利,是本文想探讨的话题。

二、珠海道路运输行业智能化的现状

1.机构设置初具规模,功能定位尚不明确

交通部门成立了以交通局领导为首的信息化建设领导小组,珠海市交通信息中心是珠海道路运输行业智能化的建设机构。但在实施过程中,交通信息中心远远不能发挥道路运输行业智能化建设应有的作用。一是经费问题。交通信息中心的经费来源主要是收取GPS和对讲机的服务费,所收取的费用仅够维持日常开支。道路运输建设是大资金投入的工作,不仅需要大量的项目建设资金,而且还要保障项目运作维护经费和数据更新专项经费的来源。珠海市道路运输行业智能化建设的初期投入、运行费、维护费、设备更新费没有固定的列支渠道。二是统筹问题。虽然交通信息中心的职能主要是珠海市道路运输智能化的建设和规划,但在实际操作过程中,各部门在智能化建设过程中各自为政,不经统一规划,造成系统混乱,数据不能共享,形成实际上的信息孤岛等一系列问题。

2.高科技成果初步得到应用,道路运输企业应用积极性不高

近些年来,在交通局领导的关怀和支持下,珠海市逐步将一些高科技应用到交通行业中,使道路运输行业走向智能化。交通信息枢纽中心暨图像监控系统已启动建设;一些项目开始应用,具体有:GPS卫星定位监控系统,智能公交调度系统,电子站牌,智能公交网上查询系统等。这些项目的应用,虽然能使道路运输企业的管理走向智能化、现代化的道路,但由于不能带来直接的经济效益,或直接体现出来的经济

效益不是很明显,有些企业的领导者们没看到应用这些项目后所带来的安全、管理规范等产生的间接经济效益,使得企业应用的积极性不是很高。

3. 资金投入得不到保障

在《交通部关于加强技术创新推进交通事业发展的若干意见》(交科教发[2000]282 号)中,明确提出“各省(市、自治区)的交通主管部门在有交通规费来源时,每年应当提取其交通规费的1% ~1.5%用于技术创新,集中研究解决制约本地区交通运输发展的关键问题,推动本地区交通运输的快速发展”;“高技术企业用于技术创新的经费要达到年销售额的5%以上,鼓励大型企业集团提取一定数量的资金,集中用于共性、关键性和前沿性重大科技问题的研究开发和产业化的工作,使得企业逐步成为技术创新投入的主体。在科研活动中,要积极与科研机构合作,做到科技资源共享,尽量避免低水平的重复开发”。但在珠海道路运输企业智能化建设过程中,远没做到这两点要求。以比较成功应用的两个项目为例,GPS 卫星定位监控系统启动资金主要是来自于社会力量;公交智能调度及电子站牌的启动资金来源于市“三项”科技项目的计划。而作为珠海市道路运输企业智能化建设的主要力量——交通信息中心,它的办公经费、人员工资、运作经费等来源于收取服务费。

4. 智能化建设专业人才缺乏

信息技术的发展日新月异,不仅要做好全体干部职工的普及教育,而且要有制度安排专业技术人员的继续教育培训,保证知识的更新。目前,珠海市交通行业的电子信息专业人才非常缺乏,局机关由于编制的限制没有配备计算机专业人才,交通信息中心也由于历史和经费的原因,本科以上的计算机专业人员非常少。人的因素已严重阻碍珠海市智能交通建设的发展。

三、发展方向

1. 完善机构设置

机构的不完善严重阻碍了道路运输行业的智能化建设。要加快推进道路运输行业的智能化建设,首先要建立具有完善机制的智能化信息化建设部门,该部门具有以下特点:

(1)该部门应由交通主管部门的一把手亲自过问,以便于各个信息化项目的建设与推广;对交通信息化建设进行统一规划。

(2)该部门在交通信息化建设方面具有唯一性,对于未按照规划进行建设的信息化项目必须通过该部门进行相关的调研、申报、立项、审批等工作,其他部门不能擅自独立建设信息化项目。

(3)为能够保证正常运作,该部门的经费每年根据项目情况由上级部门或财政解决。

(4)负责信息化建设项目的管理、推广,不参与系统的具体运营。

2. 推广高科技系统在道路运输行业内的应用

(1)在安全管理方面需要大力推广 GPS 行业车辆管理系统

GPS 系统的功能随着道路运输行业需求的明朗已逐渐趋于完善,它作为一种有效、直观的监控道路运输企业的手段,逐渐被职能部门所认可。但如何利用 GPS 系统先进的功能对运输企业进行管理,职能部门仍缺乏有效的手段和措施。这表现在往往发生事故后才想到查 GPS 数据,没做到防范是交通运输企业安全管理最重要的环节这一理念,GPS 系统也没起到防范事故发生的应有作用,这同时也造成了道路运输企业往往只有在办证、年审的时候才会想到车上所装的 GPS 终端机是否能正常工作,而平时却疏于管理,使用 GPS 平台积极性不高的结果。如果将 GPS 数据作为考核道路运输企业安全管理的指标,则能大大提高道路运输企业使用 GPS 平台的积极性,使 GPS 能发挥它应有的作用。GPS 行业管理系统的完善和合理使用,可以达到以下效果:

①保障长途客运车辆的安全、规范运营(包括不超速、不超载、按线路行驶、进站、不疲劳驾驶等)。

②规范出租车的运营,维护出租车与乘客的合法权益(包括不超速、不超载、不打表、随意掉头等),

打击蓝牌车、克隆出租车、假出租车等。收集出租车运营数据进行统计分析以便于交通局对出租车投放量进行合理评估。

③规范危险品车辆的运输(包括不超速、不超载、不按线路行驶以及进入市区的情况)。

④针对某些乘坐公交车和出租车不方便,但又有一定市场需求的地方,利用 GPS 按照一定的要求,将投放符合条件的部分蓝牌车或一定量的某种车辆,按照严格的规定进行特定区域运营,以规范市场,打击非法营运。

(2)增强城市道路交通状况的信息发布

随着 GPS 应用范围的扩大,很多城市都有大量装载 GPS 的车辆。对这些 GPS 数据进行采样分析,就能大致模拟出城市道路的交通情况,如哪条路堵塞,哪条路交通缓慢,哪条路交通顺畅等,市民可以根据这些信息安排自己的出行路线,有效避免不必要的时间浪费。

(3)推广城市公共交通智能化的应用

公交智能调度和电子站牌是提高城市公交企业效率和方便市民乘坐公共交通工具的有效手段。但目前大多数城市仅仅限于试点的建设,限于建设资金、管理体制等原因难以全面铺开,不能很好地服务于市民。公交"一卡通"在个别大城市如广州已经实行,但在一些有多个公交运输企业的中等城市,仍是市民一个遥不可及的梦想,一个公司的公交乘车卡不能在同一个城市的另一个公交公司的车上使用的现象十分普遍,给市民出行带来极大不便。

(4)建立客运联网售票系统

客运企业售票情况、班次信息的数据要及时,准确地体现在政府职能部门的网站上必须建立全市的客运联网售票系统。该系统不单提升了珠海市客运行业的形象,还给旅客的出行带来方便,甚至给政府实时提供客流量数据,为政府部门对线路、车辆的投放审批提供了非常客观的依据。另一方面,客运联网售票系统的应用,将为全市客运班次信息的发布提供一个强有力的基础,群众出门不再需要逐个车站地查找所要去目的地的班次信息。

(5)其他需要推广应用的系统

自动车牌识别系统,可以对进出城市和客运站场地的车辆进行自动记录、统计,以便于运营车辆的管理(数据可共享给公安、公路等相关单位)。

IC 卡(或指纹)计时管理系统结合 GPS 系统进行推广应用,可以有效规范驾校、教练员的教学行为。

①利用互联网和交通服务热线,满足公众对城市交通信息的了解。

②建立交通信息网站以及交通服务热线,满足公众对珠海交通的了解、投诉等等需求。

四、道路运输行业智能化建设有待进一步探讨的问题

1. 交通公共信息项目建设模式有待探讨

要因地制宜、多种模式建设运作交通公共信息项目。对于既有社会效益、又有经济效益的信息项目,尝试和探索产业化运作方式,采取"政府搭台,企业唱戏,市场运作"的建设管理模式,充分调动社会各方的积极性,多渠道筹措资金,运用市场机制,发挥市场对信息资源配置的基础性作用,引导社会力量广泛参与到交通信息化建设与运营中,探索新形势下交通智能化建设的管理体制和运营模式,加快交通智能化建设和服务逐步走向社会化。一些信息平台由政府出资建设后,按照公益事业市场管理模式交给企业管理营运。如交通信息中心已建成的 GPS 综合管理平台就可以采取这种模式。我们建议由交通行业的几大龙头企业组建股份公司来经营 GPS 综合管理平台。该公司要接受交通信息中心的业务指导,以满足政府对行业管理和数据采集的要求。

2. 统筹开发交通公共资源,支持交通信息化建设

现阶段珠市城市基础设施建设处于高速发展时期,城市建设的方方面面都需要财政的投入,而交通

智能化建设由于需要资金的大量投入和连续投入，纯粹依靠财政和企业投入的资金，将极大制约智能化的发展速度。可以充分利用交通公共资源来支持和补助建设资金的缺口。因此，政府有必要将现在分散使用的交通公共资源集中和统筹使用，使资源用在刀刃上。

3. 资源共享的问题有待解决

解决资源共享，不仅要解决交通系统内部的资源共享问题，还要和其他相关职能部门、企业实现资源共享、数据互通，使信息的利用率最大化。在即将投入建设的珠海市交通信息枢纽中心暨图像监控项目就开始了这方面的尝试。在这个项目中，设计时就留有数据接口供交警、公安等部门读取授权内的数据；同时，也在项目建设前和公安部门做了良好的勾通，双方已口头达成数据有限度共享的一致意见。

广东省IC卡道路运输电子证件系统实施经验与体会

刘礼勇[1] 郑晓峰[2] 陈宓[1] 张路彬[1]

(1. 交通运输部科学研究院交通信息中心 北京 100029;

2. 广东省交通运输厅综合运输处 广州 510101)

摘 要:2005年原交通部印发《关于启动新版道路运输证件的通知》,对推广IC卡道路运输证和从业资格证作出了专门部署。作为全国首个IC卡道路运输电子证件试点单位,广东省建成了IC卡道路运输电子证件系统,并在全省范围进行推广应用,取得了良好的应用效果。本文结合广东省IC卡道路运输电子证件系统建设实施工作,对试点过程中形成的做法和经验加以总结,为今后制订IC卡道路运输电子证件标准规范、推广普及IC卡道路运输电子证件提供借鉴和参考。

关键词:道路运输 IC卡

从2007年11月交通运输部正式批复广东省交通厅开展IC卡道路运输证及IC卡从业资格证试点工作开始,广东省IC卡道路运输电子证件系统实施先后历经了前期准备、试点发卡、系统建设和全面发卡及应用四个阶段,建成了省级洗卡中心和密钥管理中心一个,密钥管理子系统、洗卡子系统、发卡子系统、业务应用子系统和手持稽查子系统五个子系统,实现了IC卡电子证件发放及应用与运政系统无缝集成。截至2009年底,广东全省共发放IC卡道路运输证60多万张,IC卡从业资格证80多万张,已成功应用于营运车辆年审、班车进站管理、危险品运输管理、交通稽查和公安安全检查等方面。

一、前期准备阶段主要做法及经验

IC卡道路运输电子证件系统建设与实施的前期准备工作至关重要,直接关系到IC卡道路运输电子证件推广应用工作的成败。在此期间,先后研究制订了《广东省IC卡道路运输电子证件应用工作实施方案》,明确了工作目标,确立了"先行小范围试点,再全面推广电子证件"的总体思路;建成了符合全国统一密钥管理体系要求的省级密钥管理系统,生成了省级应用密钥,保障了IC卡道路运输证件的卡内数据安全以及全国通读通写的实现;研究确定了IC卡道路运输证和IC卡从业资格证的卡内数据内容、数据格式、外观式样和防伪标志等,确保了IC卡道路运输证件的通读通写和互认;全面清理完善了运政系统的营运车辆和从业人员数据,确保了IC卡道路运输电子证件的卡内数据规范性和表面打印质量;研究明确了不同管理部门的IC卡读写设备操作权限,建立了TSAM卡内的密钥结构,为IC卡相关设备发放提供了依据。

1. 标准统一的外观式样、信息内容和防伪标志是全面应用IC卡道路运输电子证件的根本前提

根据国家有关要求和安全技术标准,我们选用了满足ISO/IEC 14443 TYPE B的8k byte存储容量的非接触CPU卡,这是非接触CPU卡在道路运输电子证件领域的首次应用,没有相应的行业标准作指导。2006年10月原交通部颁布的国家交通行业标准《IC卡道路运输证应用技术规范》(JT/T 654—2006)是以MIFARE(逻辑加密卡)技术为基础制定的,其范围仅限于IC卡道路运输证,缺乏IC卡道路运输从业

人员资格证的信息内容、数据格式、样式设计等方面的规范性要求，难以满足广东省 IC 卡道路运输电子证件试点工作的需要。

为此，结合广东省道路运输管理的实际需求，在现行《IC 卡道路运输证应用技术规范》的基础上，我们重点针对 CPU 卡比逻辑加密卡（4k byte）存储容量更大、安全性更高的特点，丰富扩展了 IC 卡道路运输证的卡内数据内容，改进完善了外观样式；针对 IC 卡从业资格证的标准空白，我们研究提出了 IC 卡从业资格证的卡内数据内容和数据格式，设计了 IC 卡从业资格证的外观样式；针对增强 IC 卡道路运输电子证件表面视觉防伪的安全性要求，我们参照第二代身份证的视觉防伪效果，采用正交光变技术，设计开发了 IC 卡道路运输证及 IC 卡从业资格证的表面视觉防伪标志。上述内容报交通运输部审定后，作为 IC 卡道路运输电子证件试点工作的技术要求下发，确保 IC 卡道路运输电子证件的卡内数据规范化、外观式样标准化，为大规模换发、应用 IC 卡道路运输电子证件奠定了基础。

2. 规范准确的营运车辆和从业人员数据是全面发放 IC 卡道路运输电子证件的基础条件

根据 IC 卡道路运输电子证件的卡内数据内容要求，广东省交通厅专门组织开展了运政系统的数据清理工作，制订了照片技术规格，统一明确了营运车辆和从业人员的必填数据要求。特别是针对运政系统中原有营运车辆和从业人员照片的像素、清晰度等不能满足 IC 卡道路运输电子证件打印质量要求的情况，各地结合实际情况，采取了由业户、从业人员自行提供照片，业务受理人员负责审查，或者委托专业机构统一拍照、处理、上传到运政系统等多种方式，有效地保证了照片采集的质量。通过专项数据清理，确保了 IC 卡道路运输电子证件的卡内数据准确和照片打印效果，提高了运政系统的数据质量。

二、试点发卡阶段主要做法及经验

2008 年 1 月，广东省交通厅组织开展全省营运客车 IC 卡道路运输证试点发卡工作，在两个星期内，集中在广东省交通厅发放了全省 4 万多台营运客车 IC 卡道路运输证，在全省 50 个交通稽查站应用了 IC 卡手持稽查执法系统，在全省 30 多个客运场站安装了业务读写器，取得了良好的试点应用效果。

通过试点发卡，我们实现了 IC 卡道路运输电子证件系统的 IC 卡初始化、密钥灌装、一体化写入与打印，以及 IC 卡读写等功能，验证了实施方案的可行性，为全面发放 IC 卡道路运输电子证件奠定了基础；通过试点发卡，我们有效检验了 IC 卡道路运输电子证件系统的可靠性和稳定性，特别是在时间紧、任务重的情况下，集中式发卡要求 IC 卡证卡打印机能够适应长时间、高强度的集中打印；通过试点发卡，我们在不影响运政系统现有功能的情况下，有效地将 IC 卡的发放、业务办理、应用等功能嵌入集成到运政系统中，实现了 IC 卡道路运输电子证件应用与运政系统的无缝衔接；通过试点发卡，我们解决了 IC 卡道路运输电子证件系统与异构 IC 卡系统共享的技术难题，使公安手持机稽查系统能够便捷地读写 IC 卡道路运输电子证件，实现了跨部门联合监管应用。

三、系统建设阶段主要做法及经验

在总结试点发卡经验的基础上，我们确立"集中式洗卡、分布式发卡"的工作思路后，于 2008 年 5 月全面启动了 IC 卡道路运输电子证件系统的建设，期间主要完成了 IC 卡及相关设备采购、系统集成、洗卡中心建设、发卡设备现场安装与调试、系统培训等工作。

1. 应用软硬件一体化嵌入式技术研制的 IC 卡安全访问中间件，提高了洗卡、发卡和读写卡等设备的安全性和读写效率

通过采用软硬件一体化的嵌入式技术，我们研制了 IC 卡道路运输电子证件的专用安全读写模块、一体化证件打印模块和网络洗卡模块等中间件，有效地将密钥安全处理、业务数据处理、数据读写及设备控制等集为一体，实现了批量洗卡、一体化证卡打印、卡片读写，以及与运政系统集成无缝对接等功能，提高了设备安全性，与普通的洗卡、证卡打印和读写设备相比，大大提高了 IC 卡读写效率。采用网络洗卡模块的大型洗卡机每小时洗卡量达到1 000张以上，洗卡速度提高近10倍；采用USB2.0无驱动的非接触式卡读写设备，无需安装任何设备驱动，即插即用，大大降低了与运政系统集成应用的难度，读写卡速度提高了一倍。

2. 洗卡中心建设是IC卡道路运输电子证件推广应用的关键环节

洗卡中心的建成标志着IC卡道路运输电子证件系统的主体建设工作基本完成。在洗卡中心建设过程中，一是洗卡能力设计既要考虑IC卡道路运输电子证件的高峰期发卡需求量，也要兼顾平时的资源利用与共享；二是场地选择不仅要满足普通机房的基本要求，而且要满足洗卡、库房、日常办公和对外服务窗口的需要，对于一些尺寸规格较大、不可拆卸的洗卡设备，还需要考虑其运输与现场安装问题；三是洗卡中心的日常管理与维护工作技术性较强，需要借助技术支持单位的技术力量，保障洗卡中心的规范化运转。

3. 基层业务人员培训为大规模发放IC卡道路运输电子证件提供了有力保障

自2008年9月起，广东省先后组织开展了10多场次发证培训，共培训窗口办证人员、交通稽查站执法人员和站场管理人员近800人次。在培训过程中我们注重基层业务人员的基本方法和实际操作技能培训，专门编印了操作手册、制作了发卡设备培训幻灯片、录制了实际操作视频录像，通过集中讲解、观看视频录像和实际动手操作等方式，基层业务人员模拟了办理发证业务，实际打印制作IC卡道路运输证和IC卡从业资格证，很快就熟练地掌握了运政系统的发证功能，以及发卡设备（证卡打印机和业务机）的安装、使用和日常维护等操作。

四、全面发卡及应用阶段主要做法及经验

IC卡道路运输电子证件系统于2008年12月建成并投入使用。在广东省全面发放IC卡道路运输证和IC卡从业资格证期间，洗卡中心发挥了重要的作用，及时向各地市发放初始化的空白卡片、打印耗材，以及证卡打印机、读写器和手持稽查机等设备，同时我们通过热线电话、QQ群、运政网站和现场技术支持等多种方式，及时解决各地在IC卡发放和业务办理过程中遇到的技术问题，为IC卡道路运输电子证件的发放与应用提供了有力的支撑。

1. 可操作性强的管理规范是IC卡道路运输电子证件全面推广应用的制度保障

《广东省IC卡道路运输电子证件应用管理规范》的颁布实施，明确了各级交通主管部门的职责，规范了IC卡道路运输电子证件的申请、受理、发证、补发、变更和注销等业务办理流程，保障了IC卡道路运输电子证件的顺利推广应用；《广东省IC卡道路运输电子证件洗卡中心运行管理规范》明确了洗卡中心的职责，规范了IC卡及TSAM卡洗卡工作流程、IC卡及耗材发放登记程序、废卡回收流程、关键设备发放登记流程等，通过贯彻执行洗卡中心运行管理规范，有效地保障了洗卡中心200多万张IC卡及耗材，以及各类设备的发放工作未出现丝毫差错。

2. 优质高效的技术支持服务是IC卡道路运输电子证件全面推广应用的技术保障

交通运输部科学研究院作为广东省IC卡道路运输电子证件系统建设和技术支持单位，在广州专门设立了本地化的技术支持机构，配备了10多人的技术人员队伍，承担着洗卡中心的日常管理运行工作，并通过热线电话、QQ群、运政网站和现场技术支持等多种方式，为全省300多个发卡窗口、277个业务点、298个三级以上客运站等单位提供及时的技术支持服务。在全省大规模发放发卡设备期间，我们组织了10个工作小组，每组配备两名技术人员，深入到全省每个发卡窗口、每个业务点进行现场设备安装与调试，历时近1个月。全面发卡工作启动后，我们及时地跟踪解决各地遇到的技术问题，对于送检维修的设备，我们提供备用设备服务，确保各地发卡和业务办理工作不受影响；对于部分单位的技术人员变动情况，我们及时提供现场技术指导和培训服务；对于各地共性的技术问题，我们及时总结并通过运政网站和QQ群进行发布。

3. IC 卡及耗材是 IC 卡道路运输电子证件发放工作的重要物资保障

在全省发放 IC 卡道路运输电子证件的高峰期,各地对 IC 卡及耗材的需求量都比较大,时间也非常紧急,这期间 IC 卡及耗材的及时到货就显得尤为重要了。我们通过与卡片生产厂商协调,提前备好一批 IC 卡芯片,压缩 IC 卡供货周期,有效地保障了全省 IC 卡道路运输电子证件发放工作的顺利进行。

在全面发卡过程中,我们也发现各地的打印耗材实际需求量往往超出了 IC 卡数量,主要是由于打印耗材不能按单张发放,只能按卷发放(每卷膜可打印 1 500 张卡,每卷色带可打印 500 张卡),造成全省 300 多个发卡窗口的 700 多台证卡打印机中都会剩余一定数量的膜和色带尚未用完。通过试点,我们摸索出分布式发卡模式的供货规律,按 IC 卡使用量的 120% 准备打印耗材,就基本能满足实际的发卡需求。

五、结论

IC 卡道路运输电子证件系统的建设与实施是一个复杂的系统工程,集标准规范研究、软硬件研发、系统集成和新技术推广应用于一体。通过试点,我们在全省范围内推广应用 IC 卡道路运输电子证件,实现了道路运输管理的自动化、信息化;通过试点,我们解决了 IC 卡道路运输电子证件应用的关键技术问题,形成了 IC 卡道路运输电子证件系统成套技术;通过试点,我们形成了一系列 IC 卡道路运输电子证件标准规范;通过试点,我们积累了 IC 卡道路运输电子证件系统建设、IC 卡发放及推广应用的整套经验。广东省 IC 卡道路运输电子证件系统试点为制定 IC 卡道路运输电子证件全国标准奠定了基础,对全行业推广普及 IC 卡道路运输电子证件具有重要的借鉴意义。

城市交通信息公共平台建设

翁明鸿[1]　苏敏咸[2]
（1. 厦门市交通委员会　厦门　361004；
2. 厦门市卫星定位有限公司　厦门　361008）

摘　要：本文围绕厦门城市交通信息公共平台建设，阐述城市交通信息化建设的一种思路：统一建设基础公共系统、汇总各种交通信息、统一管理、统一分发及统一服务建设模式，实现交通信息互联互通、资源整合和共享，有效地避免交通信息化的低水平建设和重复投资，并从信息公共平台建设内容和技术进行分析和论述。

关键词：城市交通　ITS　GPS　GIS　FCD

一、引言

随着城市的快速发展，出行难问题日益凸显，如何快速发展城市交通，提高城市交通整体服务水平，满足公众便捷出行的要求，最有效手段就是通过信息化手段建立城市智能交通信息平台，整合并利用有效交通资源，发挥资源优势效能，提高交通系统运行效率和服务水平，为公众带来便利的出行、有效降低环境污染和低碳的生活。

厦门市在市信产局牵头下，协调各个政府部门和企业，确定厦门交通委为业主，建设厦门市城市交通信息公共平台，项目立足于建设城市交通智能信息平台，为了避免低水平建设和重复投资，项目确定应遵循基础（公共）系统统一建设，各部门和企业的具体应用分离独立建设的原则，平台采用统一建设、运营的模式，主要目的是整合现有交通信息系统资源，完成各种交通信息的统一汇集、统一管理、统一分发及统一服务，平台建成后采用交付企业运营的模式，解决日后平台持续运营和维护问题。项目一期建设主要围绕构建厦门市大公交提供交通服务，平台为政府相关主管部门（交通委、交警等）、交通运营企业（普通公交、快速公交 BRT、社会中巴以及出租车等公交交通领域）改善交通管理水平提供支撑，同时为公众出行、乘车提供便利服务。

本文将通过厦门市城市交通信息公共平台项目，阐述城市公共交通信息平台建设目标、方案以及应用的理论、技术和标准等内容，意为今后其他城市智能交通信息化建设提供借鉴和参考。

二、城市交通信息公共平台的建设目标

项目立足于建设城市交通智能信息平台，项目一期建设目标主要围绕构建城市大公交提供交通信息服务。厦门市属于中小城市，常住人口 250 多万，公共交通主要包括普通公交、快速公交（BRT）、社会中巴以及出租车等，建成的平台将为政府部门、交通运营企业改善管理水平和提高服务水平提供支撑服务，同时为公众出行、乘车提供便利服务。

城市交通信息公共平台的核心是交通数据中心，通过统一数据采集，汇集交通数据资源、通过数据处理和交换，支撑面向政府、企业和公众提供各类服务应用。

一期建设除了完成中心数据库及其数据采集接入、交换管理平台的建设，还确定要完成交通路况分析、营运车辆运行监控指挥、公众交通信息服务、公交车辆运营智能调度公共服务业务、公共交通行业的清分结算工作等基础性的五大公共应用系统。

三、城市交通信息公共平台的方案

1. 平台设计原则

(1)基础(公共)部分与各部门/各企业的具体应用相分离的原则。以避免重复建设和投资浪费,同时整合资源,为政府、运输企业和公众提供更好、更全面的交通信息服务。

(2)平台设计遵循系统完整性、可靠性、可用性、可扩展性、可管理性、安全性、开放性等设计原则,保障平台能满足长远发展和运营的需要。

2. 平台规划

根据建设目标,平台总体规划如图1所示。

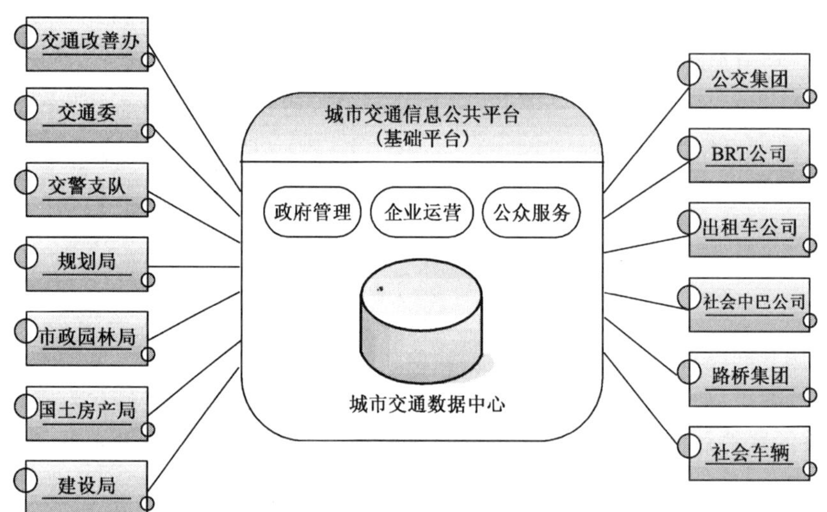

图1　平台总体架构图

其中城市交通数据中心如图2所示进行规划。

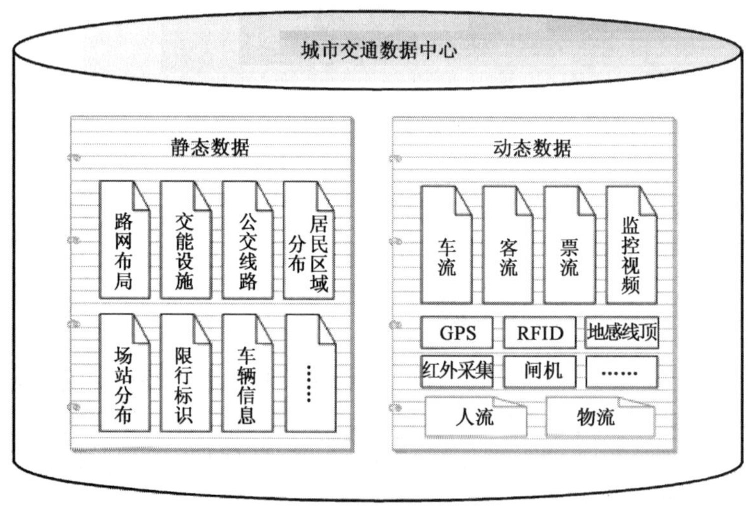

图2　城市交通数据中心结构图

3. 平台架构

(1)业务架构

图3所示城市交通信息公共平台的总体业务架构,平台统一接入车载终端,将交通车辆运行数据(主

要包括:车辆运行GPS运营数据、客流数据以及易通卡刷卡交易数据等信息)接入城市交通信息公共平台,通过平台数据处理形成可支撑各类应用的交通数据中心库。

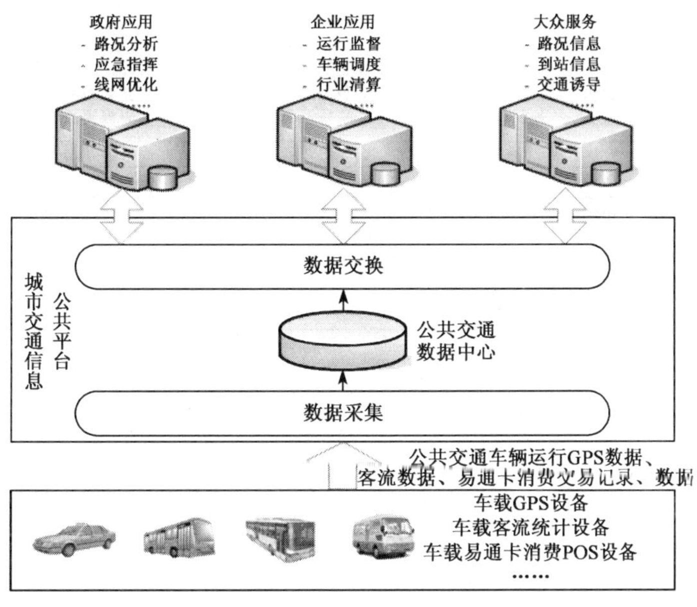

图3 平台业务架构图

经由数据交换、统一应用管理平台,向各政府部门、交通运营企业、市民提供各种应用服务及支撑。政府方面的应用可实现如:城市道路交通路况分析、应急指挥、交通线网优化及场站设置规划、交通安全生产管理、道路建设规划辅助决策、交通状况预警等;交通运营企业方面的应用可实现如:车辆智能调度、智能生产管理、计划优化、监控管理等,同时实现交通行业易通卡交易清算等;面向社会公众提供方便出行的交通信息服务,如:路况信息发布、公交线路和换乘查询、公交车辆到站信息发布、车辆诱导、停车场信息发布、交通管制发布等。

(2)技术层次

城市交通信息公共平台由网络层、设备层、资源层、支撑层、应用层五个技术层次组成,如图4所示。

①网络层提供平台网络通信环境,主要提供有线和无线的计算机通信网络,其中无线网络主要完成接入车载、停车场、视频、电子站牌等远程设备,实现车流、客流、票流等数据上传和平台与远程设备之间的数据交互。

②设备层提供平台硬件环境,主要包括:计算机及运行环境设备(如机房、UPS、消防等设备)、车载设备(如车载GPS终端、自动语音报站器、车载LED站点显示器、红外客流统计器及易通卡刷卡POS机等)、电子站牌等。

③资源层提供平台交通信息资源,主要包括:车辆身份数据库、车辆运行GPS数据库、客流信息、易通卡交通行业消费交易数据库、停车场发布信息库、交通管制信息库、空间地理信息库、基于车辆RFID系统的车辆通行资料库等组成,形成可支撑各类交通应用实施的业务数据中心。

资源层是平台建设核心和基础,除了平台统一接入采集汇集数据外,还包括与其他部门信息系统交换互通数据,如交警交通管制信息、停车场实时发布信息等;同时平台将这些资源通过标准协议接口共享资源信息,实现"互联互通"形式。

④支撑层为上层的各种应用以及与其他部门信息系统交互提供支撑服务,主要包含:数据采集平台、数据交换平台、统一应用管理平台、GPS系统、GIS系统、数据挖掘分析平台和信息安全等方面,其中也包括平台制订的各种协议标准、接口以及相应技术规范。

⑤应用层主要指平台建设实现的公共基础应用和支撑各种应用,其中一期建设的公共基础应用主要包括城市路况分析系统、公共交通车辆运行监控指挥系统、公众信息服务系统、公交车辆运营调度公共服

务业务系统、易通卡公共交通行业清算等系统；应用层根据服务对象类别划分为：政府应用、企业应用、公众服务三种类型。

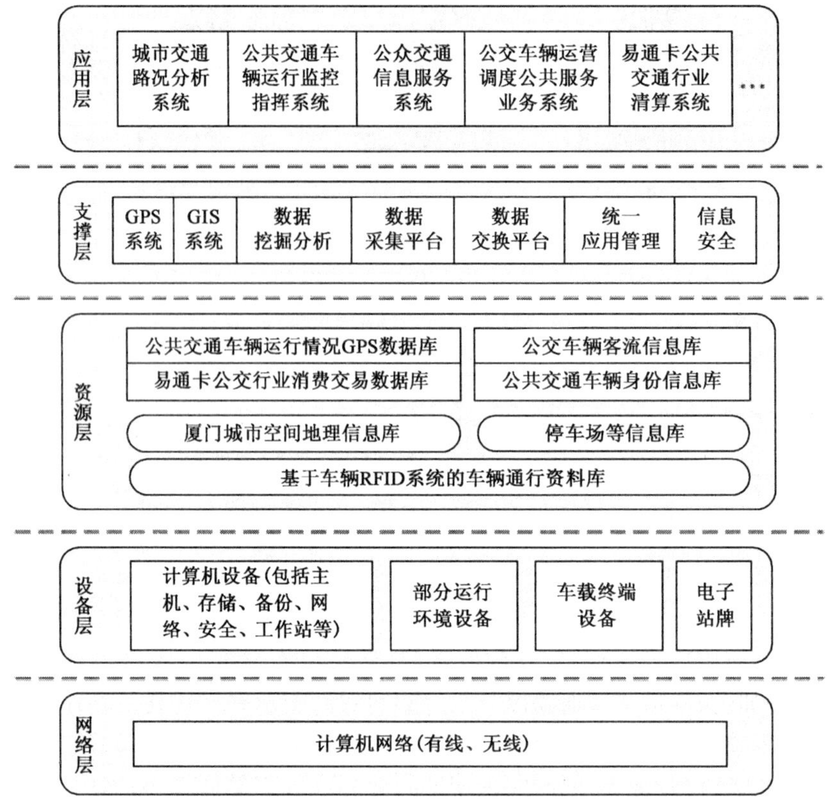

图4　城市交通信息公共平台

4. 平台技术和标准

为了达到平台的稳定性、高可扩展性和标准化，提出数据信息格式统一、通信交换统一的标准化建设，制订平台统一的数据及通信标准、标准接口以及技术规范，实现平台稳定和可靠发展，真正实现了公共资源统一、信息共享、互联互通，达到平台稳定可靠、扩展性强、方便推广，制定标准主要包括：

(1)《厦门市城市交通信息公共平台通信协议》

(2)《厦门市城市交通信息公共平台静态数据接口协议》

(3)《厦门市城市交通信息公共平台资源信息发布接口标准规范》

(4)《厦门市城市交通信息公共平台公交线路/站点数据标准规范》

(5)《厦门市城市交通信息公共平台停车场数据标准规范》

(6)《厦门市城市交通信息公共平台 RFID 数据标准规范》

(7)《厦门公共交通行业易通卡数据标准规范》

(8)《厦门市城市交通信息公共平台数据定义规则》

5. 平台一期建成

平台从2008年8月立项建设，到2010年5月止，已完成核心数据中心系统（包括数据接入采集、数据中心、交换通信、平台管理等功能），公交车辆运行监控系统，公交车辆运营综合管理系统，易通卡数据管理系统，路况分析系统，公众交通信息服务系统，手机路况发布系统，手机公交电子站牌发布系统等建设，目前已接入厦门市全部出租车、公交车辆、BRT车辆以及厦门农客车辆7 000多辆车辆，已在交警、交通委、出租车公司、公交公司以及公众服务等实际应用中已取得不错的效果。

下面简单介绍已建成的各个系统。

(1)核心数据中心系统

核心数据中心系统包括两个部分,一部分是数据中心,主要包括:车流信息库(如车辆运行数据、路况信息等),客流信息数据库,票流信息库(如电子支付交易数据库等),以及交通信息数据库(如地理 GIS 信息、公交线网、交通管制信息等);另一部分是支撑系统,包括:数据采集、数据存储、数据交换、平台管理、网管等支撑功能。具体见图 5。

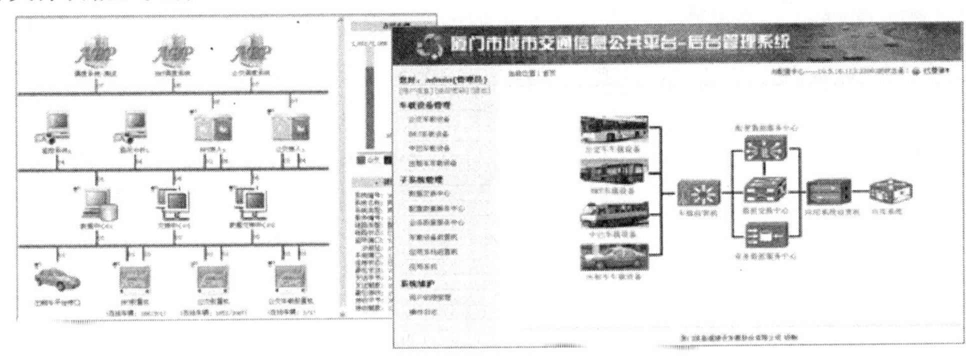

图 5 核心数据中心系统

(2)公共基础应用系统

公共基础应用系统主要包括:路况分析系统、公共交通车辆运行监控系统、公众交通信息服务系统、公交车辆运营综合管理系统、公共交通易通卡数据管理系统、手机路况发布系统、手机公交电子站牌发布系统等系统。

①路况分析系统:利用平台接入车辆实时 GPS 数据,通过 FCD(Floating Car Data,浮动车辆数据)技术和 GIS 技术相结合,实现对厦门城市交通实时路况信息的采集与分析,动态实时展现整个城市道路的畅通/拥堵形势图,全面反映全市道路的交通状况以及交通状况分析,并实现驾车出行时间最优和路径最优导航等功能,以及根据交管部门需求提供不同角度路况分析。详细见图 6。

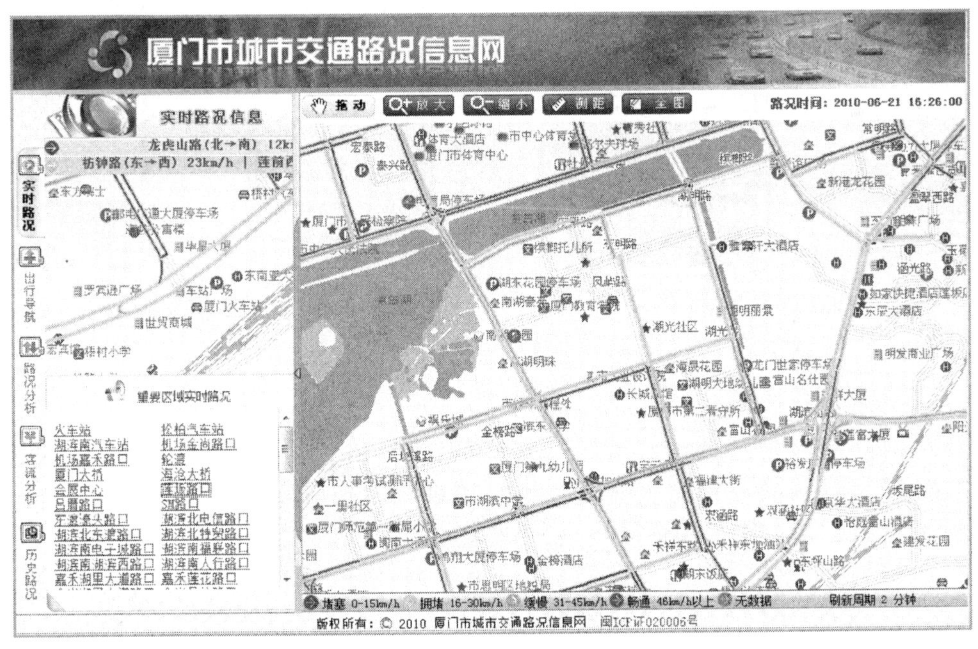

图 6 路况分析系统

②公共交通车辆运行监控系统:面向政府运管部门建立接入平台公共交通车辆运行监控系统,实现平台内车辆应急调度、指挥和监控功能。

③公众交通信息服务系统:面向公众建立公众交通信息服务网站,提供公交线路/换乘等信息查询、

地图名址查询、周边查询、专题查询、交通出行方案、路况查询等功能

④公交车辆运营综合管理系统：面向运输企业提供公交车辆生产运营综合管理系统，实现计划排班、运行安全管理、智能调度、生产监管、刷卡考勤管理等功能，实现生产过程智能化，动态生成电子路单以及运营管理，同时提供自动报站、斑马线提醒等功能。

线路运行图。见图7。

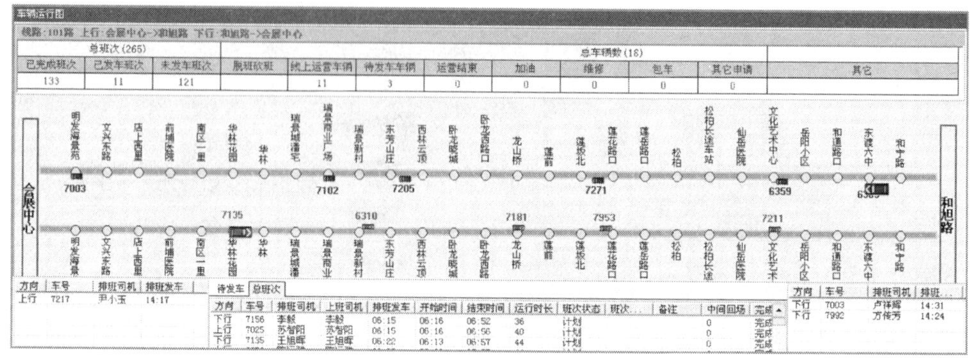

图7　线路运行图

⑤公共交通行业易通卡数据管理系统：面向运输企业和易通卡运营公司建设公交易通卡数据管理中心，通过GPRS实时采集交易数据，实时分到各运输企业并与运输企业进行数据核对功能，同时提供客流数据统计分析功能。

⑥手机路况发布系统：面向公众提供手机查询路况功能，实现出行诱导和出行导航功能。详见图8。

⑦手机公交电子站牌发布系统：面向公众提供手机查询公交到站和公交路线、站点、换乘等功能，方便公众公交乘车出行参考，详见图9。

图8　手机路况发布系统

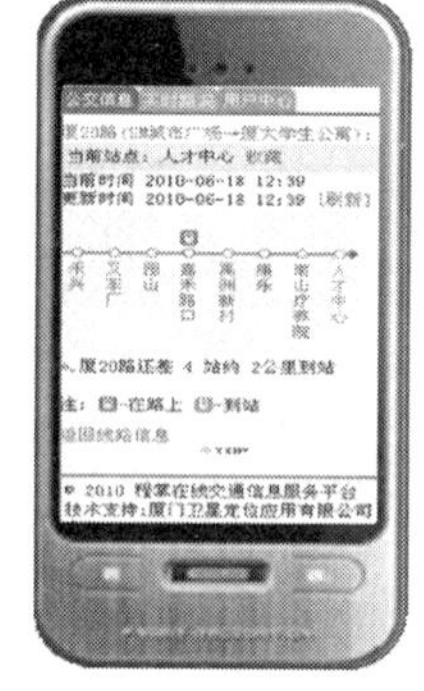

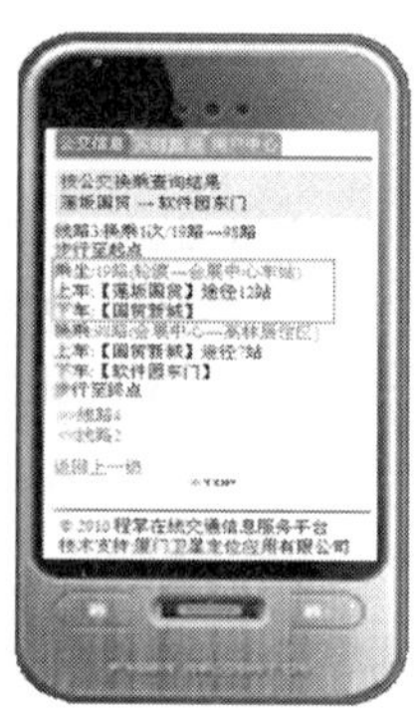

图9　手机公交电子站牌发布系统

6. 平台几个关键技术

(1)高并发数据处理

平台建设思路统一接入车载，如接入车辆5万，每个终端按照平均15s上报一次报文，每秒平均需要处理3 300多条报文，考虑到峰值情况，可能达到每秒10 000条的速度，面对高并发、大数据量处理的通信压力，也对平台提出了很高要求，核心数据中心系统需承担车载终端接入解析、数据交换和数据存储处理等任务，要求系统具备快速处理能力和良好扩展性，核心数据中心系统设计采用分布式计算、负载均衡集群、分布式架构等方面技术解决高并发数据性能问题，同时为了加快数据处理和交换，以支持不同业务应用实时通信功能，平台数据交换报文采用自带路由方式，以提高数据处理和快速交换能力。

起始符	数据类型	业务类型	子业务类型	级别	序列号	源地址	目标地址	内容长度	报文内容	原报文检验位	校验位	结束符

其中采用分布式架构和负载均衡集群技术相结合方式，任何节点实现可进行任意扩展分担负荷，只要通过扩展网络带宽和增加服务器的简单、有效并廉价的扩展方式，可实现平台扩容，提高平台并发处理性能，同时也提高平台灵活度和可用性。

（2）海量数据处理

由于平台具有接入车辆数大、处理数据量大并且高并发的特点，特别是车流、票流数据巨大，平台通过采用 Oracle 10g RAC 集群技术和分区（partitioning）实现数据库级别的负载均衡技术，并通过数据库优化技术（包括 SQL 语句优化、数据库调优、表结构及表属性关系优化等）提高平台海量数据处理能力，同时加强数据库管理，提高数据库处理性能。

（3）FCD 路况分析技术

平台的路况分析系统采用 FCD 路况分析技术，实现厦门市 4 000 多路段路况分析实时处理，每两分钟刷新全厦门市全岛路况。FCD 技术原理是：根据实时接收的车辆行驶 GPS 位置信息、方向和速度，应用地图路网、路径推测等相关计算模型和算法进行处理，FCD 车辆位置数据和路网在时间和空间关联起来，运算出道路可行驶数据以及行车时间等交通信息。FCD 技术有别于传统固定检测方法实现路况分析，它的特点是覆盖面广、采集范围不再仅仅是点、线，而是面；投资省，可充分利用已投资 GPS 运营平台和已接入车辆 GPS 数据，不需再投入采集硬件，大大节省投资；同时采集数据多样、准确，提高了路况准确性。该技术也是目前最有效、最便捷、能准确计算出实时路况的技术。

（4）高可靠高可用性保障技术

平台需要满足 7×24h 的运行需要和高容错要求，由于接入车载种类多样和对外交换数据多样性，数据可能存在不可预见错误，系统设计采用集群互备技术和容错保障机制，保障单点故障不影响整体平台运行，同时采用两级看护保障（程序级和通讯级）机制，保障平台任意一节点遇到发现问题时能及时进行自动恢复，同时建立网管中心，监控各子系统运行情况，及时发现故障并做出快速反应和恢复。

7. 平台扩展建设

平台建设定位为建立城市交通信息公共平台，完成一期公共交通公共平台建设后逐步可扩展到公共交通以外其他运营车辆，甚至私家车，从三类应用（政府、企业、公众）方向持续进行扩展各类深入应用，逐步打造成城市智能交通 ITS 系统，真正实现交通走向顺畅交通、低碳交通和绿色交通。

四、结语

信息化技术解决城市交通问题的一个必备工具，是如何利用智能交通技术（ITS）并结合国情和城市实际情况（包括城市经济、城市结构、城市路网、文化、习惯等）实现智能化交通体系，以满足城市发展和交通发展需求，这是一个长期探索发展过程，其中整合城市各方交通资源、实现互联互通、共享交通资源，是城市交通发展一种必然趋势。

行业管理

交通应急通信指挥平台建设探讨

戴 明 钟 南 魏晓亮
（中国交通通信信息中心 北京 100011）

摘 要：根据国家对突发环境事件应急处置的要求，结合我国交通应急平台的发展现状和存在问题，对全国交通应急指挥平台的总体架构、网络架构、平台建设类别、通信系统、自组网情况等方面的配置和研发提出建议。应急平台建设是应急管理的一项基础性工作，对于建立和健全应急机制，预防和应对突发公共事件的发生，减少造成的损失具有重要意义。

关键词：应急管理 通信指挥

根据国家应急管理形势和需求，温家宝总理提出了："加强电力、交通、通信等基础设施建设，提高抗灾和保障能力；加强应急体系和机制建设，提高预防和处置能力。"当发生灾难及重大交通事件时，信息通信顺畅是保证抗灾信息传达到位、抗灾取得成功的前提。面对严峻的公路交通抢险救灾工作，加快建设交通移动应急通信指挥体系，是对国家突发事件应急管理规划的具体落实，是服务现代交通业的必备手段。

一、建设需求

交通行业具有点多、线长、面广的特点，仅仅依靠固定应急平台处置各类突发公共事件，很难全面掌握应急现场信息，应急指挥中心与现场间很难实现指挥调度与协调联动。

交通移动应急通信指挥平台作为交通行业应急指挥体系不可缺少的重要的组成部分，具有快速灵活机动的特点，在出现重大事件时，可以快速机动到现场，为事件应急处理提供便捷可靠的应急联系和处理手段，同时移动应急车投资相对较少，见效更快，因此有必要尽快开展交通移动应急通信指挥平台的建设。

二、建设目标

根据国家应急平台体系建设指导意见，结合交通行业应急管理应用需求，建设移动应急通信指挥车是为突发事件现场监控、指挥调度、异地会商、移动办公等提供手段和场所。同时，依托部海事卫星和交通应急宽带 VSAT 卫星通信网、交通运输行业专网以及公网，构成交通移动应急通信指挥体系，实现与国家、部、省应急平台与事件现场之间的通信信息保障和区域联动。

交通运输部和各省（自治区和直辖市）至少需要建设 1 台移动应急通信指挥车，初步搭建交通移动应急通信指挥体系；同时，为了充分发挥不同类型的组合功效，建议各省（市、区）根据自身路网状况、风险灾害特点、应用需求和现有资源情况，规划各省移动应急通信指挥体系，部署不同数量、不同类型（大、中、小）的移动应急通信指挥车。

通过建设初步实现监视监测能力现代化、应急管理与决策科学化，突发公共事件预警预防与应急反应和处置快速化，应急装备和资源配置现代化和配备合理化，形成统一指挥、分级负责、反应灵敏、运转高效、保障有力的交通突发公共事件应急体系。

三、建设原则

交通移动应急通信指挥平台的建设应在统一指导思想下展开，由交通运输部统筹规划，确保交通运输行业在突发事件情况下的统一指挥、协同调度的使用需求，应遵循以下原则：

统筹规划、持续发展。建设应以需求为导向，既要满足现在的交通应急管理应用急需，又要充分考虑交通行业突发事件应急处置平台的综合建设，以服务交通行业应急体系为目标统筹规划。

共同投资，统一建设。采取统一建设的方式，部级移动应急通信指挥车由部全额投资建设，省级移动应急通信指挥平台由部省共同投资。

统一标准、互联互通。车辆的配置既要结合区域的应急管理应用，又要考虑特大突发事件情况下的全国范围内联动组网，统一标准，实现应急状态下，部与国家、省与市应急办的联络互通和协调。

稳定可靠、平战结合。建设应除考虑应急现场能够快速、稳定、可靠工作外，还应考虑常态下的服务功能，为桥梁监测、道路养护、车辆稽查、重点工程建设管理等提供通信服务提高平台的应用效益。

四、能力设计

应急通信指挥车主要实现现场应急通信、信息获取、指挥协同等，并为现场提供综合服务保障。在设计和建设过程中应充分考虑移动应急通信指挥平台的现场能力建设，主要分为以下五种能力。

1. 通信传输能力

通信畅通是保证应对突发事件、抢险救灾的取得成功的关键因素之一。远程通信、现场区域覆盖以及标准化通信接口是移动应急通信指挥平台实现指挥中心、突发事件现场，以及其他系统通信畅通的基础，通信能力分为远程通信能力、现场通信能力、对外接入接出能力、最低限通信能力等五个方面。

2. 信息获取能力

移动应急通车具备现场音频、视频和环境等信息的采集、接入、存储等能力。可具备车载升降式摄像机全方位、大景深地拍摄现场的视频图像。对车辆无法到达环境、特殊场所，应配备便携式音视频的采集设备，可使采取人员深入进行采集。

3. 指挥协同能力

应急指挥车应具备视频会商能力，实现现场与指挥中心之间基于视频、数据的应急会商或专家咨询，具备现场语音指挥和现场广播能力，实现多语音通信方式的互联互通，并有效调度，还应可通过传真、报文等数据处理能力进行应急处置指令传送，还应考虑相关配置现场组网相关设备，为应急指挥提供协同联动基础。

4. 辅助决策能力

应急指挥车具备现场辅助决策能力。通过对车载相关系统的行业信息和现场信息的融合处理，为决策者提供分析评估、综合判研。

5. 综合保障能力

应急指挥车应具备较强综合保障能力，配备相关自导航设备，引导车辆迅速到达现场，配备综合供配电、照明、空调和接口等系统，为现场提供应急电力、照明以及与其他系统的对接能力；提供移动办公、会商、指挥调度的场所，配备生活保障设施和防护设施，满足基本生活需要。

五、组网方式

应急通信指挥车在现场组建区域应急指挥网络，所有信息可延伸至政府或行业部门的应急处置平台，满足突发事件情况下的现场通信保障和指挥调度，实现信息资源共享、统一指挥决策。组网方式如下图所示。

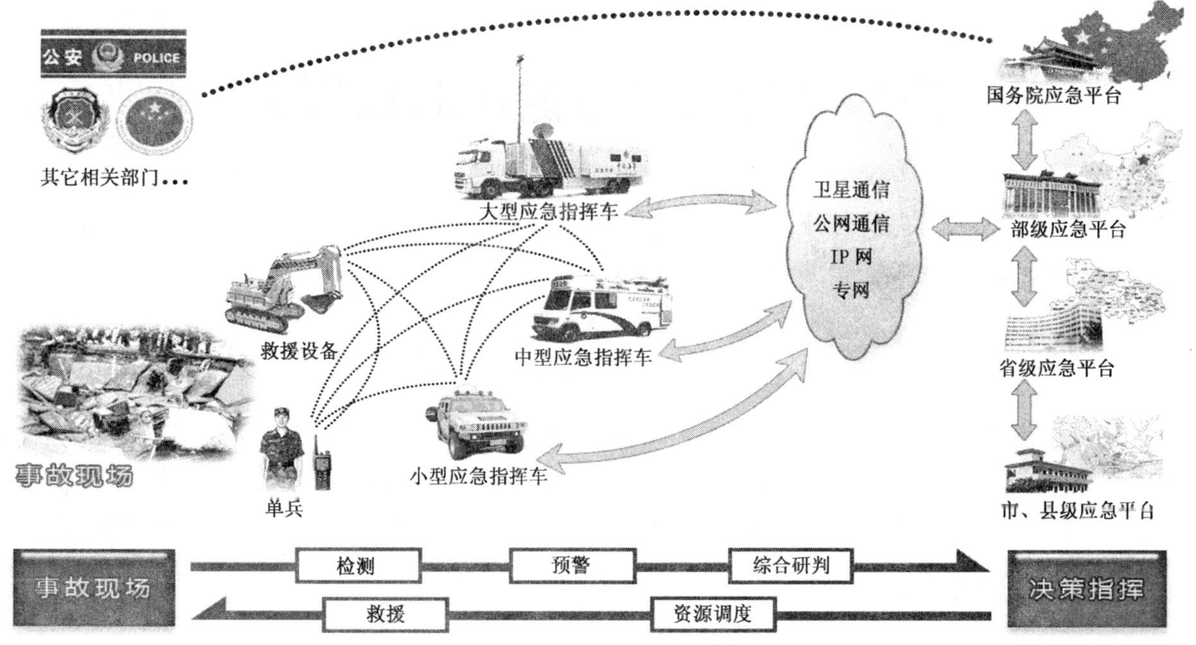

交通移动应急通信指挥平台体系架构图

1. 与交通行业应急平台和信息系统之间的互联互通

应急通信指挥车所采集的图像、语音、数据信息，经海事卫星或交通应急宽带 VSAT 卫星通信链路传送交通运输部，实现与交通运输部的应急指挥系统、视频会议系统、电子政务系统等的互通，并通过部省通信专网实现与省级交通应急平台的互联互通。待全国公路网管理与应急处置平台建设完善后，可依托上述路由实现与应急处置平台的互通。

2. 与国家和地方政府应急办的互联互通

应急通信指挥车经由北京国际移动卫星站与交通运输部机关的专用光纤接入国家电子政务外网，实现与国家及地方政府应急办之间的互联互通。

综上所述，交通移动应急通信指挥平台是一种充分利用卫星通信、公网移动通信、VHF/UHF 电台等多种通信手段，迅速建立集信息获取、信息处理、通信保障、指挥调度为一体的车载机动平台。在突发公共事件发生时，可以在最短的时间内到达现场，建立起多种方式、多路由的通信网络，实现与各级相关部门的双向视频、语音、数据、报文等指挥信息的交互，为救灾应急行动提供现场实时图像、语音、数据等多种信息，对事件的全过程进行跟踪和决策支持，保证领导掌握现场实时、准确的第一手资料，为领导的指挥和决策提供依据，将指挥中心前移和延伸，提高指挥决策的效率。其研究及应用，将大大提升公路交通突发事件应急反应速度，提高我国公路交通应急救援的装备水平，增强我国公路交通突发事件应急实战能力。

公路收费站交通拥挤对策研究

徐超忠
（中国交通通信信息中心　北京　100011）

一、背景

交通是城市及社会经济发展的大动脉。一方面，交通能够带动地区经济发展；另一方面，一个地区交通是否发达、畅通也是社会发展是否健康、可持续的标志。随着我国经济社会的快速发展，人流、物流成倍增长，交通需求的急速上升和路网建设的局限性，势必造成交通供需的不平衡，持续增长的需求远远大于现有路网所承受的供给能力，而这种供需不平衡在道路收费站体现得尤为突出。每逢交通高峰时期、法定节假日或重大事件，各收费站都会出现车流高峰现象，拥塞、车流间断、路段通行能力下降，造成行车延误、环境污染等，严重影响了道路运行效率和交通形象。

经过"十五"、"十一五"期间的交通大建设，各省市区公路通车里程均有了较大增长，公路等级有了质的提高，特别是大中型城市形成了以向外辐射为主，辅以环线联络的日趋合理的公路网布局，如：广州目前对外连接的公路主干线共有13条，且在各个高速公路入口均设有收费站，其设置密度据称为"世界之最"，首都北京被戏称为"首堵北京"。因此，提高收费站运行能力，缓解交通拥挤，提倡低碳经济，走资源节约、环境友好型发展，提高道路通行能力，应采取必要的有效措施和积极对策。

二、交通拥挤存在的原因分析

首先，道路特别是高速公路开通后，导致沿线地区的开发速度异常迅猛，土地使用方式发生巨大变化，这些都引起交通需求大幅度增加；其次，道路开通后，附近居民社会活动等更为便捷，导致出行次数大幅度增加；再者，收费站建设设计时，法定节假日等因素虽有所考虑，但诸如黄金周等临时活动带来的交通量短期高峰现象却很难预见。

我国高速公路起步较晚，到目前为止还没有一种适合我国国情的用以指导收费广场规划、设计和运行管理的服务水平分析方法。随着时间的推移，诸如广场规模、收费车道数量、广场线形设计等规范和标准已经不适应其交通发展现状，即只是在特定时间范围内、一定意义上适用，在实际针对性应用中仍存在欠合理性，以致许多收费站已成为制约道路交通运行的"瓶颈"。

收费广场设计的重要内容之一，就是根据预测的交通量，在保证能达到相应的服务水平等级情况下，合理科学地确定收费广场的通行能力，从而确定其建设规模，提高资源综合利用率，建设节约型新交通。

道路设计时，往往对相关变化估计不足，导致交通需求水平大大超过规划的期望值；且由于土地征用成本高昂，限制了设计者不能留有更多的余地，因而往往只能适应当前或者短期的远景交通量；而新建道路设施在经济、环境和土地上会受到种种限制，因此必须充分发挥利用好现有道路资源。

三、收费广场通行能力及服务水平分析

1. 收费广场通行能力分析

道路通行能力一般称为道路容量。确切的定义为：在现行通常的道路、交通和管制条件下，在已知周

期(通常15min)中,人和车辆能通过一条车道或道路的某一点均匀路段的最大小时流量,一般以辆小汽车/h为单位。

当收费车道达到满容量且排队形成时,在收费亭下游不远的地方设置一条参考线,前一部车辆尾部越过参考线到第二部车缴完费后尾部同样越过此线所需时间称为服务时间。平均服务时间的倒数即为车道的通行能力。

(1)影响服务时间的因素

影响实际服务时间的因素很多,如收费制式、收费手段、必须处理钱币的多少、收费员的经验、收费车道的物理尺寸、车辆类型、道路及收费广场的天气、车辆分布、拥挤状况、备有零钱的驾驶员的数量和有无自动栏杆等。

通常,装有电子标签装置的汽车,采用不停车收费技术车道的通过量最大;在理想情况下,当不停车收费车道的几何形式允许车辆能无阻碍、不减速通过时,其通过能力等于所有驶入车道的交通量。

当在传统的收费车道上安装不停车收费设施时,由于物理尺寸不允许车辆快速通过,会大大降低收费设施的效率,最大通过能力约为1 200~1 500辆(小汽车)/h;当装有自动栏杆时,最大通行能力下降为860辆(小汽车)/h,但仍比传统的人工半自动收费车道(带自动栏杆)通行能力的380辆(小汽车)/h高得多。

统计显示,货车(特别是大型、特大型货车)对收费广场的运行产生重大影响,因此,预测货车百分率的重要性显得十分重要。

另不找零与预付卡付费,比现金付费通行能力可分别高出100%和125%。具有自动栏杆的收费车道,其通过能力明显低于没有自动栏杆的收费车道,但对效率低的人工收费车道影响较小。

缴费多少也影响着服务时间的长短。封闭式收费系统需要采用通行券,以车辆行驶距离和车型来计算通行费,因而封闭式收费系统的效率明显低于开放式收费系统的效率。

道路天气与不同时段也影响收费车道的通行能力。如夜间、雨天条件下,收费车道通行能力明显下降,说明它也是影响通行能力的重要因素。

另外,随着时间的推移和科技的进步,车辆性能的改进以及人们对收费设施熟悉程度的提高,车道通行能力也将会逐步提高。

(2)提高通行能力的策略

从上面的分析可知,要提高收费广场及车道的通行能力,可采用如下策略:

①采用不停车收费技术及手段;

②不找零或采用预付卡付费等非现金付款方式;

③取消车道自动栏杆机;

④简化收费操作流程;

⑤采用开放式收费系统;

⑥提高收费操作人员素质;

⑦及时发布道路及广场交通情况信息等。

2.收费广场服务水平分析

服务水平是描述交通设施为道路交通使用者提供服务质量的评定标准,该标准通常以行驶速度、时间、驾驶自由度、交通间断、方便性、舒适性和安全性等来表征,具体的计算指标随着设施而异,有的用一个指标,有的则需要多个指标综合评价。

服务水平具有主观性,因此标准的选择将不可避免地在很大程度上依赖于人们的理解。尽管从服务质量的观点来说,速度是驾驶员主要关心的目标,然而行车自由度和其他车辆的接近度也是同等的描述服务质量的重要参数,这些参数的品质与交通流的密度和饱和度(V/C_a)密切相关,能比较好地反映车辆不可能均匀分散到整个收费广场的特性。

收费广场服务水平可由密度和饱和度(V/C_a)来描述,分为六级,见表1。

收费广场服务水平划分 表1

服务水平	车流密度（辆小汽车/km/车道）	V/C_a	服务水平	车流密度（辆小汽车/km/车道）	V/C_a
A	≤7.5	≤0.24	D	≤26.1	≤0.74
B	≤12.4	≤0.40	E	≤41.6	≤1.00
C	≤18.6	≤0.57	F	>41.6	—

收费广场服务水平也可用平均等候时间来定义，其具体描述为：在现有收费广场的服务设施与最高15min流量转换为高峰小时流量情况下，计算或调查车辆通过收费广场所需的平均等候时间，并依此作为衡量收费广场服务水平的准则，见表2。

收费广场服务水平分级 表2

服务水平等级	平均每车等候时间（s）	服务水平等级	平均每车等候时间（s）
A	$T<1.0$	D	$10.0\leqslant T<40.0$
B	$1.0\leqslant T<5.0$	E	$40.0\leqslant T<80.0$
C	$5.0\leqslant T<10.0$	F	$T\geqslant 80.0$

3. 提高收费站通行能力的有效方法

在一些已建成的收费站，随着交通量的不断增长，服务时间与服务水平已越来越不能满足要求，而传统的方法是扩建收费站、增加收费车道数量，即横向拓宽收费广场。然而这样的做法存在着一些问题，其中包括征用土地、拆迁、施工工期、交通干扰等，而工程投资也是最重要的问题。在一些收费站特别是临近城市的收费站，这种扩建方案基本上是行不通的。另外，计算表明，收费广场的占地面积和车道数平方成正比，扩建将大大增加占地面积。因而，在现有收费广场的客观实际情况下，如何提高收费广场的通行能力显得十分重要。

（1）串列式收费方式

一个简单、经济、实用的做法是采用串列式收费亭（TTB）的配置形式，TTB就是在一条收费车道上设置两个或多个收费亭，同时为两辆或多辆车辆服务，从而提高收费车道的通行能力。

研究表明，采用TTB方案后，在同等条件下，其通过能力要比单一收费亭提高25%～40%。

（2）分部收费车道

分部收费车道是在现有收费亭的前方或后方增设收费车道，从纵向解决车道扩展问题。

这种方案仅用两条或是三条收费车道的分部车道代替在收费处的右侧或左侧增设新车道。车道和收费亭的车道形成一个“Y”形（增加了一个或两个收费车道），车辆在原收费亭100m左右的分部收费车道的收费处停车、缴费。另外，该方法会提供更多的停车空间，高峰期间交通阻塞可以得到缓解，进一步提高收费广场的通行能力。这种方法已在北京被采用，并取得了良好效果，值得推广。

（3）辅助证照

在这种方案中，通行的车辆需要提前购买特殊的辅助证照，这样车辆可不缴费地通过收费站，大大提高收费站的通行能力。根据需要，可以设计各种类型的辅助证照。对于固定路线车辆（如公交车），可以采用年证、季证或月证；对于非固定的车辆，可以采用周证或次数票等。

（4）不停车自动收费

在道路用地越来越紧张、交通量不断增大的情况下，不停车自动收费是解决公路收费问题的重要手段。不停车收费的车道服务能力，保守估计约1500辆/h/车道，对装有自动栏杆的车道约870辆/h/车道，而人工半自动收费仅为350辆/h/车道，对于封闭式加上人工收费的出口收费则仅有180辆/h/车道。

（5）收费站的交通控制与引导

驾驶员对收费车道的选择在很大程度上也影响着收费站的通行能力。调查表明，驾驶员愿意使用位于行车道的收费车道,虽然很拥挤,多数车辆还是集中在中心车道上,而外侧的收费车道则较松闲,越是收费车道数多的收费广场,这种现象越明显。

考虑到要均衡收费工作量,车辆的分道通过,在较大收费广场设置交通控制与引导系统是必要的。它是按照来车数量、类型、收费排队情况以及不同收费方式的收费车道实际情况,采用可变信息板与标志引导车辆到对应的车道上去,以合理安排排队队形分布,提高收费广场的通行能力。

另外还有一些提高收费车道通行能力的有效办法,如不找零的收费车道、用非接触 IC 卡或信用卡缴费、不设自动栏杆、分车型设置收费车道、收费金额为 5 元或 10 元的倍数等方法。

四、异常交通条件及事故分析

1. 交通事件和事故

交通事件的严重程度取决于不同类型的问题何时发生、还是同时发生,还是其他情况。例如,车辆在高速公路路肩上抛锚这样的暂时危险,在非高峰期条件下可能只引起轻微的延误,而同样的事件若发生在高峰期,当高速公路交通流量接近通行能力时,就可能导致严重的交通拥挤。

调查表明:交通事件对道路通行能力有显著的影响,在单向三车道高速公路上,车辆滑向路肩上的一次事故能减少通行能力约 33%,一个车道阻塞减少通行能力约 50%,二个车道阻塞减少通行能力约 79%。由此得出结论:事件引起的通行能力下降与实际可能减少的道路通行能力是一个不相称的数量。

交通事件造成的延误大小取决于事件处理的过程——发现、反应和处理时间,时间越小,延误就越小。当事件发生后,通过交通转移来减少交通需求,也可显著减少交通延误。

2. 不利的天气

不利的天气将引起道路通行能力下降。影响最大的情况是大雪、道路结冰,它将导致许多车道关闭。虽然气候情况的变化(如雪、雨、雾、强烈的阳光和其他)严重影响交通能力,但这种影响还没有一致的数据,恶劣天气减少通行能力 10% ~20% 是很普遍的,更高的比例也是可能的。

3. 施工作业区

由于道路需周期性的养护或者维修车道、路边或支撑结构物的一些病害,将造成道路通行能力下降,显然,作业区会造成交通拥挤,特别是在需求高峰期。可对作业区的交通拥挤采用如下措施:

(1)选择交通量最低的时候进行施工作业,如星期六、日晚上。

(2)减少作业工作时间,或把工作分成两班做。

(3)实行附加的交通控制策略。

交通控制策略可包括关闭作业现场上游的驶入匝道,以减少交通量,也可引导车辆使用路肩通过作业区;后一种策略可增加 1 500 辆(小汽车)/h 的附加通行能力。

五、收费站交通拥挤对策

1. 挖掘现有收费站的通行能力

根据收费广场通行能力研究表明,收费过程中采用不找零、预付卡等方式,能大大提高收费车道的通行能力。而对于有无自动栏杆机的比较,可知不设自动栏杆机的收费车道能增加车辆通过率,使得车道通行能力提高。

2. 采用自助发卡系统,保证收费站所有车道连续开放

收费站车道的开放与关闭严重影响车道的利用率和收费站的通行能力,因而,建议入口大量采用自助发卡系统,保证收费站所有车道 24h 畅通。

无人值守自动发卡系统主要由无人值守自动发卡机、车辆牌照自动识别系统等组成,该系统的实施

和应用,对降低收费站入口车道的运营成本,加快车辆通行速度,解决人员成本问题,提供了一个有效、可行的技术方案。

3. 扩大联网收费规模,拆除人工标识站和一些主线收费站

分区域实现联网收费,拆除一些人工标识站,取消区域内主线收费站,实现全省乃至全国一卡通。

根据各省市公路投资主体、路网布局的特点,以及现有收费系统和管理体制等因素的制约,先实现区域联网收费,逐步实现跨区域联网。

使用联网收费系统不仅可以减少收费站值班人员,降低运营管理费用,而且便于集中监督管理。公路联网收费系统的开通,可大大提高公路的服务水平和社会形象,改善投资经营和社会生活环境,带来良好的社会效益和经济效益。

4. 大力倡导 ETC 技术,增加 ETC 车道,采用各种方式引导驾驶员使用不停车收费方式

设置 ETC 车道,提高通行效率,方便车辆行驶,节能减排,解决收费站交通阻塞等问题,可极大改善公路收费部门的社会形象。

不停车收费系统要充分发挥投资效益,就需要有众多的用户,这就要求有更多的不停车收费道路,有推广使用的鼓励政策,且不同道路收费系统的车载电子标签相互兼容,各收费系统应跨区域大范围联网,做到一卡走遍一个省或多个省、甚至全国;否则用户为办理和使用不同电子标签所带来的麻烦将远远超过使用不停车收费系统带来的方便。

同时,不停车收费技术允许车辆不停车通过收费站;这样就会有部分车辆有意或无意逃避缴费,因此,必须有防止逃费车辆或追缴车辆通行费的有效办法。

5. 提供道路实时交通信息,帮助驾驶员选择最佳出行时间和路线

驾驶员信息服务系统是道路管理部门用来向道路上行驶车辆的驾驶员发布实时交通信息的管理系统。当交通拥挤发生时,向拥挤地点上游的车辆驾驶员发布动态信息,同时向驾驶员发布应采取的措施;无拥挤发生时,驾驶员信息系统可以发布交通状况、天气环境状况及道路养护作业等信息。

由于道路交通事故的不可预见性,因此,改善现有道路交通安全保障体系,充分发挥公路交通信息发布系统的作用,可以有效地预防交通事故的发生。交通信息发布系统是道路交通安全保障体系的重要组成部分,是交通管理者及时向道路使用者发布指令或提供信息、确保行车安全的有效手段。一旦出现恶劣天气或者发生交通事故等特殊情况,可能影响道路的正常运行时,交通管理者必须及时通过可变信息标志、手机短信、交通广播等系统发布相关信息,帮助驾驶员选择出行时间、变换出行路线等,配合交通管制措施的实施。它的主要作用是辅助调节主干线上的交通流,参与交通管理和调度。

通过对交通信息发布系统进行一些有针对性的改进,可以充分发挥道路监控系统"千里眼、顺风耳"的作用,使之更好地服务于广大驾乘人员。

6. 根据黄金周交通流规律和交通事故特点,实施公路主线和收费站交通状态滚动预测,实现动态交通管理,预防收费站拥挤

黄金周和交通事故会导致道路通行能力降低,因此需要针对偶发性交通拥挤,实施交通控制。可建立交通事件检测系统,用来检测并确定事件性质,做出应急反应和处置。该系统包括车辆检测器、呼叫中心、闭路电视等设施以及人工巡视、气象检测器等。将道路主线与收费站综合管理,实时观测道路运营状态,并建立一个反应迅速、工作能力强,服务完善的交通事件应急处置系统。

7. 合理进行收费广场交通组织,预防各类事故发生

车辆在进入收费车道之前会选择合适的车道,车辆之间会出现一定的交织。当通过收费站的单向车流量大于单向开放的车道数的通行能力时,车辆需要在广场上排队。因此,广场的长度必须满足车辆有适当的交织长度,且能够满足一定数量的排队长度。

合理进行收费广场的交通组织,进行必要的交通诱导和指挥,预防各类交通事故的发生。

湖北省高速公路 ETC 系统建设回顾与展望

王三军　周文卫
（湖北省交通运输厅通信信息中心　武汉　430030）

一、前言

2007 年交通部颁布了电子收费专用短程通信（DSRC）国家标准，2008 年又颁布了“区域联网不停车收费示范工程暂行技术要求”，谈论多年的 ETC 系统终于在全国遍地开花，湖北省也随即展开了 ETC 系统的建设工作。

经过近两年的建设，湖北省严格按照国家相关标准，建成了集用户开户、充值、圈存、消费、客服为一体的电子支付及 ETC 系统，为有电子支付需求的客户提供了一个全方位的服务平台。经过系统长时间的稳定运行和大量的数据表明，湖北省高速公路 ETC 系统的建设符合国家标准，满足客户需求。

本文将主要介绍湖北省高速公路 ETC 系统第一期建设的情况，并总结在建设过程中遇到的一些问题。

二、建设原则

在制订技术方案之前，经过充分调研和可行性研究，为确保与已有收费系统的顺利融合和保证下一步能够顺利实施区域联网不停车收费，确定了以下几个建设原则。

1. 统一技术标准

所有 ETC 关键设备技术要求必须符合国标，所有 ETC 关键设备接口协议必须符合国标，所有 ETC 关键交易流程必须符合国标。

2. 统一密钥系统

密钥系统采用交通部下发的密钥系统，使用全国统一的消费密钥。

3. 统一收费方式

ETC 系统统一采取组合式收费方式，ETC 用户持卡既可以通过 ETC 车道，也可以通过人工收费车道。

4. 统一结算平台

ETC 系统资金结算模式与已有资金结算模式保持一致。

三、建设方案

根据湖北省高速公路 ETC 系统的建设原则，结合湖北实际情况，制订了详细的技术方案。限于篇幅，本文只简单介绍技术方案中的一些要点。

1. 系统总体框架

ETC 系统在收费站、收费分中心与 MTC 系统共用数据库服务器，在结算中心设置专用服务器和数据交换前置服务器，一方面通过专线与银行之间进行数据交换，另一方面通过 DDN 专线接入万维网（Internet),为客户提供外网查询服务。

高速公路网内销售客服点一般设置在收费分中心或收费站内,通过分中心或收费站局域网与省中心专用ETC服务器进行数据交换;销售客服点远离收费管理机构时通过DDN专线与省中心连接。

ETC车道接入收费站局域网,ETC数据与MTC数据存储在同一个数据库服务器中,并通过该数据库服务器与省中心进行数据交换。

2.软件架构

根据全省规划要求并结合自身特点,ETC收费系统软件由以下几个部分组成:

(1)ETC中心系统软件:密钥管理系统、储值卡管理系统、电子标签管理系统、ETC综合管理系统、ETC综合服务系统、ETC收费稽查系统、结算管理系统、客户服务系统等。

(2)POS销售软件:储值卡销售系统、电子标签销售系统、票据管理系统、综合管理系统等。

(3)收费分中心软件:图像稽查、报表统计、储值卡黑名单查询、储值卡信息查询等。

(4)收费站软件:车道监视、图像稽查、报表统计、储值卡黑名单查看、储值卡信息检索等。

(5)MTC车道:入、出口收费软件。

(6)ETC车道:入、出口收费软件。

3.收费方式

采用两片式电子标签(以下简称OBU)、双界面CPU卡的组合式收费方式,MTC车道支持双界面CPU卡的应用。

4.相关标准

ETC系统车型分类、收费标准、班次设置、统计时间、图像抓拍、数据存储、数据传输、参数下载、时钟同步均与MTC系统保持一致。

5.一般性规定

所有用户均可申领储值卡,但是只有客车用户才可以申领OBU并使用ETC车道,同时必须申领储值卡。用户在ETC系统中使用储值卡缴纳通行费时,如果卡内余额不足时,只能转MTC车道进行缴费处理。用户在MTC系统中使用储值卡缴纳通行费时,如果卡内余额不足时,需全额现金缴费。用户使用电子支付卡缴纳通行费时,收费系统不打印通行费发票,用户可以通过客服系统打印通行费发票。为了防止车辆偷逃通行费,电子标签(OBU)专车专用,安装后不允许拆卸,拆卸后将自动失效,并且使用ETC车道入出高速公路时,中途不允许更换储值卡,否则将按换卡车处理。

6.安全机制

ETC系统采用的储值卡均符合中国人民银行《中国金融集成电路(IC)卡规范》(2010版)的要求,各类密钥存放在储值卡、电子标签ESAM模块以及各类IC卡读写器(包括密钥机)的PSAM(或ISAM)模块中,密钥只能进行加解密或外部认证应用,无法导出,具有极高的安全性。系统仅在ETC中心设置充值加密机,储值卡的充值认证须进行在线交易。为了便于日后加入交通运输部省际区域ETC联网收费,湖北省高速公路联网收费电子支付消费类密钥(包括扣款密钥、通行信息外部认证密钥、ESAM车辆信息解密密钥等)均采用交通运输部下发的统一密钥系统。

7.数据鉴别

采用交易认证码(TAC码)的形式对消费及充值电子信息进行数据鉴别,保证数据的不可抵赖性,湖北使用的储值卡为双界面CPU卡,交易信息认证码由卡片自身运算并提供(TAC密钥在支付卡内存储)。

8.ETC车道布设

ETC车道布设遵循“专用、前置、中部、低速”的原则,“专用”即ETC车道为安装有电子标签的车辆的专用车道,不允许未安装电子标签的车辆进入;“前置”即为防止无电子标签车辆误入ETC车道,路侧天线及电动栏杆、费额显示器、通行信号灯等设备布置在车道前部；“中部”即为方便安装有电子标签的车辆快速通过ETC车道，ETC车道布设尽量靠近广场中央；“低速”即通过ETC车道最高时速限制在20km/h以下。

9.设备选型

为了保证设备的互换性，降低建设以及日后运营维护成本；同时为了日后能够顺利实施省际联网不停车收费，所有ETC关键设备（包括RSU、OBU、手持编程器等）均须遵循交通运输部《区域联网不停车收费示范工程暂行技术要求》规范。

10.防逃费处理

当车辆由ETC车道入高速时，ETC车道软件将存储在OBU中ESAM模块内的车牌、车型以及入口信息写入到储值卡的通行信息文件中。当车辆由ETC车道出高速时，ETC车道软件检测到OBU中的车牌、车型信息与储值卡内的不符时，禁止其通行，并提示转MTC车道处理。当车辆由MTC车道出高速时，MTC车道软件检测储值卡内的车牌、车型信息与收费员输入的不符时，自动调入口图像，如为换卡车，执行换卡收费流程。为了便于事后稽查，强化防范手段，ETC车道安装车牌识别装置，系统提供ETC收费稽查软件，当确认实际车牌与OBU内车牌不符时，可以进行黑名单处理，并通知有关OBU所有者进行处置。

11.实施步骤

（1）在交通运输部密钥管理系统的基础上开发的湖北省高速公路密钥发行系统，将电子支付密钥和普通通行卡读写密钥融合写入新PSAM卡中，确保新PSAM卡既支持储值卡的应用又能支持原有通行卡的应用。

（2）改造MTC车道软件和IC卡读写器驱动程序，完成之后在路网内与新PSAM卡一并实施更换。确保路网内每个MTC车道都能读写通行卡和储值卡。

（3）同步进行软件开发、ETC车道建设、POS销售点建设、电子支付中心建设工作。

（4）系统完成后进入测试工作。包括关键设备测试、软件功能测试、系统联调、试运行等阶段。

（5）系统稳定后，公开对外发售OBU卡。

12.与MTC系统的融合

ETC系统不是一个独立的系统，车道、收费站、收费分中心、收费结算中心都与MTC系统进行融合形成一个整体。为保证ETC的建设不对原有MTC系统造成影响，在工程实施时有以下几个要点：

（1）通行卡密钥必须和电子支付密钥同时存储于同一张PSAM卡，MTC车道软件必须和IC卡读写器、PSAM卡同时更换。

（2）ETC车道软件必须和MTC车道软件进行互入互出联调。

四、关键技术问题

从以往国内其他省份的ETC建设经验来看，ETC系统由于其无人值守的特点，导致难以解决的问题很多，如跟车干扰问题、邻道干扰问题、重复扣款问题等。笔者将结合这些问题谈谈自己的一些看法。

1.跟车干扰和邻道干扰

一直以来，跟车干扰和邻道干扰都是相提并论的，但经过国内ETC产品技术多年的发展，首先RSU的辐射区域越来越理想，其次OBU的灵敏度也有大幅度提高，所以邻道干扰问题可以得到有效的解决。

跟车干扰问题却还是一直存在，跟车干扰主要原因是由于两辆车同处天线通信区域，而前车由于其主观或客观原因不能进行正常交易导致的。要解决跟车干扰问题，其主要途径就是缩短天线通信区域，但是通信区域太短又会影响过车的速度，许多省份在建设期间都采取了一定的措施来权衡两者的利弊，但是效果不大明显，笔者认为有以下几种方案可以较好地解决跟车干扰问题。

(1)双通信区域方案

将天线的通信区划分为远、近两个通信区域,在车道系统的控制下,根据车辆的位置及交易状态进行通信区域的切换,放行正常交易车辆或拦截非法车辆,在任一时刻仅其中一个通信区域处于活动状态。

当车辆驶入触发地感时,天线远通信区被激活并与 OBU 进行交易,若交易正常完成,系统抬杆放行;若交易不成功或未完成,且系统根据地感信息探测到车辆位于近通信区时,自动将天线的通信区域切换到近通信区并在近通信区继续交易。

该方案可以有效地解决跟车干扰问题,但是建设成本比单通信区域模式有较大提高,而且对于已建的 ETC 车道进行改造的难度和成本都比较高。

(2)设置检测线圈

增加车辆检测线圈,设置于栏杆和通信区之间并与通信区域底端相连。如果车辆成功交易后再有车辆检测信号,则可认为只有 1 辆 OBU 车,系统抬杆放行;如果先有车辆检测信号再交易成功,则可认为在 OBU 车辆前面有 1 辆普通车辆,系统不抬栏杆并报警,现场人工进行干预。

该方案可以大幅度减少跟车干扰问题,但是缺点在于对检测线圈的依赖性太大,若线圈不够稳定,则 ETC 收费将产生混乱。

2. 重复扣款

重复扣款也是 ETC 系统中一个常见的问题,笔者认为可以从软件流程的控制上解决这个问题。

(1)控制 OBU 软件流程

OBU 是直接对卡片进行扣款的终端设备,湖北 ETC 协议要求 OBU 实现预读功能用以保证 ETC 交易速度,但是如果预读流程未处理好,就会影响 ETC 的正常交易,导致重复扣款现象的发生,所以要保证每次交易时,OBU 上报的信息必须是卡片的实时信息。

(2)控制 RSU 软件流程

在 RSU 控制流程中,若第一次未收到 OBU 返回的交易为成功信息,第二次交易时可以通过消费初始化指令重读卡片实时余额并判别卡片是否已第一次交易成功,若已成功直接抬杆放行,若不成功则从卡中扣除通行费。

(3)控制车道软件流程

在车道控制软件中,可以通过上次成功交易信息和本次交易信息的比较,可有效防止一些重复扣款现象的发生。

五、展望

展望未来湖北省 ETC 系统的建设,我们仍旧豪情满怀。湖北省 ETC 系统的建设正处于起步阶段,对于未来的建设工作,我们必须做好规划。

在以后的建设中,我们将在 ETC 系统稳定运行的基础上,不断拓展 ETC 客户服务渠道,如银行充值、网上充值等;不断加大 ETC 车道的建设力度,拓宽 ETC 用户使用范围;不断改进 ETC 相关技术,提高 ETC 服务水平。

航运信息资源整合解决方案的探讨及其应用

姚育章 黄莉莉 张 翼 范文涛
（交通运输部科学研究院 北京 100029）

摘 要：文中首先对目前航运信息化的现状进行了总结，并在探讨航运信息资源整合内涵的基础上，分析目前进行航运信息资源整合所面临的问题，抽象概括出应达到的目标。文中进一步对航运信息资源整合解决方案进行了探讨，提出了解决方案的总体框架、整合主题数据库构件方式以及系统总体流程，并在最后以实例列举的形式说明了本航运信息资源整合解决方案的应用模式，对未来航运信息化的发展具有一定的借鉴作用。

关键词：航运 信息资源整合 解决方案

一、航运信息化现状

随着信息技术的飞速发展，国家及有关部委对长江、西江等干线航道的管理要求也不断提高，利用信息化手段对航运相关业务进行精细化管理就成为迫切的要求。目前，全国部分省份和地区的航道、港口、水路运输、海事船舶等都已建立起一定的信息化系统，业务方面都有了一定程度的信息化应用。在航道业务方面，建设了航道基础设施管理系统、航道工程审批系统、电子航道图生产系统、船闸调度系统等业务系统；在港口业务方面，建设了港口基础设施管理系统、港口危货作业管理系统、港口企业准入审批系统等业务系统；在水路运输方面，建设了水路运输企业准入审批系统、水路运输业务管理信息系统等；在海事安全方面，建设了海事签证系统、船舶检验管理系统、安全监管业务系统等；在自动测控方面，建设了船舶监控系统、船载导航系统、视频监控系统、水位测控系统、航标遥测遥控系统等。图 1 描述的是航运信息化的现状情况。

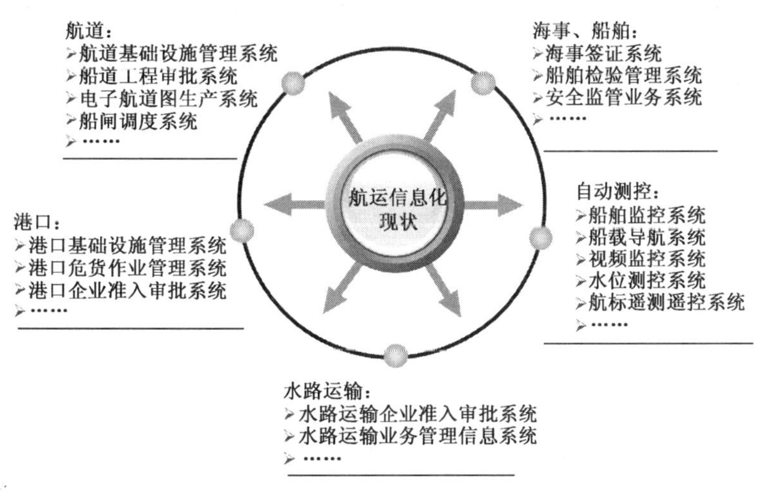

图 1 航运信息化现状

这些业务系统在解决所在领域的问题都具有很好的效果，但是航运相关业务之间并不是孤立存在的，它们在实际业务中是互相关联的，之间存在着必要的数据信息交换，进而基于更丰富的数据资源基础,提供更为全面有效的航运信息服务。因此,基于现有信息化基础条件,对航运信息资源进行整合,建立统一共享的航运信息资源整合平台,就成为未来航运信息化中较为重要的领域之一。

二、什么是航运信息资源整合

要探讨什么是"航运信息资源整合",首先应该回答"信息资源整合"的内涵。目前国内对信息资源整合的定义有很多,综合起来应该说"信息资源整合"是在一定的组织领导以及统一的规划下,通过采用先进的管理方法、系统思想和信息技术,对分散、孤立的信息资源进行业务需求分析,并在此基础上按照一定的原则、标准和方法对信息资源进行组织和整理,使之有序化、系统化、标准化、协调化,形成一个有机的系统整体,最终目标是使信息资源在流通的每个业务环节里都能获得相应的增值。

上述的描述对信息资源整合的内涵进行了定位,可以说信息资源整合既是一个过程,也是一个结果。它是一个信息资源有序化、规模化的过程,经过这个过程,达到一个信息资源规范化、共享化的结果。

航运信息资源整合即是在信息资源整合的内涵下,基于航运业务特点及信息化现状所延伸出来的一类整合应用,它应对航道、港口、水路运输、海事安全等业务领域的数据信息进行全面梳理和统一规范存储,并基于先进的计算机信息技术,提供更为完善的航运信息服务,使各类航运信息资源相互共享,提升航运信息资源应用水平。

三、所面临的问题

航运信息资源整合所面临的问题主要包括以下几个方面:

(1)航运业务内中各业务领域信息化程度不均衡。由于业务领域发展的不均衡以及人员素质的不同,在各个业务领域之间甚至业务领域内部,都存在着信息化程度不均衡的现状,使信息资源的交互沟通也不能平衡。

(2)缺乏统一的数据标准和更新机制。各类业务系统之间进行数据共享和交换,大多没有统一的数据标准接口规范及更新机制,造成如果在业务之间进行交互沟通,系统应用层面存在着较大的复杂性和异构性。

(3)目前各业务方向的数据资源存储非常分散。目前仍有部分业务应用还使用单机版应用程序作为信息化手段,即使一些实现了网络化应用的系统,仍无法做到信息资源的集中存储,信息资源之间无法实现有效共享,也就不能实现整合应用。

(4)多种业务数据的综合分析发布应用需求。随着职能的转变,对多种业务数据的综合分析要求以及对公众服务的发布要求都大大提高,这也必须通过数据资源之间的共享和整合才能够实现。

四、要达到的目标

基于以上对航运信息化现状及问题的分析,结合对航运信息资源整合内涵的探讨,我们可以得出航运信息资源整合所应达到的目标,包括以下几点:

(1)标准规范先行。要进行航运数据资源整合,就需要按照一定的标准规范对航运信息资源整合数据进行采集、审核和应用,从而降低信息资源整合应用的复杂性。

(2)构建以航道、港口、航运、船舶、海事等业务方向为主题的数据库群,从而实现业务信息的集中式规范化管理。

(3)打通不同业务间的信息共享渠道,实现各类航运业务信息的综合查询及统计分析,为行业提供决策分析的辅助手段。

(4)有效集成各类业务数据信息,建立面对公众统一的信息服务平台。

五、航运信息资源整合解决方案

为了解决目前航运信息化过程中出现的上述各类问题，我们提出了一整套基于 GIS 的航运信息资源整合解决方案，综合目前在航运信息化中常用的信息技术，实现航运信息资源整合，并在此基础上实现各类整合应用。

1. 总体框架

图 2 是航运信息资源整合平台的总体框架组成，框架由下至上主要包括如下几个部分。

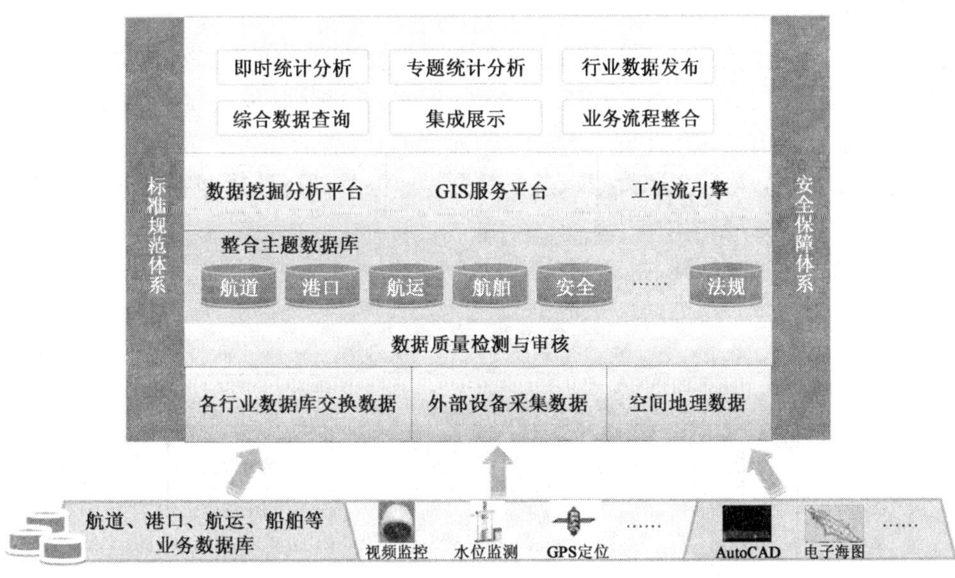

图 2　航运信息资源整合总体功能框架

(1)整合数据源及数据采集

航运整合数据源包括业务数据库(航道、港口、航运、船舶等)、外部采集设备监测数据(视频监控、水位监测、GPS 定位等)以及空间地理数据(AutoCAD、电子海图等)。各类数据源经由不同的采集方式，以不同的数据格式存入整合平台数据库中。

(2)数据质量检测与审核平台

各类数据被采集到整合平台数据库的过程中，由于采集设备误差、数据不规范等客观原因，可能会造成采集到的数据存在质量问题，因此需要建立数据质量检测与审核平台，基于半自动化审核技术，对数据质量问题进行分析，并进一步对数据进行处理，使之满足数据存储及应用的需要。

(3)整合主题数据库

对通过了数据质量检测与审核的数据，需根据其所属的不同主题进行存储入库，以便实现基于各类主题的应用服务。根据航运业务的不同，可以按照航道、港口、航运、船舶、安全、规费、法律法规等分不同主题进行数据存储组织。

(4)应用支撑平台

应用支撑平台是各类应用服务的基础支撑平台，提供各类应用服务所需的特定支持服务，在信息资源整合解决方案的应用支撑平台中应包括数据挖掘分析平台、GIS 服务平台、工作流引擎等应用支撑，为实现更上一层的系统综合应用服务提供支撑。

(5)系统综合应用服务

基于整合主题数据库以及应用支撑平台，可以实现多种综合应用服务。由于数据支撑更为丰富，这些服务所涵盖的范围也更为广泛，按照服务的功能可分为专题统计分析、即时统计分析、业务流程整合、综合数据查询、数据集成展示以及行业数据发布等几大方面，按照业务主题分可以分为航道、港口、航运、船舶、海事安全等几大方面。

(6)平台保障体系

为保障航运信息资源整合平台正常规范化运转，需要一定的保障体系作为基础。整合平台的保障体系包括，标准规范体系和安全保障体系两部分。标准规范体系主要是针对航运信息资源整合中的各类数据进行规范和约束，保证在多种数据源条件下平台中流转的数据可以无缝衔接；安全保障体系是对整合平台内存在安全需求的数据和应用服务提供的一套安全策略，保证平台中数据和应用服务的安全性。

2. 整合主题数据库构成

对于信息资源整合平台的搭建，最重要的就是整合主题数据库的建设。在解决方案中，整合主题数据库按照业务可以分为航道、港口、航运、船舶等主题数据库，存储诸如航道、桥梁、过河管线、航标、港口码头、装卸机械等子主题的信息。

按照其数据格式的不同，整合主题数据库还可以分为业务基础属性数据和空间基础数据，按照不同的主题所属存入响应的主题数据库中。

图3是整合主题数据库的构成示意。

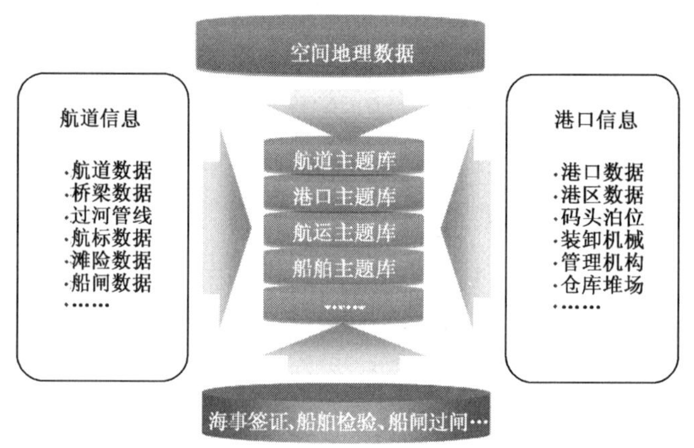

图3　航运信息资源整合主题数据库构成

3. 系统总体流程

根据航运信息资源整合平台的定位以及功能结构，可以看出信息航运资源整合的过程从整体上应该分为数据采集、质量审核、行业协同管理及监测分析展示四个层面。图4是系统总体流程的示意。

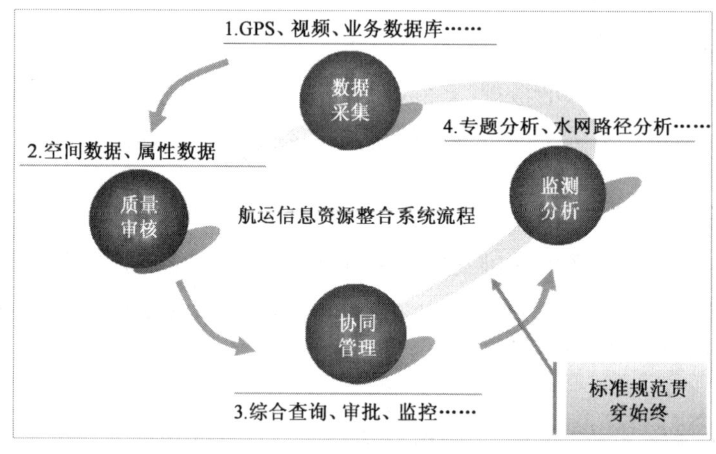

图4　航运信息资源整合总体流程

六、应用案例介绍

1. 航道空间地理信息相关的标准规范

正如上节所述，标准规范应作为航运信息资源整合的重要保障体系贯穿信息资源整合过程的始终，目前很多相关管理部门以及科研院所都编制了满足行业需要的标准规范，已完成编制的部分标准规范如表1所示。

已编制航道空间地理信息相关的标准规范　　表1

标 准 名 称	编 制 单 位
《交通信息基础数据元第4部分：航道信息基础数据元 JT/T 697.4—2007》	交通运输部
《长江电子航道图数据传输标准》	长江航务管理局
《我国内河电子航道图要素属性编码及显示标准（草案）》	重庆市港航管理局
《我国内河电子航道图标准》	交通运输部科学研究院
《长江干线航道测量设施及设备建设二期工程测绘成果建库标准与规范框架》	交通运输部科学研究院

2. 泊位位置数据检测与审核

由于目前对地位物标位置的采集都一般都采用GPS设备来进行，但由于设备都会存在或多或少的误差，而且人工干预的情况也较多，所以可能会造成所采集的数据与真实情况存在较大差距的情况，而且在极端情况下，这种数据质量问题影响的数据范围可能很大，因此需建立一套计算机辅助数据检测和审核手段，批量进行数据质量问题检查。目前这种辅助手段已经在第三次全国港口普查中的泊位空间位置数据审核中得到了应用。

其具体审核是采用自动审核与人工审核相结合的方式。自动审核的方式是：以某一地理物标为标准，计算待审核物标的位置是否准确或者近似准确。

以审核泊位点位置为例的审核思路如下：设定误差阈值为R（如8km），以航道中心线为基准，计算泊位点到航道中心线的垂直距离D，若$D \leq R$，则认为该泊位点在该航道上，若$D > R$，则需进一步审核。这样可以筛选出符合数据要求的泊位点以及许进一步审核的泊位点。该思路与具体实际情况的对照如图5所示。

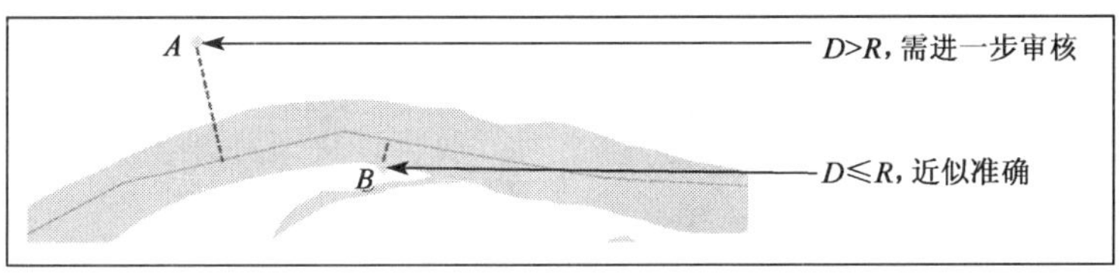

图5　设想与实际情况对照

另外，由于所选择的参照物为航道中心线，可能存在虽然泊位与航道中心线的垂直距离超过了既定阈值，但实际上泊位却位于辅航道的情况，则需要在审核过程中还需要人工进行干预，判断泊位的位置是否合理。图6中红圈中的F点即为不符合阈值范围要求，却符合实际的泊位位置数据。

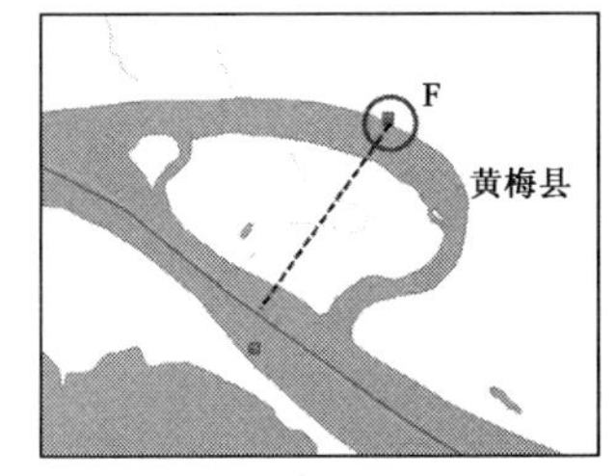

图6　不符合阈值范围却符合实际的泊位情况

3. 基于GIS的航运信息综合展示

结合多种数据源采集结果，可以结合GIS技术对数据源内容进行综合展示，展示的内容包括视频数据、水位信息等外部接入数据（图7）。以下是基于GIS的船舶视频监控和基于GIS的水位遥测显示的应用实例。

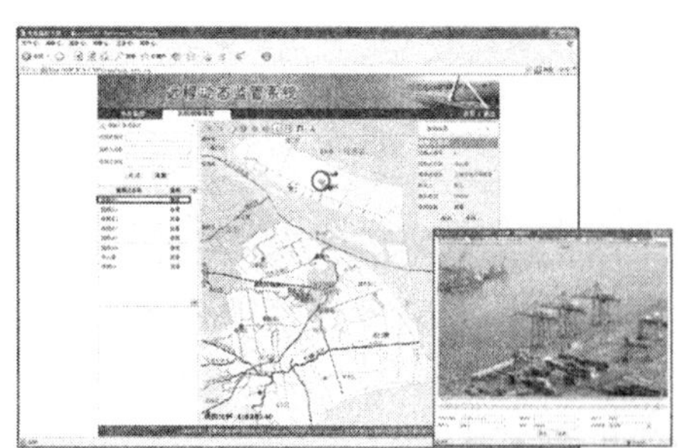

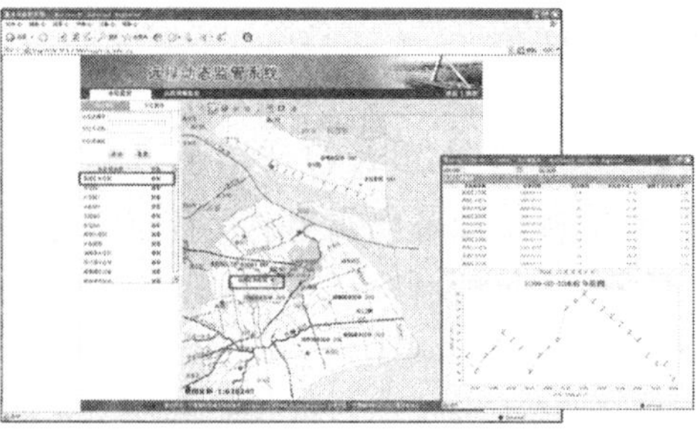

图7　航运信息综合展示

4. 电子海图与GIS地图的整合应用

由于电子海图对航道实际属性的描述更为精细，其在船舶导航及监控方面上具有广泛的应用，但电子海图数据在管理部门所关心的属性查询方面还不能完全满足，因此在实际应用中将电子海图和GIS地图结合起来，突出两者的优势，实现在两类数据的融合展示。图8是将电子海图中的航标、航宽及水深数据与GIS地图中的航道中心线数据融合的展示方式。

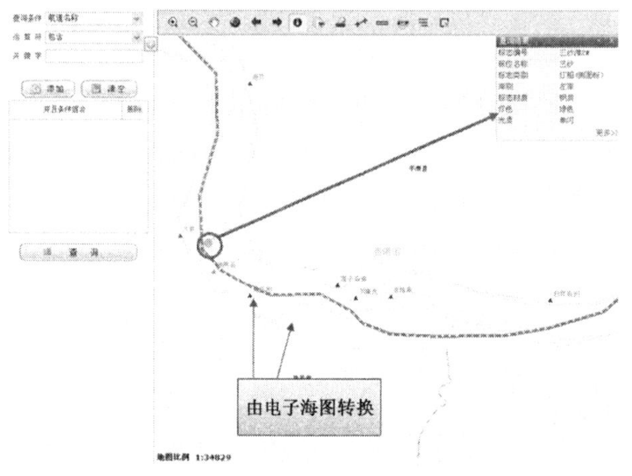

图8　电子海图与GIS地图整合应用

5. 水上交通流量分析与发布

除了基于整合数据的各类应用数据展示之外，还可以综合多种航运相关数据，进行更深层次的数据挖掘和分析，提供更完备的航运业务决策支持服务。如结合海事船舶签证数据、船闸过闸数据等，可以对某个区域内的水上交通流量以及水网路径进行分析，为行业管理决策和船舶航行提供服务。图9是对水上交通流量及水网路径分析的应用案例示意。

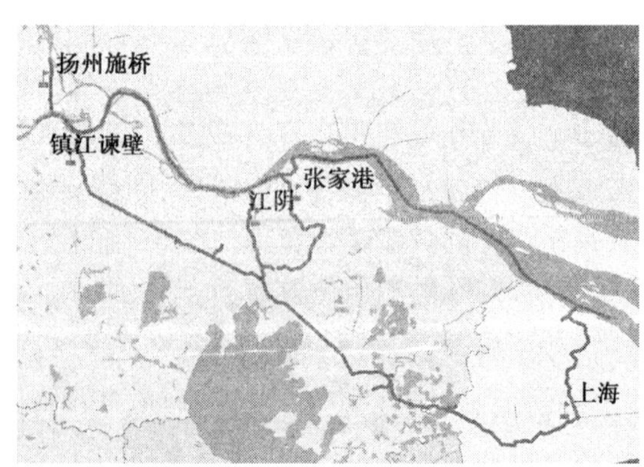

图9　水上交通流量及水网路径分析应用案例

七、总结及展望

基于以上对航运信息资源整合相关理论、架构和应用案例的讨论，我们形成了一套如何进行航运信息资源整合的解决方案，对这个方案的探讨对于解决目前航运相关信息化领域中的一些关键问题，如资源存储分散、信息共享困难、数据整合应用程度低等，具有较为重要的意义，相信在不远的将来，航运信息资源整合也将随着水运行业及信息技术的发展具有更广泛的应用需求。

参 考 文 献

[1] 熊曦.北部湾港口资源整合研究.中国海事,2008,第1期,57-59

[2] 彭维德.重庆港物流数据资源规划研究.集装箱化.2007,第2期,29-33

[3] 徐秦.实施软资源整合以提升浙江港口的竞争力.海洋学研究.2008,第1期第26卷,85-89

[4] 汪祖云.交通数据中心总体架构与数据共享交换平台的设计研究.交通运输系统工程与信息,2008,第3期第8卷,23-28

船舶装卸作业绩效评价研究

袁奎军　庄开宇　赵庆丰
（青岛港集团有限公司　青岛　266011）

摘　要：船舶装卸作业是港口企业的主营业务，其生产效率和管理水平是决定港口竞争力的关键因素。本文提出了一种船舶装卸作业绩效评价模型，阐明了构建船舶装卸作业评价体系的方法和步骤，对船舶装卸生产的事前计划、事中管控及事后评价具有现实意义。

关键词：港口企业　装卸作业　绩效评价

一、前言

面对激烈的市场竞争，港口企业除了不断新建大型专业化码头，扩大生产规模以外，还要通过加强管理、挖掘内部潜力等手段，不断提高企业经济效益，这已成为港口求生存求发展，立于不败之地的当务之急。

装卸生产是港口企业的主营业务，装卸生产效率和管理水平是港口竞争力的关键因素。通常，在船舶作业中由于货类的不同，在生产中配备的人员、机械以及装卸类型差异会对应不同的装卸工艺。而装卸工艺的不同，会产生较大的成本差别，由此带来的装卸作业绩效亦不同。一般而言，吞吐量、船舶作业效率、船舶停时等指标通常作为评价业绩的重要指标。但是，这些指标大都同属单纯的生产指标，其普遍特点是忽略了参与相关作业的人力、机械、库场及泊位等资源要素成本信息。纯粹的生产指标可以对数量或效率等指标进行分析，但却无法对整个装卸过程做出全面深入的分析评价，更难以为装卸生产的指挥、调度及考核分析提供更有力的支持。

由此可见，充分利用港口信息资源（如生产系统、财务系统、人力资源系统、设备系统、材料系统等业务领域的数据信息），并按照船舶装卸绩效分析原理来构建港口装卸作业绩效评价系统，科学地对船舶装卸作业进行绩效评价，进而加强港口企业在船舶装卸生产事前计划、实时监控分析等方面的过程控制，对于促进和提升港口生产管理的水平具有重大意义。

二、船舶作业绩效分析原理

根据企业内部经济核算的一般模式，船舶作业绩效主要涉及船舶货类收入、船舶作业成本及相关税费等要素。其分析模型可定义如下：

$$P = I - C - T \tag{1}$$

式中：P——船舶作业绩效；

I——船舶货类收入；

C——船舶作业成本；

T——船舶税费。

1．船舶货类收入（I）

$$I = \sum_{i} t_i k_i \tag{2}$$

式中：t_i——第 i 货类的操作吨；

k_i——第 i 货类的内外贸费率，贸易类型可根据船舶进出口类型确定。

2. 船舶作业成本（C）

船舶作业成本由人工成本（C_1），机械成本（C_2），集疏港费用（C_3），管理费用（C_4）四部分构成。

$$C = C_1 + C_2 + C_3 + C_4 \tag{3}$$

（1）人工成本（C_1）

人工成本包含装卸工人成本和装卸司机成本两部分构成。人工成本计算公式为：

$$C_1 = \sum_i \sum_j t_{ij}(q_{ij}p_i + s_{ij}m_i) \tag{4}$$

式中：t_{ij}——第 i 货类，第 j 操作过程的操作吨数；

q_{ij}——第 i 货类，第 j 操作过程的装卸工人作业工时；

s_{ij}——第 i 货类，第 j 操作过程的装卸驾驶员工时；

p_i和 m_i——第 i 货类作业时的装卸工人工时单价和装卸驾驶员工时单价。

（2）机械成本（C_2）

$$C_2 = \sum_i t_i p_i \tag{5}$$

式中：t_i——第 i 机械的作业吨数；

p_i——第 i 机械的平均单吨费用。

p_i由 i 机械总机械费用和累计作业吨计算得出。总机械费用由机械的能耗（油、电）、材料费、维修费、平摊费用、折旧费用构成。

（3）集疏港费用（C_3）

集疏港费用由对应货类作业吨数及集疏港费用单价确定：

$$C_3 = \sum_i t_i s_i \tag{6}$$

式中：t_i——第 i 货类的作业吨数；

s_i——第 i 货类的平均集疏港费用。

s_i由 i 货类总堆存费用和对应的总作业吨计算得出。

（4）管理费用（C_4）

管理费用由对应货类作业吨数及管理费用单价确定：

$$C_4 = \sum_i t_i m_i \tag{7}$$

式中：t_i——第 i 货类的作业吨数；

m_i——第 i 货类的平均集疏港费用。

m_i由 i 货类总堆存费用和对应的总作业吨计算得出。

3. 税费（T）

税费由船舶总收入和税费费率计算得出。

三、实例应用分析

本文以青岛港集团 A 分公司为例，说明船舶作业绩效核算的主要过程。

A 分公司主要从事散杂货装卸服务，拥有 80 多个泊位，平均每月船舶作业达 300 艘次，主要货种包括矿石、钢材、氧化铝、油、粮食、集装箱、纸浆、冻货等十几大货种。该公司的业务应用信息系统已经覆盖公司生产管理的各个方面，并通过企业数据总线 ESB 完成了相关数据的集成，为船舶作业绩效核算奠定了很好的信息基础。船舶装卸作业绩效分析计算所需的支持数据主要来自生产系统、设备系统、财务系统和计件工资系统。

一般来讲，船舶作业绩效核算以船舶为核心，即围绕船舶归集其相关作业的数据，最后计算出船舶收入、成本费用和税费。具体计算流程如下图所示。

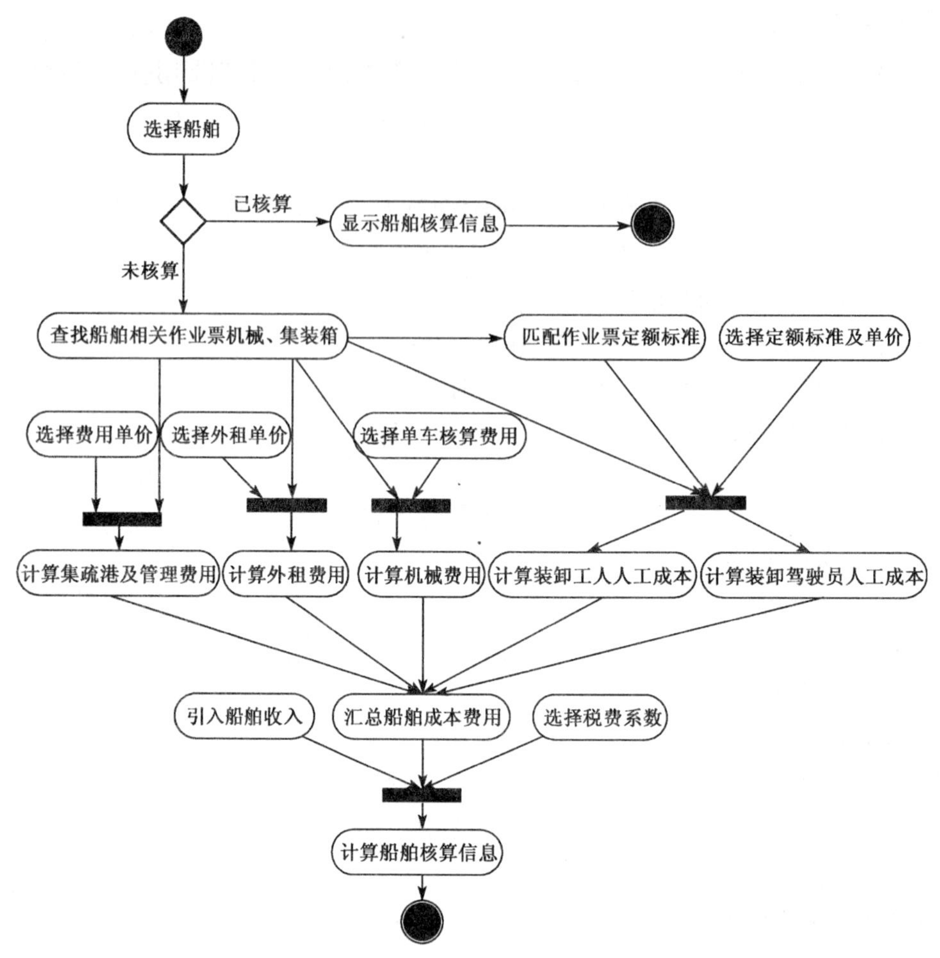

船舶作业绩效评价核算流程图

1. 主要处理流程

(1)采集船舶相关作业票、作业机械及作业工人信息

对于给定的船舶，根据其船舶编号在生产系统中找出相关的作业信息，这是整个核算的基础。船舶作业相关信息主要包括作业票、作业机械、作业工人、船舶泊位等数据。

作业票体现了装卸作业的配工形式，它记录某一时间内船舶货种在某一操作过程下，运用某一操作方法完成作业量及相关的作业机械和工人信息。

作业机械和作业工人是作业票的补充信息。作业机械记录对应本次作业的驾驶员和机械作业量等信息；作业工人记录对应本次作业的工人人数和工人作业量等信息。

(2)计算人工成本

人工成本的计算关键在于工人定额工时的计算。目前，A 公司生产系统的每张作业票都依据定额标准进行匹配，完成核算，并在计件工资系统形成完整的台账。所以，可直接利用计件工资系统的定额工时台账和工时单价分别计算出装卸工人和装卸驾驶员的成本。

(3)计算机械费用

机械费用包含自有机械费及外租机械费。自有机械费用通过机械作业吨和机械平均单吨费用计算得出。机械平均单吨费用的计算公式如下：

机械平均单吨费用 =（当前累计折旧 + 当前累计能耗 + 当前累计材料费 + 当前累计维修费 + 当前累

计其他平摊费)/累计作业吨数。

计算机械平均单吨费用所需的全部信息来自设备系统。外租机械费的计算按照合同约定的货种作业量单价或作业小时单价计算得出。

(4)计算集疏港及管理费用

计算集疏港及管理费用关键在于单吨集疏港费用和单吨管理费用。堆存费、港务管理费及管理费用可从财务系统取得。单吨集疏港费用的计算公式如下:

单吨集疏港费用=(当前累计堆存费+当前累计港务管理费)/当前累计吞吐量。

为简化计算,可采用上一年的累积堆存、港务管理及吞吐量计算。

单吨管理费用计算同单吨集疏港费用。

(5)计算船舶收入及税费

船舶收入可通过货物作业量和货种内外贸费率计算得出。如要获得准确的船舶收入,可依据计费系统的计费台账计算出船舶对应的总收入。根据核定的收入和规定税费费率,可计算得出船舶相应的上缴税费。

2. 评价测算

作业票信息是记录装卸作业过程的载体,而整个船舶装卸作业绩效的处理过程由作业票开始计算,并分配相关的作业量、收入和成本费用。因此,最终可按不同的分析角度归集每一张作业票的作业量、作业时间及收入费用信息,进而形成船舶作业的多维评价分析,以满足不同管理人员的管理需要。

(1)作业成本趋势分析

通过对船舶作业货种的单吨成本、单吨利润在不同时期的趋势进行比较,可为不同货种作业成本的事前控制以及对相关责任部门进行考评提供依据。

(2)作业成本结构分析

通过对船舶作业货种的成本结构进行分析(如人工成本、机械费用、外租费用、集疏运费用、管理费用等),可掌握成本构成的分布状况,同时使得成本控制与各成本中心紧密相连,有利于及时发现管理中的薄弱环节,提升成本控制水平。

(3)作业绩效分析

通过对船舶作业货种作业量、单吨收入、单吨成本及单吨利润的考核控制,为生产部门科学制订作业计划及合理配工调度提供参考,克服盲目追求作业量或作业效率而忽视成本预算的弊端。

自2009年A分公司实施船舶作业绩效分析以来,优化了不同船舶作业的人、自有机械及外租机械合理配工,使总体成本控制在最优范围之内。从公司装卸生产的实际情况看,本年度货种的单吨成本及单吨利润比去年同期有较大幅度的降低,同时机械作业量(起运吨数)、机械利用率都比去年同期有较大幅度的增长。

四、结语

港口企业具有作业环节复杂、货物种类繁多的特点,建立科学的船舶作业绩效评价体系可以促进港口企业各部门在生产全过程中加强成本控制,落实管理职责,树立成本管理的经营观,提高总体经济效益。

参 考 文 献

[1] 姚志刚. 基于KPI方法的天津港绩效管理体系. 水运管理, 2010,(02).

[2] 贡艳洁. 论港口降低装卸生产成本的方法. 大连:大连海事大学, 2009.

[3] 贺向阳. 天津港装卸船生产线作业效率研究. 武汉:武汉理工大学, 2004.

[4] 李新斟. 浅谈港口企业如何完善内部经济核算. 交通财会, 1997,(12).

汉十高速公路机电系统整合实践与启示

王伯禹　陆　由
（湖北汉十高速公路管理处　武汉　430051）

摘　要：本文以汉十高速公路机电系统整合为基础，简要介绍整合的概况，并总结整合过程中的经验与启示，为高速公路区域资源整合和湖北省“十二五”交通信息化规划提供一定参考。

关键词：系统整合　实践　启示

一、前言

（武）汉十（堰）高速公路自2000年开始建设，分襄十、孝襄、十漫3路段，不同的建设主体逐步建设，全线于2007年12月全部建设完成，总里程508km，下设28个收费管理所、3个收费分中心。机电系统分3个项目建设，投资金额大、时间跨度长、设备种类与品牌繁多，机电系统网络结构各自独立，传输接口差异较大，信息资源不能共享共用，缺乏统一的管理平台和手段，高速公路集中统一管理与远程控制难度较大。同时公众要求提供的信息服务内容日趋广泛，面对大量增加的信息咨询与高速公路联合紧急救援任务，原有的信息获取、救援处理、信息发布系统显得过于单一，人工干预方式速度较慢，自动化程度低，信息的及时性与对话性较差；所提供信息的内容、服务形式与发布渠道较少，缺乏统一的应急处置与预案，尤其反映在隧道事故的防范、防冻防滑特殊时期的综合救援方面。

二、概况

按照湖北省公路水路交通信息化建设“十一五”规划中整合资源、信息共享的要求和“十二五”全省交通信息全覆盖的要求，汉十高速公路以信息资源的整合、开发、利用为主线，统一标准，于2009开始分期实施区域机电资源整合，搭建信息交换平台，最大限度地实现信息资源共享，为交通、为社会提供及时、准确的信息服务，并积极探索高速公路区域化管理，以区域化为主体的集中统一管理模式，切实做到统一政策、统一标准、统一规范。

1. 实施理念

以“重点监视、强化管理、指挥调度、服务社会、资源共用”为目的，分步实现应急指挥中心、生产调度中心、信息处理集散中心、营运管理监控中心的功能。采取一次性整体设计、分步实施的方式进行，充分利用原有资源，不改动各路段机电系统原结构，设置预留，考虑一定的先进性和扩充性，构建“统一指挥、分级管理、运转灵活、反应快速”的汉十高速公路运营管理体系。

2. 实施目标

主要目标是完善“三套系统”，即汉十管理处交通监视系统、应急救援系统和OA管理办公系统；整合“二大平台”，即汉十高速公路通信平台和公众信息服务平台；建设“一个中心”，即汉十高速公路运营指挥中心。

3. 实施内容

通过原有机电系统资源，充分发挥全省高速公路骨干通信网已形成格局的优势，利用相对独立的数据、监控、通信网络,覆盖主线各收费站、路段中心和沿线外场设施,建立监控平台、通信平台、收费数据管理平台、视频会议平台、信息管理平台;通过互联网和无线技术,实现无盲点覆盖,建立OA办公网络平台、公众出行与服务平台、GPS和GIS车辆管理调度平台、无线视频与路政巡查管理平台。两套系统通过相应的安全措施在中心实现互联共享。

路政综合信息管理平台网络连接拓扑结构见图1。

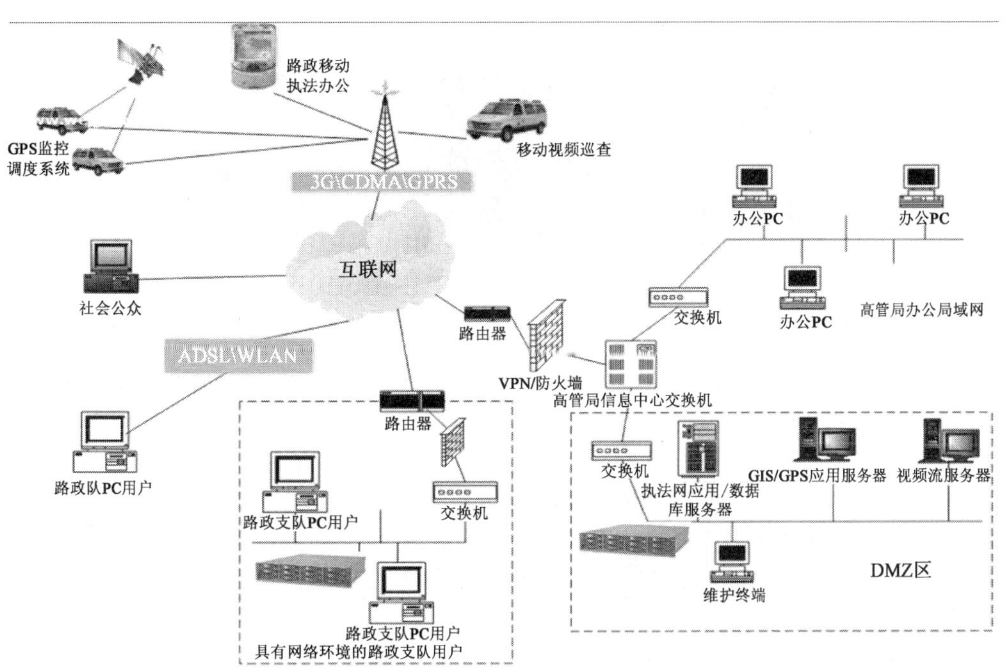

图1 路政综合信息管理平台网络连接拓扑结构示意图

(1)重点监控

通过原有机电系统,实现对汉十高速公路道路、隧道、桥梁、收费等的全面监控,特别是对影响道路安全的重点区段、特殊构造物、服务区、收费站全部时间段的日常运营情况进行重点监视,及时发现影响安全运营和道路畅通的各类交通事件。

(2)指挥调度

包括GPS子系统、数据备份子系统、图像接入系统、地理系统、电话调度子系统实现无线视频和机电系统整合,根据交通事件的等级和影响程度制订处理方案,下达交通控制指令或建议,通过对收费站、养护站、路政队的指令,以及与交警、公安、消防、医疗的联动,达到快速处置交通事件的目标,减少偶发事件的整体影响程度。

(3)强化管理

规范各路段的管理流程与服务体系;协调内部业务管理部门如收费、路政、养护等方面的协作;监督高速公路服务设施运营管理行为,发挥高速公路服务设施在抢险救灾、交通战备和应对突发、紧急事件中的作用。

(4)服务社会

面向社会公众建立较完整的服务体系,提供路况信息、政策咨询,接受用户监督,协助救援等,树立和提升交通行业形象,切实体现“三个服务”。信息服务系统是依托汉十高速公路信息资源整合系统,逐步通过互联网、省呼叫中心、PDA等移动终端、交通广播、车载终端、可变情报板、警示标志、车载滚动显示屏、触摸屏等显示装置,为出行者提供较为完善的出行信息服务。逐步实现为驾车出行者提供路况、突发事件、施工、沿途气象、环境等信息。

公众信息服务渠道示意图见图2。

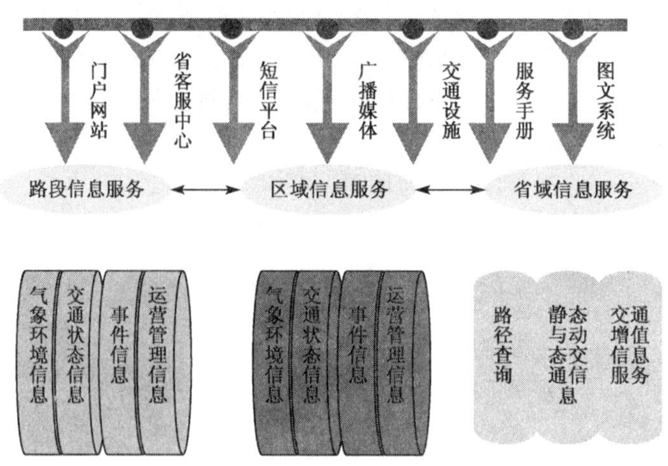

图2　公众信息服务渠道

(5)资源共用

合理规划汉十高速公路通信网络资源,为湖北交通及高速公路各业务管理系统提供网络通道;同时本项目与交通行业专网实现互联互通,为交通视频监控、公众出行服务等系统提供信息资源(见图3)。

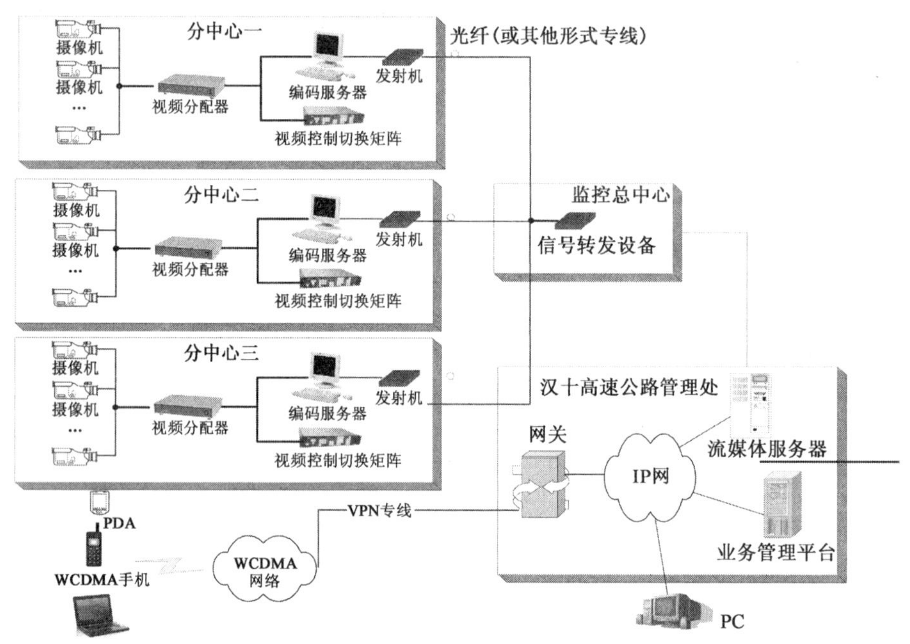

图3　资源共享示意图

三、实施经验

经过近一年的资源整合,汉十高速公路综合管理平台初具规模,基本实现了管辖路段机电与信息资源集中共享,初步开始发挥远程管理的功能,我们通过此次资源整合,积累了一定经验并加以总结,希望能为今后区域高速公路管理提供参考。

1. 充分调研,强化规划和注重实效

由于各高速公路路段机电系统必然会分不同时期建成,建设主体和管理主体也将不一致,设备选型、接口要求也会更加复杂,造成后期整合、维护难度加大,因此在今后实施路段、区域、省级系统资源共享,应充分考虑建设、管理的需求和必要的预留,应深入调查公众出行的信息需求,认真分析各交通运输相关

管理单位的管理需求，调研各职能交叉部门信息共享要求，完成路段、区域、省级交通信息规划的需求报告，强化总体规划，重视联合设计，进一步完善信息通信网络基础设施，拓展网络覆盖面。在统一规划和标准的前提下，各路段、区域应因地制宜，分步实施，分级管理，各负其责，稳步推进，避免盲目投资和重复建设，提高资金使用效益。同时行业管理部门不仅要负责通信设施和应用系统的建设，还要加强对信息化基础设施的管理和维护，做到建设好、管理好、应用好，充分发挥信息网络在营运、服务、应用过程中的作用。

2. 统一标准，整合资源和信息共享

遵循联网收费、信息化建设、电子政务等规范，基于各类标准开放技术进行开发设计，着力打造面向服务的高速公路营运管理信息化体系结构，制订数据接口技术和通信标准，组织建立合理的信息采集和共享机制，明确相关部门信息共享的内容、方式和责任，制订统一、规范的交通信息化建设标准，包括统一数据接口和通信标准、接口标准、协议标准、准入标准等一系列信息化相关的标准和规范。建立协调的运行管理机制，成立信息化保障技术服务机构，打造省级交通数据和区域交通数据交换中心，搭建信息资源整合平台，充分发挥信息资源的作用，最大限度地实现信息共享，构建完善的信息采集、交换、更新和运行维护机制，保证系统的稳定运行和持续发展。

3. 重视安全，严格保密和系统稳定

资源整合包括多种业务系统、多种应用软件、多种通信方式，不仅要考虑平台自身的建设，还要实现与结算中心、路段中心、互联网互联，在这种复杂的应用环境下，共享资源存在较大的安全威胁，如被动攻击（监听通信数据、截获口令、流量分析等）和主动攻击（非法数据修改、越权访问、木马和病毒等恶意代码攻击、利用系统缺陷和后门、拒绝服务攻击等）。因此需要根据区域与省级整体信息体系结构、所处的环境以及面临的安全威胁，逐步建立整体的安全策略，采取多层次、多方面的安全保障措施，保障系统的安全稳定运行。

4. 引进人才，强化培训和优化机制

高速公路信息化建设和系统资源整合需要既懂业务，懂维护，又熟悉管理的队伍，为保证系统有效运转，需要通过体制和机制创新为技术人才营造良好的发展环境。要充分发挥建设、运行、维护和管理的技术保障体系归口管理方面的作用，需要各级营运单位和管理机构广纳贤才，采取多种措施，培养、引进既懂行业知识、又懂信息技术的复合型人才，同时加强对高中级管理人员、信息部门负责人和技术骨干的培训，建立相对稳定、技术全面，能够胜任各层次信息系统运行保障的队伍，完善人才培养、引进、使用、交流、奖励等机制，落实各项人才政策，创建良好的人才环境，确保各级平台和系统能稳定有效地运行。

参 考 文 献

[1] 王笑京，沈鸿飞，汪林. 中国智能交通系统发展战略研究. 交通运输系统工程与信息，2006.8，第6卷第4期

ETC 系统在湖北省高速公路路网收费中的应用

龚　晶
（湖北省交通运输厅公路管理局　武汉　430022）

摘　要：不停车收费技术（即 ETC 系统）在湖北省高速公路中的应用范围逐步扩大，其技术成熟可行，具有较大的经济和社会效益，本文阐述了 ETC 系统的工作原理、应用解决方案、湖北省应用现状、系统优缺点、发展的关键环节等方面的内容，系统介绍了 ETC 系统在湖北省高速公路路网收费中的应用情况。

关键词：ETC 系统　IC 卡

湖北省地处我国中部，具有承东启西、接南纳北、通江达海、得天独厚的区位优势，素有“九省通衢”之称。近几年来，国家对交通基础建设的大规模投入，促进了湖北省高速公路事业的快速发展。截至 2010 年 6 月底，湖北省已通车高速公路总里程达到 3 282km，位居全国第六位、中部第二位。除神农架林区外，全省各市州基本实现高速通达，连接湖北省经济大三角、武汉城市圈及周边省会城市的“四纵三横一环”高速公路骨架网初具雏形，改善了湖北省的公路网布局和交通条件，提高了湖北省在全国综合交通网络中的枢纽地位，有力地促进了湖北经济社会发展，促进了湖北省构建中部崛起战略支点的进程。

由于高速公路建设投资主体多样、复杂，项目建成后“一路一公司”的经营管理模式导致主线收费站过多、业务系统庞杂，运营公司需分别在不同收费站点配备足够的工作人员，车辆在换行其他高速公路时也需再次领卡、缴费，收费站点采取的人工收费方式也导致主线收费站，特别是在城市出入口收费站处容易形成交通瓶颈，严重影响路网效能的发挥，造成资源浪费和环境污染。如何在现有的道路收费和站房设施的基础上，根据高速公路路网设置和出入口交通流量的分布特点，采用不停车收费技术从方案设计的层面解决路网中收费站点交通瓶颈问题，也成为交通工程研究的一个新课题。

一、ETC 系统的工作原理

1. ETC 系统诞生的背景

目前，湖北省高速公路收费主要采取人工半自动收费，即“人工收费、计算机管理、闭路电视监视”方式。该方式适合当前的高速公路管理现状，是目前高速公路收费的主要方式，但其主要的收费环节仍需由人工完成，车辆需停车缴费，导致在交通量大的收费站点以及节假日车流高峰时段，高速公路的通行效率降低，容易导致车辆拥堵，同时也增加了车辆油耗，加剧了空气污染。而依托现代化信息技术，实现收费环节的自动完成，在不降低车速、减少人工耗时的情况下，提高高速公路的通行效率成为一个有效的问题解决思路。

基于上述理由，电子不停车收费系统应运而生，即 ETC（Electronic Toll Collection）系统，是指车辆在通过收费站时，通过车载设备实现车辆识别、信息写入并自动从预先绑定的 IC 卡或银行账户上扣除相应资金，是国际上正在努力开发并推广普及的一种用于道路、大桥和隧道的电子收费系统。

使用该系统时，车主只要在车窗上安装感应装置并预存费用，通过收费站时仅需以较低速度通过便不用人工缴费，也无须停车，高速费将从卡中自动扣除，每车收费耗时不到两秒，其收费通道的通行能力是传统人工收费通道的5~8倍。

2. ETC系统的工作流程

和传统的人工收费系统不同,ETC技术是以IC卡作为数据载体,通过无线数据交换方式实现收费计算机与IC卡的远程数据存取功能。ETC系统整个工作流程包含三个阶段:一是在基础信息收集阶段,在发放IC卡的同时,即需完成如车辆类别、车主、车牌号等基本信息的写入,并固化在IC卡存储模块内;二是通行识别阶段,在安装感应卡的车辆通过ETC车道后,计算机通过无线网络读取IC卡中存放的有关车辆的固有信息、并结合业务系统中的道路运行信息、征费状态信息,按照既定的收费标准,通过计算,将相关信息反馈至清算系统;三是费用结算阶段,此部分内容在后台完成,通过系统后端的清算系统从与IC卡中或与之相关联的银行账户中自动划转相应金额的车辆通行费用。

3. ETC系统的构成

完整的ETC系统可分为两部分:一部分是ETC前端车道系统,另一部分是ETC后台清算系统。

(1)ETC车道系统

ETC车道系统包括车辆识别子系统、车辆检测子系统、交通指挥子系统、车辆图像抓拍子系统等4个部分。车辆识别子系统通常由电子标签、车道天线、天线控制器和计算机系统组成,如图1所示。

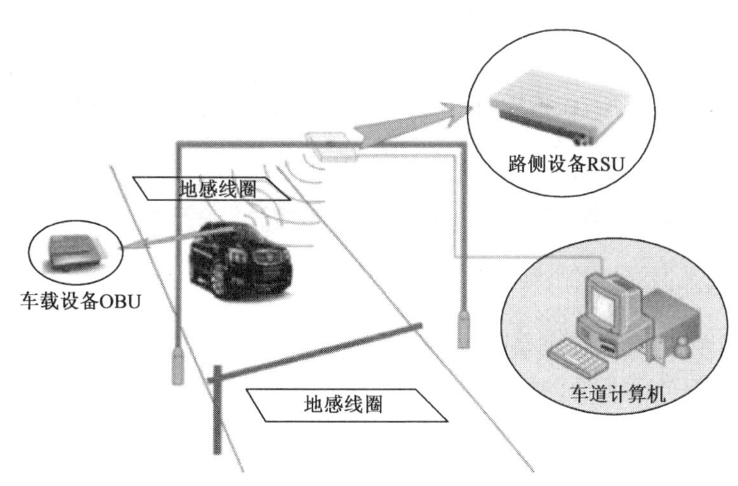

图1 ETC系统示意图

当ETC用户车辆进入车道天线的读写范围时,天线控制器从车道控制器接收通信请求,形成符合某种通信协议的数据帧,通过车道天线将数据帧发送给车载电子标签,同时接收、分析从电子标签返回的数据,车道控制器根据接收的信息发出相关指令,完成对电子标签的读写操作,并储存操作结果。这一过程包括确认电子标签的有效性、识别车辆类型、查询费用表、扣除费用等操作。如果通过车辆是非法的ETC用户,图像抓拍子系统和交通控制子系统将启动,对违规车辆进行抓拍、报警、拦截等操作,以进行例外处理。车辆检测子系统主要用于连续车流通过时,自动进行对象隔离,确保系统对每一用户的正确操作。

(2)后台清算系统

在当前不同的高速公路分别由不同公司运营的情况下,ETC用户在通行多个高速公路时涉及多个营运商业务系统之间的账务清算。营运商如何进行账务清算,取决于营运商的具体情况。参考电信行业的经验,目前有中央清算方式和分散清算等两种比较通用的清算方式。

①中央清算方式

中央清算方式是指在各ETC系统运营商之上再行建立一个中立的ETC中央清算系统,负责电子标签的发行流通管理,ETC用户的消费账户的维护,ETC系统运营商之间的道路通行费的清算拆分等事务。

ETC联网收费中央清算系统可以直接处理,也可以间接地通过一个金融机构如银行等来处理上述事务。一种较为可取的方式是直接在各省的人工联网收费中心建立ETC中央清算系统，以统一负责省内的ETC收费清算业务。在此种清算方式下，各ETC系统运营商业务系统和中央清算系统之间需要制订详细的技术规范，实现ETC前端设备之间的完全兼容，主要包括电子标签的数据格式，运营商的标识、电子标签访问密钥、认证密钥、车型分类标准、各路段的收费标准，车辆通行记录的格式，黑、灰名单的产生、下发以及处理的办法，收费、结算信息的交换方式等。

这种中央清算的ETC联网运营方式，系统结构清晰，各方分工明确，可操作性强；同时，ETC联网收费中央清算系统可以方便地建立在各省的联网收费中心的基础之上。因此，这种运营方式在以中央账户为基础的ETC联网收费应用中不失为一个理想之选。

②分散清算方式

分散式操作管理方式是指各ETC系统运营商在保证ETC前端设备完全兼容互换的基础上，通过ETC运营商之间的原始收费记录、账务数据以及其他必要信息的交换完成跨路段通行费的拆分与结算的ETC联网收费运营方式。

与中央清算方式一样，各ETC系统运营商之间除需要保障ETC前端设备完全兼容性外，还需要通过协商，在各自业务系统之间通过一个安全、可控的方式来交换真实的原始收费信息，以及如何利用这些原始收费信息在各运营商之间进行账务拆分。

在这种操作管理方式下，通行费的清算任务被分散由各运营商之间自行协商完成。这种分散式操作管理的ETC联网运营方式，通行费清算的任务被分散，故不需在建立统一的中央清算系统上花费巨额投资，这也是此种运营方式的优势所在；但同时也导致了清算系统结构复杂，出现争端时需要第三方介入协调解决。

二、ETC系统在现阶段高速公路联网收费应用中的解决方案

1. 收费系统使用的收费介质

经过多年的收费实践，收费系统对收费介质的选择越来越注重自动化程度、读写方式、数据安全、介质成本、文明打印和管理成本等方面的性能和技术要求。目前，湖北省高速公路收费系统多采用接触式IC卡和非接触式IC卡等形式。由于在路网的出口使用现金支付存在诸多弊端，预付交易将是公路收费由现金交费向非现金交费的必然选择，而符合金融集成电路规范的IC卡也成为收费介质的首选。

2. 电子标签与IC卡的结合使用

不带IC卡的电子标签称单片式电子标签，带IC卡接口并在使用时插入IC卡的电子标签称两片式电子标签。通常两片式电子标签具有同时支持对接触式IC卡和非接触式IC卡读写的能力。

目前，国外普遍采用的电子不停车收费技术方案，大多采用单片式ETC系统，这对ETC车辆使用率高的应用环境来说是非常合适的。但这种系统在收费环境中是封闭运行的，完全脱离现有的人工半自动收费系统，对于湖北省的公路网络而言，这种方案将面临系统改造规模大、一次性投资高、建设周期长等问题，而且在交通量小的非主线收费站，拆装现有的系统设备或另外建设专用ETC车道在经济性和合理性上不可行。因此，要在我国“一路一公司”公路运营管理模式和现有的收费设施条件下推动ETC系统收费，必须结合实际情况，在接触式IC卡不被现有的收费系统接受的条件下，必须在方案设计时使系统改造后具有两种读写方式的能力，即电子标签采用接触式读写方式和现有的人工半自动收费系统采用非接触式读写方式。

3. 组合式电子收费技术的解决方案

目前，IC卡产业界已经推出了可以同时支持接触读写方式和非接触读写方式的IC卡，称“双界面IC卡”。在车主选择ETC收费专用车道时，允许驾驶员将双界面IC卡插入双片式ETC电子标签，免停车通过收费站，通行费自动扣取，大幅度提高收费口通行能力；在未设置ETC车道的一般收费站或车辆选择

通行非ETC车道时，允许驾驶员从双片式ETC电子标签中拨出双界面IC卡以非接触操作的方式刷卡扣款，短暂停车后通过收费站。

该组合式电子收费技术方案具有如下优点：

(1)集中了IC卡收费和ETC收费的优点，在联网收费系统中实现了人工方式和ETC方式的有效结合，实现了对现有资源的充分利用，减轻了大规模集中改造导致的资金压力和时间成本。

(2)可按交通流量、收费站点人员配备、ETC推行情况等实际情况按需设置ETC车道数量并逐步提高，系统可靠性高、投资及规模富有弹性，易于试点和推广。

(3)符合中国金融卡规范及智能交通等国家鼓励发展方向，同时也为流量控制、车辆搜寻等提供了一个有效的途径。

(4)增强了系统的实用性和强壮程度。可以预见，在未来相当长的一段时间内，ETC系统收费将只是IC卡收费系统的补充方式，现阶段应用的主要目的是解决关键路段收费站的交通拥挤问题。对于国内现阶段实施的ETC系统，必须强调IC卡收费系统作为ETC车道的备用系统，若出现故障时，应能保证系统的通畅运行。

三、湖北省ETC应用现状

1.湖北省ETC建设采取的应用模式

湖北省在资金清算方式选择的是中央清算方式，依托湖北省高速公路联网收费管理中心实现中立的费用清算；在收费介质上，湖北省高速公路电子支付储值卡采用记录资金信息的双界面IC卡，使用储值卡进行消费时，消费金额在卡内的金额中扣除，并与车辆和电子标签，还可当作通行卡使用。

2.湖北省ETC建设情况

2008年年底，湖北省高速公路电子支付和不停车收费工作正式启动。2010年1月18日，ETC系统一期工程30条车道通过验收，正式投入运营。随后，湖北高速公路电子支付客服中心获批成立，并在武汉中心城区、孝感、黄石、荆州、襄樊(现襄阳)、荆门、十堰、随州等地设客服点，为提出申请的车主办理湖北省高速公路电子支付储值卡和ETC电子标签，并与工商银行、建设银行等金融机构合作，可实现网上充值，收费站24h圈存。

目前，湖北省高速公路电子支付系统覆盖了全省范围内的全部联网高速公路，包括30条ETC专用车道和全部人工收费车道。已开通ETC车道的收费站点共计16个，覆盖湖北省大部分地级市。

3.湖北省ETC建设展望

为进一步推广ETC应用，方便用户使用ETC系统，最大限度地发挥ETC系统的规模效益，湖北省高速公路联网管理中心计划在两年内再新建30条ETC车道，新建高速公路则同步建设ETC车道，力争在10年内实现所有收费站至少设置一条ETC专用车道。未来，湖北省高速公路的ETC系统建设将实现ETC系统在联网高速公路网主要收费站的全覆盖；实现地区跨省(市)ETC系统联网运营，与周边省市高速公路实现“道口收费、统一结算”的联网模式；建立健全相应的运营管理体系和服务系统；实现服务全覆盖，通过与多家银行合作尽可能多的增设服务网点。

四、ETC系统收费的优缺点

1.ETC系统收费的优点

(1)提高高速公路通行效率。作为新型的电子收费方式，具有方便车辆快速通过收费站的特点，对提高收费效率，增强收费站通行能力等效果显著。

(2)增强收费行为的透明度。用户还可以通过登录网站，查询行驶记录、账户余额等信息。

(3)免去了现实中现金汇集的困扰。电子支付用户可采用现金、转账、刷信用卡等方式预存通行费，收费人员不接触现金，所有通行费用可自动归集到统一账户，免去每日需收取当日现金的困扰，同时也可对每日每个收费站运营情况实行实时监控。

(4)方便了企业用户对车辆的管理。针对企业用户，电子支付的优势同样显而易见：减少企业用户财务人员工作强度，明显降低用户财务成本；减少现金携带及现金流，杜绝假通行费收据；通过网上查询消费记录加强车辆管理；现金丢失无法挂失，但是储值卡丢失可以挂失，挂失后可以确保卡内余额安全，并能转移至新办理的卡中继续消费。随着储值卡支付功能的不断扩展，今后储值卡还可获得其他方面的消费优惠。

2. ETC 系统运行存在的问题

(1)系统标准规范亟待统一

国内其他省市及湖北省 ETC 系统的实际运行结果表明，ETC 系统是安全、稳定、准确和可靠的。但各地引进的 ETC 系统互不兼容，其区域路网的联网运作的优势难以充分发挥，社会效益和经济效益将大打折扣，而且一路一卡的应用如果得不到有效的协调，将会严重影响 ETC 系统在我国的健康发展和后续的开发应用。因此，必须尽快制定 ETC 系统的标准规范，包括网络清算体系接口规范、ETC 车道系统设计规范、电子标签读写技术规范、数据结构、设备通信协议等。

(2)公众对 ETC 的接受存在一个过程

现行的高速公路现金结算方式具有简单、直观的优势，在实施 ETC 系统后，车主对新技术的了解和接受需要一定的时期；同时，采取直接从其银行账户划转费用的方式也导致车主担心存在多扣费、乱计费等现象。

(3)当前收费人员对 ETC 系统应用的抵制

实施 ETC 系统将逐步减少对高速公路收费人员的依赖，可以预见其最终趋势是全部收费站点都采用此种收费方式，可能在一定程度上影响收费人员对 ETC 应用的宣传作用；同时，采用 ETC 系统后对现有人员的分流也需纳入统筹考量范畴。

(4)ETC 系统的安全问题

实施 ETC 系统后，IC 卡内预存的费用或相应绑定的银行账户内的资金安全问题迫在眉睫，急需解决。对于 IC 卡片和电子标签的真伪的识别、通过 ETC 车道时无线信号传输过程以及费用结算费用信息的传输过程等相关环节信息的加密等问题，也急需得到安全保障。

五、ETC 下一步发展过程中需注重的关键环节

1. 统一规划，规范标准

在 ETC 建设过程中，需要由国家或省级层次出台相应的发展规划，对建设的标准、进度和质量等予以明确，并出台统一的技术协议和操作规程，为大范围联网奠定基础。

2. 先行试点，逐步推广

ETC 系统虽然在技术上已经基本成熟，也产生了较好的经济和社会效益，但在实际应用过程中仍会发现新的问题。在 ETC 的建设过程中切忌一拥而上，要在部分地区试点的基础上，不断探索和总结经验，形成科学、可行的建设方案及标准体系后再行推开。

3. 强化宣传，增强了解

ETC 作为一项新生事物，需要广大民众接受和认可，这就需要公路管理部门加大宣传和引导力度，提高车主的认知和了解程度，并出台优惠措施，发挥其对企业用户的便利优势，吸引更多的人群使用 ETC 系统。

4. 增加透明度，主动接受监督

目前车主使用 ETC 系统的顾虑主要在于费用扣取的合理性、缴费的方便性和资金的安全性等方面，

这相应地要求相关管理部门在 ETC 系统建设过程中要充分考虑系统的透明性，方便车主查询费用信息、路线信息，主动接受其监督；出台相应的措施，建立争议复核机制；强化信息安全防范举措，增强系统的安全性，接触对资金安全的顾虑。

六、结语

湖北高速公路电子支付储值卡由湖北省高速公路联网管理中心受权面向所有车辆发行，卡内记载用户信息，是用于高速公路通行费支付的专用 IC 卡。储值卡还可当作通行卡使用。储值卡采用实名制，用户在卡内预存通行费后，其车辆在通过高速公路收费站时，收费员直接刷卡即可扣除当次通行费。储值卡可进行挂失，也可在同一用户的不同卡中互相转账。由于湖北省高速公路电子支付系统是按照国家标准建设的，今后可在全国高速公路联网后在外省使用。湖北省已联网收费的高速公路、长江大桥都可以使用储值卡。湖北省目前开通的 ETC 专用车道的收费站有京珠高速：孝感、武汉北、武汉西、凤凰山、咸宁北（咸安）；汉十高速：安陆、襄樊东、襄樊西、十堰东；汉宜高速：伍家岗、宜昌；襄荆高速荆州中；武黄高速：武东、黄石；岱黄高速：府河、黄陂。新开通 ETC 专用车道的收费站，我们将随时向社会公布，下一步的发展势必会为高速公路的经营管理提供有力保障。

运　维

构建现代型运维体系

王文革
（中国交通通信信息中心　北京　100011）

一、引言

构建集中、节约、高效的现代型运维体系，是通信信息中心落实科学发展观，在交通运输实现信息化背景下，贯彻“三个面向”的理念，实现“三个延伸”的重要组成部分。是中心为促进现代交通运输业发展提供安全应急通信信息支持保障的需要；是中心面向市场，为市场提供灵活、便捷、专业的卫星通信信息服务的需要；同时也是拓展中心业务增长方式，寻找新的业务增长点，提供专业化的通信信息系统外包和托管服务的前提和基础。

通信信息系统的统一、集中的运行维护可以最大限度的利用人力、物力和财力资源，提高资源利用效率，达到创建节能型单位的目的。

二、对运维体系的理解

为保障信息通信网络与业务正常、安全、有效运行而采取的生产组织管理活动称为信息通信运行维护管理，简称运维管理。

运维体系是信息通信运营体系的一部分，运维管理体系是为满足信息通信网络运行维护的要求，所建立的各项组织管理要素的集合，运维体系由运维管理体系、运维能力体系构成。

运维管理体系包括运维体制、管理模式、组织建设、资源配置、运维流程、网管系统六大方面，这六个方面是构建企业核心运维能力的基本要素。其中，运维体制是决定运维体系的核心要素。

运维能力体系概括起来就是三个能力，即网络运行能力、网络保障能力、服务保障能力。在市场竞争环境下，运维工作的目标，就是不断提高三个能力，这三个能力是信息通信运营企业运维核心竞争力的重要内容。

1. 运维需求模型

运维需求既是分析运维管理体系的基础，也是运维管理体系建设运行要满足的基本要求。针对某一逻辑层次的网络，其运维管理需求模型见图1。

运维管理需求模型中，提出运维管理体系、运维作业体系、运维支援体系二大体系，提出现场作业层、网络监控层、运维支援层、厂商支援层四个作业层次。

2. 运维管理体制

电信运维管理体制的基本定义是：根据电信网络运行维护的基本需求，结合现有网管技术条件，遵循电信运营管理的要求而建立的运维生产方式、管理方式与管理制度的集合。

电信运营企业的运维管理体制主要可以分为三种类型，即：传统型、过渡型、现代型，其主要区别在于维护作业（即生产方式）的集中程度有差异。运维体制类型见图2。

在电信运营企业的管理实践中，由于网管手段能力、网络设备能力、管理局限性等多方面因素的影响，不同的电信运营企业基于主体运营网络形成了不同的运维管理体制；即使在一个电信集团内部，也采取了不同的运维管理体制，我国电信运营企业基本以过渡型运维体制为主。

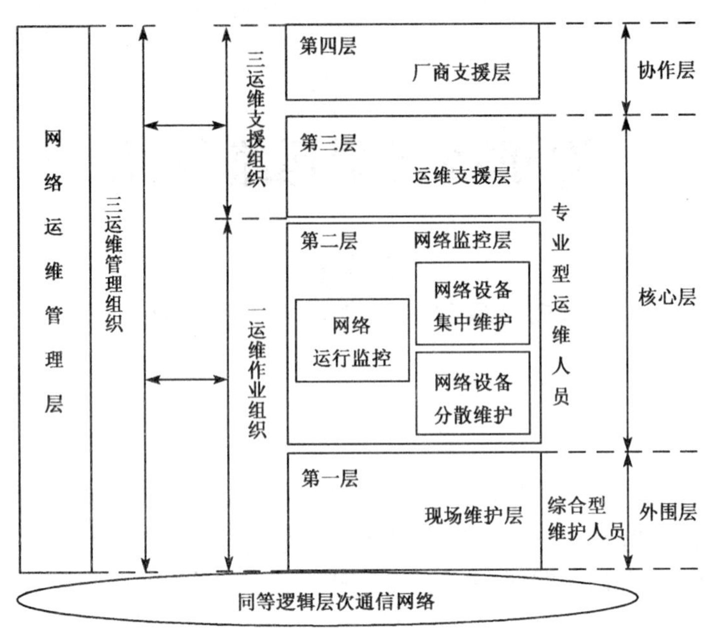

图1 运维需求模型

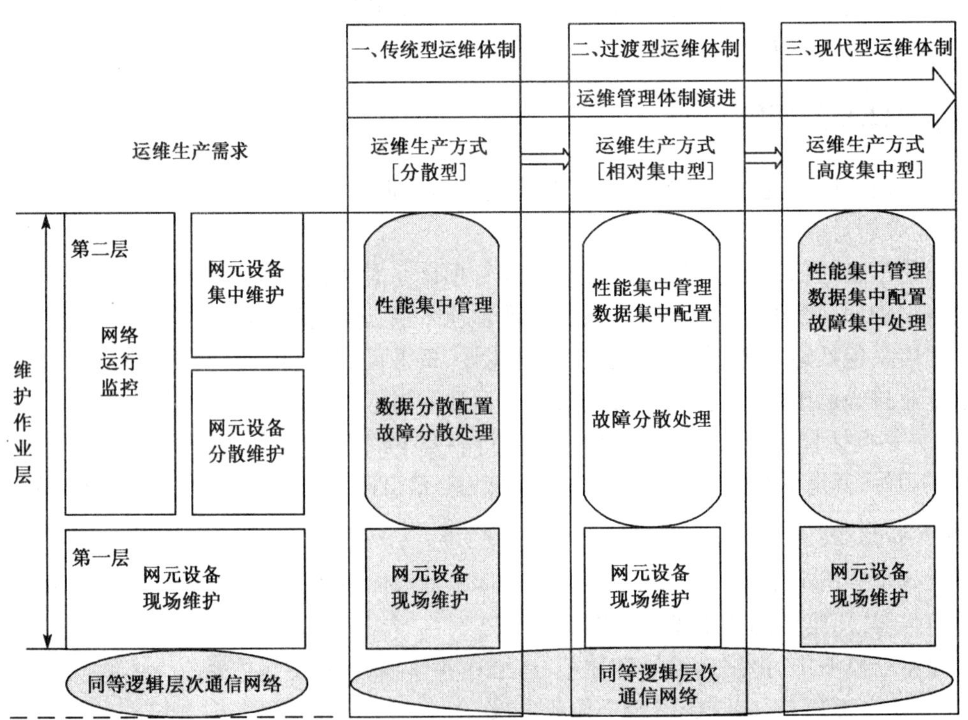

图2 电信运维体制类型

同生产力与生产关系之间的辩证关系一样，网管技术与运维管理体制是相辅相成、互为依托的关系，没有先进实用的网管技术，无法建立现代化的运维管理体制；不改进落后的运维管理体制，再先进的网管技术也难以发挥作用。从世界各电信运营企业运维管理发展的历程分析，网管系统的建设应用与运维管理体制的变革一直处于螺旋交替上升、相互促进的发展格局。

3. 运维体系构成

企业为加强市场与服务能力服务，对运维提出更深层次要求，从运营体系角度分析，运维部门的总体定位必须从以往的网络提供者和维护者转变为向市场提供全方位服务的网络经营者。网络经营者的具体含义是：一是资源管理中心；二是运行监控中心；三是网络保障中心；四是服务保障中心；五是成本控制中心。

在向现代化运营企业转变的过程中，“服务客户化、管理流程化”是电信运营企业转变运营观念的指导思想。运维体系是电信运营体系的一部分，由运维管理体系和运维能力体系构成；运维管理体系是为满足电信网络运行维护的要求，所建立的各项组织管理要素的集合，包括运维体制、管理模式、组织建设、资源配置、运维流程、网管系统六大方面，这六个方面是构建企业核心运维能力的基本要素；运维能力体系概括起来就是三个能力，即网络运行能力、网络保障能力、服务保障能力。在市场竞争环境下，运维工作的目标，就是不断提高三个能力，这三个能力是电信运营企业运维核心竞争力的重要内容。

三、基础电信企业运维体系的现状和发展趋势

1. 海外流行“服务外包”

有调查数据显示，运营商对电信网络投入遵循“二八”定律，前期设备投入只占总网络投资的20%，而运营成本（包括维护费用、营销费用、人工成本）则占到80%，有效降低运营成本是运营商网络建设的关键。

电信专业服务的概念在国外已经盛行多年，为了能够有效降低运营成本，一些海外运营商甚至将网络服务全部外包，由具备实力的通信设备厂商承接。美国运营商 Sprint 不久前就与专业服务领域的爱立信签订了一份长达 7 年的包括有线与无线网络的服务合同。

来自诺基亚西门子通信的预测显示，在未来潜在的通信市场，全球电信网络服务外包和托管的价值将会达到2 820 亿美元/年，高于通信设备市场价值两倍。正是看到全球电信运营商对专业服务呈现出的迫切需求，爱立信、诺基亚、西门子通信等设备商立即做出反应，以运营商需求为中心，调整部门划分、整合产品与服务，在全球范围内开展电信专业服务。

而在国内，电信专业服务由于企业背景与管理机制等因素，处于技术安全的考虑，一些核心的网络服务还无法交予设备厂商代维，目前仍然以边缘型外包方式为主。

2. 应对全业务挑战，国内电信企业致力于构建面向客户的现代化运维体系

随着近年来互联网的蓬勃发展，三网合一的冲锋号的吹响，通信业迎来了网络 IP 化、业务多样化以及业务融合和网络融合的大变革，全业务运营的浪潮席卷全球，如何高效、全面地运营和支撑全业务是作为传统 2G 移动运营商必须面对的挑战。特别是重组之后，对同时进行 2G/3G 双网运行的三大运营商而言，整体运维服务体系将面临调整。2G/3G 的协同维护、2G/3G 网络的共用共享和互操作，构建高度集中的现代化运维体系，在今后相当长的一段时间内，都将是运维工作的一个重点。

伴随我国电信市场竞争格局的初步形成，各电信运营商之间的竞争层面又“以业务为中心”转向“以客户为中心”，这导致了电信运营支撑系统将成为今后运营商竞争的焦点。按照以客户为中心的基本思想，建立面向客户的运维流程，是目前运营支撑系统建设的重点和难点。

对于中国移动来说，不换号、不换卡、不登记的“三不”原则，是 TD 发展中的一个重要手段，这就对后台运维支撑系统提出了更高的要求，如何将数亿用户平滑转移到3G 网络上，既保持原有网络运营支撑持续平稳，又能很好地支撑用户在网络间的切换或转网，促进全业务的良性发展，要求运维支撑系统必须协同发展。

中国移动就全面推进标准化、精细化、信息化的运维管理，以 eTOM（enhanced Telecom Operation Map）增强的电信运营图模型为基础，提出了“卓越运维流程体系”的战略目标。

为了应对中国电信的转型，中国电信运维服务保障工作提出了三大举措：建立新业务新产品开发运维参与机制；建立客户差异化的服务保障体系；通过内部 SLA（服务等级协议）来健全前后端协调联动机制。

四、运维体系构建采用的标准和技术

1. 下一代运营支撑系统 NGOSS(New Generation Operation System and Software)

下一代网络 NGN(Next Generation Network),又称为次世代网络,是在一个统一的网络平台上以统一管理的方式提供多媒体业务,整合现有的市内固定电话、移动电话的基础上,增加多媒体数据服务及其他增值型服务。其中话音的交换将采用软交换技术,而平台的主要实现方式为 IP 技术。目前 NGN 是运营商和设备厂商都在讨论的热点技术,国内外许多网络运营商也都在探讨,并正在(或考虑)建试验网进行更深入的研究。

下一代运营软件和系统(NGOSS)是"电信管理论坛(TMF)"提出的新一代运营支持系统体系,增强的电信运营图 eTOM 是其中采用的标准。

2. 增强的电信运营图

eTOM(enhanced Telecom Operation Map)增强的电信运营图,是 TMF 制定的一个针对电信企业的业务过程标准,是由世界上众多电信运营商、软件开发商、系统集成商和通信设备提供商根据实践提炼、总结出来的一套适用于电信行业的业务过程框架,是对电信企业业务活动和经营行为的抽象和归纳,是电信行业标准。它从业务的视角对电信企业的经营活动进行了整体描述,它将企业环境分为三个部分,分别是战略、基础设施和产品过程域、运营过程域和企业管理过程域。战略、基础设施和产品过程域指导和支持运营过程域,包括策略的开发、基础设施的构建、产品的开发和管理、供应链的开发和管理。运营过程域是 eTOM 的核心,它既包括日常的运营支撑过程,如从前台到后台的开通、保障和计费端到端的流程组,也包括为这些运营支撑提供条件的准备过程以及销售管理和供应商、合作伙伴关系管理。企业管理过程域则包含了运作和管理一个大型企业所需要的基本业务过程。

3. 信息技术基础架构

ITIL(Information Technology InfrastrU Cture Library)信息技术基础架构库,是英国国家计算机和电信局 CCTA 于 20 世纪 80 年代中期开始开发的一套针对 IT 行业的服务管理标准库,目前已经成为 IT 管理领域事实上的标准,ITIL 服务管理流程框架如图 2 所示。

4. eTOM 和 ITIL 对建立一流的运维流程管理体系的借鉴意义

eTOM 的目的是实现业务过程的自动化,这里的自动化意味着企业的业务过程要通过 IT 系统的支撑来实现自动化。电信企业 IT 系统的软件规划可以参考 eTOM,硬件规划可以参考 ITIL 的服务提供流程,IT 系统的维护可以参考 ITIL 的服务支持流程。

由于 IT 系统运维管理和电信网络运维管理的相似性,分别以 eTOM 和 ITIL 为规范来建立两套流程体系不仅意味着资源的浪费,而且不利于运营中的维护和管理,因此两者的融合势在必行。随着电信网的 IP 化,各个电信企业开始采用融合了的 eTOM 和 ITIL 标准来打造自己的运维体系。目前 TMF 最新的 eTOM V8 版本已经融合了 ITIL 标准。

五、确立运维管理的体制机制和组织体系

1. 确立运维管理的体制机制

为了最有效的利用资源,节约成本,中心要确立建立集中化、高效率、节约化的绿色运维体系的战略思想,以适应中心事业可持续发展的需要。在此战略思想的指导下,建立、完善相应的组织体系、管理模式和资源配置方式,这是后续制定所有具体管理制度、规定、流程的基础。

为了保证作为管理的制度、规定、流程在未来的较长时期内的可执行、可监督、可反馈,必须建立一个具体可操作的平台以确保和推进形成的战略理念、具体执行办法的切实落实。

2. 确立运维管理的组织体系

构建面向客户的四层运维组织体系，现场工程师(值班员)、二线工程师、三线工程师，以及厂家支援层。

现场工程师就是值班员，主要职责是24h值守，通过常规的检测、测试等手段及时发现系统存在的问题和隐患并进行应急处置；同时，承担对于市场及客户的技术支持工作。

二线工程师要求具有较高的专业知识水平和系统故障分析解决能力，可以指导现场工程师的工作，协助现场工程师判定及解决较深层次的问题和故障。

三线工程师是中心最高层次专业技术人员，可以指导现场及二线工程师的工作，可以通过远端或现场诊断的方式判定及解决深层次的问题和故障。建议中心的运维体系的目标要最终实现三线工程师的资源共享，即三线工程师能够给各个承担运维工作的部门提供技术支持。

厂家支援层是系统严重故障及灾难解决的最终保障。我们应该调整观念并确认一个事实：无论我们的工程师有多么优秀，水平有多么高，但是在特定的某一个领域或专业，厂家永远具有技术优势，对他制造的系统更为熟悉。所以，我们不应该企图完全抛开厂家的技术支持，那是不现实的；同时也是很不经济的，如果我们企图抛开厂的技术支持而培养自己各个方面的系统支持工程师，那么我们将付出更多的成本和代价；而且我们也只能是在后面追赶着别人，在研究一些已经成熟的技术和产品，而无暇顾及研究新技术、新应用。所以我们应该充分利用厂家的技术资源，形成相互依存的产业链，而我们自己的尖端技术力量应该向着整体设计、系统设计、新应用开发及技术解决方案方面培养，打造一只具有高水平的具有综合素质的系统工程师队伍。

3. 通信信息系统平台的分类及关系

通信信息系统平台从担负的任务和职责方面可以分为三类：通信信息业务平台是通信信息系统的主体平台，提供具体业务。通信信息系统网管监控平台是业务平台面向操作维护人员的界面，就有系统监视、状态显示、数据配置、故障报警等功能。通信信息业务运营支持平台是面向用户业务办理人员，可以实现业务开通、变更、注销、计费及查询等功能。三个平台的建设需要统筹规划，分步实施，既要满足当前业务的平稳运行，又要着眼未来，避免重复建设。

总之，构建现代型运行维护体系是通信信息行业整合、完善整体运营体系的重要环节，是目前行业的总体发展趋势。

辽宁省交通广域网平台及信息系统安全应用研究

郎志海
（辽宁省交通厅通信信息总站　沈阳　100003）

摘　要：本文通过全省交通广域网及信息系统应用现状，详细分析了现有网络存在的安全问题，提出了具体研究内容及针对性解决措施。

关键词：交通广域网　信息系统　网络安全　风险评估

一、前言

近年来，随着全省交通的快速发展，省厅加大了对交通信息化建设的投入力度，特别是2005年后建设了覆盖14个省辖市、99个县(区)的交通行政主管部门以及各主要港口和交通企事业单位的交通行业信息专网，为交通行业各种管理和业务系统的互联互通、资源共享和整合利用提供安全可靠、高速传输的网络基础平台，从而使交通行业信息化管理产生质的飞跃。由于全省交通广域网建设的带动，4年来交通行业信息化发展呈现了持续增长的态势。

目前，全省交通信息化基础设施建设工程已经完成，已经建设成了全省交通行业专网、外网。交通行业信息专网是一个集数据、语音、视频为一体的综合业务网络系统，由于交通行业信息专网上运载的是交通行业宏观管理需要的各种重要数据，必然对安全性要求较高。同时，随着交通行业信息化的不断深入，IT系统建设成熟度不断加大，随之而来的安全漏洞日渐增多，信息化建设中的安全问题日益成为IT系统应用的瓶颈，其网络安全问题已越来越受到重视。因此，我们应该清醒地认识到，随着全省交通广域网产生的巨大经济效益和社会效益的同时，也带来了许多挑战，其中安全问题尤为突出。日益严重的网络安全问题，使上网政府、企业及用户蒙受巨大经济损失。引起这些风险的原因有多种，其中网络系统结构和系统的应用等因素尤为重要。所以，有必要对全省交通广域网的安全运营进行更深层次的研究。

二、需求分析

随着全省交通信息化网络平台承载的业务应用增加，特别高速公路、普通公路、客货运输、港口口岸等部门的信息化建设，使网络的接口、网上信息服务、数据大集中应用等需求激增，进而改变了一直以来网络结构和业务系统的相对封闭性，使得安全问题不仅仅源于内部事件，来自外界的攻击已越来越多。网络应用的扩大，网络安全风险变得更加严重和复杂，原来由单个计算机安全事故引起的损害可能通过网络传播到其他系统和主机，引起网络的大范围瘫痪，甚至导致重大经济损失；另外，网络用户人员缺乏网络安全控制机制，对网络安全政策认识不足及防护意识不足，也使得网络风险度极高。

全省交通广域网承载着包括办公自动化系统(OA)、各类业务应用系统(MIS)、数据分析系统以及信息发布系统等。接入用户复杂，应用繁多，并且存在用户私自接入外部网络的风险，易受到来自于外网的黑客入侵、DDoS攻击以及来自内网的恶意攻击户或破坏等；同时由移动存储设备、便携机等带入的蠕虫和病毒也是一大威胁。另外，网络中还会充斥大量的非关键应用，将会大量占用宝贵的网络资源，使关键应用无法正常工作,给业务系统带来巨大的损失。

随着全省交通数据资源整合项目开发进行,大量的业务系统开始进行数据整合和应用协同,数据大集中方式给交通行业各个业务系统的"统一规划、统一策略、统一管理"带来了可能,也给数据中心的安全防护提出了更高的要求。

三、研究目的

通过开展全省交通广域网平台及信息系统整体安全应用研究,并部署全面的安全管理产品形成纵深技术防御体系,最终构建一个安全高效、易于扩展的绿色网络安全平台。通过建立、完善全省交通电子政务安全管理办法及各项制度、规范,进一步提升技术人员和行业用户对于安全风险事件的应对和管理能力,全面保障我省交通行业各项业务和管理的正常运作。

四、研究内容

全省交通广域网平台及信息系统整体安全应用研究主要包括信息系统风险评估及解决方案设计两方面主要内容:

1. 全省交通信息系统风险评估工作

组织和邀请行业内相关技术专家及信息安全与软件评测中心的专家,针对全省交通广域网现有网络及数据中心所承载的应用系统、软硬件设备、物理环境等进行信息安全风险评估,并提出评估报告及改进措施,其中具体包括:数据中心及灾备中心机房工程、交通厅门户网站、交通政务内外网络、交通资源整合、GIS、OA、数据存储及灾备等系统。在评估过程中,应全面分析目前系统所面临的威胁及存在的脆弱性,并评估安全事件一旦发生可能造成的危害程度,提出有针对性抵御威胁的防护对策和实施措施。风险评估的最终目的在于有效防范和化解信息安全风险,将风险控制在可接受水平,为最大限度地保障信息安全提供科学依据。评估工作所依据的规范与标准如下:

《国家信息化领导小组关于加强信息安全保障工作的意见》(中办发[2003]27 号)

《国家网络与信息安全协调小组关于开展信息安全风险评估工作的意见》(国信办[2006]5 号)

《信息安全管理实施细则》(BS 7799—1)

《信息安全管理体系规范》(BS 7799—2)

《信息技术安全管理指南》(ISO/IEC TR 13355)

《信息系统工程能力成熟模型》(SEE—CMM)

《信息安全技术、信息安全风险评估规范》(GB/T 20984—2007)

《计算机信息系统安全保护等级划分准则》(GB/T GB 17859—1999)

《信息技术、安全技术、信息技术安全性评估准则》(GB/T 18336:1—3:2001)

CVE 公共漏洞数据库

信息安全应急响应机构公布的漏洞

国家信息安全主管部门公布的漏洞

2. 全省交通广域网整体安全解决方案设计

结合权威机构提出的风险评估报告,进行《全省交通广域网整体解决方案》编制设计工作,并开展以下 8 个方面的技术设计和应用研究:

(1)机房物理安全的研究

应按照国家及部省相关标准及规定,针对核心机房是否可以最大限度的预防水灾、火灾等自然环境事故进行检查,提出相应管理措施,例如,定期检查消防系统管路及各防火、防水检测传感器,保证器件正常运行;备份重要设备及软硬件系统资源并及时完善存储系统,防止电源故障造成设备断电以至操作系统引导失败或数据库信息丢失;制订有效的规章制度,安装监控系统、报警装置、门禁联动系统等,防止设备被盗、被毁造成数据丢失或信息泄漏,以及电磁辐射可能造成数据信息被窃取或偷阅。

(2)访问控制安全的研究

应主要针对现有交通广域网中核心网络设备、门户网站、承载 OA、GIS、MIS 等应用系统的服务器控制开展优化研究,绘制相应系统的网络拓扑,分析各核心系统的访问控制合理性、权限划分策略的安全性等,从入网访问控制、网络权限控制、目录级控制以及属性控制等方面进行部署和优化,以保证全省交通网络资源不被非法使用和访问。

(3)安全漏洞扫描的研究

应通过针对性风险评测(门户网站系统和政务内网系统的服务器、服务器操作系统、数据库管理系统等),从身份鉴别、访问控制、系统保护、入侵防范、恶意代码防范、资源控制、操作系统漏洞、数据库管理系统漏洞等方面开展信息安全工作,及时修复漏洞,防患于未然。

(4)网络实时信息审计和内容恢复的研究

按照国家及部省相关标准及规定要求,使网络的接入环境具有审计能力,做到事前及时发现网络应用中存在的问题,并提出解决的策略,事后有详细的汇总资料信息。通过部署相关网络行为管理系统,对用户的网络应用信息进行实时记录和分析,建议此类系统为硬件载体、旁路设计,以达到在不影响现有交通行业各网络运行效率的前提下实时审计网络数据。此外,应对核心服务器群组进行保护和管理,在重要数据丢失或受损后得到及时恢复。

(5)病毒防护的研究

全省交通网络系统为“交通专网”和“互联网接入网”的双网结构,其中交通专网是目前省交通厅管理工作的主要网络,与互联网物理隔离,通过交通广域网骨干网与下辖的各分局、县(市)交通管理部门等政务系统相连。各种操作软件平台,数据库、内部群件的数据交换和电子邮件应用极为广泛,计算机网络系统具有客户端点数目多、分布距离远、内部安全性要求高等特点。针对上述特点,应在关键核心服务器集群的网络区域设置防病毒网关等硬件设备,并在内外网所有 PC 上安装网络杀毒软件,并实时更新。

(6)网络结构优化的研究

应开展针对目前交通广域网省、市、县(区)三级网络结构优化的研究,主要包括:网络拓扑结构优化设计;网络 IP 地址重定义及优化;网络路由协议匹配;网络安全运营管理设计;网络 QOS 组织定义;核心网络网管软件部署等。

(7)硬件设备巡检的研究

2005 年全省交通广域网运行至今,大部分核心网络设备及服务器设备已经面临厂商的有偿服务,应及时组织网络管理及维护人员开展设备查档、备机备件调研等工作。邀请主要网络设备厂商针对网络设备进行运行检查服务,通过对网络中运行的路由器和交换机设备使用专业工具进行设备状态信息的收集,然后对收集到的数据进行汇总分析来检查网络设备中主要硬件的运行情况、软件运行和配置情况,以及设备的负载情况,并以此提出了改进优化的建议。检查内容分为网络设备硬件运行情况检查,网络设备的软件运行情况检查,网络设备负载情况检查三个部分,进一步保证在设备出现故障甚至损坏时,能够迅速地恢复网络系统。

(8)信息安全服务及培训

结合全省交通信息化建设现状,应开展全方位的网络安全咨询、网络安全技术培训;静态的网络安全风险评估;特别事件应急响应三方面具体信息安全技术服务及培训工作。

科学构建交通信息系统运行维护管理的策略分析

王志伟　冯雪松
（黑龙江省交通信息通信中心　哈尔滨　150081）

“十一五”以来，黑龙江省交通信息化建设实施两步走战略。第一步，重点加强了基础网络、网站群和业务应用系统的完善和整合；第二步，以交通运输部省级信息化示范工程申报为契机，加强全省行业应用管理系统资源整合，提升了行业管理水平和公众信息服务能力，推进了全省交通行业现代发展步伐。随着信息化在行业建设和运营管理的广泛应用，强化信息系统和数据资源管理、选用科学灵活的运维手段促进信息化建设的可持续发展，进一步深化应用效果，建立一套完善的信息系统运行维护管理体系，将成为今后信息化工作一项重要的工作内容。

一、交通信息系统运行维护的管理思路

目前，黑龙江省交通信息系统还处于初级的运行维护管理状态，在组织结构、管理规范、管理流程和技术支撑方面，还没有构建一个综合完整的运行维护管理体系。网络、设备、系统、用户等的管理和服务，还存在分散、不关联等问题，没有实现数据、信息、知识库的共享，也没有实现规范化和流程化。因此，管理和服务是粗粒度、低效率的，这种管理模式将越来越难以适应交通信息化的发展要求。需要梳理运行维护管理需求、规范运行维护管理流程，开发和建设一套科学有效的融合组织、制度、流程、技术的系统运行维护管理体系，从粗放和分散式管理，逐步过渡到科学、规范和专业化管理，使交通运行维护管理体系成为信息化建设工作的重要组成部分，这不仅对各交通信息应用系统顺利运行和应用有重要意义，也将为支持和推进交通信息化的良性可持续发展。

交通信息系统运行维护的管理思路是：按照运行维护管理理论、方法和标准，结合实际和建设需要，遵循立足需求、统一规划、保障重点、分步实施、务求实效的原则，建立一套融合组织、制度、流程、人员、技术的运行维护管理体系，建立组织机构、制定规章制度、规范管理流程、明确职责分工、强化技术支撑、实现对网络及信息系统的综合管理监控和日常技术支持、快速响应，及时解决信息系统运行过程中出现的各种问题和故障，确保交通主干网络及业务信息系统正常、稳定、高效运行。

二、科学构建交通信息系统运行维护管理的实施策略

1. 强化运行维护管理

运行维护管理是指为保障信息系统与业务正常、安全、有效运行而采取的管理活动，包括系统运行管理和系统维护管理。强化运行维护管理需要从人员组织、技能提升、管理规范、维护成本管理入手，针对目前运行维护工作需要迫切改进和完善的管理需求，希望能够从整体结构上考虑这四方面内容的有机结合，建立一套适应业务和管理成熟度的运行维护管理体系，从而高效支持业务的稳定运行与发展。

在人员组织方面。针对目前分散运行维护的现状，迫切需要统一系统运行维护管理认识，整合运行维护管理资源，设计科学合理的运行维护管理组织结构和职责分工，建立起集中的运行维护管理模式。集中运行维护管理模式的建立，可以使以技术为主的管理模式转向面向业务、以服务为中心的管理模式。通过对资源的统筹安排和共享使用，在服务环节上加强沟通协作，提高整体运行维护管理的有效性。定

义运行维护管理考核目标，按照管理流程、角色岗位进行分解，配套实施支持考核的技术手段，实现科学量化评价工作效率和效果，促进运行维护工作的高效运行。实现精细化管理的目标，提高管理制度和管理流程的执行力。引入绩效考核制度以运行维护管理体系的目标出发，按照体系、流程和岗位角色分解，形成运行维护管理体系运行 KPI 关键绩效指标。

在技能提升方面。由于信息技术日新月异，仅仅通过技术人员的内部学习远远不能跟上目前信息技术发展速度。我们可以借鉴电信、银行等行业比较成熟的运行维护人员管理模式，对于现有技术人员要组织参加国家相关部门的资格认证、产品认证，并利用软硬件厂商的培训资源进行原厂培训、A 培工程师、技术大比武等活动提升维护人员综合技能；同时，也可以引进软硬件厂商的优秀人才，来充实技术队伍整体力量。引入外部专家负责梳理运行维护管理体系建设需求，从管理、流程、制度、组织与人员、技术选型等方面规划运行维护管理体系。专家对技术人员进行运行维护管理最佳实践和方法论的培训和指导，搭建业务部门、信息中心、集成商、产品提供商之间的沟通平台，促使技术人员技能不断提升。

在管理规范方面。目前在日常运行维护工作中没有规范的管理流程，我们需求对目前运行维护工作程序进行规范和标准化，建立统一的运行维护管理流程，以适应运行维护工作的整合统一管理与维护人员技能适应。制订新系统移交运行维护制度，针对开发转运行维护的上线、运行监控接口进行标准化管理。制订运行维护费用标准的管理需求，使运行维护费用能够与信息化建设费用、日常办公经费区分，规范运行维护费用预算的执行，保障运行维护工作有序开展，并能够基于预算执行结果，进一步指导运行维护管理工作。

在维护成本管理方面。运行维护费用是交通信息系统运行维护管理体系持续运行的资金保障，为保障业务应用系统的有效运行和服务质量的提高，实现信息系统服务精细化管理的目标，科学进行运行维护费用管理显得非常重要。运行维护费用要清晰定义运行维护费的构成要素，规范运行维护费用预算的口径和标准，使其与信息化建设费用、日常公用经费区分，引入“戴明质量环”质量控制模型，推行流程标准化控制。

2. 运行维护体系的建立

制订科学有序的运行维护体系，需要建立统一的运行维护、服务模式和规范，应用先进的技术工具，搭建统一高效的信息维护管理平台，构建一整套行之有效的“持续改善机制”，面向业务和应用，以服务为导向，创建创新性的交通信息系统运行维护管理体系。交通信息系统运行维护体系涵盖组织管理模式、制度规范体系、技术支撑体系等 3 个层面的内容。

(1)组织模式层

确定和规范交通信息运行维护管理方式和与之相配套的人员岗位职责安排、机构设置，将运行维护相关的全部活动进行统一决策与规划，形成集中统一的运行维护管理机制。在集中统一的运行维护管理模式下，按照运行维护管理任务科学设置或调整组织机构，划分任务、角色、岗位，合理配置运行维护管理资源，达到人员、工具、流程的有机融合。

(2)制度规范层

分别从管理与操作方面建立运行维护管理过程中各个参与要素(人员、流程、工具)的行为准则与工作程序，从运行维护管理体系总体运行、流程执行和岗位职责三个层次建立考核评价体系，确定运行维护费用的组成与计算方式，规范运行维护费用的来源保障，实现运行维护的量化管理。具体内容包括管理制度的制订、管理流程的设计、评价考核体系的执行、运行维护费用的管理等。

(3)技术支撑层

建立面向交通业务的请求响应团队和面向技术支持人员响应团队。建立运行维护管理流程平台，建立信息系统基础设施和业务应用系统集中监控告警管理平台。根据不同类型基础设施和业务应用系统建立技术管理子系统，建立为业务管理提供服务的业务运行维护管理子系统，建立知识库、配置库、报表及日常操作等共享支持子系统。

3. 外包维护机制的引入

简单地说，外包的意思是"外部资源利用"，就是通过购买第三方提供的服务来完成信息系统的运行维护工作。代维工作的必要性，一是适应维护体制改革的需要，二是缓解人员不足的矛盾，三是控制维护成本，四是建立战略合作伙伴的关系。现在信息技术的要求越来越高，维护保障的任务也很繁重，所以没有一支战略合作伙伴，我们很多任务就很难去完成。在交通信息系统越来越庞大复杂的情况下，运行维护工作面临着诸多新的困扰，大量简单重复的维护工作耗时耗力，核心技术不掌握、重大故障要依靠厂家解决、越来越复杂的支撑系统缺乏资深维护人员。外包的方式，管理的模式和控制需要我们不断的探索和深入的研究。

三、科学构建交通系运行维护管理的绩效分析

通过借鉴信息系统运行维护管理国内外最佳实践的基础上，结合交通系统实际情况，建立科学合理的运行维护管理体系，将组织架构、管理流程、管控制度、绩效考核、运维成本核算以及技术平台贯穿融合，可以有效解决目前运行维护工作中面临的沟通不畅、效率低下、服务质量无法保障，改变过去"各自为政"、分散运维的状况。科学推进交通信息系统运行维护管理可以带来以下四点好处。

(1)提升信息化的效益

"三分建设，七分管理"，80%的信息化效益体现在运行维护阶段。进一步规范运行维护管理工作，降低运维成本，通过运行好、维护好交通信息系统，为数字化、智能化交通作贡献。

(2)降低信息化的风险

通过开发与运维职责分离，对权限进行合理分配，避免"篡改数据、内外勾结"等风险发生，规避了系统性风险；通过规范化的操作，减少人为错误引发的风险；通过主动监控和趋势分析，预防事故的发生；通过对重大变更的审批和授权，减少了因变更不善导致的风险；通过制订应急预案，减少重大故障的影响；降低信息化带来的风险。

(3)支持领导宏观决策

建设的运行维护管理系统，能够记录并分析运行维护过程中发生的各种故障及其解决方案，通过报表工具，展示全局视图，让领导了解运行维护工作各方面情况，支持领导宏观决策。

(4)提升信息化科学管理水平

面向业务，以业务需求和目标为出发点，制定运行维护管理的愿景、目标和策略，建立科学的运行维护管理机制和治理型组织结构，理顺组织机构和职责划分，规范运行维护管理过程中各个参与要素(人员、流程、工具)的管理制度与工作流程，建立绩效考核评价体系，规范运行维护费用，实现精细化管理和提升信息化科学管理水平。

专　　项

综合交通数字枢纽建设方案及运营模式分析

黄建玲　刘文韬　吴东东
(北京市交通信息中心　北京　100055)

北京市近年提出公交优先发展战略,综合交通枢纽作为城市客流集散中心,是公共交通中的重要组成部分。本文针对现有综合交通枢纽运营效率与服务水平的提升,通过对城市综合交通枢纽现状的调研,结合综合枢纽在综合交通运输体系中的定位及目前综合枢纽运营管理过程中存在的问题,重点研究如何通过信息化智能化手段挖掘综合交通枢纽设施的运行服务潜力,提出了综合交通数字枢纽的服务框架与总体技术架构,通过数字枢纽的建设提升现有设施的运营管理水平与服务能力,在此基础上进一步探讨在智能化体系支撑下的综合枢纽的运营管理模式。

一、综合交通枢纽现状及存在问题

1. 背景

城市交通枢纽是车流与人流的集散地,多种交通方式在枢纽中汇集。大城市综合交通枢纽中至少集中了公共交通、行人、自行车、社会车辆及出租车等多种交通方式。综合交通枢纽可以看成是一座大规模的交通流换乘中心,是各种交通工具间交通流量交换的主要场所,提供各交通流量间的高效、便捷、安全交换。交通换乘功能是城市综合交通枢纽的核心功能之一,交通枢纽的交通换乘能力及相应的服务水平是评价其综合性能的重要指标。

《北京市城市总体规划2004~2020年》中规划中心城内保留原规划枢纽站16处,新增枢纽站17处,共33处,其中大型综合换乘交通枢纽(公交、轨道及铁路)13处,对外与铁路换乘接驳的综合交通枢纽4处,与省际长途客运换乘接驳的综合交通枢纽4处,其他综合换乘交通枢纽5处。

东直门交通枢纽于2008年7月正式开通运营,枢纽位于东城区东直门立交桥东北角,总建筑面积59.08万m^2,其中交通枢纽建筑面积7.8万m^2。东直门枢纽进站运营的市区线路8条,郊区线路9条,另有20余条公交线路过境接驳,直接接驳地铁2号线、13号线、机场快轨,该枢纽是目前全国涵盖客运方式最多、客流量最大的综合客运枢纽,是人流、车流的聚集地。

东直门交通枢纽包含的各种交通方式有其特定的服务区范围。行人、自行车的服务区可认为在枢纽附近的一个范围,主要解决东直门周边街道及公园等的日常出行;城区公共交通主要是为其沿线市民的出行提供服务;近郊区公共交通的服务范围主要为北京市周边近郊地区,对东直门枢纽而言主要指北京的东北近郊;进出东直门的远郊公共交通主要是为顺义、怀柔、密云、平谷几个郊县进出北京市区服务,这些区域内进京的客流量必然要影响换乘量;2号线的服务范围主要是二环路沿线以及1号线地铁经过的附近区域,这些区域内所产生的交通流量都有可能在东直门交通枢纽换乘;13号线主要解决了北部市区及近郊进出市中心区方向的交通,其中进出东直门的交通主要为东北部市区及近郊。

2. 存在问题

东直门综合交通枢纽作为北京市重要的城市交通枢纽,在同一个建筑物内汇集了公交电汽车、城市轻轨、地下轨道、机场快轨、出租车、自行车等多种交通方式,枢纽区域内的交通运营囊括了多个交通运输运营管理主体,实现了乘坐公共交通、自驾车、骑自行车以及步行等的公众出行者在多种交通出行方式之间的一站式换乘，是连接中心城各区域、中心城与城郊之间的重要纽带，是城市内部客流和车流的关键节点。

然而，东直门综合交通枢纽的建设在给出行者带来出行和换乘便利的同时，在体现多种交通方式综合性的同时，也随之带来暴露了一些问题：

(1)客流聚集效应明显。多种交通出行方式集中在一个建筑物内，将产生显著的客流聚集效应，势必带来进出枢纽的庞大客流量，一旦发生各种突发事件，容易产生拥堵、踩踏等各类安全事故，存在一定的安全隐患，为枢纽的应急响应和紧急疏散能力建设带来巨大挑战。

(2)乘客换乘效率有待提升。东直门枢纽连接了机场快轨线和远近郊公交路线，因此，在进出枢纽的乘客中非北京中心城区的旅客将占有一定的比重，枢纽内换乘关系复杂，极易使初次进出枢纽的乘客在进出枢纽和换乘过程中感到茫然和不知所措，容易形成旅客无效换乘距离延长；同时无形中也增加了乘客在站驻留时间，在局部区域也容易形成人流拥堵。

(3)周边区域道路交通压力巨大。东直门枢纽采用TOD(东华商业广场)的开发模式，除交通枢纽功能外，枢纽内商区、公寓、酒店密布，庞大的客流进出枢纽也势必带来进出车流的聚集，给周边区域停车场和道路交通产生巨大压力。

(4)紧急疏散能力不足。枢纽内多种交通方式汇集，一旦各种交通方式间运营管理不能实现协同运营和联动管理，增加百姓换乘过程中候车时间，如果某一种交通方式因突发事件造成服务中断和变更，将会产生一系列连锁反应，加剧人流拥堵情况的发生，对枢纽换乘和其他交通方式的正常运营带来影响。

经调查分析，产生上述问题的主要原因归结在以下三个方面：

(1)土建规划设计方面。东直门枢纽规划建设最初采用了TOD的理念，TOD(Transit Oriented Development)模式是实现以公共交通为主体的城市综合交通系统的重要途径，强调公共交通与土地利用规划紧密结合，强调面向交通的土地综合利用开发。一体化综合枢纽是实现TOD模式的重要内容，综合枢纽周边土地开发、商业开发等是交通网络中最为发达的地点之一。然而，在操作过程中TOD往往走向“DOT”，导致TOD的作用弱化。以东直门为例，东直门综合枢纽区域暨东华广场商务区的总建筑面积为59.08万m^2，而其中交通枢纽建筑面积为7.8万m^2，其他均为商业、写字楼设施，在交通枢纽中区域中一部分为两层的集散大厅，另一部分为公交场站，设计建成后公交场站空间无法满足原定数量的公交线路运营要求，最终缩减了进站公交线路数量。土建规划设计方面的实际定位很大程度影响了综合枢纽客流换乘组织效率与交通服务水平。

(2)信息获取与服务方面。以换乘为主要目的公众出行人群，进入到枢纽区域时，更需要的是包括了枢纽内所有交通方式的综合性信息，进而以此来决定自己的换乘策略。然而，目前东直门交通枢纽已有公交信息发布系统(包括静态标识标牌、动态显示牌、广播等)、地铁及快轨信息发布系统(包括静态标识标牌、动态显示屏、触摸屏、广播等)、枢纽静态标识标牌系统。这些已有系统只能为公众提供单一的交通信息，缺乏多元化、多层次的信息服务，面向出行者提供有效的诱导信息。

(3)多种交通方式运营管理方面。枢纽内各运营主体的信息系统相对独立，分别存储和上报自己管辖范围内的数据信息，各类信息的集中程度比较低。公交分公司把相关信息上报集团公司、地铁把相关信息上报线路中心、枢纽管理机构把相关信息上报北京交通应急指挥中心。枢纽内的运营主体采用条状管理模式，各个生产运营主体之间既相对独立，又统一接受北京市交通委员会的行业管理。在这样的管理体制下，各进驻机构之间各自为政情况的产生，每个生产运营单位都形成一个“信息孤岛”，各单位之间信息共享程度比较低。在这种情况下，各个运营管理部门之间缺乏足够的沟通，能够掌握和利用的信息仅限于本部门内部的有限信息，很多业务往往需要其他部门信息的支持而有没有好的共享途径，相互间的联动能力有限。

二、综合交通数字枢纽服务架构研究

1.综合交通数字枢纽的服务需求

在枢纽日常运营管理中存在着上述一系列问题，在既有土建设施现状下，只有充分利用信息化智能化手段，挖掘综合枢纽的运营服务潜力，才能改善综合枢纽的交通服务能力和管理水平，加强各种交通方式接驳能力，减少出行者出行的时间消耗，实现在各种交通方式间的高效换乘，促进不同交通方式运行管理的衔接与协同效率提升，弥补土建不足。

(1)公众出行信息服务需求。出行公众在出行过程中需要全方位、多方式、满足多种出行需求的综合信息服务。不同的公众因其出行时间、所在位置、出行方式、习惯、心理等的不同，所需的信息服务也有所不同。满足乘客个性化换乘信息和综合信息需求，另一方面综合信息服务也可以增强枢纽对客流的疏导管理能力，可减少由于客流混乱带来拥挤和无效换乘。

(2)多种交通方式联动、枢纽运行日常监测需求。东直门综合交通枢纽是北京城市交通网络中的重要节点，站内包含轨道交通、机场快轨、公共电汽车、出租车等城市客运方式，同时其辐射区域广阔，与城际间交通联系紧密，因此大交通架构下各交通方式(城市交通、城际交通)服务和管理信息的互通共享是实现公交体系(轨道、公共电汽车)面向公众协调服务，推动各种交通方式运营管理机构、设施之间决策联动的基础。

(3)缓解周边道路交通压力的需求。东直门综合交通枢纽地处北京市东直门立交桥东北角，周边交通情况复杂，车流量大，早晚高峰容易成为拥堵点。为了降低进出站车辆对周边交通产生的影响，需要在周边区域进行车辆诱导，对进出枢纽站的车辆发布进站、停车引导信息及周边的动态路况信息，一旦出现拥堵，及时分流。

(4)应急疏散需求。枢纽的管理与应急处置主要包括两方面的需求：一方面枢纽管理机构需要进行日常安全监控与管理；另一方面，公共突发事件发生时，枢纽管理机构需要进行应急响应，同时需要与枢纽内、外各政府部门、运营企业进行应急联动。

2. 综合交通数字枢纽服务架构

依据上述需求，形成综合交通枢纽信息服务平台服务框架，重点考虑五方面的服务：

(1)枢纽日常监测与联动支持。通过智能化检测手段，实现对枢纽日常运行状况的全面监测、分析评估与预测预警，将相关信息提供给枢纽内各种运输方式的运营管理部门，为实现多种运输方式间的协调联动、调度指挥提供支持。

(2)安全疏散诱导与应急管理系统。借助信息手段，完善枢纽安全应急处置系统建设，实现安全疏散诱导和报警“一键通”集中控制，保证信息报告与发布的及时性，提高应急快速响应能力，提高安全疏散的效率。

(3)枢纽内换乘诱导与信息服务。以静态诱导为主、动态诱导为辅，融合不同客运方式的诱导标志标识，对不同交通方式出行者在枢纽内不同区域提供各类出行换乘信息，使乘客方便快捷的选择交通方式，提高枢纽客流换乘组织效率。

(4)枢纽周边区域交通诱导。通过枢纽周边信息服务大屏，发布周边道路实时交通信息，方便进出站及过往车辆选择适当路线；通过停车诱导子系统提高停车设施利用率；通过出租车诱导子系统实现出租车规范化管理。

(5)枢纽辐射重点区域交通信息共享服务。利用统一的信息交换接口，实现民航、铁路、枢纽三者之间的信息共享，为出行者提供更加广泛的信息服务。

3. 综合交通数字枢纽总体技术架构

建设“两大基础平台，五大应用系统”，通过综合枢纽信息服务平台的运行，重点提升枢纽内安全监测及紧急事件下联动响应能力；提升枢纽内各运输方式衔接运转效率；提升枢纽内客流换乘组织效率与信息服务水平；提升枢纽及周边区域道路交通运输效率；促进枢纽辐射重点区域信息服务水平的提升。

两大平台是信息资源平台和网络支撑平台，五大系统包含：枢纽内换乘诱导与信息服务系统，枢纽周边区域交通诱导系统，枢纽辐射重点区域交通信息共享服务系统，枢纽日常监测与联动支持系统，安全疏散诱导与应急管理系统(见图1)。

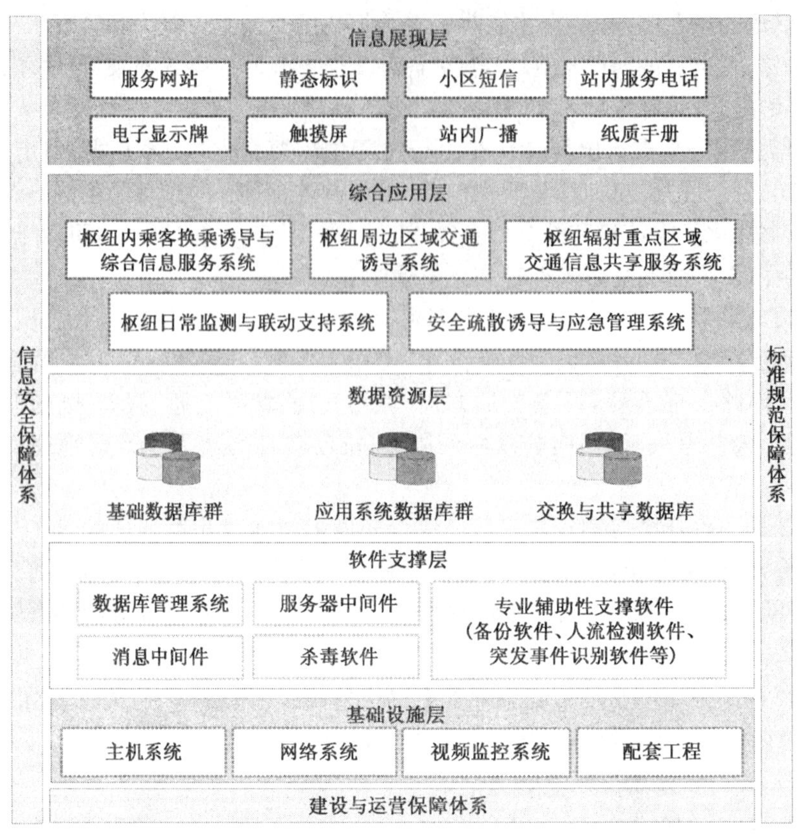

图1　东直门数字枢纽技术架构图

三、数字化智能化支撑下的综合枢纽运营管理模式分析

综合交通枢纽的运营管理模式将对枢纽信息服务平台作用的发挥及枢纽的运营服务水平产生极其重要的影响，是枢纽信息服务平台正常运行的必要条件，也是影响数字枢纽建设成败的重要因素。

1. 枢纽运营管理主体

东直门综合交通枢纽的运营主体是“北京公联交通枢纽建设管理有限公司”（以下简称“枢纽公司”）。该公司是北京市交通委员会针对交通枢纽建设管理所存在的建设主体不明确，项目前期研究工作滞后，规划落实难度大，现有枢纽运营管理模式滞后，不能满足现代公共交通系统运营服务的要求等问题，根据《北京市人民政府办公厅转发市交通委等五部门关于优先发展公共交通意见的通知》中提出的“新建公交场站用地和投资纳入城市基础设施建设管理，由政府统筹安排用地和资金，建立政府投资大型综合交通枢纽资本金注入机制，组织和委托专业公司建设、运营、管理，实现多运营主体共享和多种交通方式衔接换乘”的精神，于2007年7月由市国资委和交通委联合批复成立的国有控股、专业化综合交通枢纽建设管理公司，负责北京市多个综合交通枢纽、枢纽周边道路及“P+R”停车场站的建设，并负责综合交通枢纽、“P+R”停车场站等相关设施的经营开发、维护管理及服务工作。枢纽公司的成立是对“政府主导、建管合一、管用分离”的枢纽新型建管机制的探索。

枢纽公司按照“科学化、规范化、专业化、市场化”的原则组建，自负盈亏、独立核算，代表市政府对交通枢纽实行集中投资建设、管理及运行服务，公司首先要保证交通枢纽功能，为公交、地铁等企业提供服务；其次，在确保枢纽功能的前提下，可确定一些与枢纽相配套的服务性项目进行经营，适当收取费用。

2. 枢纽运营管理模式

目前，枢纽建设通过商业开发置换的方式完成，在建筑工程建设完成后进行资产交接，由枢纽公司进行全权管理,枢纽部分的总建筑面积为7.8万m^2,其中涉及公交地铁两大运营公司作为枢纽的使用者,分别是北京公交集团和北京地铁总公司。目前,已有16条公交线路进站经营,公交集团利用了枢纽一层约3万m^2的建筑面积组织运营,其运营调度、安防监控、保安保洁由公交集团负责,其中安防监控系统同时接入到枢纽安防监控中心。运营中的地铁2号线、13号线和机场快轨线在此汇聚和换乘,地下一层13号线和机场快轨线付费区及非付费区由枢纽公司负责保安保洁,但其付费区的安防监控、屏幕显示终端和应急疏散系统由地铁公司负责建设。枢纽首层和地下一层集散大厅的信息诱导与服务系统、应急疏散、网络通信、消防、供电、门禁和巡更系统等设备由枢纽公司负责运营维护(见图2)。

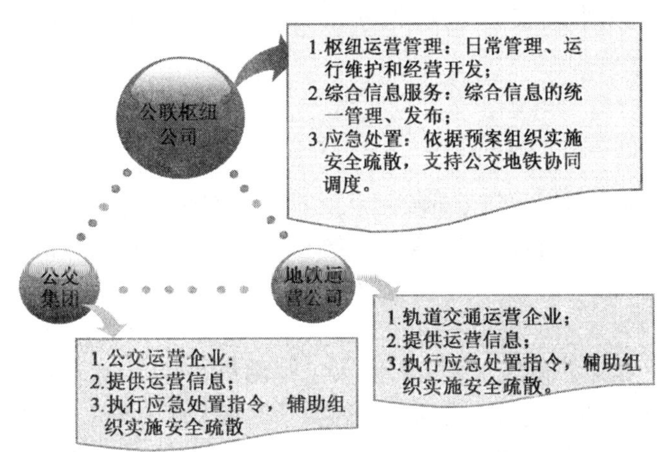

图2 综合交通数字枢纽协调运营管理模式

当前,受制于管理体制和机制的束缚,枢纽公司、公交和地铁三方依据各自的管辖权独立开展运营管理,但是从借鉴世界发达国家交通运营管理经验出发,结合东直门综合交通枢纽旅客进出流量大,换乘关系复杂的特点,应更加强调整合资源,实施一体化管理的运营模式,即整合三方资源建立统一的运营管理机制,以枢纽新服务平台为依托,在协同管理和应急联动方面做到无缝衔接、相互支撑,最大限度提高交通系统的运营管理和服务水平,可分三步完成这一目标:

第一步:开展信息资源整合与交换,加强公交、地铁和枢纽三方运营信息的交换与共享,使得各运营单位及时掌握相互之间的运营信息和突发事件信息,及时主动采取相应的运营和应急管理策略。

第二步:依靠枢纽信息服务平台中的枢纽综合运行监测和应急会商系统,建立日常运营联络和应急会商制度,为日常情况下公交、地铁运营单位驻枢纽联络员设置监控坐席,以及突发公共事件情况下,三方决策部门的应急会商提供智能化支撑。

第三步:三方运营管理部门融合成有机的整体,利用统一的运行监控和应急指挥场所实现合署办公,各自的运营管理信息系统也实现充分的融合,形成了一套集成度高、技术先进、功能合理、运行可靠、扩展灵活的大集中控制体系,在统一的运行管理机制下高效运转。

考虑到当前的实际情况,现阶段可开展第一步和第二步的运营管理模式实践。

3. 枢纽信息管理模式

枢纽信息服务平台将安装部署安防监控、信息发布显示等终端设备,并建设安防监控和应急会商指挥中心、机房等设施,以及开发相应的软件系统进行信息的采集、交换、处理、发布和上报等。

为加强对这些设施设备以及软件系统在质保期后的日常管理与维护,必须依靠相应的技术力量完成信息化运营管理和维护工作。对于枢纽公司有两种运营管理模式可供选择,一是成立相应的信息管理部门,吸纳和招聘社会上专业化的人才,开展运营维护工作;二是将运营维护工作以招标的方式外包给社会上专业化的公司。两种方式各有利弊,为保障枢纽智能化平台的有效运行,建议成立枢纽信息化管理部门,配备信息化主管、系统设备环境维护人员、数据采集处理分析人员,系统维护人员与数据分析人员同时参与枢纽日常运行监控值守,并完成应急情况下信息的上传下达。

基于 VTS 的船舶流量自动检测系统研究

徐超忠　康红霞

（中国交通通信信息中心　北京　100011）

一、前言

水上交通情况调查是通过对内河航道的交通状况进行定期或不定期地调查，以掌握不同航道、不同航向水路的交通流量、流向分布及构成情况等特性指标，分析水上交通流量的基本情况。水上交通流量信息既是水路交通规划与建设、养护和安全监管的重要参考，也是政府服务于公众，提高水上运输效率的重要信息。

我国水上交通信息采集尚处于人工观测阶段，人工观测费时费力，而且数据质量也不能得到很好地保证，所以，仅凭人工观测，难以满足水上交通管理的要求。据了解，VTS（含 AIS）船舶交通管理系统，目前已经基本覆盖我国沿海、沿江的主要港口和水道，该系统可以提供识别码、船位、航向、航速、船舶长度、船型和货物信息等丰富的船舶信息，如果将这些信息进行研究、分析和提取，既可提供我们所需的水上交通流量数据，又可以充分利用现有资源，完善水上交通流量调查系统。因此研究开发基于 VTS 系统的船舶流量自动检测及统计分析技术，具有十分重要的实践意义。

二、自动检测系统的数据研究

1. VTS 系统的基础信息

通过分析 VTS 系统的船舶数据库的基础信息，我们发现 VTS 船舶数据库所包含的信息非常多，如船舶流量、船长、船舶类型等，但通过对实地观测与系统的实际数据对比，我们发现这些数据的完整性较差。原因主要有：

第一，这是由 VTS 雷达系统存在盲区、跟踪能力有限形成的，如果经过报告区域的船舶没有被确认或识别并记入数据库，那么数据库中的船舶信息就是缺失的。

第二，根据 VTS 的系统特性，由于小船被确认和跟踪的比例相对较小，因此 VTS 船舶数据库中大部分都是大船信息，小船信息是不全面的。

第三，因为系统的数据需要操作员人工输入，势必受到人为因素的影响，而且在船舶流量过于密集时候数据的准确性就难以得到有效保障，小船信息丢失现象就非常严重。

综合以上分析，我们得出的结论是：目前 VTS 系统中船舶流量信息主要是大型船舶流量及航向，以及一部分船长数据，信息精度较低、分船型和分货类困难、小船信息丢失等缺点。

2. VTS 数据与人工观测信息的对比

人工观测信息，是通过人工目测方式获得某一水域观测断面上、下行航道的水上船舶流量信息。在目前的人工观测中，可连续地对某一观测断面每一小时分航向、船长和船舶类型的船舶流量进行统计，最终得到全天 24h 的船舶流量信息。实际上，人工观测的数据信息是非常详实的，在内容上完全可以满足现行水上交通情况调查工作的需要。但是，人工观测需要投入大量的人力和物力，因此在目前的实际执行过程中一般是每个人工观测站点每月最多观测三天，利用三天的观测数据推算该站点全月的数据，加之人工观测受观测人员的责任心影响较大,因此数据质量得不到很好的控制和保障。

3. 两类数据的特点

对 VTS 数据与人工观测数据做统计学对比分析发现,VTS 数据(含 AIS)与人工观测数据之间具有如下规律:

(1)在船舶流量不大时 VTS(含 AIS)系统中出来的流量数据准确度可以达到90%以上。而当航道内船舶数量很大、小船较多时,由于 VTS 信息确认和跟踪的能力有限,系统数据的精度就会相对降低。

(2)VTS 数据(含 AIS)与人工观测总量数据具有高度的相关性。从统计学的观点看,通过一定的技术手段处理,以 VTS 数据替代人工数据,推算船舶流量数据具有可行性。

所以我们认为,把 VTS 系统数据和人工采集数据结合起来,取长补短,根据数据的规律和特点,开发一套自动检测系统,就能找到一条解决数据完整性和提高精度的有效途径。

三、自动检测系统设计

设计的总体思路:以 VTS(含 AIS)系统提取的数据信息为基础,引入人工观测数据与之建立对应关系,应用统计学相关理论与方法,建立数学模型,计算出断面日船舶流量总量修正系数、日小时船长修正系数和日小时船型修正系数,对 VTS 数据进行总量弥补和分型修正,最终形成观测断面全年365 天、全天24h 连续不间断的船舶流量及各船型分类流量数据,满足水上交通情况调查对观测断面船舶流量的需要。

通过以上理论形成的自动检测系统应包括数据采集(录入)、数据处理、数据修正、数据查询及信息发送等功能。

四、自动检测系统方案

第一步:VTS 数据采集

由于目前 VTS 系统主要用于水上交通安全管理,系统内部数据库信息内容较多,比较复杂,并自成一套完整体系,如果将一新的数据采集系统嵌入到 VTS 系统中,有可能会直接影响到水上交通安全管理工作,甚至扰乱安全管理的正常秩序。考虑到上述因素,对于 VTS 系统的数据采集工作,由最初设计的直接嵌入 VTS 系统中进行数据自动采集,改为建立数据交换标准格式进行数据交换的方式进行。因此,我们定义了 VTS 船舶流量信息文件交换标准(简称流量交换文件),给出了将单独的数据采集服务器放到 VTS 系统计算机网络的同一网段中,按照固定时间间隔将 VTS 系统中的相关数据交换文件通过网络写入数据采集服务器的指定目录中的数据采集解决方案。具体流程见图 1,VTS 系统写入流量数据采集服务器的文件包括基本信息和观测信息两部分。

第二步:对 VTS 系统数据进行整理

从自动检测系统的整体设计看,要导入的数据表主要有两张:第一张是人工观测数据表,是按照《水上交通调查统计报表制度》中规定格式填写的数据表;第二张是 VTS(含 AIS)系统采集的原始数据经过整理后的自动观测数据表(从原始表生成与人工观测数据表相同格式的数据表),即该表是 VTS 系统数据根据人工观测表的格式进行整理后得到的。在程序中导入人工数据的作用只是为了与机器数据进行对比,计算 VTS 系统数据的修正系数,并修正 VTS 系统数据。

第三步:VTS 系统数据修正

通过对沿海、内河 VTS(AIS)系统数据的调研、处理、分析,从 VTS(AIS)中获取的数据具有如下规律:

(1)水上交通流量在一定的时间周期内有规律变化,从 VTS 系统中获取的船舶流量数据也随之具有相同的规律。如江苏南通的潮汐规律是半日潮,即在24 小时48 分钟的时间里,每天会发生两次高潮和两次低潮。而多数船舶为了节约成本,都会随潮涨而上、潮落而下,因此随着潮汐变化航道内的船舶流量也呈比较明显的变化趋势,其他时间航道内的船舶流量相对则表现得相对平稳。所以在早上8时至9时,下午6时至8时间会形成两个流量高峰,而在其他时段表现相对平稳。确定变化周期和流量变化趋势这两个因素可以较好地修正数据获取的精度。

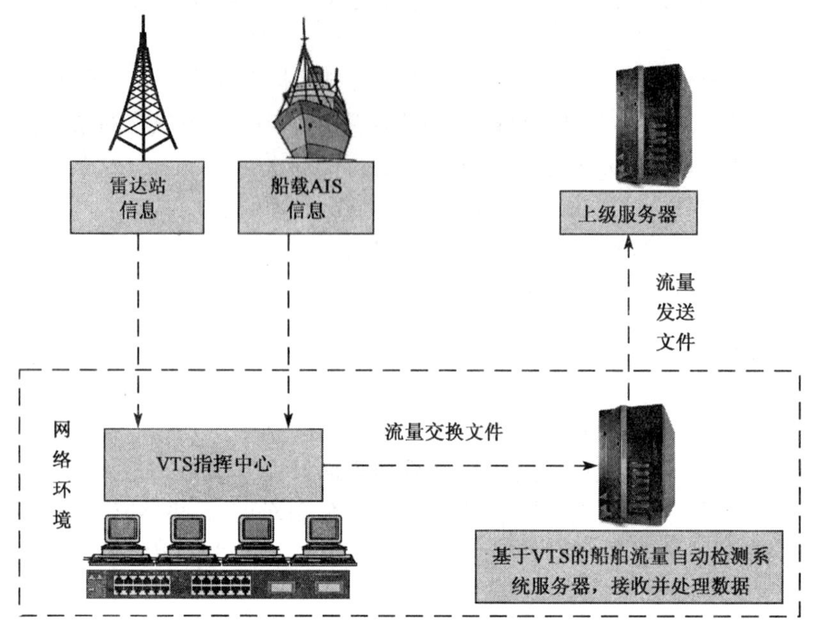

图1　数据接收与发送示意图

(2)在船流量不大的情况下,VTS(AIS)系统数据具有较高的精度,而在流量较大的情况下精度则会降低;处理好流量高峰段的数据获取精度就可以保证很好的总体精度。

在这种理论基础上,我们设计了通过人机数据对比计算进行精度修正的算法,对机器数据加以修正,该算法对高峰流量修正效果显著,可得到切合实际的船舶流量统计数据。由于目前人工观测数据和VTS实际获取的数据非常有限,我们只好在修正船舶流量数据时以计算每日的船舶流量为基础。

在系统设计中我们采用的修正系数有日总流量修正系数、小时分船长修正系数和小时分船型修正系数三种。

1. 日总流量修正系数

考虑到断面船舶流量精度受季节波动(特别是枯水期和丰水期)的影响较大,所以我们将研究一年12个月的人工观测数据和对应的VTS系统数据,找到船舶流量在一年中的规律性变动,由VTS数据来推算船舶流量数据。总流量修正系数有两种计算方法:

(1)计算月流量代表系数。将每月30(31)天的人工观测数据简单平均,得到每月的平均流量数据*RS*来代表当月人工观测的平均流量水平;同样将对应的VTS当月的数据进行平均,得到代表当月VTS的平均流量水平。共有12组数据。计算12个月的代表系数$\lambda_1,\lambda_2,\cdots,\lambda_{12}$,计算公式为:

$$\lambda = RS/VS$$

用取得的VTS系统数据乘以当月的代表系数,便得到这一天的船舶流量数据。

(2)用小船比例数估算总量。VTS数据的问题主要是数据缺失,而缺失的数据基本都是小船信息。从实际调研的情况看,小于50m的船在VTS系统中确认的可能性非常小,因此把小于50m的船舶定义为小船。

通过人机数据对比,把漏掉的小船的数加上当日VTS的数据,可以看作是当日实际船舶流量。我们根据目前所获得的资料,可对小船数量进行大体估算。将每月人机数据进行对比,计算当月丢失小船的平均数量,共有12组数据。公式如下:

$$\Delta_{小船} = \sum RS - \sum VS$$

然后计算小船丢失的比例数:$\mu = \Delta_{小船} / \sum RS$

那么所需要的船舶流量数据就等于 VTS 数据乘以 $\lambda = (1 + \mu)$。

当然,通过这两种方法进行日船舶总量修正,从理论和方法上讲是比较粗的,准确率也不是很高。相信随着以后资料的积累,可以进行多次修正,以期获得比较准确的船舶流量数据。

2. 分船长与船型修正系数

在分船长和分船型数据修正过程中,我们分两类情况对自动采集数据进行处理。第一类是 AIS 能够监测到的数据,因为 AIS 能够采集到的船舶的流量和船型、船长数据相对确定,可直接作为最终数据使用,不需进行修正。凡有船名的数据的,我们默认为是 AIS 直接采集到的数据,可直接放入修正过的数据表中。第二类是 VTS 能观测到的,船舶数量确定,但船型和船长无法直接确定的,必须通过人工观测数据进行修正。

首先,我们将船舶总流量数据按不同的船长和船型划分成一个 10 行 9 列的数据表。其中 10 行代表的是上行和下行两个航向,每个航向各 5 个不同船长的流量数据;9 列是指每一行包括 9 类不同船型的流量数据。划分的 10 行包括:

第一行:上行 <30m;

第二行:上行 30 ~ 50m;

第三行:上行 50 ~ 90m;

第四行:上行 90 ~ 180m;

第五行:上行≥180m;

第六行:下行 <30m;

第七行:下行 30 ~ 50m;

第八行:下行 50 ~ 90m;

第九行:下行 90 ~ 180m;

第十行:下行≥180m。

9 列则分别指客船、普通货船、集装箱船、危险品船、船队、渔船、工程船、公务船及其他船舶。

接下来,我们计算出这 10 行人工观测的平均流量。

第一行船舶平均流量 = ∑(报告期当月人工观测日的上行 <30m 所有船舶数量)/当月观测天数

同理,可算出其他行的船舶平均流量。

前面我们已经计算出当月日平均流量,设为 T。

然后,根据每一行的船舶平均流量计算出每一行的分船长修正系数 α,计算公式如下:

α = 某一行的平均流量/T

如,第一行的修正系数为:α_0 = 第一行的船舶平均流量/T。

其他行船舶修正系数计算方法依此类推。这样,通过计算,我们得出 10 个船长修正系数。

如前所述,由于每一行的流量数据中还包含 9 类不同的船型,因此,我们还要计算出分船型修正系数,按照不同的船型逐一将流量分配进去。具体的分船型修正系数就是某一类型船舶在每一行船舶总流量中所占的比重,计算公式:

β = 某一行的每一类船舶的平均日流量/某一行船舶平均日流量

如,第一行的客船流量分配系数为:

β_{01} = 第一行客船平均日流量/第一行船舶平均日流量

其他类型的船舶流量分配比例同理算出。

通过本次计算,我们又得到 9 个分船型的修正系数(计算修正系数过程中,小数按四舍五入的原则处理，小数点后保留四位数字）。

综合以上三种修正方式后，我们可得到一张每日分船长分船型的修正系数表。

3. 数据修正

通过综合日总流量修正系数、船长修正系数和船型修正系数后，就可以对每天 VTS 采集到的数据进行具体修正，最终得出比较准确的观测断面日船舶流量数据。具体计算公式如下：

每日分船长分船型的船舶流量 = VTS 采集到的数据 $\times \lambda \times \alpha \times \beta_{\times\times}$

在进行船舶流量数据修正时，为保证数据精度，由 AIS 系统采集出来的数据，不需修正便可直接放入修正过后的数据表中。通过调研发现，在 VTS 系统船舶信息中，AIS 船舶流量数据在总流量中的比例在 10% ~20% 之间。对于非 AIS 采集到的数据将由以上修正系数算法一一进行修正。此外，在数据修正时，我们还采用大船、客船优先的原则，如果 VTS 直接采集到的这部分船舶数量大于修正后的数量时，我们将直接用 VTS 采集到的数据代替修正数据，而 VTS 数据与修正数据之间的差额将从小船或其他船舶中扣减。

通过以上设计的自动检测系统，有 VTS 系统数据出来，相应地，我们就可得到比较准确的实际船舶流量数据了。系统完成数据采集、录入、整理、比较、修正后，便可根据上级管理部门的要求进行数据发送了。

五、自动检测系统开发与实施的难点

理论上使用基于 VTS（AIS）系统的水上船舶流量自动统计系统是可行的。但是，从现实情况看，项目的推广应用在现阶段存在着一定的难度。主要表现在以下两点：

1. 技术层面

一方面，VTS 系统是一个独立完整的工作系统，主要是为保障水上船舶航行安全、提高交通效率、保护水域环境、对船舶实施交通管制并提供咨询服务的，在不改变系统的现有运行环境和工作内容情况下，增加数据采集的功能，可能会影响原系统的正常工作。另一方面，我国使用的 VTS 设备均为国外厂商生产，设备关键技术不掌握在我们手中，在推广使用本系统时，如果得不到国外厂商的认可和帮助，无法更改系统中的程序，那么得到的报告线流量数据、数据格式和类型基本不符合水上交通流量调查的要求，也不能直接导出文件。

2. 工作流程和管理层面

VTS 系统的工作流程是：有船舶到达设定报告线时，船舶向指挥中心报告，指挥中心工作人员点击目标、显示目标数据或询问目标信息后录入船舶名称，或确认 AIS 船舶信息，确认后信息存入数据库；若经过的船舶没有确认，数据库中则没有这部分船舶的相关信息。VTS 指挥中心的交通安全指挥任务非常艰巨，中心的工作人员工作强度很大，如不增加专门人员一一确认所有经过的船舶目标，是有一定难度、不现实的。

六、实施建议

针对以上存在的问题，要想尽快实施和开展项目推广，首要的是要求国外 VTS 设备厂商和海事局用户共同努力和协商，修改、完善或升级 VTS 设备软件系统，提供独立的硬件和软件系统，实现数据采集系统自动完成船舶流量数据的采集、存储等功能；其次，要完善和改进 VTS 系统的工作流程及组织管理体制，确保经过的船舶信息得到及时确认，以提高 VTS 系统数据的完整性和准确性。

吉林省交通运输应急指挥调度系统建设

李健志　闫澜波　孙　昕
（吉林省交通信息通信中心　长春　130021）

摘　要：交通应急指挥调度系统能够改善、提高交通运输的安全性，在日常监控、预警、处理和应对突发事件中，为交通运输应急、安全保障工作提供一种更有效的信息化手段。目前，国外应急处置系统建设处于蓬勃发展阶段，我国则处于起步发展阶段，因此，建立一套适合我国国情的交通运输应急指挥调度系统具有极其重要的现实意义，信息化是其发展的必然趋势。

关键词：交通运输　应急　指挥　调度

吉林省交通运输应急指挥调度系统是经交通运输部和吉林省交通运输厅批准建设，“吉林省交通运输信息资源整合与服务工程”中的一个应用系统。该系统采取“平战结合”的方式，对于日常重点地区（路段）、危桥、事故多发地等场所进行视频监控，对路况的交通量、平均车速、车流密度、能见度、气象等路况信息进行监控；在突发事件时候，是集突发事件预警、评估、确定方案、指挥调度、动态监测、辅助决策、资源机动调配、应急指令下达和事后处置于一身的信息平台，承担着突发事件及相关信息的处理、分析、发布和应急反应工作。

一、系统建设需求

全面建设小康社会、实现社会可持续发展要求进一步加强对交通运输安全的关注，利用各种先进的理念和手段转变安全管理的模式，提高安全管理的水平，全面提升公共突发事件的应急反应能力也为交通行业管理提出了应急处置需求。

交通运输行业管理部门需要利用信息化手段支持应急指挥体系的构建，在建立应急组织体系、制定应急处理流程、完善应急保障体系的基础上，利用先进的通信手段，逐步扩大公路及运输监控的范围，建立应急预案和应急指挥系统，提高各类突发事件的应急处理能力和遇险救援水平。借助信息化手段转变传统的事后处理为主的安全管理模式，构筑事前信息采集、监测、预警，事中辅助决策支持、统一指挥控制和联动综合处理，事后评价和记录的交通安全保障体系，提高交通系统的安全性。

分散在各业务部门中的反映全省路网运行状况的视频监控、运行 GPS 信息、交通流量、道路检测信息等相关数据，需要进行抽取、整合、分析与利用。

在运行监控和应急过程中，需要多个监控主管部门的多方协作和充分的信息共享。

二、系统的主要功能

1. 日常值守

利用各种监测监控设施，通过监测网络，以 GIS 系统为主要工作平台，实现对重点监控目标的分布情况、运行状态的日常监控，并根据日常业务管理需要，进行路网、站场和车辆的日常调度管理；通过电话、传真、互联网、短消息、应急平台，采集与公路交通应急相关外部信息；分析风险隐患，对可能发生的事件进行预测预警等。

2. 预警管理

通过分析实时路况、气象等信息，预测应急事件是否发生，生成预警信息；可以通过电话、传真、手机、短信等方式，获取预警信息。预警信息需要根据事态的进一步发展并核实后，根据系统权限，向应急事件可能涉及的区域发布。

3. 事件处置

在事件信息采集、分析的基础上，采取初步处理措施；组织相关专家和决策人员进行分类评估，制订或者选择相应预案，咨询专家意见，制订事件处置方案；通过大屏幕显示设备、视频监控系统、视频会议系统、GIS 系统、GPS 调度系统、无线通信系统等多种技术手段，进行现场指挥调度。与此同时，自动记录应急事件的处置过程，根据有关评价指标，对事件处置过程和能力进行综合评估。

4. 辅助决策

实现对事件所牵涉的各项客体、主体、外部因素进行多角度、多层次分析，通过将突发事件信息与历史相关数据对比，帮助决策者对事件等级和影响范围进行评估。调用应急知识库，对各类信息综合集成、分析、处理、评估；根据事件进展信息和各项基础信息，对系统中各项预案进行对比分析；实现预警和事件信息的组合查询、统计分析。

5. 后期处置

在事件结束后，系统将事件的关键信息进行记录与存档，对事件造成的人员、财产损失进行登记与统计；事件处置过程的成本与费用核算；事件处置过程的奖励与责任追究；保险理赔与善后处理；具有事后评估功能，帮助相关管理人员针对事故起因、过程进行分析，建立紧急事件事后评估体系。

6. 预案管理

根据各类基础信息和历史案例信息，编制预案；根据预警和事件的处置经验，不断调整和优化预案，实现预案的动态管理、预案演练、预案培训与考核。

7. 资源管理

实现 GIS 数据管理、应急机构管理、应急人员管理、应急专家库管理、应急设备管理、应急车辆管理、应急知识库管理等。

8. 系统管理

包括系统权限管理、系统日志管理、台账管理、录音文件管理、视频资料管理、系统备份管理、系统恢复管理等等。

三、系统结构（见图 1）

四、流程处理设计

1. 预警处理业务流程（见图 2）

2. 突发事件处置流程（见图 3）

五、结语

吉林省交通应急指挥调度系统以高速公路监控、公路空间属性数据库和公路基础属性数据库为依托，整合高速公路的车流量、平均车速、天气气象以及与高速公路相关的普通公路的道路阻断、养护施工等信息，整个系统融合 GIS、GPS、无线视频、语音通信等产品和技术，将日常监控和突发事件的指挥调度有机结合起来，为吉林省高速公路提供平战结合的应急指挥调度系统。

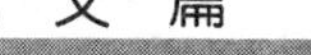

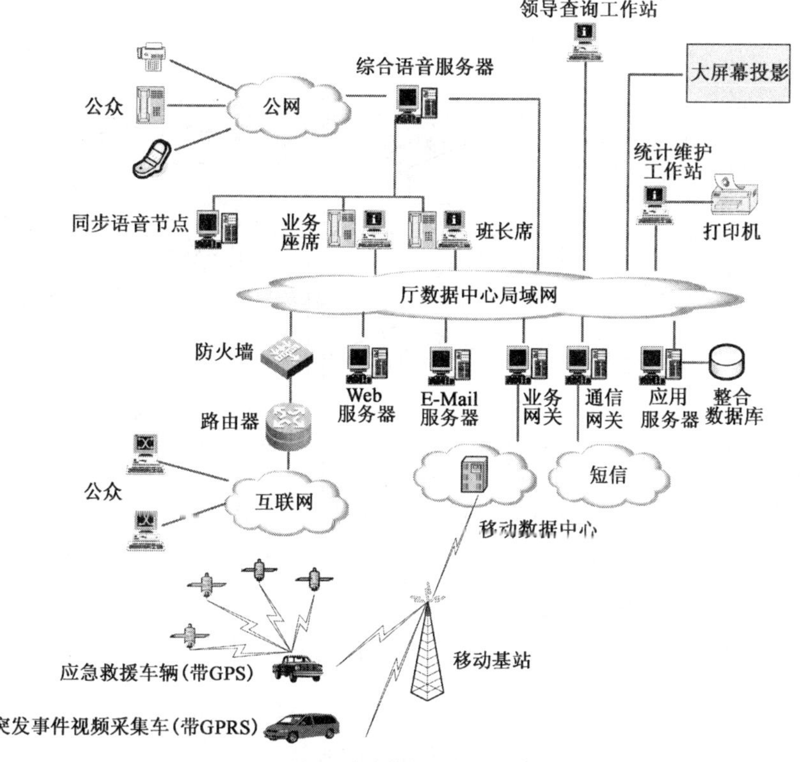

图1 应急指挥调度系统结构

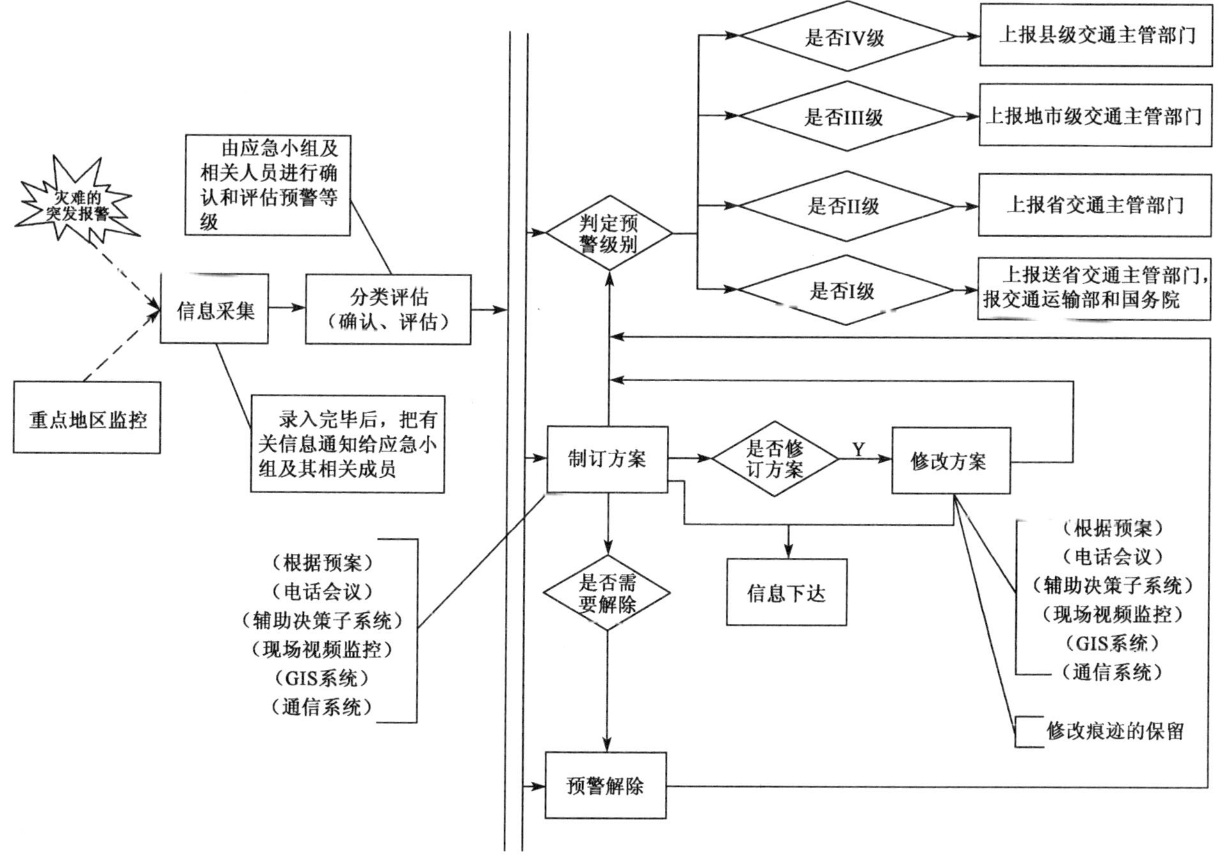

图2 预警处理业务流程

确认事件级别
应急事件
事件分级确认
来自预警事件管理
事件信息
车辆监控
人员调度、指挥
现场视频监控
电话会议
事态推进
历史信息对比
N
是否需要解除
Y
应急解除
制订方案
N
是否需要修改方案
Y
修改方案
修改痕迹保留
根据事件级别
信息下达
指令下达、反馈
是否IV级
上报县级交通主管部门
是否III级
上报地市级交通主管部门
是否II级
上报省交通主管部门
是否I级
上报送省交通主管部门，报交通运输部和国务院

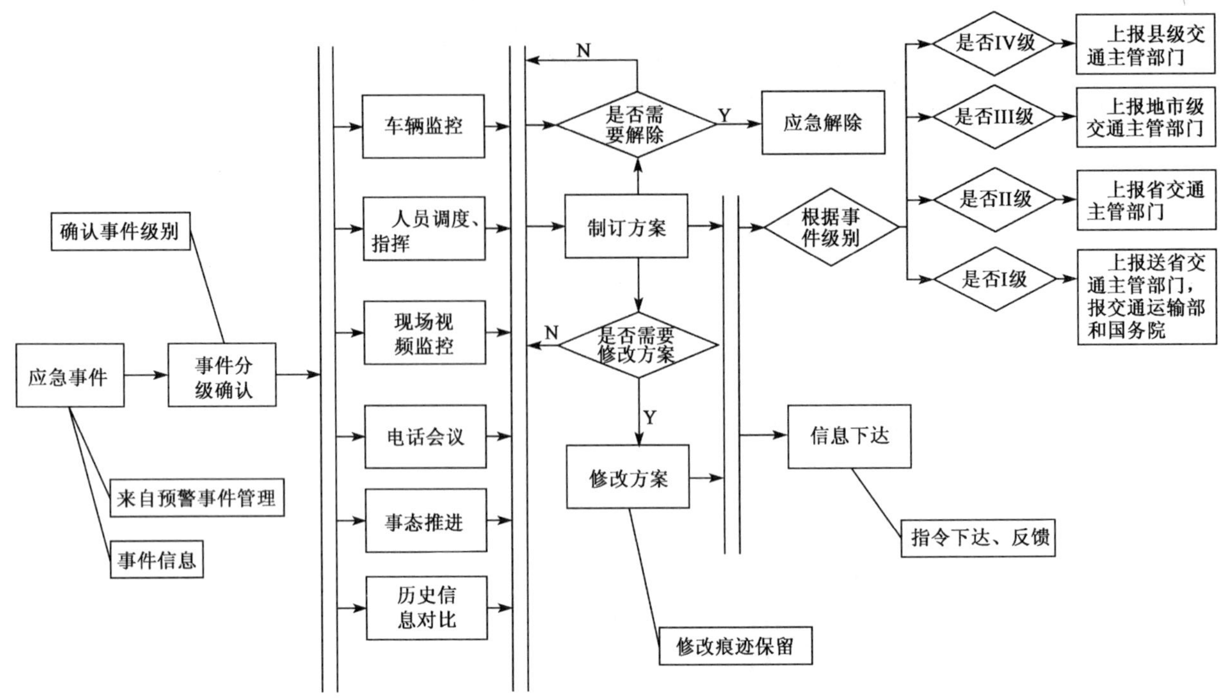

图3　突发事件处理流程

虚拟化技术在交通行业的应用研究

刘春来
（辽宁省交通厅通信信息总站　沈阳　110003）

摘　要：随着交通行业信息化的不断推进和发展，软硬件规模不断扩大，相应地也出现应用服务器数量不断增加、机房空间不足、服务器维护复杂度增大以及电力消耗增加等问题。采用虚拟化技术，将多个应用整合到一台服务器上，可以很大程度上解决这些问题。本文讨论和研究了该技术在交通行业上的应用。

关键词：虚拟化技术　资源整合　节能降耗

一、背景

随着随着交通技术设施建设及道路运输业的快速发展，相应的信息化系统也不断增加和部署，新老系统、新旧设备共存。机房空间不足、服务器维护复杂度增大以及制冷要求提高、电力消耗增加已成为信息化建设不断要面临的问题。同时设备利用率不足也一定程度上造成浪费。2010 年，我省在交通数据中心升级改造过程中，采用了虚拟化技术对软硬件资源进行了整合，实现不同系统和应用的集中部署和统一管理，有效地提高了服务器资源的使用效率，降低了维护成本以及更多硬件基础设施的采购，缓解了老旧设备失效、运维人员带来的问题，也解决了机房空间不足的问题。

二、前期评估

对用户而言，采用虚拟化技术一定程度上意味着充分利用服务器，存储器和网络资源资源，简化管理和提升持续运行的可靠性。但前提是适合自己。在实施服务器虚拟化之前，应先评估自己的应用是否适合在虚拟化环境下运行，对比实施该技术的前期投入，确定该技术能否带来合理的投资回报。在辽宁交通数据中心改造过程中，我们面临机房空间紧张以及大量老旧服务器需要更换的现状。每台服务器一般只承载单一的应用服，服务器的优越性能难以得到充分利用；同时应用系统数量不断增加；一些业务只是定期使用，闲置指周期较长；还有部分系统资源使用率较低，造成了较大的物理资源浪费和能源消耗。经过对运行业务系统的 20 台 PC 服务器的 CPU 负载、内存利用率、磁盘利用率和 I/O 吞吐率等方面数据的评估，我们认为可以采用虚拟化技术来减少服务器数量的增加，简化服务器管理，同时提高服务器利用率、网络灵活性和可靠性。

三、虚拟化方案设计

1. 网络连接

在内网与外网内，分别新购两台物理服务器；每台服务器配置六块网卡，分别用于连接管理网络（vCenter Server）、存储网络（在线迁移）与应用服务（如邮件、办公、网站、雷达等），同时各个网络用途分别隔离，并且利用 VMware 内置的 TEAMING 功能实现网卡故障的自动切换或者网卡聚合，避免单点故障。

2. 存储连接

内网服务器和外网服务器均配备两块 HAB 卡或网卡用于连接存储盘阵,并且利用存储交换机进行分区,保证指定的服务器只能访问指定的 LUN,避免单点故障。

3. 服务器安装

所有的服务器均部署 VMware vSphere 企业增强版(Enterprise Plus)虚拟数据中心套件;所有包含了虚拟硬件、操作系统、应用和数据的虚拟机都运行在 VMware vSphere 虚拟化平台上,每个虚拟机的功能、性能和操作方式等同于传统的单台物理服务器。

4. 存储的使用

所有的虚拟机文件都存放在共享存储上,充分利用 VMware vSphere 的优势,完全消除计划内停机,例如,服务器、存储设备的日常维护,虚拟机文件的备份等;最大限度地缩短计划外停机,快速恢复业务,保证服务器的可用性高。

5. 集中管理

通过 vCenter Server,实现对所有物理服务器和虚拟机的统一管理、配置和监控,并且保证业务的快速部署;vCenter Server 服务器为安装了 vCenter Server 服务的 Windows 2003 Server,建议使用虚拟机。

6. 在线维护

通过 VMware vMotion 实现不中断业务维护物理服务器。

(1)实现不中断业务、在线维护服务器。

(2)使用 VMotion 迁移运行中的虚拟机和执行无中断的 IT 环境维护。

7. 故障转移

通过 VMware HA 解决硬件故障时快速恢复业务,通过 VMware FT 实现零停机的故障转移。

(1)VMware HA:能够在物理机或者虚拟机出现故障时,自动在另一台物理服务器实现虚拟的重新启动,转移故障。

(2)VMware FT:实现零停机的故障切换。

8. 备份与恢复

利用现有服务器中,从中选出一台服务器,安装 VCB 与第三方备份软件,连接到备份用途的磁带库或者磁盘阵列,分别作为内网和外网的备份管理服务器,用来备份虚拟机,为快速恢复业务提供充分的保障(见下图)。

四、虚拟化实施

筛查现有服务器,性能较好且符合虚拟化要求的服务器,建议虚拟化,保护现有投资。

在开始把服务迁移到虚拟化平台上时,应首先选择一些不是很关键的业务来实施,一方面降低风险,另一方面也是对虚拟化环境部署的验证。并不断调整硬件、网络和虚拟化软件的配置。

在存储资源分配时,要考虑存储的共享,保证某台主机发生故障的能够自动迁移;同时要给额外虚拟机以及做快照预留空间。

虚拟机的系统安装、应用程序安装,可以通过虚拟软件所提供的工具进行直接克隆或间接从宿主机迁移的方式来进行,省去了大量的安装配置时间。

五、虚拟化的应用效果

(1)新购置高性能服务器的使用率明显提高,直接避免了老旧服务器的更新和维护费用。

(2)原有的 20 台服务器集中部署到 4 台服务器上,减少了空间占用和能耗。

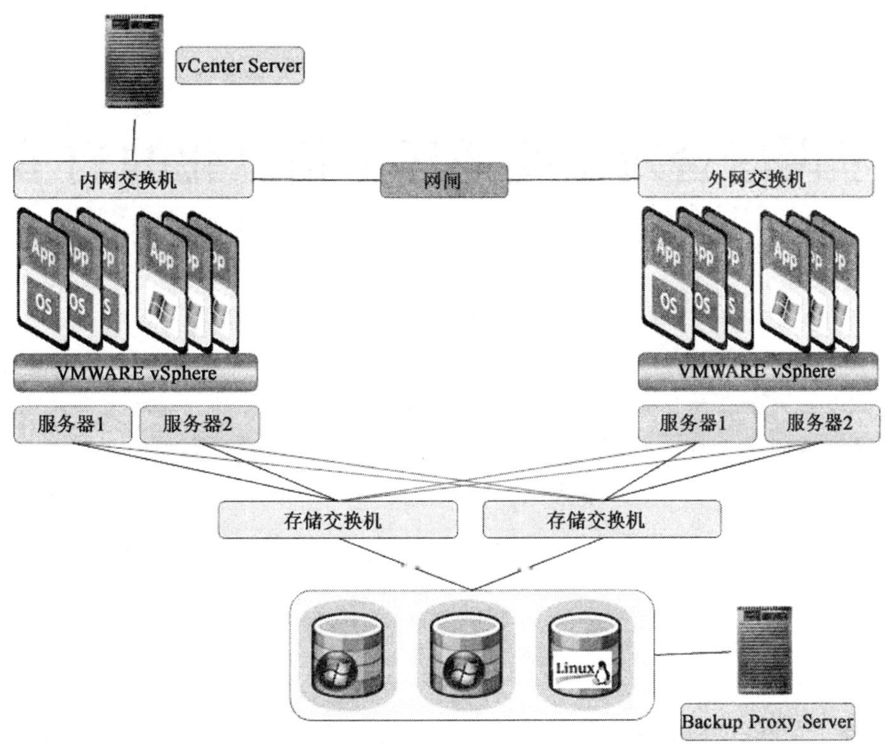

(3)通过虚拟化只需几分钟就可建立一个系统,供新建业务使用。

(4)结合快照和备份功能,可以灵活实现备份和恢复功能。

六、虚拟化实施中的问题和经验总结

(1)虚拟机需要访问 USB 设备的,只能通过第三方软件实现。

(2)带有 LVM 的 linux 系统的冷迁移还不成熟。

(3)为了防止主机硬件故障导致所有虚拟机停止,应采用 DRS(Dynamic Resource Scheduling)或 HA (High availability server)技术,防止宕机或减少宕机时间。

为防止存储设备失效这样的巨大损失出现可以考虑结合容灾系统,对存储进行镜像。

七、结语

我们通过采用了英特尔至强处理器的 VMware 虚拟化技术,整合了服务器,大大简化了我们的管理,避免了“一台服务器、一个操作系统、一种应用”的孤岛模式。实现了“节能”、“环保”、“节地”三大目标。并保证能快速升级和维护系统,节约了数据中心的占用空间,节省了相应的电力和空调等大量费用,达到了预想目的。

三网融合对于交通运输信息化的启示

袁大江
（中国交通通信信息中心　北京　100011）

摘　要：本文介绍了三网融合的背景和发展趋势，简单阐述了三网融合的网络技术和应用业务，通过分析三网融合发展的特点与规律，得出其对于交通运输信息化建设的影响和作用。

关键词：三网融合　交通运输行业　信息化

一、引言

1. 三网融合概述

三网融合是指电信网、广播电视网和互联网的相互渗透、相互兼容、并逐步整合成为统一的信息通信网络，在现阶段它并不意味着电信网、广电网和互联网三大网络的物理合一，而主要指高层业务应用的融合，是为了实现网络资源的共享，避免低水平的重复建设，形成适应性广、容易维护、费用低的高速带宽的多媒体基础平台。其表现为技术上趋向一致，网络层上可以实现互联互通，形成无缝覆盖，业务层上互相渗透和交叉，应用层上趋向使用统一的 IP 协议，在经营上互相竞争、互相合作，向提供多样化、多媒体化、个性化服务的同一目标逐渐交汇在一起，行业管制和政策方面也逐渐趋向统一。

2. 发展背景

从三网融合的提出到现在，全球许多国家的政府、相关的管制部门都在做着不同的尝试，通过政策、制度以及管制框架上的变革来解决实现三网融合面临的诸多问题。一个明显的趋势就是一些国家把电信和广播在传输上的管制职责集中到一个管制实体中。目前有美国、英国、日本、意大利、加拿大、澳大利亚 6 个国家成立了统一的监管机构，19 个国家已经实现了两个行业的双向进入。

我国的行业政策也经历了从禁止到推动的演变过程，1999 年 9 月国务院下发了《关于加强广播电视有线网络建设管理的意见》，明确规定了电信部门不得从事广电业务，广电部门不得从事通信业务；2000 年 9 月国务院颁布了《中华人民共和国电信条例》和《互联网信息服务管理办法》，规定了对经营基础、增值电信业务和经营性互联网信息服务实行许可制度；2004 年广电总局颁布了《互联网等信息网络传播视听节目管理办法》，对从事信息网络传播视听节目实行许可制度，提高了经营准入的门槛。在期间的几年中国内曾掀起了大讨论，相关行业普遍认为中国应该成立一个类似美国联邦通讯委员会（FCC）的机构统一电信与广电职能，“三网融合”也就顺理成章，后因中国电信拆分，此事无疾而终，但“三网融合”被认为是行业不可阻挡的趋势。2008 年 1 月国务院办公厅发布了《关于管理数字电视产业发展若干政策的通知》，明确了推进三网融合的意见；2008 年 5 月工信部、发改委和财政部下发《关于深化电信特体改革的通告》，提出以业务融合为接入点，积极推进三网融合，鼓励业务交叉竞争；2009 年 5 月国务院办公厅发布《关于 2009 年深化经济体制改革工作意见的通知》，提出实现广电和电信企业的双向进入，三网融合取得实质性进展；与此同时国家成立了以张德江副总理为首的推进小组直接指导三网融合工作，强力启动了停滞多年的三网融合进程；2010 年 1 月 13 日，国务院总理温家宝主持召开国务院常务会议，提出了加快推进电信网、广播电视网和互联网三网融合的决议，从而使我国的三网融合取得了历史性的重大突破。

3. 建设目标及任务

根据国务院提出的三网融合阶段性目标,2010 年至 2012 年,将重点开展广电和电信业务双向进入试点,探索形成保障三网融合规范有序开展的政策体系和体制机制;2013 年至 2015 年,总结推广试点经验,全面实现三网融合发展,普及应用融合业务,基本形成适度竞争的网络产业格局,基本建立适应三网融合的体制机制和职责清晰、协调顺畅、决策科学、管理高效的新型监管体系。

国家明确的重点工作包括:选择有条件的地区开展双向进入试点;全面推进有线电视网络数字化和双向化升级改造;创新产业形态,推动多种综合业务的应用;强化网络管理,保障网络信息安全和文化安全;加强政策扶持,制定相关产业政策,支持技术研发和产业化。

二、相关技术与业务

1. 网络分析

三网融合的网络将是一个业务齐全的信息服务网络,即为一体化的综合宽带多媒体通信网,可以为任一地点采用任何终端的用户提供综合的语音、数字、图像等多种服务,基础数据通信网的建设是实现这一网络综合化的基础,也是实现三网融合的综合业务基础平台。

目前,各运营商通信网络的有线传输逐渐趋向于光纤化,但不同的有线接入网络在未来相当长的一段时期内必将同时存在。目前的骨干网络主要采用光纤传输,能够以较低的成本实现大容量和长距离的数据传输。而光纤正在接入网中不断向用户侧推进,逐渐缩短已有铜缆的距离,实现“铜退光进”,这需要在全网范围内更新数量庞大的网络设备、线路及软件系统,将耗费大量的人力、物力和时间。而针对现阶段的发展应用,可以充分利用现有的网络基础设施,进行必要的改造升级,可以降低建设成本,缩短建设周期。

目前的通信网络层逐渐趋向于 IP 化,实现不同传输网络间的跨越,也易于承载不同的业务流量。随着三网融合的推广,各通信基础网络将呈现以下发展趋势:

(1)广电网

由光纤同轴混合网(HFC)向无源光网络(PON) + 以大数据通过同轴电缆传输(EoC)或电缆调制解调(Cable Modem)的方式发展;广播卫星将向直播卫星和移动虚拟网络方式演进。

(2)电信网

由双绞铜线以太网将向无源光网络(PON) + 多种类型数字用户线路传输(xDSL)发展;2G 网络向 3G 网络 + 无线局域网模式发展。

(3)互联网

10M/100M 以太网向 1000M 以太网和 PON 技术发展;无线局域网方式将逐渐向 3G、WiFi、WiMAX 等综合应用方式发展。

面对三网融合的需求,目前不同的网络的承载能力将趋向于一致,逐渐实现网络传输宽带化、网络协议 IP 化、网络架构扁平化,依赖于数字信号处理技术和光纤通信技术,运营商的竞争将从提高传输带宽向提供融合业务转移,彼此之间能够实现相互进入,成为真正意义的全业务运营商。

2. 相关技术

(1)下一代广播电视网(NGB)

2008 年 12 月 4 日,科技部与广电总局共同签署《国家高性能宽带信息网暨中国下一代广播电视网自主创新合作协议书》,正式拉开了构建 NGB 的序幕。

下一代广播电视网(NGB)是以有线电视数字化和移动多媒体广播(CMMB)的成果为基础,以自主创新的“高性能宽带信息网”核心技术为支撑,构建的有线无线相结合的、全程全网的下一代广播电视网络。NGB 的核心传输带宽将超过 1Tbit/s、接入带宽超过 40Gbit/s,可以提供高清晰度电视、数字视音频节目、高速数据接入和话音等三网融合的“一站式”服务。同时 NGB 还具有可信的服务保障和可控、可管的网络运行属性,计划能够满足未来 20 年的信息服务总体需求。

(2)下一代网络(NGN)

作为新一代电信网络的标志,下一代网络(NGN)是以软交换为核心,能够提供包括语音、数据、视频和多媒体业务的基于分组技术的综合开放的网络架构,代表了电信网络发展的方向。NGN 具有分组传送、控制功能从承载、呼叫/会话、应用/业务中分离、业务提供与网络分离等特性,可以提供开放接口,利用基本的业务模块,提供广泛的业务应用,具有端到端 QoS 和透明的传输能力,通过开放的接口规范与传统网络实现互联互通,允许用户自由地接入不同业务提供商,支持多样标准体系,可以融合固定与移动业务。

(3)PON 技术

无源光网络(PON)是指光配线网不含有任何电子器件及电子电源,全部由光分路器等无源器件组成。PON 网络的突出优点是消除了户外的有源设备,所有的信号处理功能均在交换机和用户宅内设备完成。这种接入方式的前期投资小,大部分资金要推迟到用户真正接入时才投入。它的传输距离比有源光纤接入系统短,覆盖的范围较小,但它造价低,无须另设机房,维护容易,能够提供极为经济的 FTTH 接入,而且可应用的场景也更多,目前常作为 HFC 的应用技术。

(4)IPv6 技术

目前物联网与三网融合以国家战略的身份推出后,加快了 IPv6 网络的部署与发展。作为下一代网络(NGN)的支撑技术,IPv6 可扩展到任意事物之间的对话。未来的手机、物联网终端、互联网电视等均将以 IP 网络作为传输,而随着 IPv4 地址的逐渐枯竭,IPv6 网络的部署也就成为承载上述业务的基础。可以预见,IPv6 的部署与争夺或将成为未来电信与广电在三网融合博弈中的争夺点。

(5)无线宽带技术

在三网融合的过程中,无线宽带技术也将扮演重要的角色,依靠无线网路的技术应用特性,可满足空间、移动的使用需求,更适用于接入网的需要。各种不同的无线网络技术必将长期共存,3G、WiMAX 和无线局域网等技术在运营成本、可用带宽、覆盖范围和传输质量各有不同,可以互补应用,以适应于不同的应用环境。

3. 融合业务

与技术条件相比较,国内三网融合目前业务发展总体并不成熟,由于国家监管的限制,相关业务只能通过电信运营商与广电运营商合作的方式,尝试性地开展,双方都没有独立掌控运营,业务开展处于初级阶段,产业尚未形成规模,在目前已开展的业务中,IPTV 和手机电视的发展速度较快。

(1)IPTV

IPTV 是基于电信网以电信运营商为主导的三网融合业务,是电信运营商向综合信息服务提供转型的重要手段之一,也是电信网实现三网融合的切入点。IPTV 利用 IP 网络协议,通过 IP 网络提供或通过 IP 网络与电视网共同提供电视节目服务。

IPTV 产业的发展需要广播电视网与电信网互动与合作。广播电视网在视频节目制作方面占据主导地位,而用户需求的满足通过 IP 网实现,以电信网为主导。对于电信运营商来说,通过与拥有丰富视频节目资源的广播电视行业合作,可以立足于原有电视用户,谋求发展;对于广播电视行业来说,通过与电信运营商的合作,可以变电视节目的单向、被动接受为互动交互和主动获取,增强电视节目的吸引力;对于互联网行业来说,通过将现有业务向原有电视用户渗透,谋求利益。

(2)手机电视

手机电视是一种将移动通信和电视广播技术融合在一起,通过手机通信终端收看电视和视频的服务方式。由于手机电视终端具有既可以播放音视频,又可以显示文本信息;既可以实时播放,又可以有一定的存储功能,而且具备交互的功能等特殊性,集成了迄今为止所有媒体的特征,因而手机电视业务在广播电视网与移动网的合作模式下，可以通过广播电视网络接收电视节目，通过移动网络点播新闻，广播电视网也可通过移动网络实现双向交互。因此，融合实现的应用要比各自单独提供的业务内容更丰富，在应用上更能充分发挥各自的优势和实现多业务功能。

4. 行业动态

广电系统方面，目前的广播电视网络分为国家级、省级、地市级和县级，约有近千家有线网络公司，网络分散，各成体系。针对下一步的改造推广工作，广播电视系统将在近期推出三网融合计划，并在2010年下半年开始实施。广电总局和工信部均提出各自的试点方案，然后进行协商融合，并确认最终试点城市。广电总局的方案将主推CMMB（手机电视）和NGB（下一代广播电视网）。2010年“不对称进入”的格局已经敲定，三网融合今年试点将以广电为主，年底前各省网络公司将全部完成整合。同时，国务院将拨款数百亿元作为启动资金，开启“国家级有线电视网络公司”的筹备工作，国家级有线电视网络公司将以广电总局NGB建设为契机，对全国有线电视网络进行升级改造，目前超过30%的有线电视公司将双向网络的NGB作为下一阶段重点。

电信行业方面，中国移动的手机电视业务成为三网融合新政策明确后第一个正式商用的融合性业务，被外界成为三网融合第一单。中国移动为手机电视设定了500万用户的发展目标，这意味着CMMB手机电视业务将成为TD的重要业务。

中国联通已计划参与今年试点城市三网融合的建设，以IPTV为接入点，目前联通通过与广电系统的合作已在黑龙江、辽宁和河南等地开展IPTV业务。

中国电信在上海成立了视讯运营中心，统一运营中国电信的IPTV、手机视讯和互联网视讯业务。在广东等地开展同和视讯试点建设，通过随心通、位移电视等融合业务捆绑用户，并在广西、陕西等省进行尝试通过机顶盒直接访问互联网视频内容，进行互联网融合探索。

三、对行业信息化的启示

1. 行业专网

交通信息化经过多年发展，行业专网已初具规模，三网融合对于交通专网建设既是借鉴也是启示。

三网融合将网络的基础性、通用性和底层作用进一步突出，并逐步从业务中独立出来，成为一种基础信息资源；同时，由于广电、电信、互联网等多样业务的承载需要，对网络资源的带宽、质量都提出了更高的要求。这就意味着，无论广电还是电信运营商都势必将网络资源建设作为重点。

其中，广电网当前的优势在于入户段网络资源丰富、地区性网络建设较好，但是全国骨干网能力不足，面对三网融合需要进行全面的资源整合、大规模的骨干网建设和资金投入；电信网的骨干网建设起步早、发展较为成熟，其障碍主要集中在最后一公里网络的带宽、成本、技术和同业竞争等问题上，其技术相对落后、设备较为陈旧，同时其网络规模也使得对全网进行技术升级改造的难度大、周期长、投入多。

三网融合带给我们启示，在专网资源建设上，首先要充分考虑网络的基础性、通用性和多业务承载能力，为未来交通信息化的多元化需求提供支持和保障；其次，要充分考虑交通专网资源的独特性和技术先进性，做到人无我有、人有我优，成为公网不可或缺的补充。

2. 信息内容

三网融合不仅是将现有网络资源有效整合、互联互通，而且会形成新的服务和运营机制，并有利于信息产业结构的优化。三网融合以后，信息内容的传播和服务方式会发生很大变化，内容——即数据资源将成为未来三网融合发展和走向的决定性因素。

交通运输行业拥有大量的数据信息承载平台，也正在进行数据资源的整合，在交通信息化过程中逐步积累和将要建设的各种基础数据资源，将是交通运输行业巨大的财富和最有价值的资产，是交通运输信息化发展的基础和关键。在未来，依靠多样化的手段和途径，行业管理部门、企业客户和社会公众都可以更便捷、更高效的获取交通数据信息，三网融合中面向行业用户提供专业信息服务的供应者也将迎来更多的发展机遇。

3. 产业结构

三网融合将带来新的经济增长点，将促进社会分工并拉长产业链，带动整条产业链的发展，包括内容提供商、服务提供商、运营商以及光纤通讯设备制造商均将受益。目前的产业变化主要体现在跨区域整合、网络改造和市场化运作三个方面，这其中最大的变动在于运营商需要对其建设模式和业务模式进行大幅调整，内容产业价值和规模很可能大幅提升。

交通运输行业的基础性服务特点将致力于形成一体化的行业数据资源。同时，三网融合意味着渠道的更加多元化，对内容产业而言，随着智能交通的发展，交通行业有价值的信息数据必将越来越丰富，这些资源必将成为产业链中最重要的环节，并支撑和促进整个行业网络经济的发展。

4. 用户体验

公众出行服务是目前交通运输行业在三网融合应用中最直接的切入点，也是易于发挥成效的结合手段。依托公路交通的各类信息资源，公众出行所关心的各类问题可以通过通信网、广播网，在互联网电视、车载智能终端、智能导航手机等多样化的终端平台上，分成各种个性化搜索和服务之后得到解决。除了能为出行者提供路况、气象、环境、票务、营运、突发事件等信息，甚至可以为公众提供车辆养护、年检、违章查询或酒店餐饮等更多元化的信息服务。可以说，三网融合也为是中心深入交通运输公众出行服务提供新的契机，并可借此推动中心面向普通用户层业务的发展，开发更广阔的市场。

四、结语

我国政府在2010年作出的加快推动三网融合的决策是一项有利于经济社会发展的重大举措。三网融合不仅意味着可以将现有不同信息网络的资源进行有效整合，实现网络平台之间的共建共享、互联互通，而且还意味着将形成新的信息通信服务体系、运营机制和新型的商业模式，并将有利于我国信息产业结构的优化和相关行业的发展。三网融合实现以后，我国信息服务应用的选择空间将进一步扩大，将形成一个更为开放、更为活跃的信息服务市场体系，这将成为交通运输行业发展的新机遇，未来的交通运输信息化也必将迎来更为广阔的前景。

参考文献

[1] 刘小平，韦玲艳. 三网融合的业务模式分析. 通信管理与技术，2009，(5)：22-25

[2] 何兰平. 浅析“三网融合”. 广播与电视技术，2008，35(12)：99-101

武港集团办公系统信息化建设

卢 冶
(武汉港务集团办网络中心 武汉 430014)

企业信息化是时代的要求,国民经济信息化的基础。现代信息技术的飞速发展和迅速普及,使企业生存和竞争环境发生了根本变化,信息化已成为企业获取竞争优势的最佳选择。为了改变过去传统的办公方式,实现信息共享、协同工作、无纸化办公,提高工作效率、增加企业的竞争力,武汉港务集团信息化建设根据分步走,分阶段实施的原侧,在2003年以来分期计划、分步实施,实现了武汉港务集团与下属公司的远程联网办公、移动联网办公,武汉港务集团办公信息化建设得到飞速发展。

一、武汉港务集团的分布与组织机构情况

武汉港地处长江中游,居中部省份的中心,具有得中独厚、得水独优的地理优势,是交通部定点的水铁联运主枢纽港,在国家中部崛起战略、黄金水道和武汉航运中心建设中地位极为重要,港口辖汉阳、汉口、阳逻、沌口、青山、左岭等港区。武港集团由集团公司机关与集团分公司、全资子公司、控股公司和参股公司组成,其中集团公司机关有党委工作部、集团办公室、资产财务部、发展策划部、生产安全部等十个部室组成。集团组织机构见图1。

二、网络建设技术路线的建设

根据集团现有分布和组织结构情况,我们在网络建设上采取了如下组建:

1. 武汉港务集团 VPN 网络系统设计

在武汉港务集团机关信息中心室,通过光纤连接到互联网。对于总部,由于中心网点是整个系统的核心需要确保高可靠性,所以在出口处部署安全网关。

下属分公司改造为采用宽带网络接入 internet。对于分支机构或移动用户采用各种廉价的宽带方式接入 internet(如:adsl 或 Cable Modem 等),由于本地网络规模小,PC 数量较少(经常是单机或仅有几台PC),所以采用“硬件 USB KEY + 安全客户端软件”的方式实现远程移动安全接入。

2. 武汉港务集团网络 VPN 实现简述

(1)总部与分公司通过 VPN 网关连接

武汉港务集团公司总部申请了电信提供的具有固定 IP 的光纤。我们设置 VPN 网关(WAN 端口)IP,设定总部内网 IP 网段。我们依次做以下工作:

①宽带接入配置:将安全网关放置在中心点,将电信的光纤接到此网关的端口,将安全网关的端口连到公司的内网上。通过配置软件,实现内网电脑可以通过此安全网关上互联网。

②VPN 配置:在安全网关上配置各分公司 VPN 连接设置。首先规划好各分公司内网 IP 地址网段。在安全网关上为各分公司申请不同的用户名、密码,写上相应的内网 IP 地址。同时作好相应的策略配置。

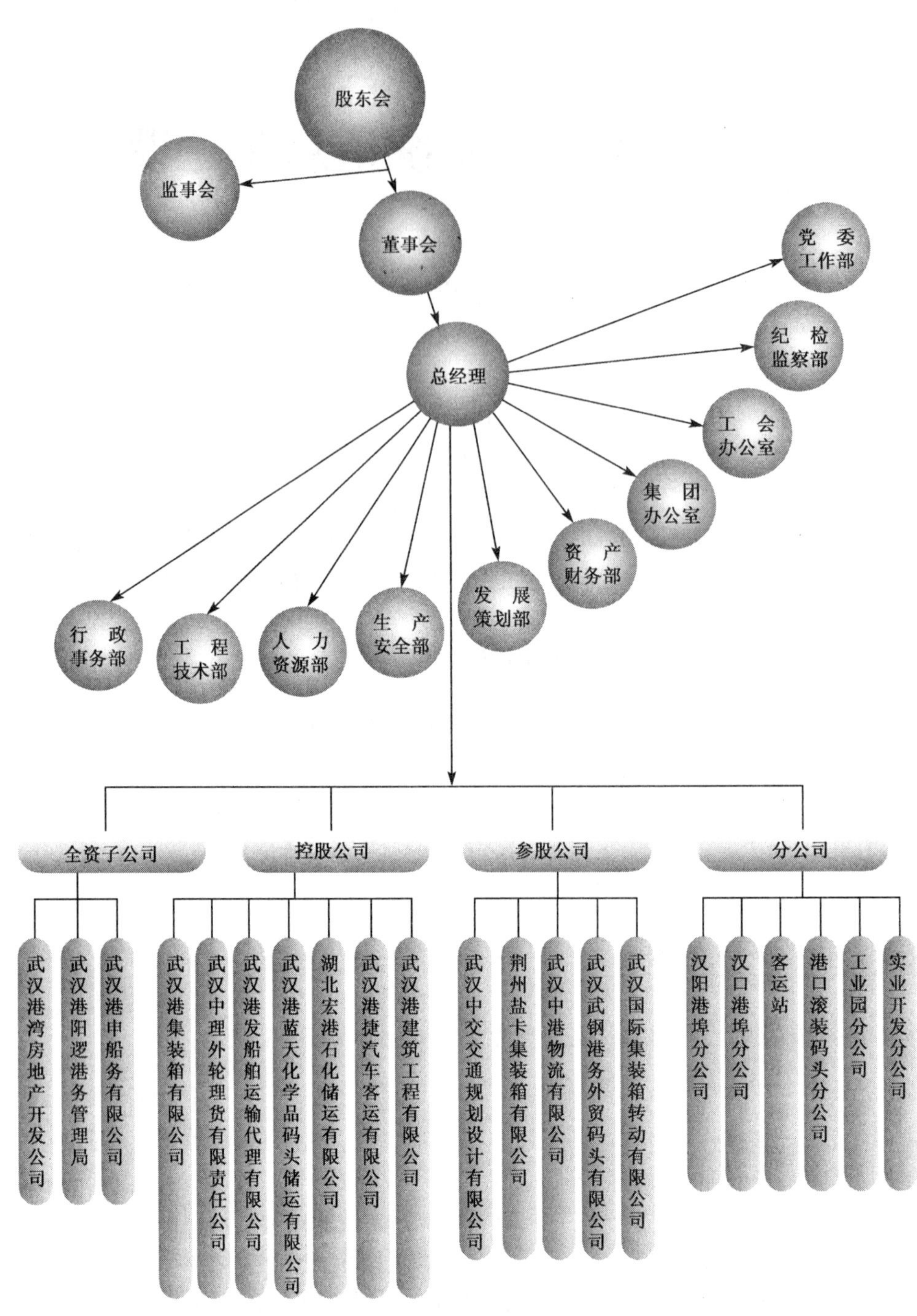

图1　集团组织机构图

③功能实现:当分公司计算机连到互联网后,即会在互联网上寻找,当找到后就会将本地的用户名、密码、加密方式与中心点的信息进行对比,如果核查成功,能双方建立起 VPN 连接,实现 VPN 数据加密传输。

④DMZ 端口配置:配置端口 IP,连接邮件服务器,WEB 服务器,在安全网关作好相应策略配置工作。

(2)移动用户 VPN 简述

①配置方式:在安全网关上配置相应的安全策略和密钥信息,用安全客户端控制台配置与之对应的安全客户端策略和密钥信息,并用这些信息制作 SureID,保证在公网传输的数据经过了高强度的加密。

②实现方式:在制作 SrueID 时,就将安全网关上的相关信息存入,因此只要将它插入到某台电脑上,当此电脑上网后,就可以自动建立 VPN 连接。

三、武汉港务集团网络办公自动化 OA 系统的建立

武汉港办公自动化系统(OA)结合前一阶段近两年的网络办公实践以及港口同行企业的网络办公经验,融合国内外新的 OA 软件研发技术和思想,凝聚深厚的技术、管理积淀打造而成,全面贯通单位内部经脉,通过对各办公要素的闭环整合,实现了工作流、信息流和知识流的整合管理,为用户提供了一个科学、开放、先进的信息化办公平台,轻松实现办公自动化。

2005 年以前部分办公流程见图 2。

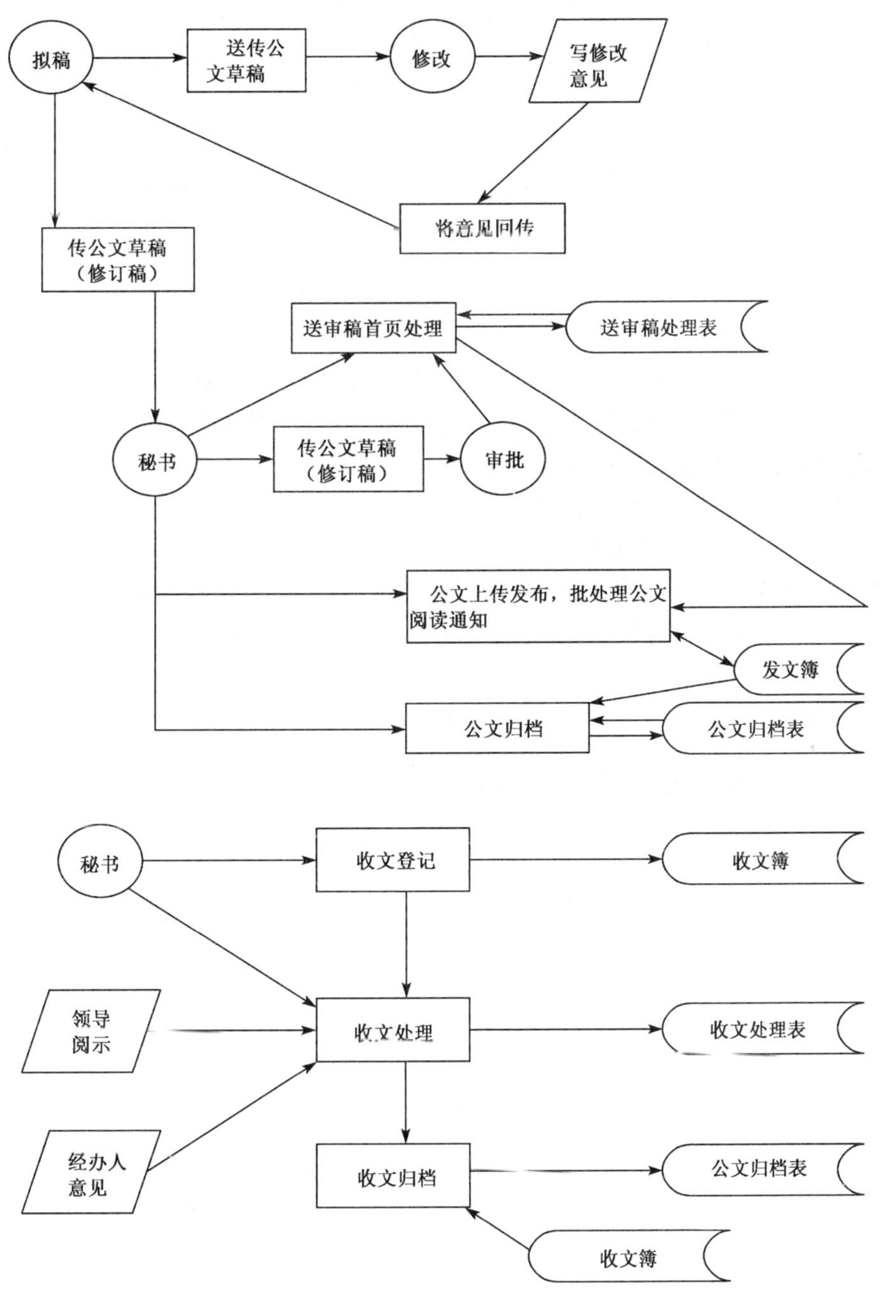

图 2　2005 年以前部分办公流程

2005 年以前办公系统结构见图 3。

新建设的 OA 网络办公系统其目的主要是实现一个集成的办公环境,让所有工作人员能够利用网络实现协同工作和知识管理。主要包括以下功能特点:

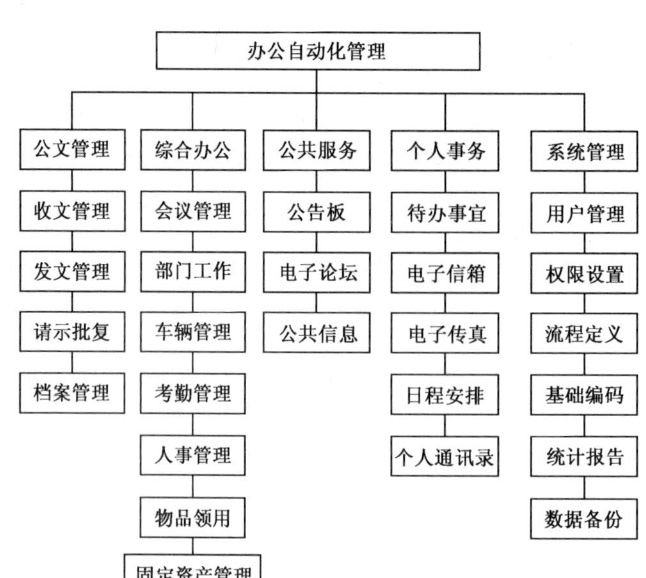

图3　2005年以前办公系统结构

①实现一些日常办公事务的自动化管理，减轻办公人员工作压力。

②建立网络通信系统，利用网络更方便的传递信息，摆脱时间空间限制；

③建立信息发布交互平台，通过网络更便捷快速的发布信息，交互信息；

④建立知识收集平台，分类收集信息，整理信息。

新建设的OA网络办公系统的系统特点：

①平台化：集成web server，可无缝集成邮件服务器。

②兼容性：对硬件要求低，对软件依赖少，可运行于Windows等多种系统环境下。

③安全性：严格的身份认证与权限控制，未授权人员无法做相应操作；支持SSL，对在网络上传输的信息加密，防止信息被截获泄密。

④易用性：完全B/S结构，用户用浏览器访问系统，无需安装客户端，方便远程访问。

四、新建设的OA网络办公系统主页面（OA大厅）和功能模块结构

1. OA大厅显示的内容

OA大厅显示用户有权查阅的最新信息，包括最新信息、待办事务、催办提醒等版块。

2. 主要功能模块及说明（见图4）

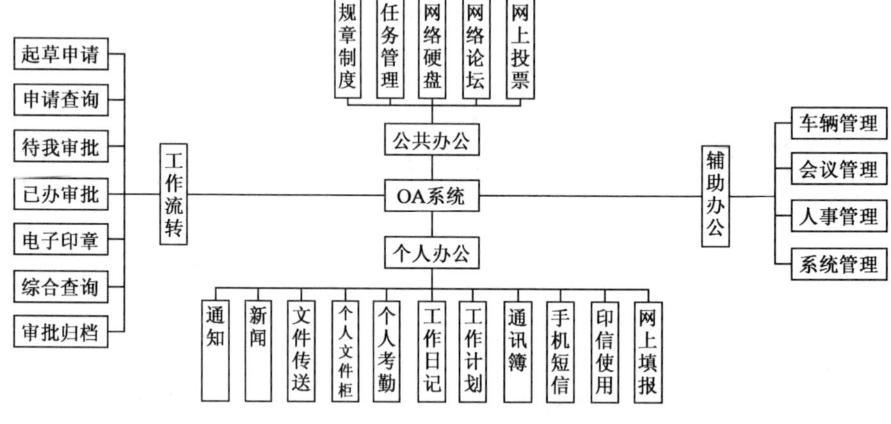

图4　主要功能模块图

(1)个人办公

此系列模块主要起辅助工作的作用,是全体员工工作的好助手。

①收发文管理。发文管理在网上完成单位内部和对外公文的起草、审批、核稿、签发、发布、存档、查询等处理。完成单位外来公文的登记、管理,拟办、批阅、主办、阅办,并可完成归档、查询等全过程处理。

②待办事宜。待办事宜模块集中了用户当前需办理的工作和需处理的事务。包括系统大部分模块,如消息、办文、阅文等;用户登录系统后,点击相应链接即可进入相应页面办理,起到引导用户完成工作的作用。

③日程安排。设置各种类型的个人日程,并以日历方式按天和周两种方式查看;授权用户也可给他人安排日程;可显示农历。

④工作日志。基于网络的工作日志系统,便于个人总结,便于上级检查工作,便于和同事分享工作经验,是知识管理挖掘隐性知识的一种手段;用户可随意添加,删除,修改多个日志,通过翻阅日历查看任一天的日志也可通过日期,关键字等检索日志。

⑤我的文件夹。作为网上的文件夹,用户可以将自己平时积累的文摘、收集的信息、总结的经验、做过的工作、取得的成绩、客户资料等各种资源有序的存放在这里进行知识管理,便于需要的时候方便地查阅,而不必再东寻西找,浪费时间。或者是将用户的文件存放在服务器上,方便用户通过网络"携带"文件,方便用户与同事共享文件,所有操作在 WEB 页面上完成。

⑥邮件系统。邮件系统方便给同事或客户发送电子邮件,消除传统信函效率低、成本高的弊端。支持群发。用户登录 OA 系统即可收发邮件,也可以在外网单独登录邮件系统收发邮件。

(2)公共信息

公共信息系列模块提供了一个信息发布和共享平台,满足了个人之间,上下级之间,集体间交换信息的需求。

①新闻、通知、公告。可以直接添加各种业务、行政等新闻,所有用户都可以随时查看,第一时间了解公司信息。公告栏内可设置多个栏目,供某个部门使用或者全体人员使用。

②论坛交流。提供给员工一个交互沟通的平台。论坛可设置多个论坛区,论坛区下面可设置多个版面,用户可在各版面提出话题参与讨论;论坛区和版面由论坛管理员管理;每个版面可由管理员设置版主,负责对该版文章的管理。

③知识管理。知识管理提供了一个用户共享单位内部各类知识的平台。各类资料如法律法规、技术文档等加入其中后,既方便资料管理,又可实现信息共享。知识管理主要功能包括目录和文件的创建、修改和删除;具备合理严格的权限控制。

④文档检索。文档检索即文档大全,对所有文档进行归档管理,可自定义归类级别。

(3)高级功能

①工作流程。几乎所有的业务过程都是工作流,特别是办公公文审批流转处理。每一项工作以流程的形式,由发起者(如文件起草人)发起流程,经过本部门以及其他部门的处理(如签署、会签),最终到达流程的终点(如发出文件、归档入库)(见图 5)。

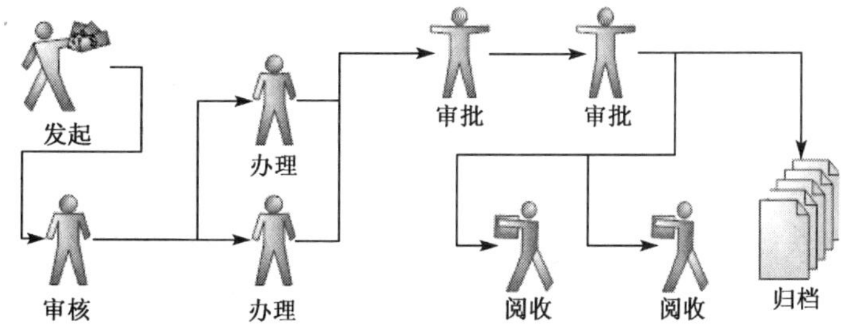

图 5　工作流示意图

②短信提醒。发送重要的通知、文件时,可选择短信提醒接收人;也可以方便的给同事、朋友、客户等群发短信(见图6)。

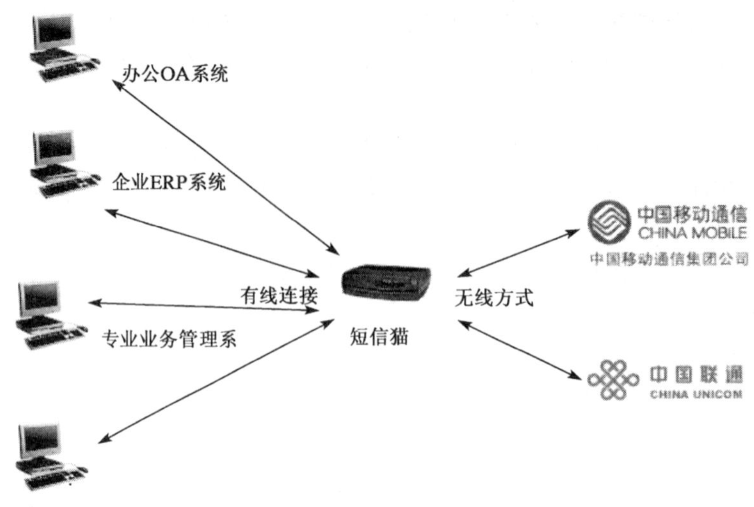

图6 短信猫工作原理示意图

③在线编辑Office文档,痕迹保留。Office文档控件能够在浏览器窗口中直接编辑Word,Excel等Office文档并保存到任意Web服务器,实现文档和电子表格的统一管理。

OA系统的实现,整合了企业资源,加快了信息流通,规范了办公流程,提高了办公效率,降低了办公成本。通过尖端信息技术与先进管理理念的融合应用,将人从繁琐、无序、低端的工作中解放出来从事核心事务,降低办公成本,提高了管理水平。

五、在办公自动化系统推广应用过程中的体会

1.办公自动化的应用要坚持"一把手"原则

领导带头使用,工作就会事半功倍。例如,网上审批,集团从董事长、总经理,到各部门经理都亲自上网操作,在线审批报告。全体员工也积极响应,在线办理公文、网上报送材料等,极大地提高了工作效率。

2.制订管理规定及管理办法,规范网络使用行为

我们制订并下发了关于武港集团网络管理制度等文件。文件包括上网管理制度、网络安全管理制度、网络设备管理制度、办公自动化管理制度、机房管理制度等。为加强微机及耗材管理,制订了微机及耗材采购与维修管理办法。在外网新闻的发布中,我们制订了《集团网站信息发布审核表》填报制度,做到信息上网的规范化,并确保"涉密不上网、上网不涉密",确保了办公系统信息化建设的顺利进行。

3.应用培训要及时,确保工作顺利开展

为推广信息化项目的应用,我们开展了计算机网络管理及办公自动化培训不同层次的知识培训。尤其是在2003年集团从无纸化向有纸化转变、2005年集团从电子化向网络化转变的这两个时期,有针对性地进行培训。如:对集团领导,重点介绍报告的在线审批步骤等。对财务人员,重点介绍财务预算流转过程。对文书人员,重点介绍公文的自动编号、分类、发送以及归档。建立了集团网络信息员,指导各单位网络员熟练使用电脑和办公软件,提高了集团计算机应用的整体水平。

4.网络及系统的运行要稳定性,数据要安全性

保持用户使用系统的积极性和信心。我们坚持每日检查系统运行状态,及时系统升级更新。动态检测合理调整系统。为防止网络拥堵,系统对传送的文件和邮件的附件是有容量和流量控制的。随着系统的不断应用,为最大限度地用好资源、满足应用需要,在不改变硬件设备情况下,我们将办公系统的文件

传送容量提高了2.5倍,速度提高了2倍,最大限度地发挥系统资源,让每位员工放心上网,舒心用网。

六、几点建议

1. 业务规范化

不同管理层次对管理信息的要求不同,数据的收集必须规范明确。由于种种原因,数据在集团内部多以部门内部流动为主,部门之间的横向流动较少,这样往往造成最后数据的重复统计或数据的丢失。因此,既要搞好每个部门的主要分工和主要责任,又要充分认识各个部门的联系,使得各个部门能很好地连成一个规范的业务流程,更好地提高工作效率。

2. 及时完善规章制度

随着集团的改革改制,信息和信息的处理也必须由与之相适应的制度来保证。及时完善规章制度,才能使各个处理环节能顺利地运行,达到最优的企业效率。

3 充分利用本公司的计算机资源

集团各个单位对信息化认识不同,信息化要求程度不同,因此,我们要充分认识到企业的优势和信息化程度。如今,集团公司已经组建了庞大的内网,计算机得到广泛普及。在集团机关各部门中计算机的普及率几乎达到100% ,集团各单位的电脑也在不断配备中。有了这么一个好的硬件环境,应积极地把计算机用到各个岗位上,将各功能集中整合,最大化地利用硬件资源和信息资源,以提高企业的整体工作效率。

4. 不断提高公司员工对信息化的认识

公司每次改革成功与否取决于每个人对改革的认识,信息化建设也一样。它需要大家的正确理解,需要慢慢地完善、发展。我们每个人,上至老总下到普通员工,都需要不断地接受新知识、新技术,集团整体水平才能提高,工作效率才能最大地发挥。

应急指挥调度系统设计与实现

刘　煜
（山西省高速公路监控中心　太原　030001）

随着交通事业的快速发展，社会公众对交通的应急事件处置提出更高的要求。如何提高交通管理部门的突发事件处置能力，如何提升跨部门和跨行业之间对应急事件的高效协调指挥和紧急救援以及如何做好信息资源共享等在今天都显得尤为重要，开发建设应急指挥调度系统的迫切性和重要性日益提高。

一、系统概述

山西省交通运输厅应急指挥调度系统是交通运输部交通信息化示范工程的推广工程——省级交通信息资源整合与服务工程的重要组成部分。针对交通行业或交通领域突发公共事件信息的应急管理工作需要，在省厅部署应急指挥调度系统，各厅直单位作为报送端，通过报送端的方式实现与各厅直单位应急平台的对接。如图1所示。

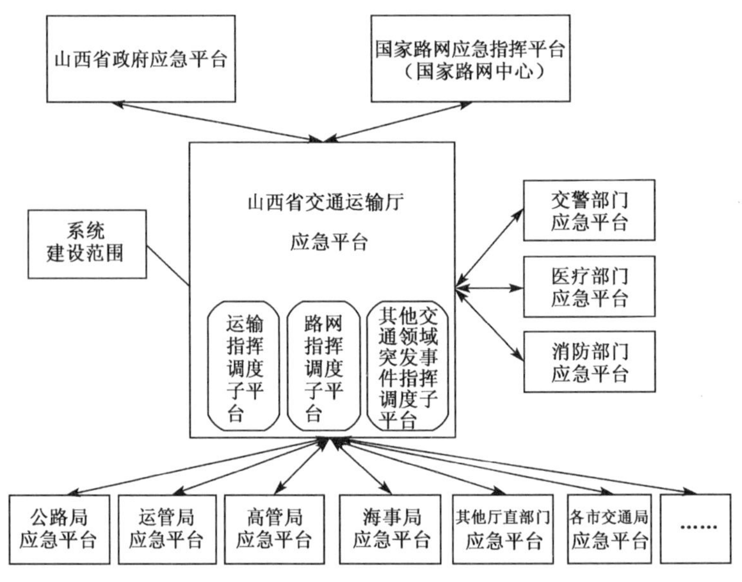

图1　应急指挥调度系统

作为山西省交通运输厅应急指挥调度系统的一个重要组成部分，还考虑到了与省政府应急指挥调度系统的对接，以方便在应急状态下省政府对交通资源的直接调度。在发生各类交通突发事件需要其他相关部门直接参与的，省厅指挥调度中心应及时协调，沟通信息，确保现场快速处置。当发生其他重大突发事件，需要交通部门提供交通保障等相关辅助工作时，由相关的应急保障部门及时将突发事件信息通报省厅指挥调度中心，从而实现不同应急部门之间的信息共享。

二、系统功能架构

系统按层次可以分为五层：基础层、信息资源层、应用支撑层、应用层、展现层。如图2所示。

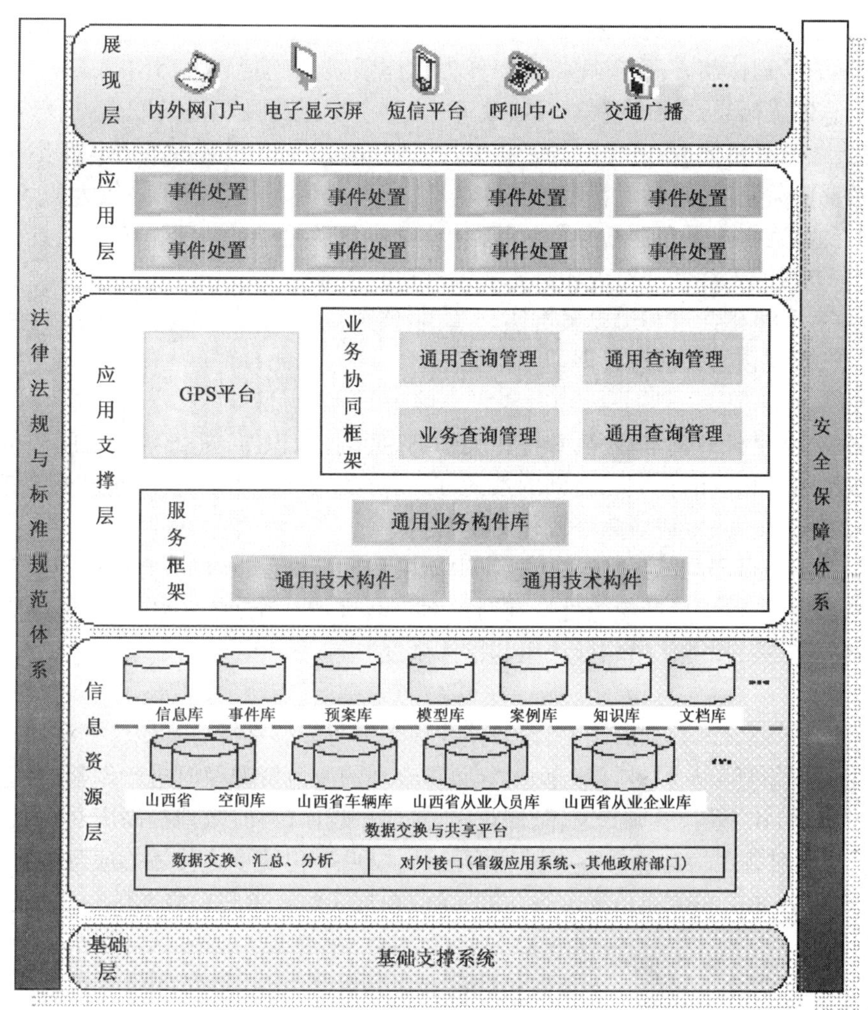

图2 系统功能架构

按照模块可划分为:应急值守、预警管理、预案管理、辅助方案、资源管理、应急评估、态势展现、系统管理八个模块。

(1)应急值守

利用各种监控设施,通过监测网络,以GIS系统为主要工作平台,实现对重点监控目标的分布情况、运行状态的日常监控,并根据日常业务管理需要、进行路网、站场和车辆的日常调度管理;通过电话、传真、互联网、短信息或其他应急平台,采集与公路交通应急相关的外部信息;初步分析风险隐患,对可能发生的事件进行预测预警等。

(2)预警管理

系统具备紧急事件数据采集功能,通过分析实时路况信息和气象信息,预测应急事件是否发生,生成预警信息;或者通过电话、传真、手机、短信等方式,获取预警信息。预警信息需要根据事态的进一步发展核实后,根据系统权限,向应急事件可能涉及的区域发布。

决策人员对信息进行分类评估,对预警级别超出本级应急管理机构决策权限的预警信息及时上报;通过对有关法律法规、政策、救援、技术要求,以及处理类似事故的案例等进行智能检索和分析,并咨询专家意见,选择合适的预案,制订先期的处置方案;通过大屏幕显示设备、视频监控系统、视频会议系统、GIS系统、GPS调度系统、无线通信系统等多种技术手段,进行现场调度;当预警结束后的预警解除等。

(3)预案管理

从预案的存储形式上看,目前的预案可以分为三种文本预案、智能预案和数字预案。数字预案将传统的纸质预案经过数字化,结合事故后果模拟分析、GIS 地图、应急资源管理等,将预案更加直观形象的表述出来。在预案的管理体制方面,省厅将预案分为总体预案、专项预案、部门预案三类,总体预案是预案体系的顶层,从总体上阐述预案的应急方针、政策、应急组织机构及相应的职责,应急行动的总体思路等。专项预案是针对某种具体、特定类型的紧急事件而制订的。部门预案是在总体预案和专项预案的基础上,根据具体情况而编制的,是针对特定的具体场所,通常是该类型事故风险较大的场所、装置或重要防护区域等所制订的,其特点是在详细分析的基础上,对应急救援中的各个方面作出具体、周密的安排,因而部门预案具有更强的针对性和对现场具体救援活动的指导性。

系统可以根据各类基础信息和历史案例信息,编制预案,预案审批,根据预警和事件的处置经验,不断调整和优化预案,实现预案的动态管理。

(4)辅助方案

系统根据突发公共事件的基本情况,参考相关预案、案例、知识库,进行事件发展分析。根据突发公共事件的类型、级别启动相应的类型和级别的预案,形成初步的应急处置流程,通过处置任务关联相关的救援力量及相应的保障资源,生成应急处置辅助预案。

方案生成后,利用综合研判结果,结合应急组织体系和工作流程、现场应急救援力量和应急救援物资等情况,并咨询专家意见,对生成的应急处置辅助预案不断进行补充、修改和完善,形成应对突发公共事件的指导流程和辅助方案,以提供给领导决策和指挥调度。

(5)资源管理

通过对各业务局应急资源数据的统一管理,使我厅在平时能够掌握各类应急资源的储备情况及分布情况,对储备不足的应急资源及时进行补充,对分布不合理的应急资源及时进行调整;对应急处置时所依据的知识资源进行总结和积累,形成专家库、知识库、法律法规库,可有效地提高应对突发事件的能力;以GIS 为展现平台,实现对各类应急资源数据的查询统计,以可视化的形式传递给应急处置人员,方便对各类应急资源数据的储备情况和分布情况进行掌握,以便根据实际需要进行调整。

(6)应急评估

应急评估包括两个方面的评估。一方面是日常的应急管理工作,针对各个单位的应急业务特点,结合应急能力评估的相关理论,形成一套应急能力评估体系,通过邀请专家打分的形式,对各单位的已经能力进行量化考核,并以图表等方式直观的展示各单位应急能力评估结果,通过应急能力评估,能够及时发现单位或部门应急能力的薄弱环节,从而在实践中加以改进;另一方面是事件处置结束后,通过对事件的回放,对事件发生的原因、事故造成的损失、各应急相关单位的响应速度、应急事件的处置流程、应急方案的有效性、应急处置的效果进行综合评估,以便总结经验教训,形成新的应急预案或对原有的应急预案进行改善,为避免同类突发事件和处置类似的突发事件提供决策依据。

(7)态势展现

势态展现主要供应急处置人员在 GIS 上实时查看事件信息及事件发展态势。当突发事件发生时,借助突发事件信息的事发地点这一业务属性与地理信息属性相关联,标绘事发地点,更加直观的表示突发事件在空间上位置。以事发地点为原点也是救援目的地,利用应急资源的空间信息和属性信息,查找周边的应急资源。查找时以事发地点为圆心,半径为任意公里数的资源查找,同时也可查找相应的某一类型的应急资源。

通过对应急资源在地图上进行标绘和展现,及时了解分布情况、统计资源,便于领导从全局上把握,准确的判断资源调度方案的优劣,快捷、正确的做出决策。

在态势展现中还可以及时地将移动监控视频传回指挥中心。应急车上都安装了车载 GPS 发射设备,每 5min 通过无线网路发射当时的速度、位置信息(经纬度坐标),系统获得这些信息后,会在地图上描绘出车辆的行驶速度和车辆的位置,还可以打开车载视频采集设备,看到实时的图像。当突发事件发生时,应急车及时回传信息给指挥中心,让领导看到、听到现场情况,并及时接收指挥中心的指令,处置现场。

(8)系统管理

根据应急业务特点,在系统维护方面,必须着重考虑权限管理、系统的分级维护以及一些特殊管理要求;当软硬件故障及人为因素造成数据信息遭到破坏后系统应能快速恢复;还要提供完善的日志记录功能,便于日常维护和管理;同时,系统还要提供应急业务需要的相关字段的维护管理。

通过仔细分析现有问题和国内应急指挥信息化建设经验,我们计划在以下几个方面作进一步研究和改进:

①深入应用现场,进一步了解研究应急事件报告等业务,对照系统已有的功能,找出问题结症进行改进,以充分发挥信息技术的优势,切实为应急指挥工作带来更大的好处和便利。

②充分利用系统产生的基础数据,形成各种分析统计报表(如:每个地段应急事件发生频率,各路段伤亡情况等数据),这样可以为领导提供辅助决策支持,从而提高应急指挥决策科学性。

③增加应急指挥系统与外部系统接口,实现跨单位跨部门的共享与互动,从而实现高效、有序的多单位多部门应急联动协作。

三、结束语

系统试运行后,形成了服务于全省公路应急指挥调度的平台,它将在实施快速紧急救援,密切多部门应急救援的联动协作,加强上下级间指挥调度力度和提高公路应急事件整体处置能力等方面起到非常积极的作用。

在公路里程和车流量迅猛增加的今天,利用现代通信网络和信息技术手段来提高高速公路应急指挥的整体水平和能力,尽最大限度地减少因突发事件造成的人民生命财产损失将必将成为今后我国公路行业信息化发展一个重点。

厂　　商

中国电信助力交通信息化飞速发展

万 军 张 东
（中国电信集团 北京 100032）

摘 要：中国电信本着致力于推动交通信息化发展和服务于交通物流企事业单位的宗旨，结合中国电信的全业务运营能力，自主研发应用于交通行业的产品，提供全面的解决方案，其涵盖面较广，服务于大众的同时，为政府的监管提供了有效的手段。

关键词：交通物流 telematics 物联网 云计算 无线视频监控

交通物流行业是涵盖运输业、仓储业、货代业和信息业的复合型服务产业，涉及领域广，吸纳就业人数多，促进生产、拉动消费作用大。在交通领域，政府及企业已着手大力发展智能交通、车载信息服务等信息化应用，取得阶段性成果，但距离交通行业发展的实际需求还有不小的差距，交通运输管理和服务水平还有很大提升空间。因此，加大交通行业信息化建设，提升效率效能，实现低碳经济是加快发展现代交通运输业、转变发展方式的重要途径和切入点。交通行业信息化对电信运营商而言是一个能给企业、行业与社会带来巨大价值的效益工程，这要求我们必须以更平静和务实的态度来应对。

作为全球最大的基础网络运营商和最大 CDMA 网络运营商，中国电信已经建成了集固话、宽带、3G 移动电话在内的大容量、高速率、安全可靠的全国全网通信体系，在跨区域的全国性甚至全球性网络服务上具有独特的优势；同时通过多年的建设、整合和积累，中国电信已成功转型为综合信息服务提供商，并在交通物流信息化领域专门成立了集团、省、市三级覆盖全国的交通物流专业团队，对交通物流行业客户信息化进行了大量的探索和实践，并相继在诸多环节实现了行业应用解决方案和成功产品。

一、国外交通行业信息化发展经验介绍及中国电信实践

Telematics 是电信（Telecommunications）与信息科学（Informatics）的合成词，指通过内置在汽车、船舶等运输工具上的计算机系统、无线通信技术、卫星导航装置、交换文字、语音等信息的互联网技术而提供信息的服务系统。其中服务信息包括位置、交通、娱乐、互联网、车辆诊断、保安等。Telcmatics 前装市场应用中，车载信息（Telematics）服务平台整合了中国电信提供的电子地图、号码百事通、实时交通、呼叫中心、天翼增值业务等服务，和第三方的服务如安防监控、紧急救援、远程诊断、故障处理等服务，让车主享受到全面的信息服务和车厂服务（见图 1）。

国外车厂在销售乘用车后仍然关注用户后续服务，如美国的 Onstar 和 GBook 服务品牌均是由车厂主导并打造成功的服务品牌，其中 Onstar 是美国通用公司为其车主提供服务的提供商，目前有超过 600 万的车主享受该服务。中国电信通过与丰田汽车和通用汽车近 3 年的共同研发，逐渐把该项服务在中国落地，并相继在丰田进口雷克萨斯、国产皇冠和凯美瑞以及通用卡迪拉克、进口昂克雷等车上加载了该项服务。以丰田车为例，从近 1 年的运营效果来看，中国内地的车主对 Gbook 服务享用频率远远高于日本（约 4.8 倍）。

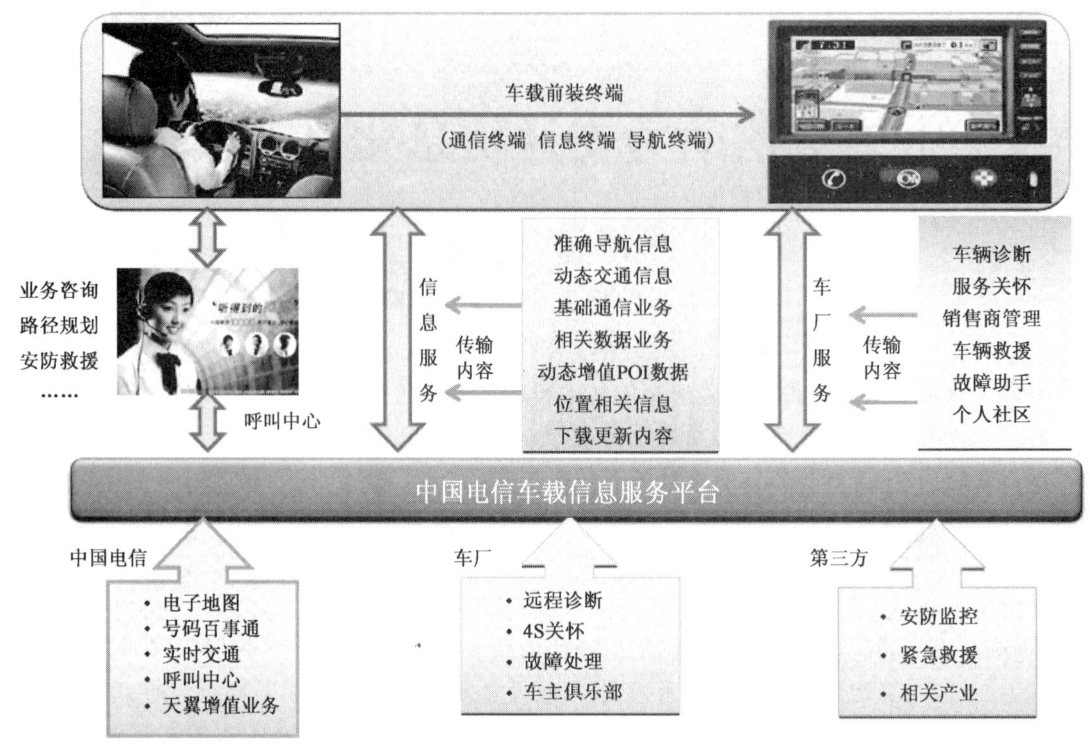

图1　车载信息服务（前装）整体架构

二、中国电信在国内交通行业典型案例

1. 省际物流公共信息平台

2009年9月11日，中国电信与省际物流信息平台共建领导小组在杭州签署框架协议，双方合作共建“省际物流信息平台”。而平台以浙江省运管局牵头主导建设，中国电信在通信基础服务、通信增值服务、物流信息终端、专业信息化服务等四个方面给予大力支持（见图2）。

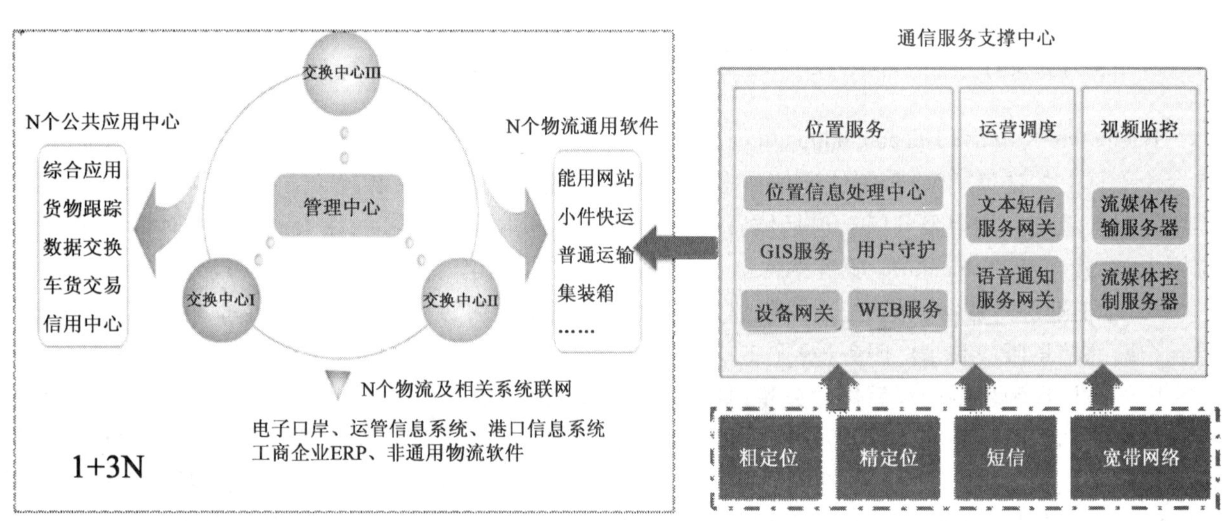

图2　省际物流公共信息平台总体架构

物流公共信息平台以“1 + 3N”模式建设：

①1 个管理中心：管理中心门户、物流代码管理、标准管理、交换管理、交换监控、业务统计和数据总库等；

②N 个公共应用中心：包括公共信息、SaaS 平台、货物跟踪、信用、运输交易、行业监管、统计分析等公共服务；

③N 个物流及相关系统联网：包括与电子口岸、港口信息系统、工商企业 ERP 等系统互通；

④N 个物流通用软件：包括小件快运、普通运输、货物代理、物流站场、集装箱软件等。

目前该平台的运输企业客户已达到 1 500 多个，以浙江省为中心，覆盖浙江、安徽、江西以及山西等地。

2. 天翼领航物流配货

中国电信针对配货站、运输企业、货运司机高效配货需求，通过与各区域物流信息网互联互通，汇聚形成全国性物流配货信息，推出综合配货应用，提供全国性的实时货源信息和车源信息，进而提高配货效率。一方面针对配货站和货代中介，提供融合协同通信等能力的 PC 版应用，使用户方便地管理业务信息，高效地配货；另一方面基于定制的货车驾驶员定位手机，为货运驾驶员、车主提供可随时随地使用的手机配货及车辆管理应用。该业务目前已在山东等交通运输大省得到了很好的应用，且以每月 4 万用户的数量递增（见图 3）。

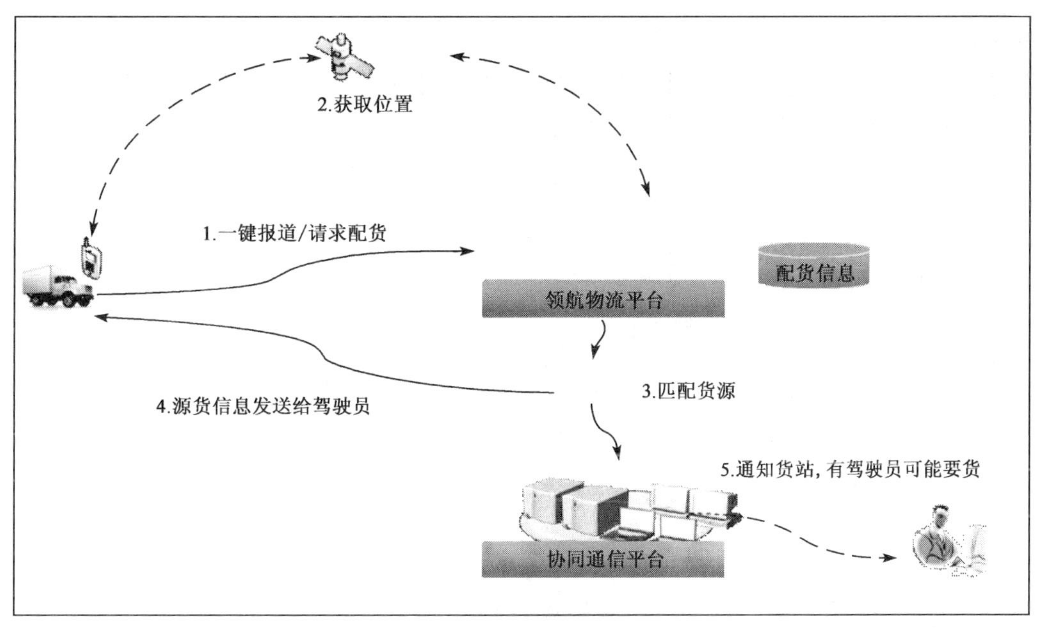

图 3 车辆配货应用场景

中国电信还将基于天翼配货应用，整合跨区域网络服务商的信息和货车运政信息，开发实现更为便捷的网上（含无线移动）实时交易功能。

3. 快运快递

中国电信针对快递、快运物流行业物品全程监管的需求，推出快递快运行业解决方案和相关产品，主要面向快递物流企业的管理人员和外勤人员，提高物流效率，降低运营成本，提高客户满意度。针对内勤管理人员，提供人工下单、信息发布服务，任务信息查询、任务统计服务，及客户档案管理服务；针对外勤人员，定制专业扫码手机，提供取货条码扫描、派送操作签收拍照、信息录入与上传，同时提供信息查询，信息接收服务，方便随时随地沟通信息（见图 4）。

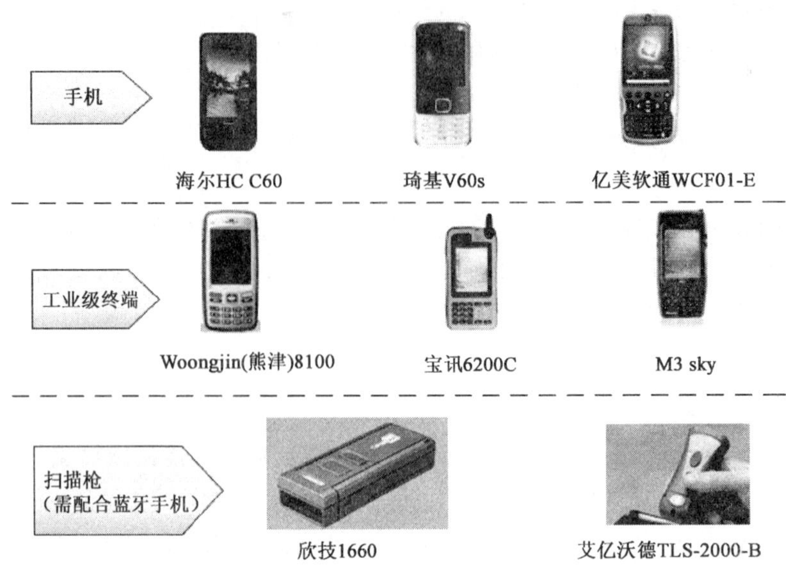

图4　中国电信为快递快运业定制的专用扫码终端

中国电信的快运快递已在北京、上海和广东等地得到了广泛应用。

4.道路信息发布

道路信息发布系统可以将各类交通道路相关的动态信息及时以短信、语音、图像等形式提供给不同的使用者,并引导驾驶员从城市边缘到市中心的全方位的道路信息服务(见图5)。

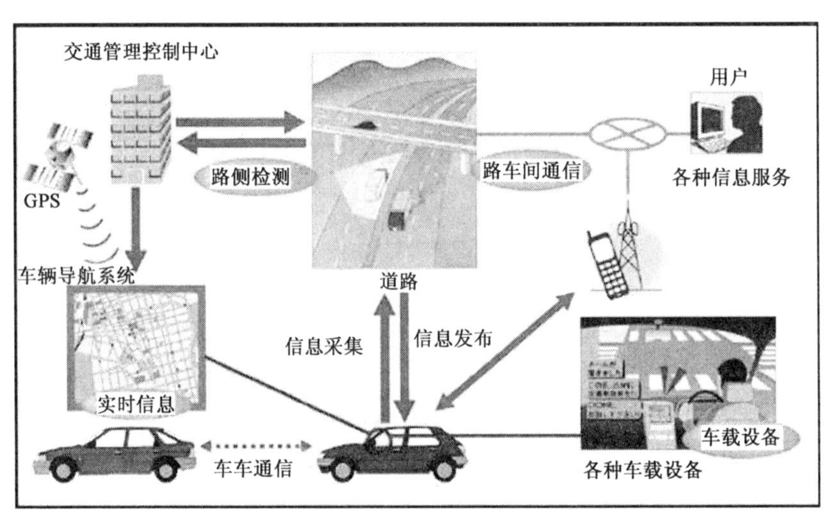

图5　道路信息发布示意图

5.上海世博会海事局移动视频监控

中国电信在上海世博会成功应用移动视频监控技术融合电信固定和移动的宽带网络为组网方式,为上海市海事局组建了一套完整的远程视频监控系统,并在海事巡逻艇上安排了基于3G无线宽带的移动视频监控设备,将巡逻艇在海面执勤时的现场图像及时传送到远端监控中心,实现中心对现场水域的远程视频监控(见图6)。

除此之外,出入上海的邻省如浙江和江苏的长途客运车辆上也加载了中国电信的3G无线视频监控应用,以保障上海世博会的全方位交通安全。

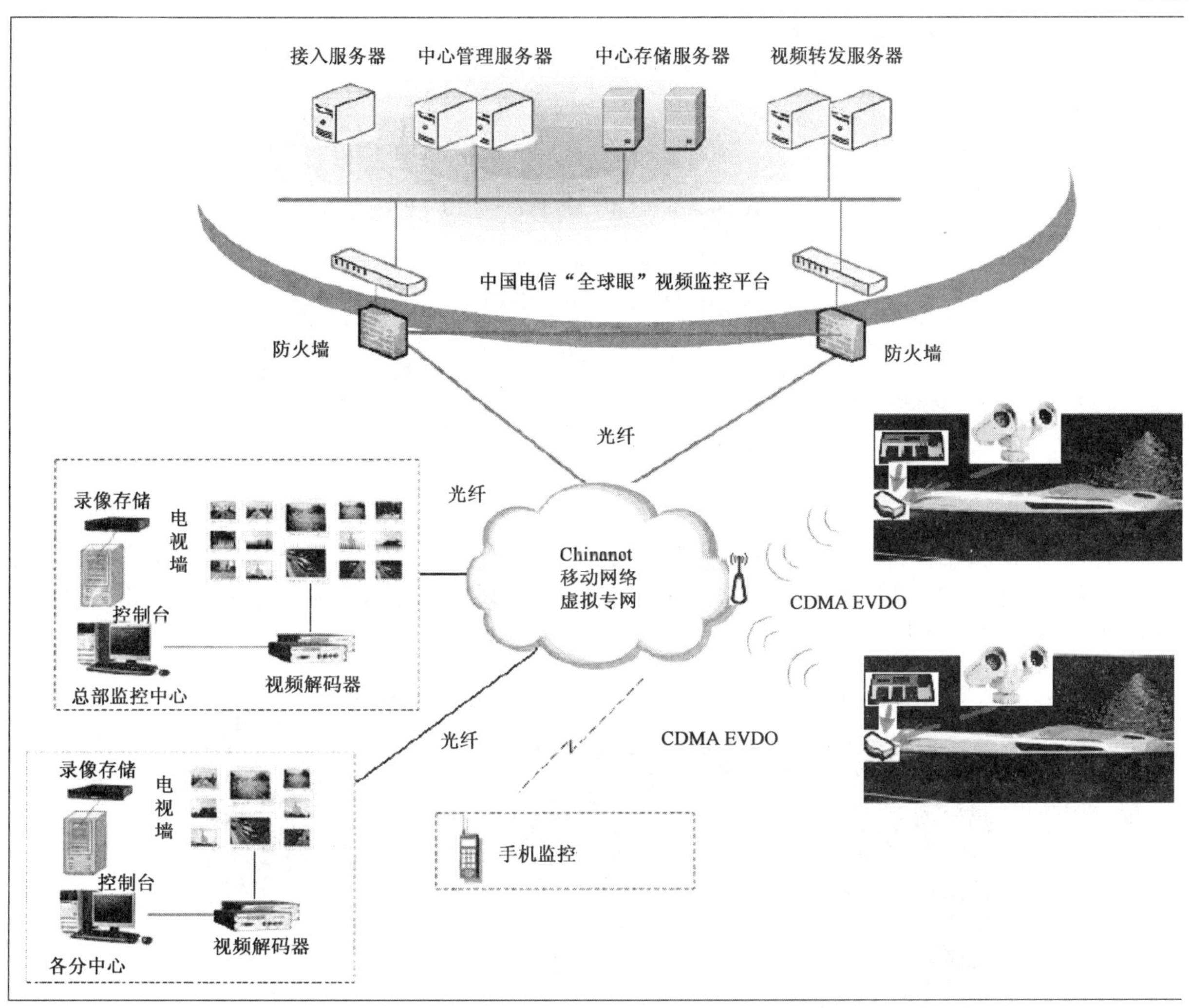

图6 无线视频监控架构图

三、新技术对行业信息化的影响和作用

1. 云计算

在以往的交通物流信息系统建设过程中，由各区域、各部门分头完成，造成了彼此隔离的“信息孤岛”。由于各地具有当地特有的因素，软件完全复制也是不可能的，这就造成资源极大的浪费，交通行业的整体信息化水平也迟迟得不到提高。在云计算时代，所有的信息和服务都运行在“云”上，使用虚拟技术，地域间的差异基本可以忽略，这样的做法摊薄了成本，使之前不具备信息化能力的边远地区也可以获得高水平交通信息化产品和服务，可以快速整体提高交通行业的信息化水平。

2. 物联网

物联网通过射频识别（RFID）、红外感应器、全球定位系统、激光扫描器等信息传感设备，按约定的协议，把任何物品与互联网连接起来，进行信息交换和通信，以实现智能化识别、定位、跟踪、监控和管理的一种网络。物联网产业链中的标识、感知、处理和信息传送几个环节，可以很好地为交通运输产业链环节服务。通过物联网使得仓库管理变得高效，提高服务质量，提高响应速度，使整个供应链环节整合得更严密，对产业链的各个环节都可能产生深远影响。实际目前很有多交通物流应用均使用了物联网的相关技术，如RFID、传感技术等，而随着物联网技术的进一步发展，我们的交通物流信息化必将更开放、更实时、更智能（见图7）。

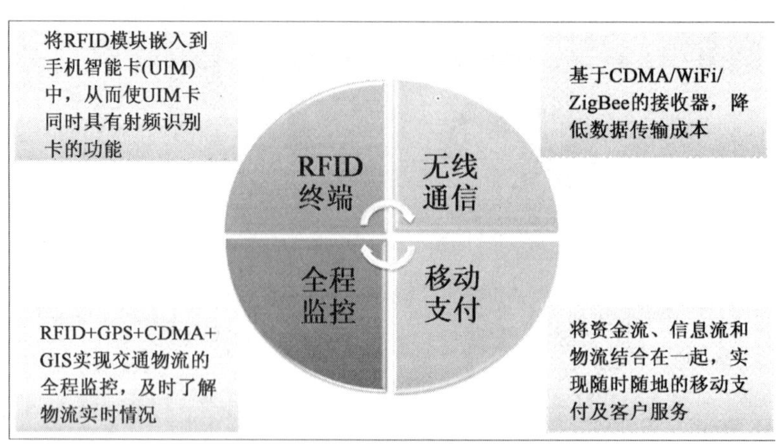

图7　物联网技术与交通物流相结合

3. 视频监控

中国电信视频监控能力以融合固定和移动的宽带网络为组网方式，可以基于互联网提供高速稳定的有线和无线视频监控，支撑众多对图像有高要求的应用。为交通运输业提供对移动的人、车、物可靠和先进的监管手段和方法(见图8)。

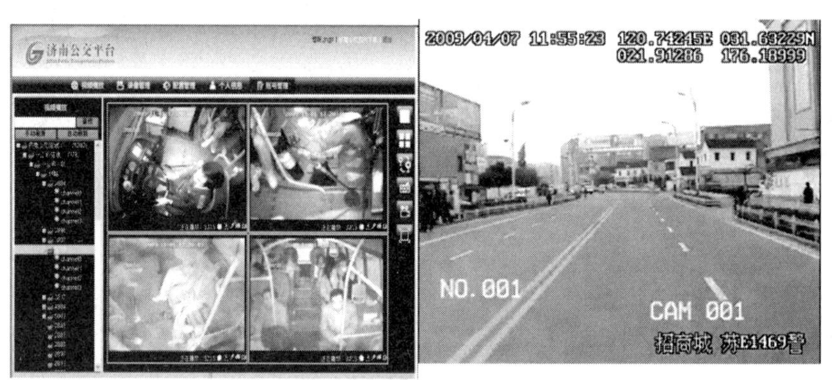

图8　移动视频监控截图

4. 定位监控

中国电信GPSONE技术优化了传统GPS定位技术，并结合CDMA网络定位技术，真正实现了室内室外全定位的能力，同时结合与GIS地图数据的匹配能够在交通和物流行业的多个环节提供服务，如基于GIS的物流配送系统，车源和货源调度配载，客车车况实时监控和调度等。

5. 手机对讲(PTT)

PTT(Push To Talk)手机对讲是一种将手机和对讲机结合的应用，基于中国电信广覆盖、大容量的移动通信网络和电信级的业务管理平台为用户提供移动通信网络覆盖范围内的半双工集群通信业务，它既有对讲机的按键即时对话效果，同时又不受无线电波距离上的限制，同时融合了手机与对讲机的功能，一部工作手机，两种通话方式，便携又方便，同时还可大幅节省手机通话费、漫游费，对于流动性很强的交通物流类应用非常适用；对于快递企业和货运企业的快递员和司机提供便捷的信息通信手段。

四、结语

中国电信集团公司会积极响应交通部的号召，一如既往地致力于智能交通和现代物流信息化建设，结合实际交通物流的需求，发挥中国电信自身优势，进一步研发各种创新产品，为交通物流行业政府企业节能减排做出巨大贡献。

交通信息化通信平台建设探讨

崔其伟

（北京亚邦伟业技术有限公司　北京　100020）

摘　要：信息技术是当今世界创新速度最快、通用性最广、渗透性最强的高科技技术之一，信息化应用能力已成为国家创新能力的突出体现。我们国家高度重视信息化工作，把信息化提升到国家战略的高度，做出了以信息化带动工业化、以工业化促进信息化、走新型工业化道路的战略部署，提出了“覆盖全局、带动发展、五化并举、两化融合”的发展方针。交通运输信息化是国家信息化建设的重要组成部分，破解现代交通运输业发展难题、促进交通运输行业科学发展、加快各种运输方式的衔接、构建现代综合运输体系，必须依靠信息化。本文主要探讨交通信息化过程中各种网络和业务的融合，以及交通信息化过程中大通信平台的构建。

关键词：交通　信息化　融合　通信平台

一、交通信息化中关键技术

在交通信息化发展过程中需要关注的几个关键问题：三网融合、CT 技术与 IT 技术融合、大通信平台的构建。

1. 三网融合

三网融合包括业务融合与网络融合。业务融合是指语音、数据和视频图像三类业务的不断融合与发展。由于语音、数据、视频业务不是同步发展的，所以导致各类业务均有自己独立的终端设备和传输网络。但是，这种情况正在改变。首先是网络的融合，目前各种传输网络正在向下一代通信网（NGN）演进。NGN 网络是指各类业务采用统一网络进行传输，但传输链路与信令链路分离，即传输与控制分离，这就是网络的融合。在网络融合正在如火如荼进行的同时，业务也在不断的融合，业务融合是指各类业务采用统一的终端进行接入，即终端具备了更大的接入能力、更强的适应性与灵活性，同时要求这些终端要支持标准的协议，即采用标准的协议可保障信息的无障碍沟通。三网融合对于交通信息化的发展尤为重要，因为目前的交通系统内具有较多的、相互独立的网络，给管理带来相当大的难度，后期的发展必然是将整个网络进行融合，采用控制与传输分离的方法，不断向 NGN 的方向发展。做到了这些，我们的网络也许才能充分满足交通信息化中复杂多样的业务承载。在终端方面，由于交通信息化需要采集和接入的信息种类复杂多样，我们不可能采用大量功能单一化的终端设备，因为这样我们的建设成本会居高不下，且大量协议不同、功能不同、互不兼容的设备对管理来说也会灾难性的，所有这些设备中谁又能保证全部做到端到端的管理？所以，终端设备的融合必将未来业务不断丰富与发展的前提。

2. CT 技术与 IT 技术的融合

IT 技术的不断进步导致了互联网的诞生和发展，CT 技术的不断进步导致了电信网诞生和发展，如果说 ICT 是载着人类社会通往信息社会的一个快车，那么 IT 和 CT 就分别是这个快车的两个轮子。当前，两个行业都在朝着相同的方向演进，相互渗透，相互融合，相互学习。无论 IT 还是 CT 都要实现网络化、宽带化、多媒体化。IT 技术本身就是数字技术，它处理信息的能力很强，但通信功能有待加强，发展方向是网络化，由局域网到城域网，到广域网，最后到国际互联网。CT 技术本来就是网络化的，现已建设了大容量的光缆网络,其发展方向是宽带化、多媒体化,以便传递高速数据、视频图像等多媒体数据。在交通信息化的过程中IT技术与CT技术的融合至关重要,但是CT技术与IT技术还是属于两个纬度的技术,需要将两种技术剥离开分析,他们应用在不同的领域和方面。CT技术解决了各类信息的采集和传输、IT技术负责将各类信息进行整合、分析、共享。

总之,融合是当今技术发展的主旋律。为了更好地实施交通信息化,我们需要将各类应用、各类网络、各类数据甚至是管理都要进行逐步的融合。(见图1)。

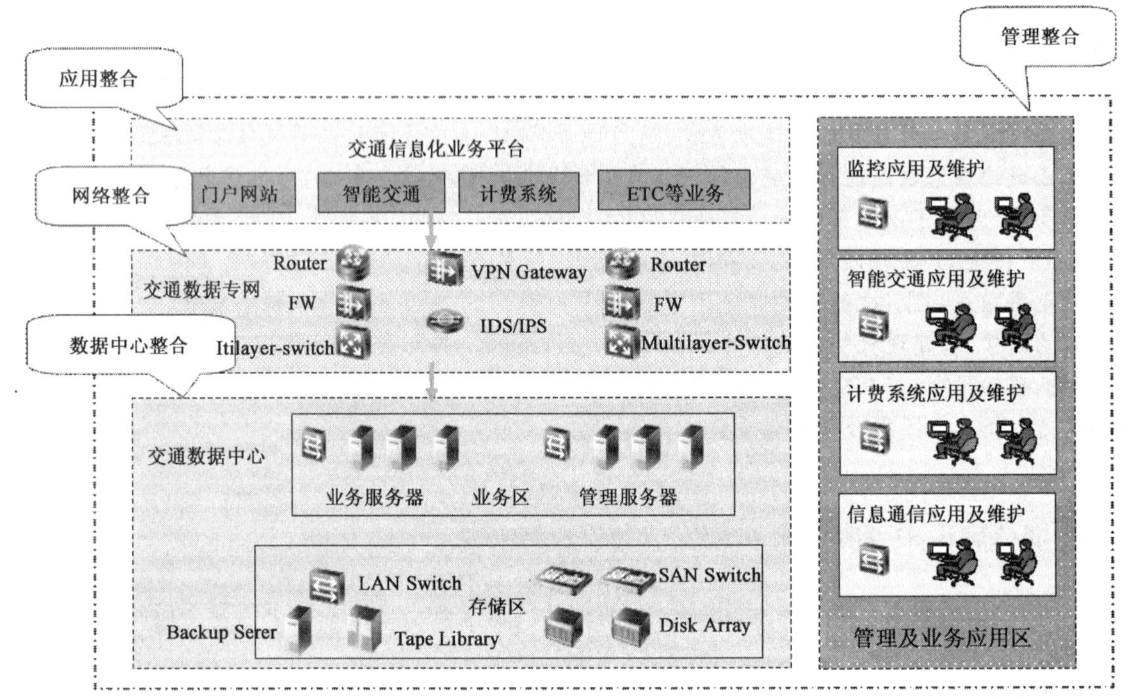

图1 交通行业信息化业务平台总体架构

3.大通信平台的构建

交通信息化实施过程中,我们把信息化数据比作货物或者车辆,那么通信平台就是车辆(货物)运动的高速公路,没有路,车辆(货物)无法运动,即信息无法传输、交换、共享,也就无从谈起信息化发展。所以,搭建合理、完善的交通信息化的大通信平台,是信息化实施工程中重要的组成部分(见图2)。

二、省域通信平台(交通专网)的构建

省域通信平台的构建主要指通过高速公路通信网、铁路通信网、其他交通专网、信息采集网、移动通信网等网络对现有的省级通信网络进行延伸、扩展与融合,实现覆盖全国各省、市、县的多级交通管理网络,形成涵盖公路、水路各级站段、场站和节点的互联互通的立体化交通信息通信网络体系。

1.交通信息网在高速公路网上实现的可能

我们首先分析一下这些工作在我国现有高速公路网上实现的可能:目前我国各省、直辖市、自治区的高速公路建设里程累计超过6.5万km,高速公路通信专网基本上已经建成覆盖全国的SDH(同步数字体系)网络(覆盖到各县级收费站出入口),并且实现了省域联网收费。对于省内的通信网络,后期可考虑在省内地级市、县级市补充设置通信网元,负责各个地市的交通单位信息化数据承载。在县和乡镇设置接入网元,负责县、乡、镇的交通单位的信息化数据承载。各个县、乡、镇与各地市的网元连接,并结合和借用高速公路现有SDH/ASON网络,形成覆盖全省的交通信息化传输承载网络。全国的骨干通信网络则可借助现有的高速公路光纤,建设更高等级的通信网络,可直接联接每个省、直辖市或者自治区,亦可

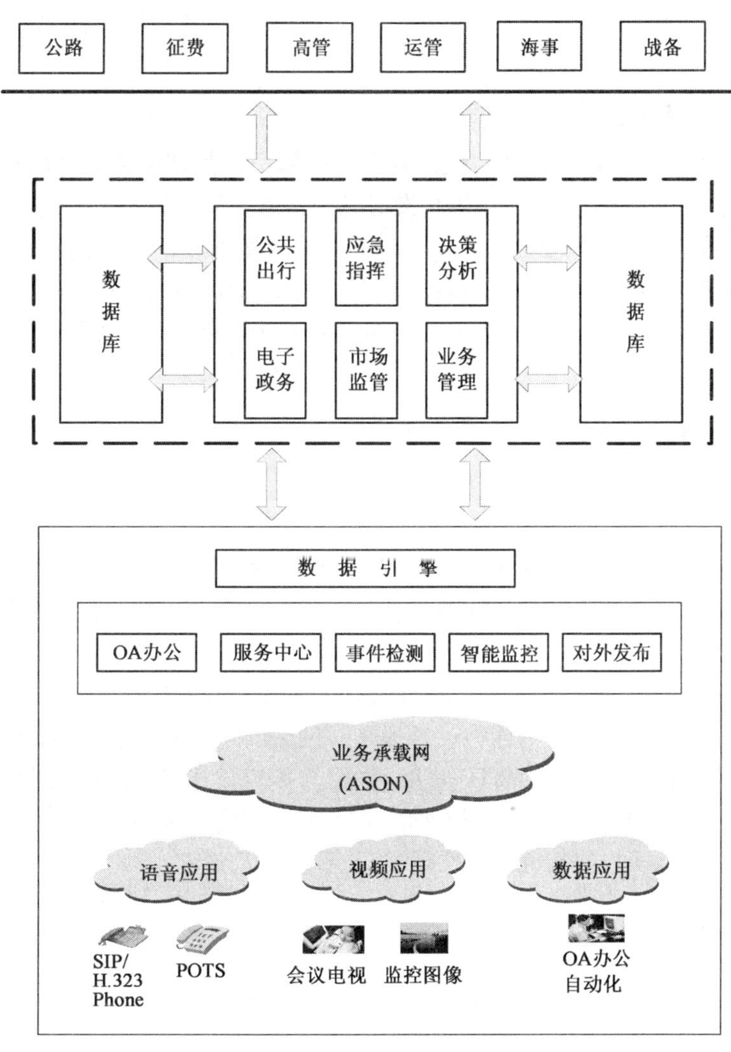

图2 通信专网

先进行区域内部联网，再对区域进行联网，比如在全国范围内建设带宽40G骨干通信网络，分别联接东三省、京津冀、长三角、珠三角和其他区域等。采用这样的方法进行交通通信“基础网”的建设，可形成国家级骨干网、区域干线网、省级干线网和省内支线及接入网点等多级业务接入和传输的网络，结合其他补充方式，进而实现我国交通信息网的全方位覆盖。

技术方面，基于交通专网的重要性，并着眼于通信技术与未来业务的需求发展，可以采用自动交换光网络(ASON)技术进行省级骨干网络规划，构建跨省域的大容量、高灵活性、高扩展性、高可靠性的骨干网络。ASON技术简要的理解就是兼有SDH的安全性和IP的灵活性；同时ASON设备对SDH设备的向下兼容可保证历史投资，两种设备在同一网络上应用也不会限制ASON设备的性能。ASON设备的规模应用最终将形成省域范围内的基于ASON技术的网格状(MESH)网络。这种网络的抗毁能力不言而喻。

2. 无线通信技术对有线通信技术的补充

分析一下无线网络的应用对有线网络的补充：在有线网络无法到达和覆盖的地域，采用无线网络进行信息接入。同时，可以考虑对重要的数据采用无线网络对有线网络形成有效备份，在有线网络故障或者失效后，启用无线网络进行数据传输。考虑到遭遇暴雪、洪水等自然灾害时，有线网络中断，移动通信网络容量、性能有限；突发交通事故、公路毁损等情况发生时，信息不畅导致管理滞后，将严重影响现场指挥效率。面对此类应急突发事件时，需要采用卫星通讯作为道路运输通信基础网络的补充，作为应急指挥调度的基础。基于GPS卫星通讯，可进行视频指挥和召开电视电话会议，实现网上办公。卫星通信手机可分别在互联网和卫星网环境下,进行语音和数据通信。这说明无线通信技术的应用可对有线网络进行必要的补充。

3. 终端信息采集设备的建设

分析一下终端信息采集(感知)网络的建设:随着交通部门的管理由粗放型向精细化转变,需要加强对信息采集网络的建设,即更加密集和广泛的布设信息采集点。将信息采集终端与信息采集网络进行有效的结合,使信息采集设备、采集网络成为交通信息化传输网络的一部分。信息采集网络进一步向通信网络靠拢和融合,形成数据传输、采集信息(包括人、车、地、物信息)传输网络与传输承载网络结合,形成大交通信息化传输平台,为后期的交通智能化做好准备和铺垫。同时,信息采集网络要求具备网络保护能力及灵活的扩容能力。

三、大通信平台的传输网技术

1. ASON 技术

目前交通传输网络中有线部分主要采用基于 SDH 的传输技术。基于 SDH 的传输技术主要有包括 SDH、MSTP(多业务传输平台)和 ASON 三种技术体制。ASON 技术是下一代通信网络(NGN)的发展方向之一。ASON 智能光网络是将 SONET/SDH 的功能特性、高效的 IP 技术、大容量的 WDM 和智能网络控制软件融合在一起的产物。目前交通的骨干网络、本地接入网一般都转向采用 ASON 技术,因为 ASON 可提供一个弹性的、可伸缩的、可扩展的网络。这提高了网络的运营和管理能力,降低了维护成本。智能光网络技术在数据传送方面兼容 SDH、MSTP 映射、复用与接口技术,继承了光网络多种业务接入、数据传送无差错、无时延的技术优势;在网络控制方面融入了数据通信领域中的成熟技术,通过路由与信令协议,实现了网络智能化控制,可以进行光链路自动发现、业务自动选路。

2. WDM 技术

WDM(Wavelength Division Multiplexing,WDM)波分复用系统可增加单光纤下的传输容量,确切地说,该技术是在一根指定的光纤中,多路复用单个光纤载波的光谱间距,以便利用可以达到的传输性能,这样便可以在较少的光纤数量下实现大容量的数据传输。

3. OTN 技术

光传送网(OTN)是以波分复用技术为基础、在光层组织网络的传送网,是下一代的骨干传送网。由于在网络上传送的 IP 业务和其他基于包传送数据业务的爆炸式增长,对传输容量的要求在不断迅猛增加,密集波分复用(DWDM)技术和光放大器(OA)技术的成熟和应用使传送网正在向以光联网技术为基础的光传送网发展。标准的 OTN 架构作为当前主流数字传输体系由 ITU-T 组织定义。它能够实现多业务承载、丰富的管理和灵活颗粒调度。它定义了光层和电层的完整体系架构,对于各层网络都有相应的管理监控机制。其思想来源即把 SDH 的映射、复用、交叉、嵌入式开销、级联、保护、FEC 应用到 WDM 系统中,从而达到兼具 SDH 灵活可靠和 WDM 大容量传输的优势。

OTN 是传送层,GMPLS(统一多协议标签交换)是控制层,两者结合,构成具有 ASON 功能的 OTN 网络。具有 ASON 功能的 OTN 网络将智能调度从现有的 VC4 电路,扩展到光波长和 ODUK 级别,能够对 OTN 网络的波长和子波长进行标签交换,实现对承载于波长和子波长的宽带业务端到端智能控制,GMPLS 作为统一的控制平面,可以实现传送网络全网端到端的统一控制、调度和管理。这就为通信网的管理开辟了新的范畴。也使网络规模复杂化的同时管理变得简单化。OTN 技术现在处在最后完善阶段,建设成本短期内可能处于高位。

综上所述,无论作为本地网的 SDH 技术或者骨干网络的 WDM 技术,目前的发展方向都是在传输层面上搭载控制平面,主要是为了加强网络的组网能力,形成更有弹性、抗毁能力更强和更加智能化的网络。即选用 ASON 技术和 OTN 技术构建交通系统的基础通信网络可能是我们的首选。

转 载 文 章

建立西江航运干线船闸远程视频监控系统的思考

张文爽
（交通运输部珠江航务管理局　广州　510110）

西江航运干线是我国内河航运“两横一纵两网”主骨架中的“一横”，沿程汇集了国家内河航运规划的三条西南水运出海通道，即南线通道—右江，中线通道—红水河，北线通道—柳、黔江，已成为连接珠江流域上、中、下游地区一条重要的水上运输大动脉，是广西及云、贵部分地区沟通广东及港澳地区的一条重要经济纽带。确保这条水上运输通道的畅通安全，是内河运输服务提供优质、高效、竞争力强的重要基础。

西江航运干线西起南宁，经贵港、梧州、云浮、肇庆、佛山等，东达广州，由郁江、浔江、西江、东平水道等组成，全长851km。为内河三级航道通航1000吨级船舶。西江干线扩能工程广西段（贵港至梧州界首段内河二级航道工程）2009年底正式通航，广东段也开工建设；肇庆至虎跳门内河一级航道已经建成，可通航3 000吨级海轮。西江航运干线2007年完成货运量12 903万t，其中煤炭1 080万t，液货1025万t，水泥2514万t、矿建材料2 200万t，矿石448万t；集装箱134.3万TEU。西江干线船舶艘数约占广东、广西两省（区）内河船舶总量的17%。珠江航运主要通道桥梁密度为19km/座，其中西江航运干线为18km/座，未达标桥梁密度为82km/座，其中西江航运干线为84km/座，在贵港至思贤滘航段上的17座桥梁中有2座通航净高小于10m，未达标桥梁比例21.2%。尤其是长洲水利枢纽上游3km处已建成浔江公路大桥和洛湛铁路大桥，两桥成夹角并行且仅相距1km，通航孔的宽度分别为135m和95m，既不对称亦不对应布置，对该航段船舶通航限制性极大。

一、船闸及运行现状

西江航运干线上共建有西津、长洲水利枢纽和贵港、桂平航运枢纽等四座枢纽及船闸。2008年四座船闸共通过船舶19万艘次，相当于珠江水系运输船舶总艘数的11倍；船舶核载吨1.25亿t，相当于珠江水系船舶总载重吨的23倍；船舶平均吨位656吨，是珠江水系船舶平均吨位的1.95倍；货物通过量为6817万t，占广西内河水运量的70%，占西江航运干线的50%。西江航运干线各船闸利用率逐年提高：2003年西津81%、贵港36%、桂平71%；2008年西津90%、贵港47%、桂平102%、长洲46%；2009年（上半年）西津101%、贵港93%、桂平96、长洲51%。

西津船闸为通航1 000吨级的二级船闸，2008年通过船舶9 298艘，船舶核载吨位389万t。

贵港和桂平船闸为通航1 000吨级一级船闸，贵港船闸2008年通过船舶23 642艘，货物通过量827万t，船舶核载吨1 615万t。桂平船闸2008年通过船舶52 595艘、核载吨3 201万t，货物通过量2 073万t。

长洲船闸为通航2 000吨级和1 000吨级双线船闸，2008年通过船舶10.6万艘，船舶核载吨达7 344万t，约为长江三峡船闸通过量的70%；货物通过量为3 627万t，其中下行运量达到3 117万t；过闸船舶平均吨位694t。

长洲船闸自建成运行以来，因自然以及管理体制等多种原因，发生过数次严重滞航，对区域经济发展和珠江航运造成了严重影响。因此，要确保西江航运干线的安全畅通，就必须确保长洲船闸以及桂平、贵港和西津等船闸的安全畅通，就要确保船闸可能发生拥堵或船舶滞航的事前预警，就要确保船舶滞航后

注：已发表于《珠江水运》第二期。

的各级应急指挥与处置准确及时高效。而船闸远程视频监控系统就是一个理想的决策指挥执行平台。

目前广西区港航局已在长洲船闸闸室布置了监控设备和视频监控系统,可以提供实况视频信息与其他相关单位共享;长洲水电公司已在其两线船闸闸室配备视频监控设备,正规划建设的远程视频监控系统;桂平、贵港船闸已配备船闸闸室视频监控系统,已计划扩展系统功能使其具有远程视频监控能力。西津船闸日常监控主要靠人工值守,还没有配备视频监控设备。船闸及其通航水域以及船舶运行等视频信息资源还没有充分地利用,相关信息资源及监管监控系统资源还没有有效的整合,船舶严重滞航的应急处置手段十分落后,应急处置的行政成本较高,效率不尽如人意。

二、远程视频监控系统的作用

(1)利用现代信息网络和通信等技术,对船闸通航水域船舶运行的日常监管监控,特别是过闸船舶严重滞航时的应急监控和应急处置。保障西江航运干线各船闸运行安全畅通,保障西江航运干线船舶航行畅通,保障珠江中下游水上交通运输唯一主通道畅通。

(2)通过视频监控系统随时获取通航水域、船闸运行及船舶航行、锚泊等视频图像信息,直观掌控各个现场的船舶、船闸、锚地等状态,降低并减少信息传递的误差和衰减,实施西江航运干线船闸通航远程监管监控,便于提高监管监控工作效率,提高船闸运行和船舶严重滞航的预警效率,提高船闸运行应急状态的决策效率和应急处置效率。

(3)用各种形式远程传输的适时图像信息,特别是在船舶严重滞航的应急状态,现场实况将直接地动态地展现在各级决策层面、协调部门、和执行机构面前,为迅速科学处置提供依据,应急处置指挥各系统在同一个信息共享平台,并呈现应急处置组织架构扁平化,使得应急决策更科学,协调更有效,执行更迅速,反馈更全面。

(4)以该系统为基础,搭建西江航运干线船舶滞航状态过闸的虚拟应急处置管理架构,建立具有现代高效扁平化应急指挥系统,既有效地科学地利用了航道、船闸等航运资源,又合理地整合了交通各部门、水利、各级政府等行政资源,同时有利于各行业、各部门、各种信息的资源共享。奠定珠江航运现代化的基础。

三、远程视频监控系统主要功能

(1)远程视频监控西江航运干线西津、贵港、桂平、长洲四座船闸及其通航水域的船舶航行状态,远程视频监控并有效处置其船舶严重滞航的应急状态。

(2)远程视频监控以上四座船闸闸室运行,船闸上下游引航道及其连接段船舶航行,以及上游、下游锚泊地船舶锚定,船闸上下游船舶登记检查站及其报到状况,远程视频监控长洲水利枢纽上游3km处的浔江公路大桥和铁路大桥通航孔,该两桥相距仅1km,对进出船闸的船舶航行影响极大,特别在船舶滞航的应急状态。

(3)能实现视频监控中心、固定办公计算机、移动计算机、智能手机、执法船艇等多点同时远程视频监控和举行视频会议。

(4)西江航运干线船舶滞航应急状态下,能适时将船闸各有关现场实况视频等多媒体信息传送给珠江航务局,以及各级应急指挥系统直至国家交通运输部。

(5)能实现过闸船舶及过闸货流等相关信息统计分析,自动发送警报邮件,向沿江政府公共服务网站传送消息等功能。

(6)主要技术性功能:

系统具有二级监控功能:现场直接监控和指挥场所;各级管理层都可以通过电脑和手机实时查看监控图像。为保证事后调查和研究,前端最少实现存储30天的监控图像功能。采用高性能红外匀速球机,以实现对船闸及其上下游引航道等部位的不间断监控。

强大的中心管理软件实现对200台异地视频服务器集中监控和管理。网络自适应技术,根据网络带宽自动调整视频帧率。

支持本地 CCTV 监视、音频输出、三码流视频传输、云台控制、实时抓拍。支持用户可通手机/电脑远程控制监控摄像头的转动。监控点之间随意切换,多部手机可同时监控。

通过有线网络电脑端可同步对图像进行浏览、录像、回放、备份、界面操作和参数配置等功能,手机端同时浏览实时图像。同时使用电脑或手机实现视频远程监控,并可多人同时异地在线观察,接入多路摄像机,实现同时多路视频查看。

实时的电脑远程视频监控,画面清晰流畅(每秒 25 帧左右);实时的手机远程视频监控,画面清晰、流畅(每秒 15 帧左右)。

四、远程视频监控系统网络拓扑图

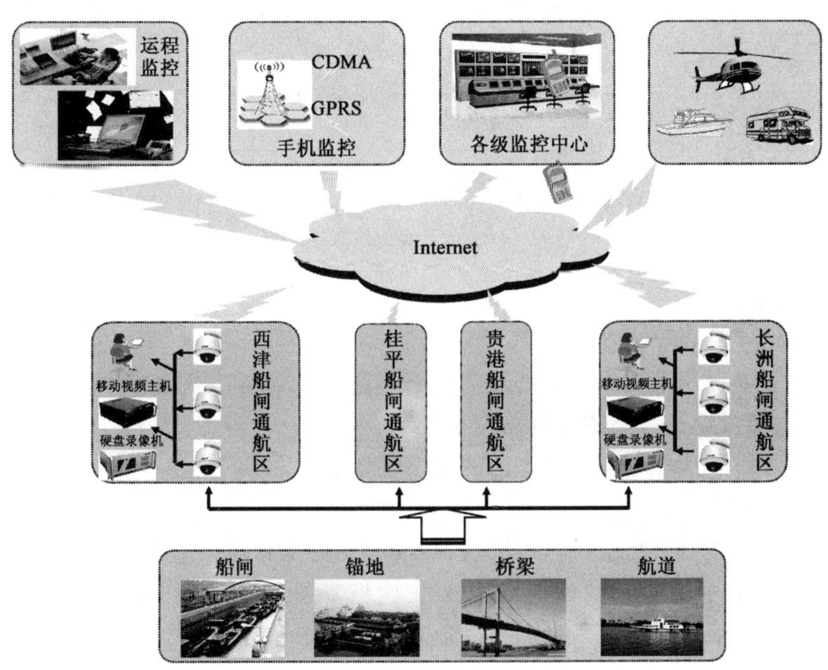

图 1　远程视频监控系统网络拓扑图

五、现代扁平化和网络化组织结构

远程视频监控系统的建立将有利于改善西江干线船闸应急管理方式和应急响应层级的组织结构,有利于改善交通运输部珠江航务管理局目前的协调服务能力和手段。两种组织结构比较:

1. 传统型组织结构图(见图 2)

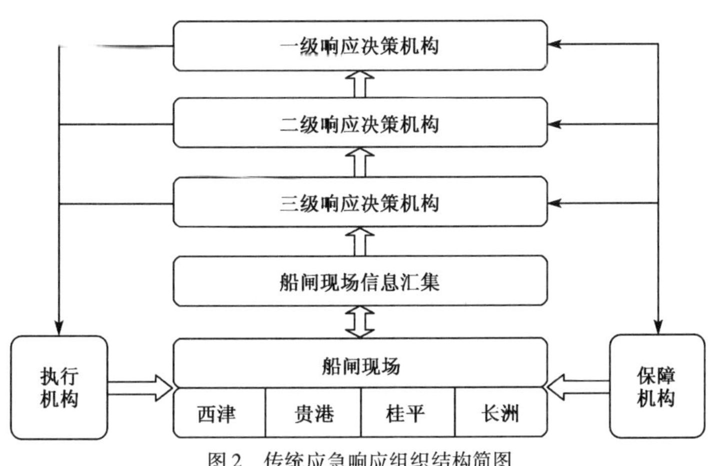

图 2　传统应急响应组织结构简图

2. 扁平化组织结构图

现代应急响应组织结构见图3。

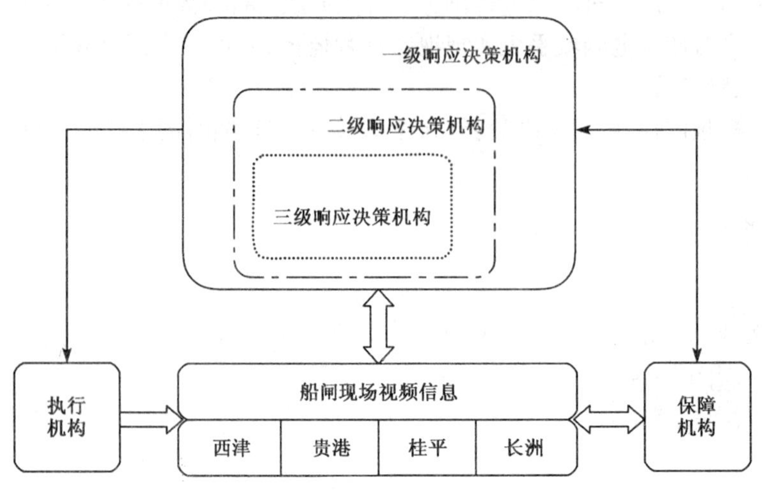

图3　现代应急响应组织结构简图

六、系统的特征意义

直观直接——对于各级决策层来说尽可能降低了信息的失真度和信息的不对称性，既可满足决策前的信息量需求，也可直接反馈决策后的直观信息量需求。

实时实况——既可以解决船闸应急状态前的预警需求，也可以满足各级别应急状态的处置需求，还可以提供大量真实的研究资讯。

随时随地——对于各级和各行业执行层来讲，贯彻应急决策和应急措施实施更加准确、及时、高效。

动态动向——便于在各级别应急状态处置过程中调整方案、把握重点、掌控全局。

同步同时——各级各层面的应急人员面对的信息具有一致性、完整性、及时性和准确性，既有利于协调合作，也有利于各尽其责。

多路多人——对各级监督层来讲，其作用与决策、执行等各级运作程序几乎并行、近乎同时，几乎没有监督信息通道的阻塞更没有人为的信息误判，保证了远程监控的有效性。

远程近程——改善船闸应急管理方式和组织结构，使得船闸应急处置组织结构的扁平化和网络化，合理配置社会经济资源，切实降低行政运行成本，有效提高公共服务效率，不断创造水上交通发展环境。

共建共享——西江航运干线船闸及其相关水域的视频信息凡涉水行业应当共享，船闸应急运行远程视频监控系统凡相关部门应当共同建设。

试论如何加强计算机网络安全

曹 波

（交通运输部长江口航道管理局 上海 200003）

摘 要：在当今社会中，计算机网络的安全对于整个社会都具有极其重要的意义。当在网络上运行关键性的如银行业务等，当企业的主要业务运行在网络上，当政府部门的活动正日益网络化的时候，计算机网络安全就成为了一个不容忽视的问题。本文首先阐述了网络安全概念的发展，其次，分析了几种常见的盗窃数据或侵入网络的方法。同时，从建立网络管理平台、数据加密、会谈钥匙等方面，对如何完善计算机网络安全提出了自己的建议和看法，具有一定的参考价值。

关键词：计算机 网络安全 信息化

一、前言

在当今社会中，计算机网络安全的安全对于整个社会都具有极其重要的意义。但是随着网络的发展以及政府、企业信息化程度的不断提高，越来越多的企业网都直接或间接与互联网相连，这给政府网、企业网带来众多不安全因素，政府、企业其信息系统的安全性都需要得到充分的保护。计算机犯罪始于20世纪80年代。随着网络应用范围的逐步扩大，其犯罪技巧日见“高明”，犯罪目的也向越来越邪恶的方向发展。与网络安全有关的新名词逐渐为大众所知，如黑客（hacker）、破解者（cracker）等。凡此种种，都传递出一个信息——网络是不安全的。大部分网络安全问题都与TCP/IP有关。TCP/IP是Internet的标准协议，传统的网络应用都是基于此协议的。近来在局域网中，TCP/IP也逐渐流行，这使得通过Internet侵入局域网变得十分容易。为网络安全担忧的人大致可分为两类：一类是使用网络资源的一般用户，另一类是提供网络资源的服务提供者。

二、计算机网络安全概念的发展

计算机网络存在着先天性安全漏洞，Internet的前身是APPANET，而APPNET最初是为军事机构服务的，对网络安全的关注较少。在进行通信时，Internet用户的数据被拆成一个个数据包，然后经过若干结点辗转传递到终点。在Internet上，数据传递是靠TCP/IP实现的。但是TCP/IP在传递数据包时，并未对其加密。换言之，在数据包所经过的每个结点上，都可直接获取这些数据包，并可分析、存储之。如果数据包内含有商业敏感数据或个人隐私信息，则任何人都可轻易解读。

网络发展的早期，人们更多地强调网络的方便性和可用性，而忽略了网络的安全性。当网络仅仅用来传送一般性信息的时候，当网络的覆盖面积仅仅限于一幢大楼、一个校园的时候，安全问题并没有突出地表现出来。但是，当在网络上运行关键性的如银行业务等，当企业的主要业务运行在网络上，当政府部门的活动正日益网络化的时候，计算机网络安全就成为一个不容忽视的问题。计算机网络安全即通过采用各种技术和管理措施，使网络系统正常运行，从而确保网络数据的可用性、完整性和保密性。所以，建立网络安全保护措施的目的是确保经过网络传输和交换的数据，不会发生增加、修改、丢失和泄露等。

注：本文已发表于《科教导刊》2010年第三期。

三、几种常见的盗窃数据或侵入网络的方法

1. 窃听(Eavesdropping)

最简易的窃听方式是将计算机连入网络,利用专门的工具软件对在网络上传输的数据包进行分析。进行窃听的最佳位置是网络中的路由器,特别是位于关卡处的路由器,它们是数据包的集散地,在该处安装一个窃听程序,可以轻易获取很多秘密。

2. 窃取

这种入侵方式一般出现在使用支持信任机制网络中。在这种机制下,通常,用户只需拥有合法账号即可通过认证,因此入侵者可以利用信任关系,冒充一方与另一方联网,以窃取信息。

3. 会话劫夺

会话劫夺指入侵者首先在网络上窥探现有的会话,发现有攻击价值的会话后,便将参与会话的一方截断,并顶替被截断方继续与另一方进行连接,以窃取信息。会话劫夺不像窃取那样容易防范。对于由外部网络入侵内部网络的途径,可用防火墙切断,但对于内、外部网络之间的会话,除了采用数据加密手段外,没有其他方法可保绝对安全。

4. 利用操作系统漏洞

任何操作系统都难免存在漏洞,包括新一代操作系统。操作系统的漏洞大致可分为两部分:一部分是由设计缺陷造成的。包括协议方面的、网络服务方面的、共用程序库方面的等等。另一部分则是由于使用不得法所致。这种由于系统管理不善所引发的漏洞主要是系统资源或账户权限设置不当。

5. 木马、病毒、暗门

木马、病毒和暗门都可能对计算机数据资源的安全构成威胁(如数据被窜改、毁坏或外泄等)。免受木马、病毒和暗门威胁的最有效方法是不要运行来历不明的程序。

四、如何加强计算机网络安全

1. 建立网络管理平台

现在的网络系统日益庞大,网络安全应用中也有很多成熟的技术,如防火墙、入侵检测、防病毒软件等;但这些系统往往都是独立工作,处于“各自为政”的状态,要保证网络安全以及网络资源能够充分被利用,需要为其提供一个经济安全、可靠高效、方便易用、性能优良、功能完善、易于扩展、易于升级维护的网络管理平台来管理这些网络安全设备。

2. 数据加密

加密指改变数据的表现形式。加密的目的是只让特定的人能解读密文,对一般人而言,其即使获得了密文,也不解其意。

加密旨在对第三者保密,如果信息由源点直达目的地,在传递过程中不会被任何人接触到,则无需加密。Internet 是一个开放的系统,穿梭于其中的数据可能被任何人随意拦截,因此,将数据加密后再传送是进行秘密通信的最有效的方法。

3. 会谈钥匙

认证的目的在于识别身份,认证环节虽然可保证双方的通信资格,但不会保护双方后续通信内容的安全。如果在彼此确认身份之后,进行明码通信,则通信内容难保不被窃听或篡改。

为了让后续会话仍可秘密进行,在认证之后,同样需要利用密码学技术对会话数据进行加密。对于大量数据,由于采用公用钥匙加密成本较高,所以大多用秘密钥匙进行加密。双方若需采用秘密钥匙进

行通信,必须首先商定用于加密通信内容的秘密钥匙,此钥匙即所谓的会谈钥匙。

4. 网上身份认证

认证即"验明正身",用于确认某人或某物的身份。在网络上,需要确认身份者,大致可分为人类用户和物理设备两类。本书只介绍与人类用户身份认证有关的基本知识。传统的认证,凭据一般是名称和一组秘密字符组合。前者称为标识(ID),后者称为密码(password)。进行认证时,被认证者需要提供标识(一般为用户名)和密码。这种认证方式是不可靠的,因为不能确保密码不外泄。比较可靠的认证方式为加密认证。在这种方式下,被认证者不需要出示其秘密信息,而是采用迂回、间接的方式证明自己的身份。

密码认证(Password Based)方式普遍存在于各种操作系统中,这种认证方式主要存在两种问题:用户的秘密可能被窃听或盗用,因为对方在进行核对用户输入的密码时,也知道了用户的秘密。这种传统的密码也极易被破解。主要原因是用户警惕性不高与破解知识的普及。

加密认证(Cryptographic)可弥补密码认证的不足之处。在这种认证方式中,双方使用请求与响应(Challenge & Response)技巧来识别对方。

参 考 文 献

[1] 李辉. 基于内存交换的网闸系统的研究与实现. 江南大学,2005:105 ~ 128.

[2] 王秀芳. 基于协议分析技术的入侵检测研究与应用. 山东科技大学,2005:203 ~ 205.

[3] 王宝成. 网络安全隔离设备高速匹配算法的研究与实现. 北方工业大学,2009:123 ~ 127.

[4] 李正茂. 网络隔离理论与关键技术研究. 同济大学,2006:12 ~ 78.

[5] Chris H,Karanjit S. Internet firewalls and network security[M]. Beijing:Tsinghua University Press/Prentice Ha11,2005. 41 ~ 52.

开放式公路计重收费标准设计的仿真研究

宋　伟
（山西省交通运输管理局　太原　030000）

摘　要：结合山西省开放式公路收费的实际，确定了适应山西省开放式公路计重收费费率。通过建立开放式公路计重收费数学模型。运用 Excel 生成不同类型载货车的伪随机样本，设计微调器进行调整，对研究对象采用两种不同方法进行动态仿真。最终实现符合交公路发[2005]492 号文件提供的计重收费指导原则的计重费率。

关键词：计重收费　Excel　计算机仿真

一、问题的提出

公路运输事业伴随我国经济的增长得到了快速发展，但是，公路非法超载超限运输却成为扰乱市场经济秩序，危及人民财产安全，增加公路维护成本的主要根源。交通部、公安部等七部委 2004 年 4 月统一部署，从 2004 年 6 月 20 日起，决定在全国开展货运机动车辆超载超限治理工作，利用 1 年时间，由各级交通、公安部门按照“统一口径、统一标准、统一行动”的要求，对超载超限车辆进行集中治理，按照“广泛宣传，统一行动；多方合作，依法严管；把住源头，经济调节；短期治标，长期治本”的要求，对车辆超载超限进行综合治理，坚决打击车辆超载超限、“大吨小标”和非法改装等违法行为。行动的目的在于保护并鼓励合法道路运输行为，促进经济社会的全面、协调、可持续发展。建立健康、规范、公平、有序的道路运输市场，维持良好的车辆生产、使用秩序和道路交通秩序，确保公路设施的完好和公路交通安全，从根本上遏制严重超载超限运输现象。

利益驱动是车辆超载的直接动因，分型收费方式对同一车型的不同吨位，体现不出公平性，客观上形成运输车辆“超得越多赚得越多”，助长了“大吨小标”和非法改装等违法行为。计重收费通过数据采集，自动计算货车轴数和轴重，得到货车实际总重，然后根据计重收费模型确定的收费率得到应交费额。按照车辆运输总质量计费比按照车型计费更科学、更合理，客观上消除了运输户超载逐利的原动力，起到了减少和遏制超载的作用。本文在充分调研基础上，通过计算机生成随机样本，进行模型的仿真研究，确定适应山西省开放式公路计重收费费率。

二、合法运输车辆计重收费标准设计与仿真

交通部 2005 年颁发了一系列旨在控制公路运输超载超限的文件，其中交公路发[2005]492 号文件提供了计重收费的指导意见。由于历史形成的原因，全国各地区收费标准各异，因此，在交公路发[2005]492 号文基础上确定适合当地实际的计重费率具有实际意义。

1. 确定计重收费费率的原则

计重收费费率确定的总原则是不增加社会总体负担，确保实施计重收费后总体收费水平与现行收费水平基本持平，对国家鼓励发展推荐车型适当优惠，对超载运输加大打击力度。

注：本文已于 2008 年 6 月在《中国交通信息产业》上发表（刊号：ISSN1672-3333）。

(1)公平合理原则

综合考虑车辆对公路的使用和破坏因素,对载货类机动车,按照实际车货总质量收取车辆通行费,使车辆的通行费支出与其对公路的磨损程度成正比关系,真正体现多用路者多交钱,确保车辆在交纳通行费上的公平合理。

(2)鼓励运输户合法装载原则

计重收费要充分体现合法运输、打击超载超限运输的目的。确保合法运输车辆的通行费收费标准和运输成本在原收费标准的基础上适当降低。对超载超限运输车辆,科学合理地确定超载收费系数,加大惩罚力度,杜绝利益驱动导致运输车辆超载超限的直接动因。

(3)引导发展原则

通过车辆通行费征收方式的调节和优化,利用经济杠杆,对国家鼓励发展的推荐车型和多轴大型车辆给予适当的通行费优惠,用政策引导货运车辆发展,优化货运车辆结构。

2. 确定计重收费费率的方法

实行运输车辆计重收费是一项系统工程,原因在于车辆计费涉及各地区、各部门的切身利益。由于历史的原因,目前山西省开放式公路计费具有多重标准。山西省能源基地的特殊地位导致超载超限现象成为山西省公路交通运输多年来的痼疾。因此,实施计重收费的难度较之其他省份要大得多。

根据计重收费费率的原则,首先对山西省现有车型收费标准进行系统地调查、分析和研究,内容包括山西省现行收费系统的调查研究,收集国家关于计重收费相关文件,兄弟省份计重收费情况的实施调查,这些内容是模型研究方法的基础。在此基础上论证实行山西省一级公路和二级公路统一计重收费的可行性。根据交公路发[2005]492号文件提供的计重收费指导意见,运用数学方法建立模型,进而进行计算机仿真模拟研究。最后通过抽样调查对模型进行实证分析,验证所确定计重费率的合理性。

(1)山西省现行分型收费标准

公路收费的立法依据是《公路法》和《收费公路管理条例》,这两部法规确定了公路收费权的取得、收费公路的技术等级和规模、收费期限和收费标准。目前我国各地区收费标准的依据主要有:公路技术等级、公路投资总额、当地物价指数、偿贷期或投资回收期。山西省现行收费依据是以车型分类,一级公路和二级公路收费标准有六种,见表1。

现行六种分型计费标准(单位:元) 表1

	一级公路现行收费标准	二级公路现行收费标准						一二级平均费率
	三类标准	一类标准	二类标准	四类标准	五类标准	六类标准	权重标准	
$T \leq 2.5$	10	5	10	5	5.03	12.94	9	9
$2.5 < T \leq 5$	15	10	15	10	10	24.09	14	15
$5 < T \leq 10$	20	15	20	15	13.62	33.98	19	20
$10 < T \leq 20$	30	20	25	20	18.92	47.84	24	27
$20 < T \leq 30$	60	42.74	50	30	20	50	47	53
$30 < T$	70	50	60	50	50	50	58	64
站数	24	8	64	8	2	1		
权重系数	1.00	0.10	0.77	0.10	0.02	0.01		

(2)计重收费模型方法

为了科学地确定山西省计重收费费率,在对现行收费标准充分调研基础上,根据交公路发

[2005]492 号文件精神，建立分型收费、计重收费对比数学模型如下。其中，为了贯彻“引导发展原则”设置递减调节系数 k_1。k_1 的确定以 20t 为界，线性递减，对国家鼓励发展的推荐车型和多轴大型车辆给予适当的通行费优惠。设置参数 k_2、k_3 是针对超载超限运输车辆，贯彻“鼓励运输户合法装载原则”。k_2 离散地从3～6取值，超载超限越多，惩罚力度越大。“公平合理原则”的贯彻则体现在 Excel 上建立分型收费、计重收费对比数学模型，通过调节各种控件，实现计重收费费额不得超过原有分型收费费额。

①正常收费公式

$$N = \begin{cases} G_1 \times M \times k_1 & (G_1 \leqslant 20) \\ 20 \times M + k_1 \times M \times (G_1 - 20) & (G_1 > 20) \end{cases}$$

②超载收费公式

$$N = \begin{cases} G_1 M & (G_1/W \leqslant 1.3) \\ 1.3WM + (G_1 - 1.3W)\left(1.5 + \dfrac{1}{2}k_3\right)M & (1.3 < G_1/W \leqslant 2.0) \\ 1.3WM + (G_1 - 2W)k_2 M + 0.7MW\left(1.5 + \dfrac{1}{2}k_2\right) & (G_1/W > 2.0) \end{cases}$$

式中：G_1——车货实际总重(t)；

N——应交费(元)；

W——承载能力标准(t)；

M——基本费率(元/t 车次)；

k_1——递减调节系数；

$$k_1 = \begin{cases} 1 & (G_1 \leqslant 20) \\ 1.2 - G_1/100 & (20 < G_1 \leqslant 40) \\ 0.8 & (G_1 > 40) \end{cases}$$

k_2——超载最大基本费率递增调节系数：$(3 < k_2 \leqslant 6)$；

k_3——超载调节系数：$\dfrac{1}{7}\left[(60 - 13k_2) + \dfrac{10G_1(k_2 - 3)}{W}\right]$。

(3)计重收费模型仿真方法

根据以上山西省开放式公路收费系统建立的系统数学模型进行系统仿真，将系统、数学模型、计算机系统仿真三者有机结合进行实证分析是我们实施计重收费项目的核心内容，而将三个要素结合在一起的三个活动是系统建模、仿真实验和数据分析。对基于问题背景得到的数学模型通过计算机进行模拟，首先确定边界条件，对其进行各类操作和仿真实验，研究系统的特征和运行情况。

山西省一、二级公路所有收费站现行的收费标准共有六个(见表 1)，其中第三类收费标准针对一级公路，其余五种是不同地区针对二级公路的收费标准。

首先，应用专家调查法确定了山西省 12 类主要货车车型，应用随机数生成技术，通过计算机生成 12 类 500 辆货车的伪随机数，用于模拟现场车辆实际运载情况。

其次，在 Excel 环境下，将上述数学模型分别输入 6 个 Excel 表，通过分别调节费率控件，使计重收费额与分型收费额相当。根据现行第三类收费标准确定一级公路收费费率；根据现行第一、第二、第四、第五、第六类收费标准确定二级公路加权收费费率。从而分别确定了相应的计重收费费率。

最后，建立 Excel 汇总表。基于现行不同收费类型收费站的数量计算权重，根据六个 Excel 表确定的一级公路计重收费标准、二级公路计重收费标准，确定统一收费费率 R_1；直接对现行分型收费系统进行加权平均，通过调节费率控件，使计重收费额与分型加权收费额相当，确定权重定义费率 R_2（见图 1）。两种方法确定的费率 R_1、R_2 比较吻合，说明所确定费率符合实际。

（4）仿真数据的评价比较分析

仿真的两个步骤：建立模型和对运行模型，运行模型就需要样本采集，因此，随机数的生成与随机函数的产生是必要条件。表 2 是针对山西省的实际在 Excel 环境下，随机抽样得到 12 重主流车型、500 个样本的车型数据，对随机样本按照 12 中货车类型进行频率统计，根据车型确定不同吨位的轴数分类，根据前述建立的计重收费数学模型和分型收费进行对比，目的在于确定符合计重收费原则的计重收费费率。

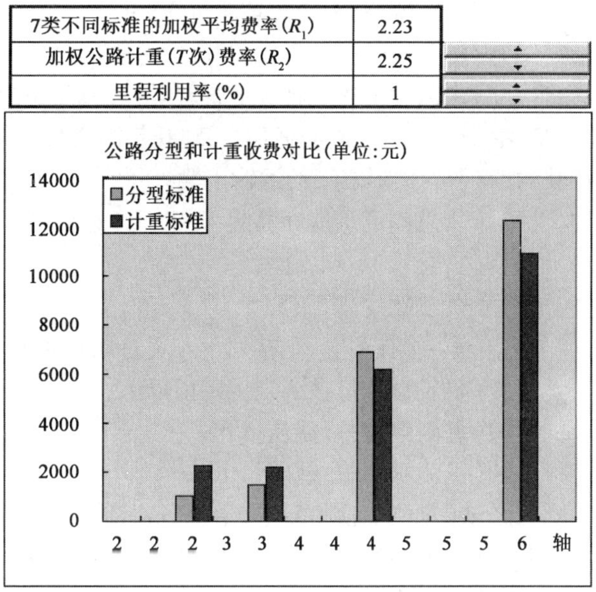

7类不同标准的加权平均费率(R_1)	2.23
加权公路计重(T次)费率(R_2)	2.25
里程利用率(%)	1

图 1　通过调节控件确定接近分型费率的计重费率

500 个样本分型收费和计重收费费额对比　　表 2

车型分类	核定载重	整备+核定载重	整备	分型收费(元)			分类	频率	轴数	计重收费(元)					
				收费	合计	分类计				核定载重计重费额		整备载重计重费额		平均费额	
$T\leqslant2.5$	1.6	4.3	2.7	9	370		1	39	2	375		233		304	
$2.5<T\leqslant5$	4.1	9.3	5.1	15	555		2	37	2	772		428		600	
$5<T\leqslant10$	8.4	16.1	7.7	20	96	1021	3	50	2	1 812	2 959	866	1 527	1 339	2 243
$10<T\leqslant20$	16.6	26.7	10.1	27	758		4	28	3	1 653		633		1 143	
	16.6	26.7	10.1	27	704	1 462	5	26	3	1 535	3 187	588	1 221	1 061	2 204
$20<T\leqslant30$	25.9	35.6	9.7	53	2 346		6	44	4	3 283		955		2 119	
	25.9	35.6	9.7	53	2 400		7	45	4	3 357		977		2 167	
	25.9	35.6	9.7	53	2 133	6 879	8	40	4	2 984	9 625	869	2 801	1 926	6 213
$30<T$	34.3	44.9	10.6	64	2 810		9	44	5	3 950		1 048		2 499	
	34.3	44.9	10.6	64	3 895		10	61	5	5 477		1 453		3 465	
	34.3	44.9	10.6	64	2 810		11	44	5	3 950		1 048		2 499	
	34.3	44.9	10.6	64	2 746	12 260	12	43	6	3 861	17 239	1 025	4 575	2 443	10 907
合计					21 622					33 009		10 124		21 566	

三、超载运输车辆计重收费标准设计仿真研究

按照加大打击超载超限运输力度的原则，对超载超限运输车辆，科学合理地确定超载收费系数，杜绝超载的利益驱动源头。目前，对于超载超限有以下两种核定标准。

1. 七部委认定车辆超载超限行为标准：

（1）二轴车辆，其车货总重超过 20t 的；

（2）三轴车辆，其车货总重超过 30t 的（双联轴按照二个轴计算，三联轴按照三个轴计算，下同）；

（3）四轴车辆，其车货总重超过 40t 的；

(4)五轴车辆,其车货总重超过50t的;

(5)六轴及六轴以上车辆,其车货总重超过55t的;

(6)虽未超过上述五种标准,但车辆装载质量超过行驶证核定载质量的。

2. 中华人民共和国交通部令2000年第2号文第三条。本规定所称超载超限运输车辆是指在公路上行驶的、有下列情形之一的运输车辆:

(1)车货总高度从地面算起4m以上(集装箱车货总高度从地面算起4.2m以上);

(2)车货总长18m以上;

(3)车货总宽度2.5m以上;

(4)单车、半挂列车、全挂列车车货总质量40t以上;集装箱半挂列车车货总质量4.6t以上;

(5)车辆轴载质量在下列规定值以上:

单轴(每侧单轮胎)载质量6t;

单轴(每侧双轮胎)载质量10t;

双联轴(每侧单轮胎)载质量10t;

双联轴(每侧各一单轮胎、双轮胎)载质量14t;

双联轴(每侧双轮胎)载质量18t;

三联轴(每侧单轮胎)载质量12t;

三联轴(每侧双轮胎)载质量22t。

不同车型具有不同的核定载重,超出的部分应当加收运费。货车的超重是指在核定载重基础上超出130%的部分。在Excel环境下,通过调节车型和实际吨重可以确定超载幅度β,通过调节确定超载系数k_2,可以动态地观察超重收费曲线,形象地体现出计重收费超载越多、惩罚力度越大的原则。最后根据计重收费模型确定的公式计算出应交费额(见图2)。

一级公路超重付费

车型(t):	A=	60
实际吨重	B=	94
超载系数:	β=	1.57
基本费率递减系数:	k_1=	0.8
各省确定超载调节系数:	k_2=	3
超载调节系数:	k_3=	3.00
收费(元):	¥	284

里程利用率(%)	加权公路计重(T次)费率(元)	超载费率
1	2.25	3.02

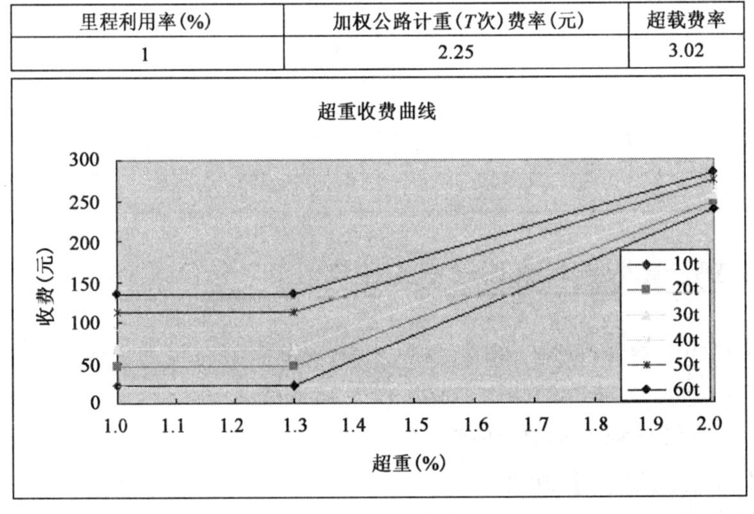

图2 超重收费额的确定

表 3 是在 Excel 环境下,得到的“如果,怎样”模拟运算表。模拟运算表反映不同车型、不同超重情况下对应的计重收费额。基于表 3 绘制了图 2 所示超重收费曲线。

不同车型计重收费的模拟运算(单位:元)　　表 3

		超重程度				
车型分类	284	1.0	1.3	1.3	2.0	2.0
	10	23	23	23	239	239
	20	45	45	45	248	248
	30	68	68	68	257	257
	40	90	90	90	266	266
	50	113	113	113	275	275
	60	135	135	135	284	284

四、结语

本文结合山西省开放式主干道路运输的实际,确定山西省开放式公路统一计重收费标准。在项目的实施过程中,采用数学模型方法对问题进行抽象,并在 Excel 环境下生成随机样本进行动态仿真。通过山西省计重收费项目的实施,我们认识到建立在数学模型基础上的计算机模拟仿真对于降低项目成本,提高决策质量具有重要作用。山西省计重收费实施项目达到了效率优先、质量优先、科学严谨的建设目标。

参 考 文 献

[1] 关于收费公路试行计重收费指导意见的通知. 交公路发[2005]492 号.

[2] 杨成林,周科平,扬念哥,等. 地下矿山运输系统建模与仿真. 数学的实践与认识,2007,37(23):26 ~ 30.

[3] 鲁子爱,林民标. 港口服务系统的计算机仿真研究. 河海大学学报,1999,27(3):17 ~ 21.

山西省高速公路地质卫星遥感 GIS 系统及其应用

张效纲
（山西省交通规划勘察设计院　太原　030012）

摘　要：本文介绍了“山西省高速公路地质卫星遥感 GIS 系统”所实现的功能及其在高速公路规划、勘察设计中的应用。

关键词：公路勘察　地质选线　卫星遥感　地理信息

一、引言

随着我国交通事业的快速发展、计算机技术的日益进步以及现代空间探测技术的发展，遥感（RS）、地理信息系统（GIS）等技术在公路规划和勘察设计中的应用越来越广泛。RS、GIS 技术的应用可以全面认识公路工程地质环境的特征从而加强生态环境保护、避绕不良地质、减少野外工作的盲目性。尤其适用于我省山区较多，山势陡峻，地形地貌多变，地质构造复杂，各种不良地质现象普遍的地区。依靠技术人员的野外作业来实现的传统工程地质调查，由于人的视野受到地形和植被的遮掩，许多地质问题不易观察清楚，而遥感技术不受交通条件和恶劣环境的影响，既使是对悬崖峭壁、峡谷、沙漠等地区，它也能很好地发挥自身之优势，从而保证工程地质调查的顺利进行。因此工程地质人员迫切需要借助遥感技术（RS）和地理信息技术（GIS）有重点的进行工程地质调查，以获得更加合理的规划与设计方案。山西省高速公路地质卫星遥感 GIS 系统将 RS 与 GIS 相结合，很好的应用于此。

二、山西省高速公路地质卫星遥感 GIS 系统功能简介

“公路地质卫星遥感 GIS 系统”是应用卫星遥感多波段扫描数据，通过计算机信息增强、几何纠正、图像镶嵌处理，增强公路交通及地形地貌和地质构造信息。同时，参考已有交通资料，建立道路编辑标志，通过成像技术，编辑全省交通影像图，全面反映山西全省交通与自然地理环境状况，为全省公路规划、勘察设计和领导决策提供最直观的图像信息资料，具有实用性和指导意义。在此基础上通过综合信息分析，解译地质构造、水文及不良地质现象，确定路线走向，最大限度地避免地质病害，节约工程造价，减少因地质问题而变更设计。应用遥感图像，在国内外已成为越来越受重视的高新技术应用方向之一：卫星遥感图像具有宏观、视域广阔真实等优点，对山川河流、地形地貌有着独特的显示效果，正好弥补带状航片产生的局限性。将卫星遥感影像技术与已有的 456 技术、虚拟现实技术相结合，用于道路选线（含地质选线）、设计方案汇报，比现有的手段和方法更加真实，更加说明问题。利用卫星遥感影像图解译地质构造、水文及不良地质现象（断裂带、煤矿采空区、地裂缝等位置及大小），供地质选线人员分析路线所经区域地质概况，并经野外调查和验证后，确定路线走向，最大限度地避免地质病害，节约工程造价，减少因地质问题而变更设计的被动局面。用不同时期的同一幅影像进行叠加，确定地质病害的变化情况。高速公路 GIS 系统涵盖我省高速公路主骨架乃至连接线公路综合信息、公路遥感影像动态信息、公路建设项目查询等信息。是以GIS技术为手段，统一全省全要素1∶25万电子地图、卫星影像、公路属性数据而建立

注：本文已被《科学之友》杂志社录用，将在《科学之友》6 期发表。

的相关数据库平台，对山西省公路技术属性数据库进行可视化管理，实现公路交通管理的自动化信息查询、科学的数据分析、实用的专题分析、精良的专题图制作、方便的地图输出、实时三维地形显示等功能。

三、山西省高速公路地质卫星遥感 GIS 系统的应用

1. 制作路线方案遥感影像图

RS 技术是通过不同遥感传感器来获取所摄目标的影像，然后进行处理、分析，最后获得各种几何和属性信息的科学技术。其获得的信息越丰富，就越能真实地反映该地区的地形、地貌、地表岩性、地质构造和不良地质等内容。

所以遥感图像独有的宏观性、真实性以及丰富的地理信息，具有其他勘测方法所无可比拟的优势，能为设计者快速提供可靠的地形地貌、地质构造和地物判别信息。

例如在阳泉至五台高速公路盂县至五台段，依托“山西省高速公路地质卫星遥感 GIS 系统”的全要素电子地图、卫星影像图数据库，为其制作了 1:50 000 路线走向遥感影像图，清晰直观地显示了公路设计方案的走向和与地形地貌、地质构造之间的关系，为路线方案的比选优化提供了直观的平台，开阔了路线方案设计者的眼界和思路（见图 1）。

图 1　路线走向遥感影像图（处理过的）

利用“山西省高速公路地质卫星遥感 GIS 系统”制作路线遥感影像图步骤如图 2 所示。

2. 在工程可行性研究中的应用

依据全省高速公路地质遥感数据系统以及 GIS 技术的全面应用，可以为前期规划人员提供多种形式的三维空间分析查询和辅助规划决策，通过对公路走廊带内的基础地质资料进行分析，从而避免不良地质地带，降低公路工程造价，为公路设计的决策提供依据。

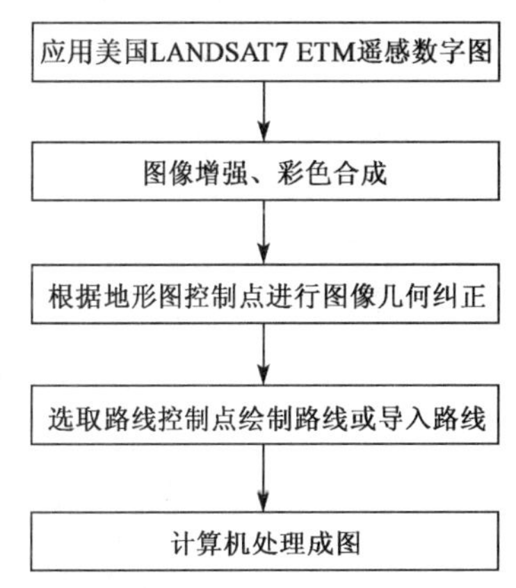

图 2　制作路线遥感影像图步骤

勘察设计人员都知道断层、滑坡、泥石流、采空区等灾害地质现象是影响路线方案选择、工程投资和施工的关键因素。一个最佳方案不但可以节约资金投入而且在环保等可持续发展方面也有很好的社会效益。利用遥感影像可以迅速查清区域地质构造特征，避开地质断裂带、滑坡、采空区以及地质构造复杂带，同时应用高精度、高分辨率的遥感图像技术、地理信息技术、数字地面模型技术、三维立体技术使公路工程设计达到智能化水平。不良地质带的分布、扩展一般都经历了一个较长的时间，其分布范围广，涉及的因素多，采用常规方法很难全面了解和判断。综合利用卫星遥感（RS）和地理信息系统（GIS）技术来研究其分布、扩展规律是一种有效的方法。比如采空塌陷区在遥感图像上没有明显的标志，无法直接提取。但是该地区地下潜水位高，塌陷区一般都有大量积水，而积水区在遥感图像上清晰易辨，能很方便提取出来。卫星和航空遥感图像卫与计算机信息处理技术相结合，可以编制各种比例尺（1:200 000 ~ 1:10 000）的遥感图和解译工程地质图，指导路线方案的比选，因此遥感技术在高速公路路线方案优化选择中具有关键作用。

如下为工程地质选线方法步骤流程图。

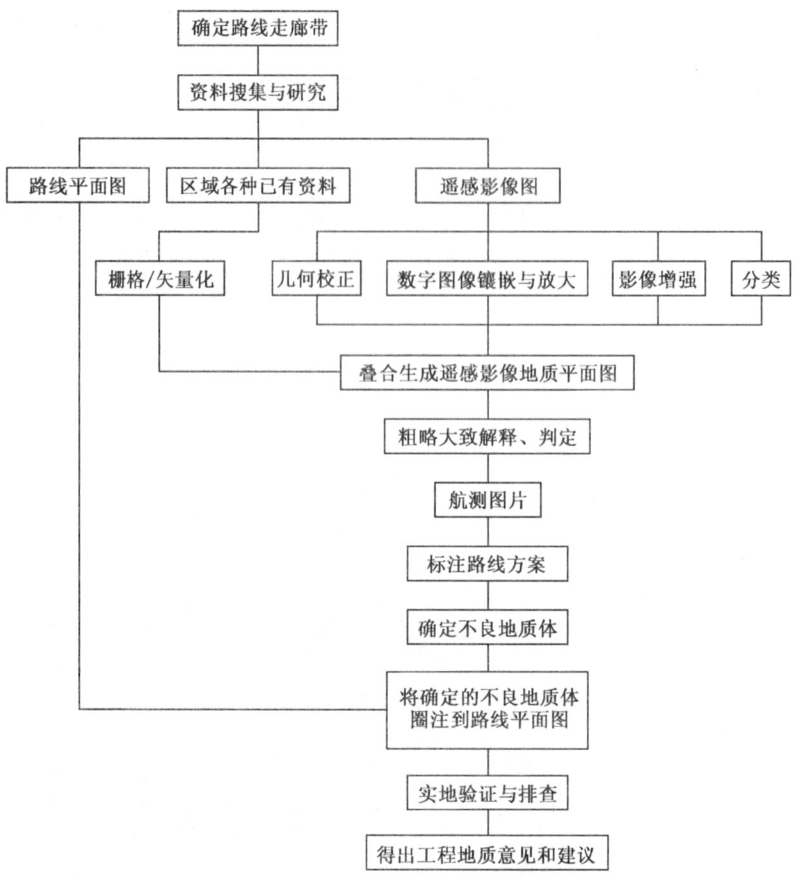

图3　工程地质选线方法步骤流程图

例如,在大同环线古店至王官屯高速公路勘察设计中,通过遥感地理信息系统的地质图查明了拟建的公路所处的山西省大同盆地(桑干河新裂陷盆地)北部,路线地形起伏不大,不良地质主要为湿陷性黄土和湿软地基。沿线的不良地质主要为断裂构造,尤其是活动断裂。在遥感影像图上可以看到路线分别与两条全新活动断裂和两条非全新活动断裂相交,断裂构造对桥梁墩台和地基稳定性有较大影响。又如在大同环线肥村至陈庄段高速公路工可期间,通过遥感地理信息系统综合解译分析,项目区发育一条隐伏断裂构造,断裂规模较大,且持续活动,受此隐伏断层影响,在 AK17 + 500 ~ AK19 + 600、BK15 + 850 ~ BK18 + 250 段工程地质条件总体较差,路线场地稳定性总体较差,为路线方案的最终选择提供了直观的依据, 从而保证了道路工程结构的安全(见图4)。

图4　方案比选图(经过压缩的图片)

3. 在道路改扩建中的应用

随着社会的不断进步,经济的飞速发展,道路交通量在不断增大,很多早些时候建成的高速公路已呈现饱和状态或者道路出现了断裂、坍塌,边坡滑坡等等,道路改扩建已是不可避免的。道路改扩建与新建高速公路勘察设计相比更困难更复杂,既要避开对现有高速路通行的干扰,还要保证测设人员的安全和设计质量,最大可能地缩短工期以求最好的社会效益。利用“山西省高速公路地质卫星遥感 GIS 系统”的遥感影像、数字正射影像以及详实的道路现状数据、数字地形图等各种信息和影像信息在 GIS 基础上进行综合分析与管理。

例如,可以输入要改扩建的道路名称,先对其现在的走廊带分布进行地质分析为改扩建提供有力的依据。选择一条要分析的高速公路,指定影响范围,单击“分析”按钮开始分析(见图5)。

分析高速公路两侧的不良地质

公路名称	长度(Km)	造价(亿)	建设日期	投用日期
京大高速公路	58.848	0	1998-8-15	2000-9-21
离军高速-左线1	2.963	0	2006-5-13	2006-5-13
离军高速-左线2	1.72	0	2006-5-13	2006-5-13
离军高速-左线3	4.407	0	2006-5-13	2006-5-13
离军高速-左线4	1.371	0	2006-5-13	2006-5-13
离军高速公路	38.55	25.856	2005-10-28	2007-12-30
临侯线	48.058	12.2	2001-3-1	2002-10-16
罗夏线	37	0	2001-2-8	2002-12-1
祁临线	177.7199	65.77	2000-12-26	2003-5-28
祁临线-左线1	2.26	0	2006-5-13	2006-5-13
祁临线-左线2	2.86	0	2006-5-13	2006-5-13
祁临线-左线3	6.58	0	2006-5-13	2006-5-13
朔州支线高速	30.328	0	2006-5-13	2006-5-13
太长高速公路	199.534	71	2003-10-18	2005-11-18
▶ 太旧高速公路(太原-寿阝	144	300000	1993-6-1	1996-6-25
太原南过境	14.5	7.56	1998-3-28	1999-10-20
太原西北环高速公路	42.963	0	2002-3-28	2004-11-28
夏汾高速公路	56.031	12.17	1998-10-12	2000-10-28
夏祁线	23.467	0	2001-2-8	2002-10-1
新原高速公路(右线)	7.5	0	2001-10-1	2003-10-1

① 选择一条要分析的高速公路
② 指定分析范围
③ 开始分析

两侧范围 6000 米

定位(L) 分析(A) 返回(R)

图 5

若分析有不良地质则弹出【高速公路分析结果】窗口列出所有影响的不良地质,选择一个不良地质,单击“详细信息”可查看该不良地质的详细信息(见图6)。

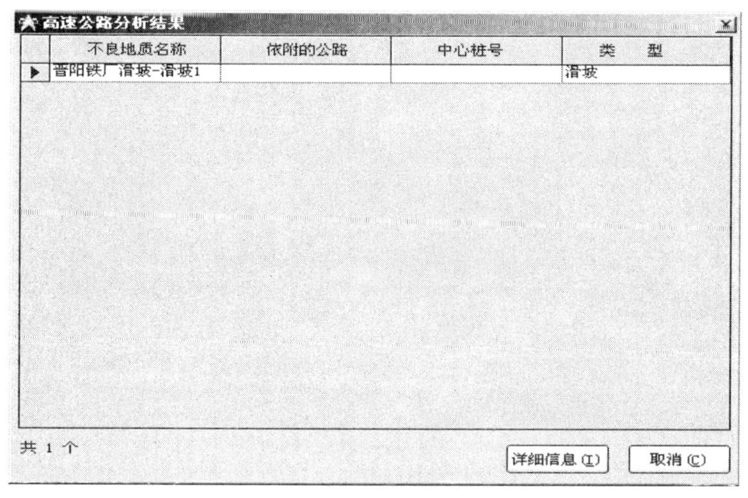

图 6

“山西省高速公路地质卫星遥感 GIS 系统”为高速公路道路改扩建工程勘察设计研究和应用提供了一种新的思路和依据。

四、结语

高速公路是一项“带状”布局的工程，其线路长、工程构造物多（桥梁、涵洞、隧道、互通立交等），有“逢山开路、遇水架桥”的特点。因而对地形、地貌、工程地质条件具有较高的要求。应用“山西省高速公路地质卫星遥感 GIS 系统”可以全面掌握公路走廊带内的地形、地貌、地质构造等各种因素，为高速公路勘察设计的前期规划、工可研究及后续的详细设计阶段提供技术平台和决策支持，对提高决策水平和设计质量、优化设计方案、节约投资成本都会起到关键的作用。我们相信随着 RS、GIS 等技术的不断发展和普及，必定会大幅度提高高速公路勘察设计的工作效率，从而促进我省交通事业的不断发展和创新。

高速公路无线视频监控系统技术与应用分析

赵　强
（山西省高速公路信息监控中心　太原　030006）

一、高速公路视频监控系统概述

高速公路视频监控系统是高速公路运营管理的重要基础支撑。其一般程序是：在高速公路一些重要的场所（收费站、车道、广场、路上）等布设若干个摄像机拍摄监控现场，然后将视频信号通过一定的传输网络（线缆、无线、光纤或以太网），传到指定的监控中心，再通过存储设备，将媒体存储到存储介质上，同时还可以根据不同需要和途径在现场安装其他的探测装置作为监控系统的辅助设备。

近年来，随着计算机、网络以及图像处理、传输技术的飞速发展，高速公路视频监控技术也随之有了长足的发展。目前的高速公路监控系统有多种形式并存：模拟视频监控系统、模拟与数字相结合网络视频监控系统、数字视频监控系统。更重要的是，为了适应线长、点多、面广的高速公路管理需要，无线视频监控系统已发展成为高速公路视频监控的重要组成部分。

简单地将视频监控系统进行分类，可以分为模拟视频监控系统、数字网络视频监控系统和无线视频监控系统，其优缺点简单比较如表 1 所示。

视频监控系统分类　　表 1

类　别	简　介	优　点	缺　点
模拟视频监控系统	由模拟摄像头采集视频信息，通过视频线或射频线路直接输出到监视器，由录像机实时将模拟数据记录下来存档	简单直接，成本低；适合短距离或现场监控	没有远程监控功能；录像质量较差；数据存储繁杂
数字视频监控系统	由数字摄像设备采集视频信息，以数字的方式通过有线网络传输到监控中心的设备，依靠宽带网络可以提供足够的带宽，以支持高质量并发视频流	监控距离长、范围广；数字化便于集成、传输；视频质量可调；存储检索方便	依赖有线的网络，网络建设成本较高；受施工环境地形影响大，缺乏灵活性
无线视频监控系统	被监控点和监控中心之间通过无线信道传输数据	受地理环境束缚较小；安装周期短，扩展性好；节省网络布线成本；	当前传输速度尚待提高

二、无线视频监控系统的种类

无线视频监控系统是计算机、无线网络和视频编码技术及视频传送器的结合，它可以将不同地点的现场信息实时通过无线网络传送到监控中心和掌上设备。在被监控点，通常使用摄像头对现场情况进行实时采集，摄像头与本地视像传送器相连，并通过不同的无线网络将数据信号发送到监控中心。

依据所使用网络体制的不同，可以将无线视频监控系统分为基于公众移动通信网络和基于无线局域网两种类别。

注：本文已发表于《中国交通信息化》2010 年第 5 期。

1. 基于公众移动通信网络的无线视频监控系统

作为我国移动通信领域的两大运营商，中国移动和中国网通各自都已拥有遍布全国的2.5G移动通信网络，且当前的2.5G技术都关注了同TCP/IP协议的融合，使得移动网络易于和现有因特网技术及应用平台整合。两大运营商的移动网络都已经遍布全国绝大部分城乡，覆盖范围在中心城市几乎达到了100%，在边远地区也达到了80%以上，从理论上讲，只要有网络信号的地方就可以实现监控。也可在掌上电脑、PDA手机上进行远程视频监控，使监控端与被监控端同时脱离有线的束缚，真正实现移动监控。

随着第三代移动通信技术的发展，因其在传输、处理数字语音、视频、数据的高速率特性而使得基于3G的移动视频监控技术的广泛应用成为趋势。在我国，随着3G移动通信系统走向实用，高至2MHz的带宽将为无线视频监控提供更加强有力的支持，此时视频的质量将会有极大的改善。此外，3G系统也考虑了公众移动通信网络与WLAN系统的融合，用户将有可能真正实现"任何时间、任何地点、任何终端"的无缝式无线视频监控。图1是基于公众移动通信网络无线视频监控系统的示意图。

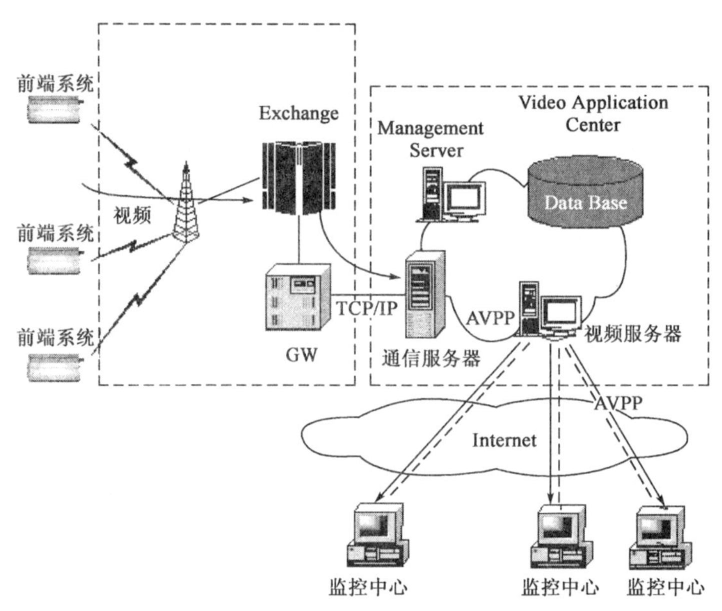

图1 基于公众移动通信网络无线视频监控系统示意图

2. 基于无线局域网的无线视频监控系统

以运营商为主要推动力量，基于WLAN技术实现无线视频监控的增值业务系统已经得到一定范围的应用。基于WLAN的无线视频监控的方案，一般是在无线网状网覆盖区域架设支持WLAN接入的无线视频前端设备(如支持WLAN的IP摄像机或IP视频服务器加模拟摄像机)，然后通过无线网状网将采集的IP视频信号回传到网络中心的监控处理平台。通常在网络中心配置支持多通道的网络视频录像机和大容量的存储系统，用于监控视频录像和存储，同时为一个或多个网络监控终端提供实时的监控图像，还可通过安全的网络连接(如VPN)，从远端视频监控终端上实现远程监控和管理。

3. 基于无线城域网的无线视频监控应用

无线城域网的WiMAX技术覆盖范围达几十km，多被使用在户外，例如高速公路沿线、学校校区、码头等地，可以为用户提供便利、优良的移动多媒体宽带服务和高速的无线数据传输。通过WiMAX技术承载流媒体业务是一种更为经济灵活的手段。许多运营商认为在WiMAX网络上开展移动流媒体业务，将是WiMAX技术应用的潜在市场。

随着建立无线城域网的城市日益增多，基于无线城域网的无线视频监控系统必将成为另一个研究热点。将WiMAX导入安全监控领域，将是厂商拓展市场最有效的方法之一。随着WiMAX技术的成熟和产品的上市，具有 WiMAX 传输技术的无线安全监控系统，距离普及之日已不遥远。图 2 为基于 WiMAX 技术的无线视频监控示意图。

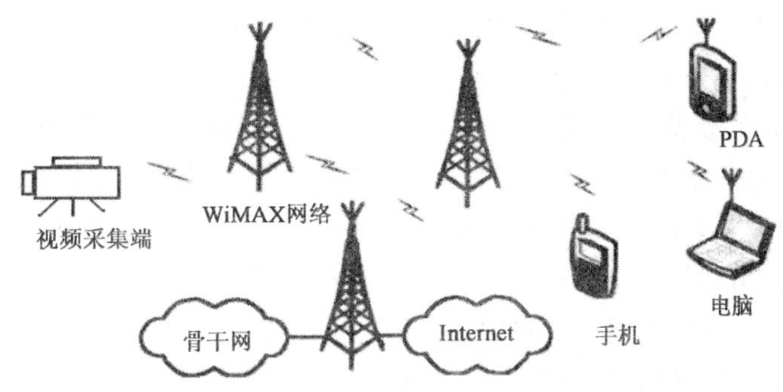

图 2　基于 WiMAX 的无线视频监控系统示意图

三、高速公路无线视频监控系统应用现状及技术分析

1. 应用现状

随着国家大力拉动内需的经济政策的制定，交通运输为代表的基础建设成为其中最为重要的内容之一，在未来的一段时间内，高速公路在中国将快速延伸，建设规模将呈现出快速发展的态势。目前，我国绝大部分省份高速公路已形成路网，单独路段的异常事件影响的范围越来越广，加大高速公路视频监控，实时掌握路网路况信息已成为高速公路信息化管理的高效基础性支撑。除了传统高速公路视频监控定点监控系统建设之外，基于移动、远程、无线的无线视频监控系统已成为信息采集的重要渠道。目前，高速公路无线视频监控系统的应用主要集中在以下几个方面：

(1)高速公路路政车无线视频系统

无线移动视频监控系统是高速公路路政巡逻重要的信息采集、记录、监控手段。其应用原理是：在路政巡逻车车顶假设视频采集设备，实时采集图像，经图像压缩后，基于公众移动通信网将视频信号传输回指定服务器，监控中心通过客户端访问服务器来获取实时视频信息。车载一体化移动视频监控系统适用于日常巡逻、突发性事件或其他特殊情况的现场处理和控制。现场情况需要实时而迅速地传回指挥中心，而事发地点又通常具有不确定性，车载实时监控系统发挥出强劲的技术优势和灵活反应能力，通过无线视频技术将现场情况及时传回指挥中心，便于远程指挥和调度，可以极大地缩短反应时间，便于快速远程调度指挥。图 3 为车载视频监控系统组网图。

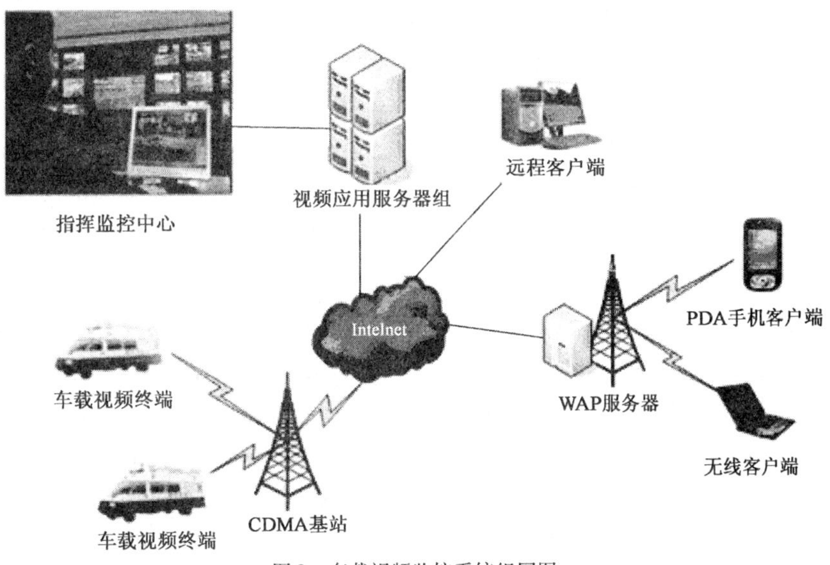

图 3　车载视频监控系统组网图

高速公路路政巡逻车无线视频系统一方面可以路政巡逻车行进过程中,实时将路况信息传输会监控中心,便于监控中心第一时间掌握路况信息;同时,可以实现路政执法事件的实时监督及事后回溯取证、记录等功能;再次,在出现突发紧急情况时,可以实现远程调度指挥功能。

(2)高速公路特殊路段的实时远程监控

在高速公路建设中,由于路线选线、地质条件、环境限制等原因,高速公路往往会出现陡坡、急弯、特大桥、长隧道等特殊路段,部分路段还会因地理位置、气候特点等形成多雾、斜风、潮气等局部小气候,这些特殊路段往往成为高速公路事故多发段,极易形成高速公路事故点和拥堵点。为了加强特殊路段路况实时监控力度,部分高速公路运营单位在高速公路特殊路段设施了远程无线视频监控系统,远程控制图像采集系统的开闭时间,在系统启动时,视频图像采集设备将特殊路段视频信息实时采集、压缩后,通过公共移动通信网将视频信号传输到指定服务器,监控中心通过访问服务器来实现对特殊路段的实时监控。

(3)高速公路特殊构造物实时远程监控

高速公路基础构造物的实时状态在高速公路建设及运营中是重要的信息,其对高速公路建设及运营的安全性至关重要。在高速公路建设中,重要基础设施、构造物的实时状态对高速公路施工有着重要影响,有些高速公路施工单位提出了基于远程无线实时视频监控的方案,即在重要地质施工断面、桥梁梁柱假设基点等关键部位,在施工过程中或投入运营后实时监控其状态,以便确保安全。在这种监控系统中,与事件监测报警功能软件的结合更可提高其实用性。这种无线移动视频监控方式,克服了野外远距离布设通信线缆的困难,同时因其便于布设,可根据情况架设或移除、更改监控位置。但由于通信费用、及部分区域易受通信网络覆盖范围限制,而影响了其大范围应用。

2. 关键技术分析

(1)高效率、抗干扰的视频编解码机制

当今的视频压缩标准有 MPEG 和 H.26X 两大系列。MPEG-4 目前已应用于 Internet 流媒体领域。作为目前最新的视频编码技术 H.264 标准采用了高精度、多模式预测技术用来提高压缩比以降低码流,受到了视频监控业界的广泛关注。H.264 标准针对网络传输的需要设计了差错消除的工具便于压缩视频在误码、丢包多发环境中传输,从而保证了视频传输的有效性。支持 H.264 标准的无线视频监控产品目前也已上市。为了能在时变、带宽有限、误码率较高、缺乏 QoS 保证的无线信道上传输视频数据,视频编码算法应该满足以下要求:①高效的视频压缩比;②较高的传输实时性:更短的传输时延,更快的编码速度;③较强的视频传输鲁棒性:更好地适应传输信道的误比特干扰。

(2)无线视频传输网络链路及组网技术

对于无线视频监控而言,无线网络传输链路的选取主要取决于用户需求和系统工作的具体环境,目前已投入使用的无线视频监控系统主要有基于移动通信网络的和基于无线局域网的两种类型。基于公众移动通信网络的技术已非常成熟,并且没有额外建设基站、中继站等基础设施的投入。基于无线局域网络(WLAN)的多媒体信息传输,是解决建筑物内灵活视频监控的主要手段。随着 WiMAX 技术和 3G 技术的日趋成熟,基于 WiMAX 和 3G 的无线视频监控也成为研究热点。3G 网络的最大优势是能极大增加系统容量、提高通信质量和数据传输速率。此外,3G 网络利用在不同网络间的无缝漫游技术,可将无线通信系统和因特网连接起来,从而可对移动终端用户提供更多更高级的服务。3G 视频监控业务突破了无线带宽瓶颈的限制,可以从任意地点上传现场图像,在任意位置接收远方图像,并和固网视频监控系统融合实现随时随地、无所不在的视频监控应用,极大地扩展了视频监控的应用环境和使用方式。WiMAX 是近年来出现的一种无线宽带接入技术,采用了多载波调制技术,能够提供高速的数据业务,并且具有频谱资源利用率高,覆盖范围大(传输距离可达数十公里)等特点。与现有的移动通信技术相比,WiMAX 技术可以提供更高的数据速率,更强的数据业务能力。

(3)数据管理与数据安全

无线视频监控数据信息的管理和安全是无线视频监控系统广泛应用的一个重要环节。由于基于公众移动通信网或WLAN技术,通过无线传输的数据有被截获、窃取的风险,因此就有必要对数据采取加密技术,通过有效措施确保数据安全。另外,随着监控点的增多、监控时间周期的延长和视频清晰度的提升,视频数据容量也在飞速发展,数据的归档、存储、传输都需要有可靠的数据管理和控制手段予以保障。

3.应用情况分析

从目前的应用情况来看,高速公路无线视频监控系统的应用主要基于公众移动通信网和Internet结合方式应用,基于WLAN方式的无线视频监控方式有部分探讨,但尚未获得较为成功和广泛的应用。应用中存在的主要问题集中在如下几个方面:

(1)无线组网

目前无线组网方式主要是基于公众通信网络组网,技术成熟,投资少,见效快,但易受无线通信网络基站布设情况、网络覆盖情况限制。部分偏远区域无法实施。另外,基于WIMAX方式的自建组网方式也是较为理想的解决方案,WIMAX技术不仅能够实现无线视频监控功能,同时,其带宽、传输方面的优点使得网络同时可以承载视频、数据、语音等业务,大大扩展了局部范围内的网络信息化管理能力。但由于自建网络,前期基础设施建设投入较大,网络传输安全机制及其与公网的接入问题仍有待解决。

(2)网络带宽

广泛应用的高速公路路政车无线监控系统较多的是基于CDMA(单通道、双通道或四通道)或GPRS技术,网络带宽较低,限制了视频信号传输的实时性及清晰度。基于3G技术的无线视频信号传输则有了跨越式发展。单纯从带宽角度来说,基于WiMAX的WLAN技术可以提供更加理想的网络带宽。

(3)与Internet的接入

基于无线技术的视频监控方式,大多可以实现与Internet的无缝衔接。基于无线公众通信网的无线监控系统可将监控信息传输至指定服务器,用户通过Internet访问服务器实现实时监控信息的Internet访问接入。这样的接入方式往往对服务器有较高要求,且对Internet访问接入权限及安全策略有较高要求。

(4)多平台间的融合

基于公众移动通信网的无线视频监控系统,技术已趋于成熟,有较多的商家可以提供相关建设服务,然而不同厂家之间的访问客户端各不相通、无法兼容。在同一个运营管理单位使用两家以上厂家建设时,往往出现无法兼容的难题。另外,高速公路无线视频监控大多基于公众移动通信网,其监控信息无法与高速公路现有光纤通信网及有线监控系统衔接,给无线监控与有线监控的结合出现了“瓶颈”。

四、结语

无疑,随着无线通信技术与视频监控技术的发展,无线视频监控在高速公路建设、管理运营中将发挥更大的作用。特别是在突发应急情况处置、路政执法取证、重点路段监控等领域,无线视频监控已成为重要的技术支撑。虽然在无线组网、带宽、安全及多平台融合方面仍有些问题亟待解决,但我们相信随着运营管理的客观需求和技术的不断进步,这些问题都将迎刃而解,无线视频监控技术必将为高速公路运营管理提供更多帮助。

开展运政联网移动稽查　规范运输市场经营行为

宋　伟
（山西省交通运输管理局　太原　030000）

近年来，随着营运车辆总数的不断增加，加之营运车辆所具有的流动、分散、信息更新速度快、工作地点不固定，点多面广等特点，如何方便、高效地对移动营运车辆进行市场监管，已成为道路运输管理工作日益突出的问题。运政联网移动稽查系统是改变"逢车必拦"的传统稽查模式，对合法营运的车辆实现不停车稽查，为运政稽查执法工作提供经济可靠、方便快捷、安全高效的移动办公手段。

一、移动稽查的方式

1. 手持机移动稽查方式

（1）IC 卡手持稽查仪

随着 IC 卡道路运输证和其他类型的 IC 卡的应用，通过拦截过往营运车辆，使用 IC 卡手持稽查仪读取 IC 卡中储存的车辆基本信息，如缴费记录、车辆技术等级鉴定、年审记录等信息，进行移动 IC 卡证件的信息鉴别。目前甘肃省开始使用这种稽查方式。

（2）掌上 PDA 稽查方式

将道路运输政策法规、运输业户、车辆、人员等数据储存在掌上 PDA 中，携带方便，通过查询在公路上过往营运车辆，判断营运车辆是否合法，决定是否拦截检查。此种稽查方式受 PDA 功能的限制，不能将大量信息存在 PDA 中。

（3）手机稽查方式

手机稽查方式是通过移动或联通无线传输网络，传输移动稽查的车辆牌号，从中心服务器中得到数据进行移动稽查。或者应用智能手机的储存和计算等功能，实现对数据识别，实现了对营运车辆的动态管理和异地稽查管理。目前这种稽查方式已在吉林、广东、河南、河北、江苏、山西等省份得到了实际的应用。

2. 笔记本电脑移动稽查方式

采用数据导入的方式进行大量的数据更新。移动稽查人员在出发上路之前，通过有线网络将服务器端的数据导入移动稽查的笔记本电脑。稽查人员通过笔记本端的稽查软件查询本地数据库（即导入数据），达到移动稽查目的，这种移动稽查的方式优点是避免由于无线传输网络的影响，缺点是不能实现实时数据更新，实时与变化的运政数据库的联网。

3. 车载运政联网移动稽查方式

车载运政联网移动稽查，将手持机方式稽查、手机短信或掌上 PDA 稽查、基于 WAP 技术的无线上网移动稽查方式、笔记本电脑稽查方式、移动视频稽查等方式有机地结合起来，形成了车载运政联网移动稽查系统。

注：此篇论文 2007 年在《山西交通科技》第 3 期发表（刊号：ISSN1006-3528/CN 14-1198/U）。

二、山西省车载运政联网移动稽查系统

（一）技术背景

1. 运政数据库联网

山西省建成了全省运管系统统一的数据处理中心，统一了全省运政业务数据库，统一了全省各级运管部门的运政业务管理软件，统一规范了全省运政管理的各项业务流程，实现了运政业务办理的网络化、微机化、公开化，为移动稽查项目的实现提供了基本运政联网条件和全省统一的数据库支持。

2. 通过无线传输方式实现数据交换

为了保证数据的实时更新，通过中国移动或中国联通的无线上网卡，利用 GPRS、CDMA 无线上网方式，进行移动数据传输，不受稽查地点和时间的限制，可以随时地在道路上进行数据传输和数据更新。

3. 车载移动稽查和移动协同办公

根据近半年的运政联网移动稽查执法的业务流程的总结，将道路上获取的移动稽查证据与运政管理系统中车辆、人员、业户的信息有机地相互关联起来，做到查、处分离，有效地规范了运政联网移动稽查的工作流程，简化了工作步骤，提高了移动稽查的工作效率，逐渐实现运政移动稽查的文明执法、科学执法。通过移动办公设备，可以实现运管规费的征收，为运输经营业户提供上门服务，进一步地实现开展移动协同办公。

（二）网络技术结构

运政联网移动稽查系统在山西省运管局信息中心机房设置数据服务平台，并通过 TCP/IP 协议连接运营商网络，接入相应的 WAP 网关和短信网关（见图 1）：

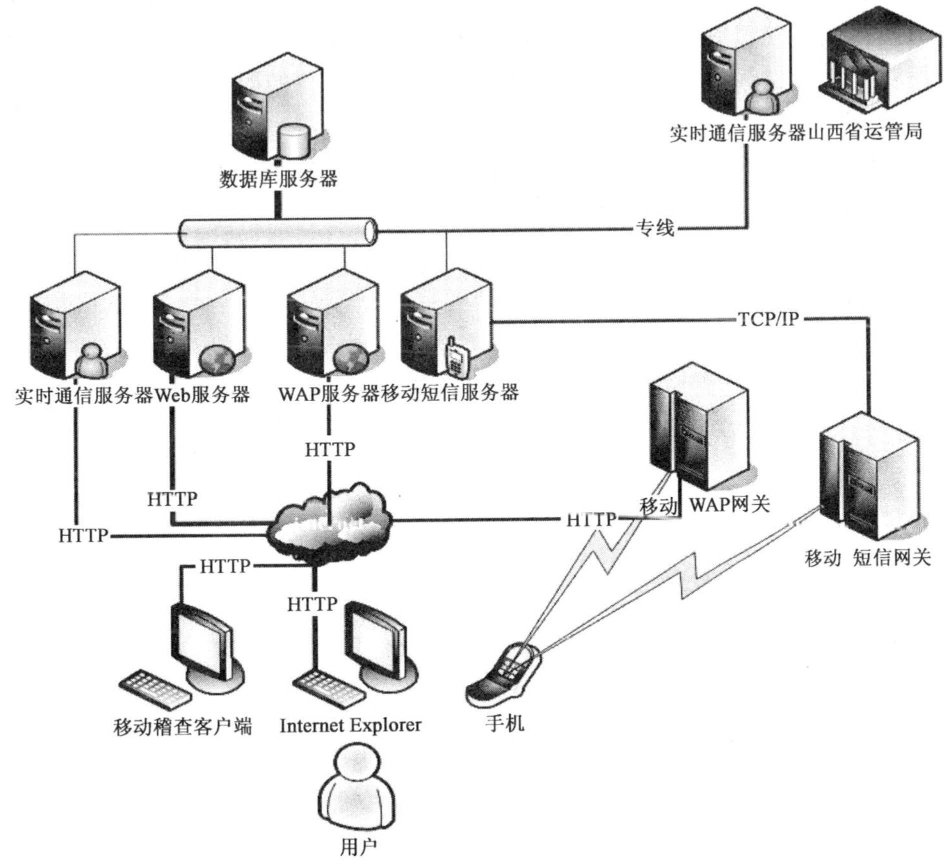

图 1 网络结构图

服务平台由数据库服务器、实时通信服务器、WAP服务器、互联网服务器、相应的软件平台构成系统，完成信息的采集、更新、加工处理和发布，并进行相应的客户管理和服务。信息服务平台通过防火墙和网络防病毒系统保证信息系统的安全可靠。

（三）车载运政联网移动稽查系统简介

1. 电子识别系统介绍

电子识别系统（见图2）是在整个系统中完成自动监控、自动登记、自动统计、自动验证、自动比对、自动报警等诸多功能。

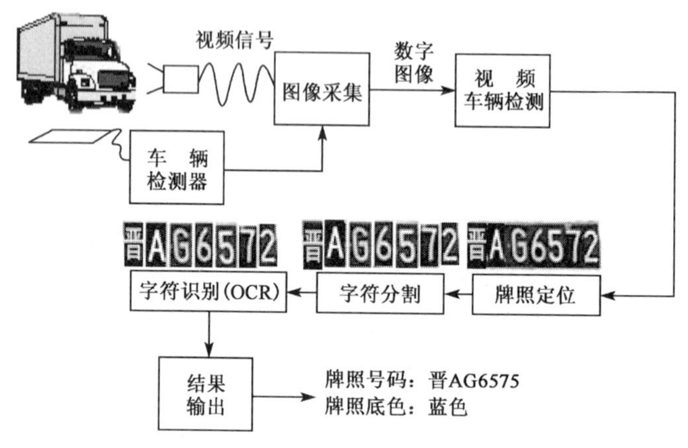

图2　牌照识别系统示意图

主要是通过采集过往车辆的视频图像（图像采集子系统），运用视频检测技术检测运输车辆并抓拍其车牌照片，再通过车牌自动识别子系统自动识别车辆的车牌号码，并建立车辆通行的实时数据库。同时把识别结果与黑名单车辆（欠费、无保险、具有违规行为等的车辆）的历史数据进行现场比对，一旦发现问题，立刻进行报警，提示工作人员进行现场取证等处理，或通知下一卡口进行拦截处理。电子识别系统包括图像采集子系统、车牌识别子系统和信息比对报警子系统三部分。

2. 车载移动稽查设备组成

车载移动稽查设备有安装在运政稽查车辆顶部摄像机、车牌识别仪、笔记本电脑、录音笔、打印机和车载充电器等组成（如图3所示）。

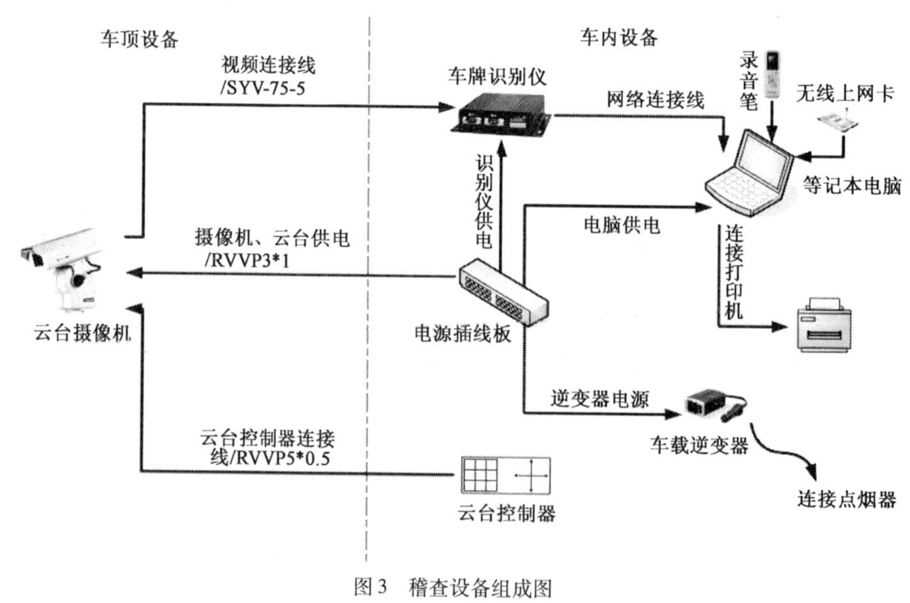

图3　稽查设备组成图

其工作流程如下：

(1)采用摄像机或摄像头拍摄过往车辆，视频信号通过视频线传输到识别仪，在不方便使用有线传输的情况下可采用射频收发模块完成无线视频传输。

(2)牌照识别仪检测过往车辆、识别车牌号码并将识别结果送到计算机，识别仪数据接口可根据需要采用并口、网口、USB 等接口。

(3)计算机应用软件对牌照识别结果进行处理，完成识别结果记录、分类、比对、显示及数据库更新等管理工作。

(4)当系统捕获到特定车辆时即启动声光报警器通知稽查执法人员处理。最后可以通过打印机输出相关凭证。

(5)系统通过无线网卡传输数据，建立同控制中心的联系，实时更新系统数据库。

3. 软件系统功能

车载运政联网移动稽查系统具有车牌识别、数据查询及统计、稽查图像取证和询问录音等功能。

(1)车牌识别系统

当车辆进入到识别摄像机的摄像捕捉区域后，识别中心通过对车牌的触发定位切分和识别后，得出车牌的车牌号码、车牌颜色等数字化信息，并同时捕捉一幅目标车辆的特写图片，然后将所有信息按条目保存到本地计算机。

系统得到识别到的车辆牌号信息后，将检索运政数据库。如果该车辆存在在数据库中，系统将返回该车相关的数据信息；否则，系统将提示没有该车数据。同时，如车辆属数据库中黑名单车辆，系统自动提示报警，并发出“嘟……”的警报声音提示稽查人员(如图 4 所示)。此刻，稽查人员可对该车拦截，并进行现场稽查。

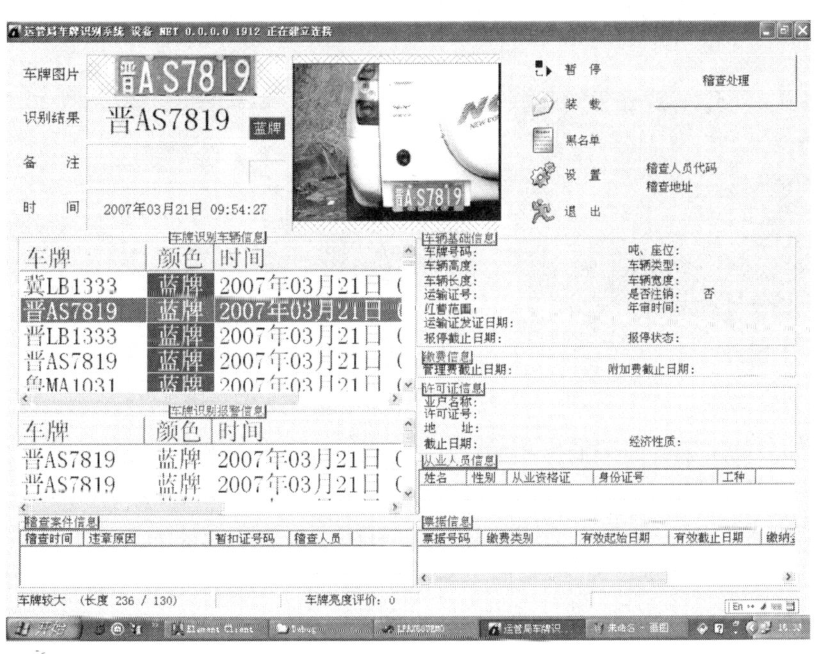

图 4　车牌识别系统界面图

(2)数据查询模式(包括 C/S 和 B/S 两种结构)

在现场进行稽查工作时，可直接双击识别界面中的车牌号码，即可出现车辆相关信息，例如，车辆基本信息、缴费信息、违章记录、道路运输证、许可证、从业资格证等证件相关信息，如图 5 所示。

(3)稽查图像和语音取证功能

系统采用摄像机和录音笔对营运车辆进行视频图像抓拍记录及录像和询问录音。系统可针对车辆

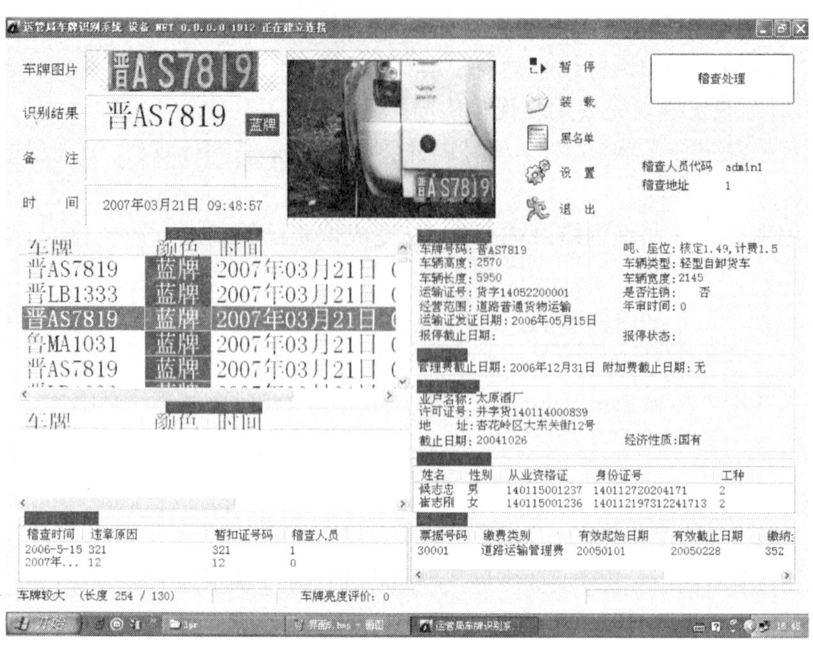

图5　车牌号查询相关信息界面图

图像的视频检测结果，进行车辆图像特写抓拍记录，并送到数据库进行保存。如擅自改装车辆的违规行为，通过与数据库中车辆比对，即可确定是否违规。

系统还可根据稽查需求，增加对监测点过往车辆，如黑车载客行为实施长时间数字录像功能，并将数据以图像文件形式存储到本地硬盘。只要硬盘空间充足，操作员可进行长时间的路况信息录像。（见图6）

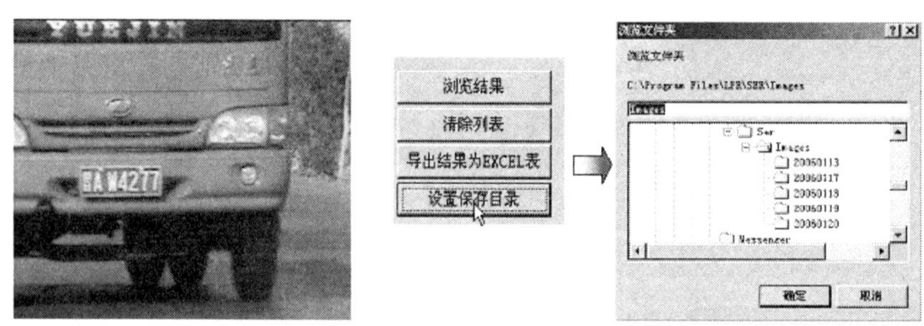

图6　监测点实时录像及录像存储页面

（4）稽查记录凭证的生成和打印输出功能

系统通过对抓拍车辆记录中规费欠缴等有效信息的准确合成，对数据进行编辑确认，查询或生成违规记录凭证及相关的统计报表，根据现场情况的需要，打印输出暂扣凭证等。还可根据现场的具体情况，录入立案信息，如车辆号牌，违章原因，以及该车辆的相关信息，如运输证号，从业人员情况等资料。现场稽查事件数据将实时传输到运政管理数据库中。（见图7）

4. 移动稽查取证的种类

在运政稽查工作的日常稽查中，违法行为多种多样，运用车载运政联网移动稽查系统可实现如下移动稽查取证工作。

（1）系统自动识别到黑名单车辆，自动报警时，稽查人员可直接通知下一稽查点进行拦截并进行相关处理。其中“黑名单”内容在山西运政管理系统中生成，具体包括：

①证据确凿的非法营运车辆；

②道路运输经营者未按规定期限缴纳道路运输管理费的；

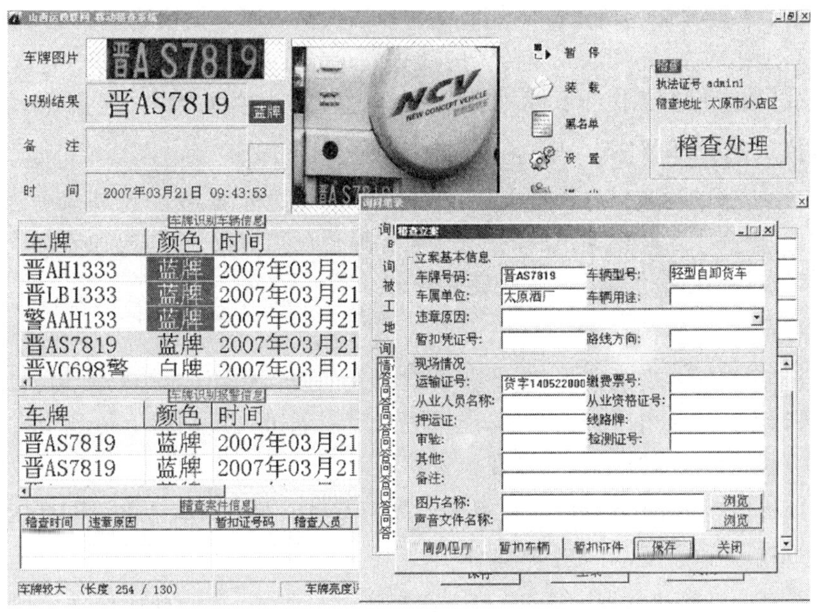

图7 立案信息录入界面

③未按规定维护和检测的运输车辆；

④未按规定投保承运人责任险；

⑤具有违章行为未作处理的车辆。

(2)“电子识别系统”自动触拍车辆图片，与运政数据库进行比对，从而确定其违规行为。

①擅自改装已取得车辆营运证的车辆的(与数据库中照片比对)；

②客运经营者不按规定的线路、公布的班次行驶的(与班线审批线路情况比对)。

(3)稽查过程中，稽查人员发现车辆有下列行为之一的，即可旋转车载云台以调整摄像机方向，对违规车辆进行车辆图像特写抓拍记录，并送到数据库进行保存，同时可通知下一稽查点进行拦截。

①客运经营者不按批准的客运站点停告；

②客车不按规定悬挂线路牌。

(4)根据稽查需求，可对车辆的违规行为实施长时间数字录像功能，并将数据以图像文件形式存储到硬盘，适时上传数据库。

①强行招揽旅客、货物的，擅自变更运输车辆或将旅客移交他人运输的；

②货运经营者没有采取必要措施防止货物脱落、扬撒等。

(5)稽查人员发现车辆有非法营运的迹象时，则可使用摄像机拍摄其载客行为，并上传到数据库中，自动列入黑名单，达到数据共享，联合打击“黑车”。

(6)除此之外，稽查人员可以对营运车辆进行例行检查，看其是否存在以下违规行为：

①是否携带道路运输证；

②是否有从业资格证，无从业资格证者即可进行相关处罚；有从业资格证者通过系统中查询页面进行核实，看其是否属实。

③对车辆超载行驶，可对驾驶员进行协查。

(7)拦截车辆后，可使用录音笔进行询问录音取证。

三、项目建设的作用和意义

1.提高运政稽查的效率

系统实现了汽车牌照号码和颜色的自动识别，可以在稽查管理中完成自动监控、自动登记、自动统计、自动验证、自动比对、自动报警等诸多功能。稽查执法人员可以方便快捷地在工作现场查询到所查车辆的信息，显著提高工作效率，并彻底改变传统的稽查方式"逢车必拦"，实现了对合法营运车辆的"不停车稽查"的工作模式，减少稽查工作随意性，加强了拦车稽查的针对性，大大提高了移动稽查的工作效率。

2. 实现移动执法的公正性

该系统依据全省统一的运政信息管理平台，设定统一的处罚标准、统一管理执法信息，增加了执法透明度，在很大程度上，提高了运政移动执法的公正性，保障公众知情权、参与权和监督权，对加强运政执法人员自身建设和保证运政执法的公正性具有重要意义。

3. 提升运政移动执法的执行力

对那些不缴或欠缴交通规费的违规、违章者具有极大的震慑作用，对车辆改装、非法营运、客运车辆的站外拉客等违法行为。进行电子音像取证，证据图片可以通过无线网络上传到全省统一的数据库中，与其他业务办公实现联网电子协查，特别是在全省跨区间稽查有关车辆证件、驾驶员从业资格证时效果非常显著，确保了运政移动执法的执行力，有力地维护了道路运输市场公平竞争的秩序。

4. 方便实现运政移动稽查的调查取证工作

通过车辆牌照识别、计算机数据库查询、对违章车辆进行判断，采取现代科技手段，在移动稽查过程中方便、快捷地进行运政稽查取证。

5. 实现运政联网移动稽查和运政移动协同办公

通过无线传输网络，使用车载移动办公设备，可以在移动的车辆上随时为车主、业户提供办理运政业务服务，可以打印道路运输证件，可以征收规费。开展运政联网移动稽查项目，为运政部门提供有效处理业务、共享信息、协同工作的技术平台，促进运政移动电子政务的实施。

运政移动稽查工作是监督国家交通运输政策法规贯彻执行情况的利器。随着交通部和全国各省市运政数据库联网平台的建立，运政联网移动稽查系统势必会得到普遍应用，从而建立面向社会的、公平的、文明的、科学的、准确的交通运政移动电子政务系统。